浙江省普通高校"十三五"新形态教材

浙江省优势专业建设财会类系列教材

中级财务会计

主　编　贝洪俊　李　政　龚素英

副主编　周冉冉　齐培培

INTERMEDIATE FINANCIAL
ACCOUNTING

ZHEJIANG UNIVERSITY PRESS
浙江大学出版社

图书在版编目(CIP)数据

中级财务会计 / 贝洪俊，李政，龚素英主编. —杭州：浙江大学出版社，2021.7(2025.6 重印)
ISBN 978-7-308-21325-7

Ⅰ. ①中… Ⅱ. ①贝… ②李… ③龚… Ⅲ. ①财务会计 Ⅳ. ①F234.4

中国版本图书馆 CIP 数据核字(2021)第 082453 号

中级财务会计

主　编　贝洪俊　李　政　龚素英
副主编　周冉冉　齐培培

策划编辑	朱　玲
责任编辑	朱　玲
责任校对	李　晨
封面设计	春天书装
出版发行	浙江大学出版社
	(杭州市天目山路 148 号　邮政编码 310007)
	(网址:http://www.zjupress.com)
排　　版	杭州朝曦图文设计有限公司
印　　刷	杭州钱江彩色印务有限公司
开　　本	787mm×1092mm　1/16
印　　张	21.75
字　　数	543 千
版 印 次	2021 年 7 月第 1 版　2025 年 6 月第 6 次印刷
书　　号	ISBN 978-7-308-21325-7
定　　价	59.90 元

版权所有　侵权必究　印装差错　负责调换

浙江大学出版社市场运营中心联系方式:0571-88925591;http://zjdxcbs.tmall.com

《中级财务会计》修订以习近平新时代中国特色社会主义思想和党的二十大精神为指引,以《高等学校课程思政建设指导纲要》为指南,以企业会计准则为指导,以服务全面建设社会主义现代化国家对财会人才培养的需要为宗旨,以落实立德树人为根本任务,深入践行党的二十大精神与课程思政理念,全面贯彻价值塑造、知识传授和能力培养三位一体的育人理念,帮助学生提升会计理论与实践能力、厚植家国情怀、拓展国际视野,讲好中国会计故事、传播好中国会计文化。教材具有如下特色:

(1)教材体现国家和民族基本价值观,体现立德树人、为党育人、为国育才的根本任务。教材如实描述了中国会计发展历程以及为世界会计做出的贡献,并将"诚信为本、操守为重、坚持原则、不做假账"贯穿教材始终。

(2)教材准确阐述了会计的基本理论、基础知识、基本方法,结构设计合理,选材恰当准确,充分反映中国特色社会主义伟大实践和党的十八大以来的会计、税法改革最新成果。每章的案例导入均来自上市公司的真实案例,让学生了解会计在经济活动中的真实表达,提高学生的学习兴趣,让学生领悟会计理论指导实践、实践提升理论的意义。

(3)教材遵循教育教学规律和人才培养规律,体现先进教育理念。

教材编写结合作者多年的翻转课堂教学实践,注重知识的高阶性、创新性和挑战度,将价值塑造、知识传授和能力培养三者融为一体,有利于激发学生的创新潜能。教材借助互联网技术,将重点、难点知识录制成视频、知识拓展、在线测试等,并以二维码的形式嵌入教材当中,满足学生随时随地进行课前自主学习、课中吸收消化、课后拓展提升等线上线下学习需求。每章后面附有项目训练,将本章理论通过项目训练的形式串联在一起,具有一定的综合性和创新性;每章设计的思考题不是简单意义的一问一答,而是要对本章知识进行综合梳理与总结,具有一定的高阶性和挑战度。

(4)教材配套的精品在线课程(https://www.zjooc.cn/ucenter/settings/profile),已被认定为浙江省精品在线课程。在线课程提供了丰富的教学资源,涵盖课程标准、教学指导手册、翻转课堂导学单、教学视频、教学案例、作业库以及中级财务会计研究动态等内容,并且实时更新、与时俱进,既深化中级财务会计学习内容,又强化学习内容的理论性和前沿性。

全书共分十四章,具体包括总论,货币资金,应收及预付款项,存货,金融资产,长期股权投资,固定资产,无形资产,投资性房地产,资产减值,负债,所有者权益,收入、费用和利润以及财务报表。

本教材是浙江省普通高校"十三五"新形态教材建设项目,浙江省优势专业、宁波市品牌专业建设项目的系列教材。教材编写以建设国家一流课程为目标,借助"互联网＋技术",探索教材以及相关教学资源数字化的呈现方式,充分反映经济社会发展和科技进步对人才培养提出的新要求。教材适用于应用型本科院校财务管理、会计学、审计学、资产评估和税收学等经济管理类专业的"中级财务会计"课程的线上线下混合式教学,能满足利用移动互联网随时随地学习的需求,也可以作为企业财会人员的培训用书。

本教材由贝洪俊教授、李政副教授和龚素英副教授担任主编,周冉冉、齐培培两位老师担任副主编。具体分工如下:贝洪俊教授负责总体策划、协调和定稿,并编写第一章、第三章、第四章和第十四章;李政副教授参与策划和统稿,并编写第七章、第十章和第十三章;龚素英副教授参与策划和审稿,并编写第五章、第六章和第十一章;周冉冉负责部分审稿,并编写第九章、第十二章;齐培培负责部分审稿,并编写第二章、第八章。

本教材在编写过程中吸收和借鉴了国内外会计学者的最新研究成果,引用了大量的相关文献,还得到了宁波财经学院各级领导、吉博教育科技有限公司以及浙江大学出版社等单位的大力支持和帮助,在此深表感谢。

由于作者水平有限,书中难免存在不足之处,恳请读者批评指正。

编者

2023 年 7 月修订

CONTENTS 目 录

第一章

总 论

■■■ 学习目标

通过本章的学习,要求学生了解财务会计的特点;掌握财务报告的目标、会计基本假设与会计确认基础、会计信息质量要求;理解会计计量属性、会计要素及其确认条件。

■■■ 关键知识点

财务报告目标,会计基本假设与会计确认基础,会计信息质量要求,会计要素及其确认计量。

■■■ 案例导入

安达信会计师事务所的前世今生①

安达信会计师事务所(Arthur Andersen)成立于1913年,曾经是全球最大的会计师事务所,2002年因安然事件被迫退出审计业务领域。安达信曾经是和普华永道、毕马威、安永、德勤比肩的全球五大会计师事务所之一。然而它在2002年倒闭了,那么究竟发生了什么?

美国能源业巨头安然公司成立于1985年,鼎盛时期其年收入达1000亿美元,在美国公司500强中位列第七,曾被哈佛商学院认为是旧经济向新经济成功转变的典范。

史上最为著名的财务丑闻当属"安然事件"。16年时间里,从安然公司成立之初便是安达信为其审计,并为其提供内部审计和咨询服务。2001年,安然公司付给安达信的5200万美元的报酬中,有一半以上(2700万美元)是用来支付咨询服务的。安达信与安然公司之间拥有源远流长的利益关系。安达信的一个雇员说:"安达信休斯敦办公室的太多人得到了安然的好处,如果有人拒绝在审计报告上签字,他马上就得走人!"可见其物质利益关系非同一般。2001年年底,安然公司虚报近6亿美元的盈余和掩盖10亿多美元的巨额债务的问题暴露出来,引发了有史以来最大的一宗会计造假丑闻。

利益驱使安达信帮助安然造假。2001年10月,安然重新公布了1997年至2000年期间的财务报表,结果累积利润比原先减少5.91亿美元,而债务却增加了6.38亿美元。安达信为之辩解说:这是因为安然在股权交易过程中将公司发行股权换取了应收票据。这些应收票据在公司的账本上记录为资产,发行的股票则被记录为股东权益。按照会计原理,在没有收到现金前不能记作权益的增加。安然事件发生以后,安达信的内部员工销毁数千份有关安然公司的重要资料,因此受到国会的质询。在美国国会听证会上,安达信首席执行官贝拉迪诺承认,安达信确实判断失误,以致纵容了安然在会计方面进行一些违规操作。正是在安达信"失职"的情况下,安然可以将数亿美元的债务转至不见于公司资产负债表的附属公司或合资企业的账上,从而使债务隐藏在财务报表以外,同时又将不应记作收入的款项记作收入,以这种偷梁换柱的造假方式虚报公司盈利。2002年1月15日,安达信公司宣布解雇一直负责安然审计工作的合伙人戴维·邓肯,但邓肯向国会调查小组透露,他是按照公司管理层的指令行事的。

2001年12月,安然宣布破产。2002年1月,安达信承认销毁文件。安达信公司在安然丑闻事发后毁掉了相关文件和电脑记录,从而开创了美国历史上第一起大型会计行受到刑事调查的案例。

---

① 案例来源:根据 http://www.sohu.com/a/233138708_100166198 编写。

思考：

1.造成安达信这样的悲剧的原因是什么？
2.如何理解会计诚信是注册会计师的灵魂？

第一节　财务会计的概念与财务报告目标

一、财务会计的概念

（一）财务会计的定义

现代企业会计分为财务会计和管理会计两大分支,财务会计同管理会计相配合共同服务于市场经济条件下的现代企业。财务会计主要为企业外部利益关系人提供各种定期财务报表,因此,又称"对外报告会计"。财务会计是以公认会计原则为依据,按照规定的会计程序,采用一系列专门方法,对企业经济活动进行核算和监督,并向有关方面提供企业财务信息,旨在管好、用好企业资金的一项管理活动。

财务会计是现代企业的一项重要的基础性工作,通过一系列会计程序,提供决策有用的信息,提高企业透明度,规范企业行为,并积极参与经营管理决策,提高企业经济效益,服务于市场经济的健康有序发展进而考核企业管理层经济责任履行情况。

（二）财务会计的特征

财务会计与管理会计相比,具有有以下主要特征：

（1）从直接的服务对象来看,财务会计主要是为企业外部使用者,包括投资人、债权人、社会公众和政府部门等外部信息使用者提供会计信息,同时也为企业内部管理服务。

（2）从提供信息的时态和内容来看,财务会计主要是提供有关企业过去和现在的经济活动情况及其结果的科技信息。从信息的内容上来看,主要是反映企业财务状况、经营成果和现金流量等方面的信息。

（3）从工作程序的约束依据来看,财务会计受公认会计原则的约束。在我国,公认会计原则是由基本准则、具体准则以及应用指南和企业会计准则解释公告所组成的会计准则体系,这是我国财务会计必须遵循的规范。

知识拓展 1-1

（4）从会计程序与方法来看,财务会计有一套比较科学、统一、系统的会计处理程序与方法。财务会计主要是针对会计主体已经发生的一切经济活动进行连续、系统、全面、综合的确认、计量、记录与报告。财务报告是会计工作的核心,会计报表是财务报告的重要组成部分,现代财务会计把会计报表的编制放在最突出的地位。

二、财务会计的产生与发展

会计是为适应经济发展而产生和发展的,随着经济的发展,会计经历了一个由简到繁、由低级到高级的演进过程,从简单到复杂、从不完善到逐步完善的发展过程。会计的发展可以分为以下几个阶段。

(一)古代会计发展

西周时期:据史籍记载,我国早在西周时期就设有专门核算官方财赋收支的官职——司会,并对财物收支采取了"月计岁会"(零星算之为计,总合算之为会)的办法。把"会"与"计"联起来,就成为"会计",由此"会计"一词开始出现。

唐宋时期:宋代官厅中,办理钱粮报销或移交,要编造"四柱清册",通过"旧管(期初结存)+新收(本期收入)=开除(本期支出)+实在(期末结存)"的平衡公式进行结账,结算本期财产物资增减变化及其结果。"四柱记账法"成为传统的中式簿记,为近代会计的发展奠定了基础,这是我国会计学科发展过程中的一个重大成就。

明末清初:手工业和商业趋于繁荣,为适应计算盈亏的需要出现了以"四柱"为基础的"龙门账"。它把全部账目划分为"进"(各项收入)、"缴"(各项支出)、"存"(各项资产)、"该"(各项负债)四大类,运用"进一缴=存一该"的平衡公式进行核算,设总账进行"分类记录",并编制"进缴表"(即利润表)和"存该表"(即资产负债表),实行双轨计算盈亏,在两表上计算出的盈亏数应当相等,称为"合龙门",以此核对全部账目的正误。

(二)近代会计发展

中世纪(公元 11 世纪至 15 世纪)地中海沿岸一些城市(如威尼斯、热那亚、佛罗伦萨等)是资本主义的发源地,商业和金融业比较繁荣,发达的经济要求不断改进和提高会计记账方法。1494 年,意大利数学家卢卡·巴其阿勒出版的《算术、几何、比及比例概要》一书,系统地介绍了当时的借贷复式记账法,并给予理论上的阐述。它是会计发展史上一个重要的里程碑,标志着近代会计的开始。卢卡·巴其阿勒被称为"近代会计之父"。

18 世纪末至 19 世纪初,英国工业革命完成,工厂制度确立并出现了股份公司,这客观上要求建立一套与之相适应的会计方法。这一时期,由于经济日益复杂化,会计不仅在技术上而且在理论上均取得了较大的进步,使会计从一门应用技术发展成为一门独立的学科。同时,由于股份公司的所有权与经营权相分离,公司的广大股东以及与公司有利益关系的其他方面,迫切要求准确了解公司的真实财务信息,要求公司定期提供有关公司的财务状况和经营成果的会计报告。而财务会计报告的真实性和完整性只有经过独立的会计师的鉴证才能得到一定程度的保证,这样,英国出现了一大批专门从事审计查账业务的会计师,并建立了一批会计师协会,如第一个会计师协会——爱丁堡会计师公会。20 世纪 30 年代起源于美国的"公认会计原则"的确立,标志着近代会计进入了现代会计阶段。

(三)现代会计发展

此阶段大致从 20 世纪 50 年代至今。这一时期,经济活动更加复杂,生产日益社会化,人们的社会关系更加广泛,会计的地位和作用,会计的目标,会计所应用的原则、方法和技术都在不断发展、变化并日趋完善,并逐步形成自身的理论和方法体系。另外,科学技术水平的提高也对会计的发展起了很大的促进作用,使得现代数学、现代管理科学与会计的结合更加紧密。在此背景下,政府相关部门设计制定了更加严密的会计法规,实现会计对企业经营过程的全面控制。会计分成两个领域,即财务会计和管理会计。特别是电子计算机在会计数据处理中的应用,使会计工作的效能发生了很大变化,它扩大了会计信息的范围,提高了会计信息的精确性。尤其是当今大数据时代下云会计技术的发展,各行各业都因为数据的积累以及信息的传播而发生了非常大的

知识拓展 1-2

转变,无论是工作内容还是工作方式,都有相对应的调整和改变,于是财务共享中心、人工智能会计相继而生。由此可见,在企业互联网大趋势下,大数据、云计算、移动应用等新技术对社会和商业发展形成了巨大的创新推动力,财务会计的使命也势必不断优化、不断创新。

二、财务报告的目标

(一)财务报告目标的受托责任观和决策有用观

财务报告目标是指企业编制财务报告提供会计信息的目的。它是财务会计概念框架或者我国基本准则的最高层次,对财务会计的规范发展起着导向性作用。财务报告目标从传统上来讲有两种观点:一是受托责任观;二是决策有用观。

1.受托责任观

受托责任观主要形成于公司制企业发端与盛行时期。在公司制企业下,公司财产所有权与经营权分离,财产所有者将财产投入公司后不再直接干预财产的具体经营,而是委托给公司管理层,由公司管理层作为受托者对财产进行妥善保管并使其增值;受托者接受委托者的委托后,获得了财产的自主经营权和处置权,但负有定期向委托者报告其受托责任履行情况的义务,这就是基于公司制的财务报告的受托责任观。财务报告受托责任观的核心内容是:财务报告目标应以恰当方式有效反映受托者受托管理委托人财产责任的履行情况。财务报告在委托人和受托人之间起着桥梁作用,核心是揭示过去的经营活动与财务成果。

2.决策有用观

决策有用观则主要源于资本市场的发展。随着公司制企业的发展,股权的交换和流通显得越来越迫切,而资本市场的发展为其提供了交易的平台,顺应了形势发展的需要。在资本市场发展的前提下,公司的股权进一步分散,分散的投资者在关心公司资产保值增值的同时,更关心公司的价值创造和股票的涨跌,投资者关注的核心从公司财产本身更多地转向公司价值管理和资本市场股票的表现。如果公司管理层管理不善、业绩不佳,投资者往往不是直接更换公司管理层,而是用"脚"投票,通过卖出股票来直接行使相关的权利,公司财务报告为此需要向投资者提供与其投资决策相关的信息,这就是基于资本市场的财务报告决策有用观。财务报告决策有用观的核心内容是:财务报告应当向投资者等外部使用者提供决策有用的信息,尤其是提供与企业财务状况、经营成果、现金流量等相关的信息,从而有助于使用者评价公司未来现金流量的金额、时间和不确定性。财务报告除了需要揭示过去的经营业绩外,还需要提供有助于未来决策的相关信息。

财务报告目标的受托责任观和决策有用观各有侧重,并且往往与企业发展和外部环境变化相关。从国际财务报告准则和世界许多国家会计准则及其会计实务发展来看,目前国际会计准则理事会和各国在确定财务报告目标时,尽管决策有用观地位越来越上升,但往往还是可能兼顾受托责任观和决策有用观。因此,两者相互补充,更好地满足信息使用者的信息需要。

(二)我国关于财务报告目标的规定

我国《企业会计准则——基本准则》第四条指出:"财务会计报告(以下称财务报告)的目标是向财务会计报告使用者提供与企业财务状况、经营成果和现金流量等有关的会计信息,反映企业管理层受托责任履行情况,有助于财务会计报告使用者做出经济决策。"

1.向财务报告信息使用者提供决策有用的信息

财务报告信息使用者主要包括：

(1)投资者。投资者包括现有投资者和潜在投资者。投资者需要利用会计信息评价企业的财务状况和管理当局的经营业绩,判断管理当局是否按既定的经营目标使用资金;分析企业所处行业的市场前景、本企业的发展潜力和面临的风险,并做出维持现有投资、追加投资或转让投资的决策。保护投资者的利益、服务于投资者的信息需要是财务报告编制的首要出发点。

(2)债权人。企业的资金来源除了投资者投入的资本外,通常还有向银行等金融机构贷入款项或者向供应商等赊购货物形成的应付款项。贷款人、供应商等债权人通常关心企业的偿债能力和财务风险,需要信息来评估企业能否如期支付贷款本金及利息,能否如期支付所欠货款等。

(3)政府及有关部门。政府及有关部门既是市场经济主体,又是经济管理和监管部门。它们通常关心经济资源分配的公平、合理,市场经济秩序的公正、有序,宏观决策所依据信息的真实可靠等。因此,需要信息来监管企业的各项活动(尤其是经济活动)、制定税收政策、进行税收征管和国民经济统计等。

(4)社会公众。企业的生产经营活动还与社会公众密切相关。例如,企业可能以多种方式对当地经济做出贡献,包括增加就业、刺激消费、提供社区服务等。因此,在财务报告中提供有关企业发展前景、经营效益及效率等方面的信息,可以满足社会公众的信息需要。

企业编制财务报告的主要目的是满足财务报告使用者的信息需要,有助于财务报告使用者做出经济决策。因此,向财务报告使用者提供决策有用的信息是财务报告的基本目标。如果企业在财务报告中提供的会计信息与使用者的决策无关,没有使用价值,那么财务报告就失去了其编制的意义。

对决策有用的信息主要包括:

(1)反映企业所拥有和控制的经济资源、对经济资源的要求权以及经济资源的变化情况的信息;

(2)如实反映企业各收入、费用、利润和损失的金额及其变动情况的信息;

(3)如实反映企业各项经营活动收益、投资活动和筹资活动等所形成的现金流入和流出情况等的信息。

对以上信息的掌握有助于现在和潜在的投资者正确、合理地评价企业的资产质量、偿债能力、盈利能力和营运效率等;有助于投资者根据相关会计信息做出理性的投资决策;有助于投资者评估与投资有关的未来现金流量的金额、时间和风险等。

2.反映企业管理层受托责任履行情况

在现代公司制下,企业所有权和经营权相分离,企业管理层是受委托人之托经营管理企业及其各项资产,负有受托责任,即企业管理层所经营管理的各项资产基本上均为投资者投入的资本(或者留存收益作为再投资)或者是向债权人借入的资金所形成的,企业管理层有责任妥善保管并合理、有效地使用这些资产。尤其是企业投资者和债权人等,需要及时或者经常性地了解企业管理层保管、使用资产的情况,以便评价企业管理层受托责任的履行情况和业绩情况,并决定是否需要调整投资或者信贷决策,是否需要加强企业内部控制和其他制度建设,是否需要更换管理层等。因此,财务报告应当反映企业管理层受托责任的履行情况,以有助于评价企业的经营管理责任以及资源使用的有效性。

综上可见,我国财务报告目标要求满足财务报告使用者决策的需要,体现为财务报告的决策有用观;财务报告目标要求反映企业管理层受托责任的履行情况,体现为财务报告的受托责任观。财务报告的决策有用观和其受托责任观是统一的,投资者出资委托企业管理层经营,希望获得更多的投资回报,实现股东财富的最大化,从而进行可持续投资;企业管理层接受投资者的委托从事生产经营活动,努力实现资产安全完整和保值增值,防范风险,促进企业可持续发展,就能够更好地持续履行受托责任,为投资者提供回报,为社会创造价值,这些即为企业经营者的目标。由此可见,财务报告的决策有用观和受托责任观是有机统一的。

知识拓展 1-3

第二节　会计基本假设与会计确认基础

一、会计基本假设

在线视频 1-1

会计基本假设是企业会计确认、计量和报告的前提,是对会计核算所处的空间、时间环境所做的合理设定。会计基本假设包括会计主体假设、持续经营假设、会计分期假设和货币计量假设。

(一)会计主体假设

会计主体,是指企业会计确认、计量和报告的空间范围。具体指会计工作为其服务的特定单位或组织,即要明确"为谁记账""为谁编制财务报表"。每一个会计主体不仅要与其他会计主体相区别,而且要独立于其本身的所有者。在会计主体假设下,企业应当对其本身发生的交易或者事项进行会计确认、计量,向财务报告使用者提供企业财务状况、经营成果和现金流量等方面的信息。明确界定会计主体是开展会计确认、计量和报告工作的重要前提。

会计主体与法律主体不同。一般来说,法律主体都是会计主体,但会计主体不一定是法律主体。判断一个主体是不是会计主体的标准有三个方面:一是该主体是否独立核算,自负盈亏;二是该主体是否有一定的经济资源;三是该主体是否有独立的经营权和决策权。一个主体是否法律主体要视其是否具有法人资格而定。明确会计主体的目的有三个:一是划定经济业务空间范围;二是选择会计处理立场;三是区分会计主体和所有者的经济活动。

(二)持续经营假设

持续经营,是指在可以预见的未来,企业将会按当前的规模和状态继续经营下去,不会停业,也不会大规模地削减业务。在持续经营前提下,会计确认、计量和报告应当以持续经营、正常的生产经营活动为前提。只有以企业正常经营为前提,会计主体方可按照既定用途使用资产,按照既定的条件清偿债务,会计人员可以据此选择会计原则和会计方法。

如果一个企业在不能持续经营时还假定企业能够持续经营,并仍按持续经营的基本假设选择会计核算的原则和方法,就不能客观地反映企业的财务状况、经营成果和现金流量,误导财务报告使用者进行经济决策。

(三)会计分期假设

会计分期又称为会计期间,是指将一个会计主体持续经营的生产经营活动划分为若干个连续的、长短相同的期间。会计分期的目的,在于将持续经营的生产经营活动划分成连续、相等的期间,据以结算盈亏,分期结算账目和编制财务报告,从而及时向财务报告使用者提供有关企业财务状况、经营成果和现金流量的信息。

会计期间分为年度和中期。会计年度可以是日历年度,也可以以某日为开始的 365 天的期间作为一个会计年度。我国以日历年度为一个会计年度,即从每年 1 月 1 日至 12 月 31 日为一个会计年度。中期是指短于一个完整的会计年度的报告期间,如月度、季度和半年度。

(四)货币计量假设

货币计量,是指会计主体在会计核算过程中应采用货币作为统一的计量单位记录、计量和报告会计主体的生产经营活动。货币计量假设是指会计主体在会计核算过程中采用货币作为计量单位,记录、反映会计主体的财务状况、经营成果和现金流量。货币计量假设包括两个层次:一个是货币计量单位;另一个是货币的币值稳定与否。

企业进行会计核算,除了应明确以货币作为主要计量尺度之外,还需要具体确定记账本位币,即按何种统一的货币来反映企业的财务状况与经营成果。在企业的经济业务涉及多种货币的情况下,需要确定某一种货币为记账本位币;涉及非记账本位币的业务,需要采用某种汇率折算为记账本位币登记入账。按照我国企业会计准则的规定,在我国境内的企业应以人民币作为记账本位币。平时经营业务以外币为主的企业,可以采用某种外币作为记账本位币,但是年末编制财务报表时,必须将外币折算为人民币来反映企业的经营成果和财务状况。

货币计量假设以货币价值不变、币值稳定为前提。因为只有在币值稳定或相对稳定的情况下,不同时点的资产价值才具有可比性,同一期间的收入和费用才能进行比较,才能计算确定企业的经营成果,会计核算提供的会计信息才能真实反映企业的经营状况。在通货膨胀率不断上升的今天,货币计量这一假设受到了挑战,由此出现了通货膨胀会计。但货币计量仍然是会计核算的基本假设。

上述会计核算的四项基本假设,具有相互依存、相互补充的关系。会计主体确立了会计核算的空间范围,持续经营和会计分期确立了会计核算的时间长度,货币计量则为会计核算提供了必要手段。没有会计主体,持续经营就失去了意义;没有持续经营,就不会有会计分期;没有货币计量,就不会有现代会计。

二、会计确认基础

财务会计确认基础也即会计基础,是指会计确认、计量和报告的基础,具体包括权责发生制和收付实现制。

(一)权责发生制

权责发生制又称应计制或应收应付制,是指收入、费用的确认应当以收入和费用的实际发生而非实际收支作为确认的标准。权责发生制下确认收入的标准在于:收入的赚取过程是否完成,收取货款的权利是否获得,而不在于款项是否收取。同理,确认费用的标准在于:

是否受益,是否形成付款的责任,而不在于款项是否支付。因此,权责发生制是一种以是否取得收款权利和是否形成付款责任为标准来确认收入和费用。它更能合理地反映企业不同期间的经营业绩。但是,需要强调的是使用权责发生制计算的利润与当期现金净流量是脱节的,会计信息使用者应特别关注权责发生制的负面影响。

我国《企业会计准则——基本准则》第九条中规定"企业应当以权责发生制为基础进行会计确认、计量与报告",直接明确了权责发生制的企业会计基础地位。

(二)收付实现制

收付实现制又称现金制或实收实付制,是以款项的实际收付为标准来处理经济业务,确定本期收入和费用、计算本期盈亏的会计处理基础。在现金收付制的基础上,凡在本期实际付出的款项,不论其应否在本期收入中获得补偿,均应作为本期费用处理;凡在本期实际收到的现款,不论其是否属于本期,均应作为本期收入处理。反之,凡本期还没有以现款收到的收入和没有用现款支付的费用,即使它归属于本期,也不作为本期的收入和费用处理。

在我国,政府会计由预算会计和财务会计构成,其中,只有预算会计采用收付实现制。另外,现金流量表中的补充资料采用收付实现制。

第三节　会计信息质量要求

会计信息质量要求是对企业财务报告所提供会计信息质量的基本规范,是使财务报告中所提供会计信息对投资者等其他使用者决策有用应具备的基本特征。会计信息的质量和财务报告目标是密切相关的,财务报告目标决定会计信息的质量要求,而具备相应质量要求的会计信息才能促使财务报告目标实现。会计信息质量要求包括可靠性、相关性、可理解性、可比性、实质重于形式、重要性、谨慎性和及时性等八个方面。

在线视频 1-2

一、可靠性

可靠性是指会计信息必须是客观和可验证的。可靠性要求企业应当以实际发生的交易或者事项为依据进行会计确认、计量和报告,如实反映符合确认和计量要求的各项会计要素及其他相关信息,保证会计信息真实可靠,内容完整。为了贯彻可靠性要求,企业应当做到:

(1)真实性。以实际发生的交易或事项为依据进行确认、计量,将符合会计要素定义及其确认条件的资产、负债、所有者权益、收入、费用和利润等如实反映在财务报表中,不得根据虚构的、没有发生的或者尚未发生的交易或者事项进行确认、计量和报告。真实性是可靠性的核心质量标志。

(2)完整性。在符合重要性和成本效益原则的前提下,保证会计信息的完整性,其中包括应当编报的报表及其附注内容等保持完整,不能随意遗漏或者减少应予披露的信息,与使用者决策相关的有用信息都应当充分披露。

(3)可验证性。可验证性是指不同的人员通过检查相同的证据、数据和记录,能够得出相同的或相近的结论,是指信息经得住复核和验证。

(4)中立性。中立性包括在财务报告中的会计信息应当是中立的、无偏的。如果企业在财务报告中为了达到事先设定的结果或效果,通过选择或列示有关会计信息以影响报表使用者决策和判断的,这样的财务报告信息就不是中立的。

可靠性是高质量会计信息的重要基础和关键所在。如果企业以虚假的经济业务进行确认、计量、报告,属于违法行为,不仅会严重损害会计信息质量,而且会误导投资者,干扰资本市场,导致会计秩序混乱。

二、相关性

相关性是指会计信息与决策相关,是服务于投资者经济决策、面向未来的质量要求。相关性要求企业提供的会计信息应当与财务会计报告使用者的经济决策需要相关,有助于财务会计报告使用者对企业过去、现在或者未来的情况做出评价或者预测。相关性的核心是对决策有用。会计信息是否有用,是否具有价值,关键是看其与使用者的决策需要是否相关,是否有助于决策或者提高决策水平。一项信息是否具有相关性取决于以下两个因素:

(1)预测价值。如果一项信息能帮助决策者对事项的可能结果进行预测,则此项信息具有预测价值。预测价值是相关性的重要因素,有助于使用者根据财务报告所提供的会计信息预测企业未来的财务状况、经营成果和现金流量,具有影响决策者决策的作用。

(2)反馈价值。一项信息如能有助于决策者验证或修正过去的决策和实施方案,能够有助于使用者评价企业过去的决策,证实或者修正过去的有关预测,则此项信息具有预测价值。

会计信息质量的相关性要求是以可靠性为基础的,两者之间并不矛盾,不应将两者对立起来。也就是说,会计信息在可靠性前提下,尽可能地做到相关性,以满足投资者等财务报告使用者的决策需要。

三、可理解性

可理解性要求企业提供的会计信息应当清晰明了,便于财务会计报告使用者理解和使用。清晰明了有助于对报表的理解,这是衡量报表质量和是否有利于决策者使用的一个标准。如果生成的会计信息不能清晰明了地反映企业的财务状况、经营成果和现金流量,就会影响会计信息的有用性。

企业编制财务报告、提供会计信息的目的在于使用。使用者应能够了解会计信息的内涵,弄懂会计信息的内容,这就要求财务报告所提供的会计信息应当清晰明了,易于理解。只有这样,才能提高会计信息的有用性,实现财务报告的目标,满足向使用者提供决策有用信息的要求。鉴于会计信息是一种专业性较强的信息产品,因此,在强调会计信息的可理解性要求的同时,还应假定使用者具有一定的有关企业生产经营活动和会计方面的知识,并且愿意付出努力去研究这些信息。

四、可比性

企业提供的会计信息应当具有可比性。可比性主要包括两层含义:

(1)同一企业不同时期可比。为了便于使用者了解企业财务状况、经营成果和现金流量的变化趋势,比较企业在不同时期的财务报告信息,全面客观地评价企业过去,预测未来,从而做出决策。可比性要求同一企业不同时期发生的相同或者相似的交易或者事项,应当采用一致的会计政策,不得随意变更。如企业所选择的会计政策、会计方法等已不再适合于企业的实际情况,确有必要变更,应当在财务报告附注中说明。

(2)不同企业相同会计期间可比。为了便于使用者了解企业财务状况、经营成果和现金流量的变化趋势,可比性还要求不同企业发生的相同或者相似的交易或者事项,应当采用规定的会计政策,确保会计信息口径一致,相互可比。从而有利于会计信息使用者进行企业间的分析比较,提高企业会计信息的有用性。

五、实质重于形式

实质重于形式要求企业应当按照交易或者事项的经济实质进行会计确认、计量和报告,不应仅以交易或者事项的法律形式为依据。如售后回购协议,在法律形式上企业是销售商品,但从经济实质角度看是企业的租赁交易或融资交易,因此企业在销售商品当期不确认收入。

企业发生的交易或事项在多数情况下,其经济实质与法律形式是一致的。但在有些情况下,随着市场经济的发展,经济现象及其表现形式日趋复杂和多样,某些交易或事项的实质往往存在着与其法律形式不一致的情形。例如,商品已经售出,但企业为确保到期收回债款而暂时保留商品的法定所有权时,该债权通常不会对客户取得对该商品的控制权构成障碍,在满足收入确认的其他条件时,企业确认相应的收入。

六、重要性

重要性要求企业提供的会计信息应当反映与企业财务状况、经营成果和现金流量等有关的所有重要交易或者事项。在实务中,如果会计信息的省略或错报会影响投资者等财务报告使用者据此做出决策的,该信息就具有重要性。至于哪些项目应视为重要性项目,取决于企业本身的规模以及会计人员的职业判断。一般企业应当根据所处环境和实际情况,从项目的性质和金额大小两方面加以判断。

七、谨慎性

谨慎性也称稳健性,在西方国家也称为保守性。谨慎性要求企业对交易或者事项进行会计确认、计量和报告应当保持应有的谨慎,不应高估资产或者收益,低估负债或者费用。

在市场经济环境下,企业的生产经营活动面临着许多风险和不确定性,如应收款项的可收回性、固定资产的使用寿命、无形资产的使用寿命、售出存货可能发生的退货或返修等。会计信息质量的谨慎性要求,需要企业在面临不确定性因素的情况下做出职业判断时,应当保持应有的谨慎,充分估计各种风险和损失,既不高估资产或者收益,也不低估负债或者费用。例如,要求企业对可能发生的资产减值损失计提资产减值准备、对售出资产可能发生的保修义务等确认预计负债等,就体现了会计信息质量的谨慎性要求。

知识拓展 1-4　　谨慎性的应用不允许企业计提秘密准备,如果企业故意低估资产或者高估收益,或者故意高估负债或者费用,将不符合会计信息的可靠性和相关性要求,

损害会计信息质量,扭曲企业实际的财务状况和经营成果,从而对使用者的决策产生误导,这是会计准则所不允许的。

八、及时性

及时性要求企业对于已经发生的交易或者事项应当及时进行会计确认、计量和报告,不得提前或者延后。在会计确认、计量和报告过程中贯彻及时性,一是要求及时收集、会计信息,即在经济交易或事项发生后,及时收集、整理各种原始凭证;二是要求及时处理会计信息,并编制财务报告;三是要求及时传递会计信息,按照国家规定的有关时限,及时地将编制的财务报告传递给财务报告使用者,便于其及时使用和决策。

综上可见,会计信息的质量要求之间存在一定的相互关联,而且具有一定的层次性,其中可靠性和相关性是会计信息的主要质量特征。一般情况下,会计信息的相关性越大,可靠性越强,会计信息就越有用。

第四节 会计要素及其确认计量

会计要素是根据交易或者事项的经济特征所确定的财务会计对象的基本分类。会计要素按照其性质分为资产、负债、所有者权益、收入、费用和利润,其中,资产、负债和所有者权益要素侧重于反映企业的财务状况,收入、费用和利润要素侧重于反映企业的经营成果。会计要素的界定和分类可以使财务会计系统更加科学严密,并可为使用者提供更加有用的信息。

一、会计要素定义及其确认条件

(一)资产的定义及其确认条件

1.资产的定义

资产,是指企业过去的交易或者事项形成的,由企业拥有或者控制的,预期会给企业带来经济利益的资源。根据这一定义,资产具有以下特征:

(1)资产是由企业过去的交易或者事项形成的。企业过去的交易或者事项包括购买、生产、建造行为或其他交易或者事项。也就是说,资产必须是现实资产,而不是预期的资产,是由于过去已经发生的交易或者事项所产生的结果;至于未来交易或者事项以及未发生的交易或者事项可能产生的结果,则不属于现在的资产,不得作为资产确认。甲企业和乙供应商签订了一份购买原材料的合同,合同尚未履行,即购买行为尚未发生,因此该批原材料不符合资产的定义,甲企业不能因此而确认存货资产。

(2)资产应为企业拥有或控制的资源。资产作为一项资源,必须由企业拥有或者控制。由企业拥有或者控制是指企业享有某项资源的所有权,或者虽然不享有某项资源的所有权,但该资源能被企业所控制。

企业享有资产的所有权,通常表明企业能够排他性地从资产中获取经济利益。但是有些情况下,资产虽然不为企业所拥有,即企业并不享有其所有权,但是企业控制了这些资产,这同样表明企业能够从该资产中获取经济利益,符合会计上对资产的定义。反之,如果企业既不拥有也不控制资产所能带来的经济利益,那么就不能将其作为企业的资产予以确认。如某企业以融资租赁方式租入一项固定资产,尽管企业并不拥有其所有权,但是如果租赁合同规定的租赁期相当长,接近于该资产的使用寿命,则表明企业控制了该资产的使用及其所能带来的经济利益,因此,应当将其作为企业的资产予以确认、计量和报告。

(3)资产预期会给企业带来经济利益。预期会给企业带来经济利益,是指直接或者间接导致现金和现金等价物流入企业的潜力。这种潜力可以来自企业的日常生产经营活动,也可以是非日常生产经营活动;带来的经济利益可以是现金或者现金等价物,或者是可以转化为现金等价物的其他资产,或者表现为减少现金或者现金等价物流出。

资产预期能为企业带来经济利益是资产的重要特征。如果某一项目预期不能给企业带来经济利益,那么就不能将其确认为企业的资产。前期已经确认为资产的项目,如果不能再为企业带来经济利益的,也不能再确认为企业的资产。

2.资产的确认条件

将一项资源确认为资产,必须符合资产的定义,同时还需要满足以下两个条件:

(1)与该资源有关的经济利益很可能流入企业。根据资产的定义,能够带来经济利益是资产的一个本质特征,但是由于经济环境瞬息万变,与资源有关的经济利益能否流入企业或者能够流入多少,实际上带有不确定性。如果根据编制财务报表时所取得的证据,与该资源有关的经济利益很可能发生大于 50%,但小于或等于 95% 的概率流入企业,那么就应当将其作为资产予以确认。如 A 企业赊销一批商品给 B 客户,形成了对该客户的应收账款,由于 A 企业最终收到款项与销售实现之间有时间差,而且收款又在未来期间,因此带有一定的不确定性。如果企业在销售时判断未来很可能收到款项或者能够确定收到款项,A 企业就应当在销售实现时点将该应收账款确认为一项资产。反之,对于所形成的应收账款,如果 A 企业判断很可能部分或者全部无法收回,则表明该部分或者全部应收账款已经不符合资产的确认条件,企业应当计提坏账准备,减少资产的价值。

(2)该资源的成本或者价值能够可靠地计量。财务会计系统是一个确认、计量和报告的系统。其中,计量起着枢纽作用,可计量性是所有会计要素确认的重要前提,资产的确认也是如此。只有当有关资源的成本或者价值能够可靠地计量时,资产才能予以确认。

在实务中,企业取得的许多资产一般都是发生了的实际成本,例如企业购买或者生产的存货,企业购置的厂房或者设备等,对于这些资产,只要实际发生的购买成本或者生产成本能够可靠地计量,就应视为符合资产确认的可计量条件。

3.资产的分类和内容

企业资产分为流动资产和非流动资产两大类。其中,流动资产是指那些可以合理预计在一年或超过一年的一个营业周期内转化为现金或被销售、耗用的资产,主要包括货币资金、交易性金融资产、应收票据、应收账款、预付账款、其他应收款、存货、合同资产等。非流动资产指除上述流动资产之外的所有其他资产,主要包括债权投资、其他债权投资、其他权益工具投资、长期应收款、长期股权投资、固定资产、在建工程、无形资产、开发支出、投资性房地产等。

(二)负债的定义及其确认条件

1. 负债的定义

负债,是指企业过去的交易或者事项形成的、预期会导致经济利益流出企业的现时义务。根据负债的定义,负债具有以下特征:

(1)负债是企业承担的现时义务。负债必须是企业承担的现时义务,它是负债的一个基本特征。

现时义务是指企业在现行条件下已承担的义务;未来发生的交易或者事项形成的义务,不属于现时义务,不应当确认为负债。

现时义务可以是法定义务,也可以是推定义务。其中,法定义务是指具有约束力的合同或者法律、法规规定的义务,通常必须依法执行。例如,企业购买原材料形成应付账款,企业向银行贷入款项形成借款,企业按照税法规定应当交纳的税款等,均属于企业承担的法定义务,需要依法予以偿还。推定义务是指根据企业多年来的习惯做法、公开的承诺或者公开宣布的政策而导致企业将承担的责任,这些责任也使有关各方形成了企业将履行义务解脱责任的合理预期。例如,乙企业多年来制定有一项销售政策,即对于售出商品提供一定期限内的售后保修服务,乙企业将为售出商品提供的保修服务就属于推定义务。

(2)负债的清偿预期会导致经济利益流出企业。负债的清偿预期会导致经济利益流出企业,是负债的又一重要特征。只有企业在履行义务时会导致经济利益流出企业的,才符合负债的定义;如果不会导致经济利益流出企业的,就不符合负债的定义。在履行现时义务清偿负债时,导致经济利益流出企业的形式是多种多样的。例如,用现金偿还或以实物资产偿还,以提供劳务偿还,部分转移资产、部分提供劳务偿还等。

(3)负债是由企业过去的交易或者事项形成的。负债应当由企业过去的交易或者事项所形成。换句话说,企业只有过去发生的交易或者事项才形成负债,企业将在未来发生的承诺、签订的合同等交易或者事项,不形成负债。

2. 负债的确认条件

将一项现实义务确认为负债,必须符合负债的定义,同时还需要满足以下两个条件,才能作为负债核算,并在资产负债表中反映。

(1)与该义务有关的经济利益很可能流出企业。根据负债的定义,预期会导致经济利益流出企业是负债的一个本质特征。鉴于履行义务所需流出的经济利益带有不确定性,尤其是与推定义务相关的经济利益通常需要依赖于大量的估计,因此,负债的确认应当与经济利益流出的不确定性程度的判断结合起来。如果根据编制财务报表时所取得的证据判断,与现时义务有关的经济利益很可能流出企业,那么就应当将其作为负债予以确认。如某企业涉及的未决诉讼和为销售商品提供质量保证,如果很可能会导致企业的经济利益流出企业的,就应当视为符合负债的确认条件。反之,如果企业虽然承担了现时义务,但是会导致企业经济利益流出的可能性很小(小于5%)的,则不符合负债的确认条件,不应当将其作为负债予以确认。

(2)未来流出的经济利益的金额能够可靠地计量。负债的确认也需要符合可计量性的要求,即对于未来流出的经济利益的金额应当能够可靠地计量。对于与法定义务有关的经济利益流出金额,通常可以根据合同或者法律规定的金额予以确定。考虑到经济利益的流出一般发生在未来期间,有时未来期间的时间还很长,在这种情况下,有关金额的计量通常需要考虑货币时间价值等因素的影响。对于与推定义务有关的经济利益流出金额,通常需要较大程度的估计。为此,企业应当根据履行相关义务所需支出的最佳估计数进行估计,并综合考虑有关货币时间价值、风险等因素的影响。

3.负债的分类和内容

企业负债分为流动负债和非流动负债两大类。其中,流动负债是指需要在一年或者长于一年的一个营业周期内偿还的负债,主要包括短期借款、应付票据、应付账款、预收账款、其他应付款、合同负债、应付职工薪酬、应交税费、应付股利等;非流动负债是指不满足上述条件的其他负债,主要包括长期借款、应付债券、长期应付款等。

(三)所有者权益的定义及其确认条件

1.所有者权益的定义

所有者权益,是指企业资产扣除负债后由所有者享有的剩余权益。公司的所有者权益又称为股东权益。所有者权益是所有者对企业资产的剩余索取权,它是企业的资产扣除债权人权益后应由所有者享有的部分,既可以反映所有者投入资本的保值增值情况,又体现了保护债权人权益的理念。

2.所有者权益的来源

所有者权益的来源包括所有者投入的资本、直接计入所有者权益的利得和损失(其他综合收益)、留存收益等。通常由股本(或实收资本)、资本公积(含股本溢价或资本溢价、其他资本公积)、其他综合收益、盈余公积和未分配利润等构成。

所有者投入的资本,是指所有者投入企业的资本部分,它既包括构成企业注册资本或者股本部分的金额,也包括投入资本超过注册资本或者股本部分的金额,即资本溢价或者股本溢价。这部分资本溢价在我国企业会计准则中被计入资本公积,并在资产负债表中的资本公积项目下反映。

直接计入所有者权益的利得和损失,是指不应计入当期损益、会导致所有者权益发生增减变动的、与所有者投入资本或者向所有者分配利润无关的利得或者损失。其中,利得,是指由企业非日常活动所形成的、会导致所有者权益增加的、与所有者投入资本无关的经济利益的流入;损失,是指由企业非日常活动所发生的、会导致所有者权益减少的、与向所有者分配利润无关的经济利益的流出。直接计入所有者权益的利得和损失主要是指其他综合收益等。

留存收益,是企业历年实现的净利润留存于企业的部分,主要包括计提的盈余公积和未分配利润。

3.所有者权益的确认条件

所有者权益体现的是所有者在企业中的剩余权益,因此,所有者权益的确认和计量主要依赖于其他会计要素,尤其是资产和负债的确认和计量。例如,企业接受投资者投入的资产,在该资产符合企业资产确认条件时,也相应地符合了所有者权益的确认条件;当该资产的价值能够可靠计量时,所有者权益的金额也可以确定。

(四)收入的定义及其确认条件

1.收入的定义

收入,是指企业在日常活动中形成的、会导致所有者权益增加的、与所有者投入资本无

关的经济利益的总流入。收入具有以下特征:

(1)收入是企业在日常活动中形成的。日常活动是指企业为完成其经营目标而从事的经常性活动以及与之相关的活动。例如,工业企业制造和销售产品、商业企业销售商品、保险公司签发保单、咨询公司提供咨询服务、软件企业为客户开发软件、安装公司提供安装服务、商业银行对外贷款、租赁公司出租资产等,均属于企业的日常活动。明确界定日常活动是为了将收入与利得相区分,因为企业非日常活动所形成的经济利益的流入不能确认为收入,而应当计入利得。

(2)收入是与所有者投入资本无关的经济利益总流入。收入应当会导致经济利益的流入,从而导致资产的增加。例如,企业销售商品,应当收到现金或者在未来有权收到现金,才表明该交易符合收入的定义。但在实务中,经济利益的流入有时是所有者投入资本的增加所导致的,所有者投入资本的增加不应当确认为收入,应当直接将其确认为所有者权益。

(3)收入应当最终会导致所有者权益的增加。与收入相关的经济利益的流入最终应当会导致所有者权益的增加,不会导致所有者权益增加的经济利益的流入不符合收入的定义,不应确认为收入。例如,企业向银行借入款项1 000万元,尽管该借款导致了企业经济利益的流入,但是该流入并不会导致所有者权益的增加,反而使企业承担了一项现时义务。因此,企业对于因借入款项所导致的经济利益的增加,不应将其确认为收入,而应当确认为一项负债。

2.收入的确认条件

企业应当在履行了合同中的履约义务,即在客户取得相关商品控制权时确认收入。取得商品控制权,是指能够主导该商品的使用并从中获得几乎全部的经济利益。当企业与客户之间的合同同时满足下列条件时,企业应当在客户取得相关商品的控制权时确认收入:

(1)合同各方已批准该合同并承诺将履行各自义务;

(2)该合同明确了合同各方与所转让商品或提供劳务相关的权利和义务;

(3)该合同有明确的与所转让商品或提供劳务相关的支付条款;

(4)该合同具有商业实质,即履行该合同将改变企业未来现金流量的风险、时间分布或金额;

(5)企业因向客户转让商品或提供劳务而有权取得的对价很可能收回。

(五)费用的定义及其确认条件

1.费用的定义

费用,是指企业在日常活动中发生的、会导致所有者权益减少的、与向所有者分配利润无关的经济利益的总流出。根据费用的定义,费用具有以下特征:

知识拓展1-5

(1)费用是企业在日常经营活动中形成的。费用必须是企业日常经营活动中形成的,这些日常活动的界定与收入定义中涉及的日常活动相一致。日常活动中所产生的费用通常包括营业成本(主营业务成本和其他业务成本)、税金及附加、销售费用、管理费用、财务费用等。将费用界定为日常活动中所形成的,目的是为了将其与损失相区分,企业非日常活动所形成的经济利益的流出不能确认为费用,而应当计入损失。

(2)费用是与向所有者分配利润无关的经济利益的总流出。费用的发生应当会导致经济利益的流出,从而导致资产的减少,或者负债的增加,其表现形式包括现金或者现金等价

物的流出,存货、固定资产和无形资产的流出或消耗等。企业向所有者分配利润也会导致经济利益的流出,而该经济利益的流出属于所有者权益的抵减项目,因而不应确认为费用,应当将其排除在费用之外。

(3)费用会导致所有者权益的减少。与费用相关的经济利益的流出最终应当会导致所有者权益的减少,不会导致所有者权益减少的经济利益的流出不符合费用的定义,不应确认为费用。

2.费用的确认条件

费用的确认除了应当符合定义外,还至少应当符合以下条件:

(1)与费用相关的经济利益应当很可能流出企业;

(2)经济利益流出企业的结果会导致资产的减少或者负债的增加;

(3)经济利益的流出额能够可靠计量。

(六)利润的定义及其确认条件

1.利润的定义

利润,是指企业在一定会计期间的经营成果。通常情况下,如果企业实现了利润,表明企业的所有者权益将增加;反之,如果企业发生亏损(即利润为负数),表明企业的所有者权益将减少,业绩下滑了。因此,利润是评价企业管理层业绩的一项重要指标,也是投资者等财务报告使用者进行决策时的重要参考。

2.利润的来源构成

利润包括收入减去费用后的净额、直接计入当期利润的利得和损失等。其中,收入减去费用后的净额反映的是企业日常活动的业绩。直接计入当期利润的利得和损失,是指应当计入当期损益、会导致所有者权益发生增减变动的、与所有者投入资本或者向所有者分配利润无关的利得或损失。其中,利得,是指由企业非日常活动所形成的、会导致所有者权益增加的、与所有者投入资本无关的经济利益的流入;损失,是指由企业非日常活动所发生的、会导致所有者权益减少的、与向所有者分配利润无关的经济利益的流出。

3.利润的确认条件

利润反映的是收入减去费用、利得减去损失后的净额。因此,利润的确认主要依赖于收入和费用,以及利得和损失的确认,其金额的确定也主要取决于收入、费用、利得、损失金额的计量。

二、会计要素的计量属性

会计计量就是在资产负债表和利润表内确认和列示会计要素而确定其金额的过程,这一过程涉及计量属性的选择。会计计量属性主要包括如下方面。

在线视频 1-3

(一)历史成本

历史成本,又称为实际成本,是指取得或制造某项财产物资时所实际支付的现金或其他等价物。在历史成本计量下,资产按照购买时支付的现金或者现金等价物的金额,或者按照购置资产时所付出的对价的公允价值计量。负债按照因承担现时义务而实际收到的款项或者资产的金额,或者承担现时义务的合同金额,或者按照日常活动中为偿还负债预期需要支付的现金或者现金等价物的金额计量。

（二）重置成本

重置成本又称现行成本，是指按照当前市场条件，重新取得同样一项资产所需支付的现金或现金等价物的金额。在重置成本计量下，资产按照现在购买相同或者相似资产所需支付的现金或者现金等价物的金额计量。负债按照现在偿付该项债务所需支付的现金或者现金等价物的金额计量。

（三）可变现净值

可变现净值，又称预期脱手价值，是指在正常生产经营过程中，以预计售价减去进一步加工成本和销售所必需的预计税金、费用后的净值。在可变现净值计量下，资产按照其正常对外销售所能收到现金或者现金等价物的金额，扣减该资产至完工时估计将要发生的成本、估计的销售费用以及相关税费后的金额计量。

（四）现值

现值，是指对未来现金流量以恰当的折现率进行折现后的价值，是考虑货币时间价值因素等的一种计量属性。在现值计量下，资产按照预计从其持续使用和最终处置中所产生的未来净现金流入量的折现金额计量。负债按照预计期限内需要偿还的未来净现金流出量的折现金额计量。

（五）公允价值

公允价值，是指市场参与者在计量日发生的有序交易中，出售一项资产所能收到或者转移一项负债所需支付的价格，即脱手价格。公允价值的计量要求：

（1）企业应当考虑资产或负债的特征以及该资产或负债是以单项还是以组合方式进行计量。

（2）企业应当假定市场参与者在计量日出售资产或者转移负债的交易，是在当前市场条件下的有序交易。并假定出售资产或者转移负债的有序交易是在主要市场进行的。不存在主要市场的，企业应当假定该交易在相关资产或负债的最有利市场进行。

企业以公允价值计量相关资产或负债，应当采用市场参与者在对该资产或负债定价时为实现其经济利益最大化所使用的假设，包括有关风险的假设。企业应当根据交易性质和相关资产或负债的特征等，判断初始计量时公允价值与交易价格是否相等。

（3）企业以公允价值计量相关资产或负债，应当采用在当前情况下适用并且有足够可利用的数据和其他信息支持的估值技术。企业应当根据估值技术中所使用的输入值确定公允价值计量结果所属的层次。

知识拓展 1-6

第五节　财务报告

财务会计的目的是为了通过向外部信息使用者提供有用的信息，帮助使用者做出相关决策。承担这一信息载体功能的便是企业编制的财务会计报告，也称为财务报告。财务报告是企业对外提供的反映企业某一特定日期的财务状况和某一会计期间的经营成果、现金流量等会计信息的文件，包括财务报表及其附注和其他应当在财务报告中披露的相关信息及资料。其中,财务报表由资产负债表、利润表、现金流量表和所有者权益变动表等报表及其附注组成。

一、财务报表

(一)资产负债表

资产负债表是反映企业在某一特定日期的财务状况的会计报表。企业编制资产负债表的目的是通过如实反映企业的资产、负债和所有者权益金额及其结构情况,从而有助于使用者评价企业资产的质量以及短期偿债能力、长期偿债能力和利润分配能力等。

(二)利润表

利润表是反映企业在一定会计期间的经营成果的会计报表。企业编制利润表的目的是通过如实反映企业实现的收入、发生的费用、应当计入当期利润的利得和损失以及其他综合收益等金额及其结构情况,从而有助于使用者分析评价企业的盈利能力及其构成与质量。

(三)现金流量表

现金流量表是反映企业在一定会计期间的现金和现金等价物流入和流出的会计报表。企业编制现金流量表的目的是通过如实反映企业各项活动的现金流入、流出情况,从而有助于使用者评价企业的现金流和资金周转情况。

(四)所有者权益变动表

所有者权益变动表是反映企业所有者权益各组成部分当期增减变动情况的会计报表。

二、附注

附注是对在会计报表中列示项目所做的进一步说明,以及对未能在这些报表中列示项目的说明等。企业编制附注的目的是通过对财务报表本身做补充说明,以更加全面、系统地反映企业财务状况、经营成果和现金流量的全貌,从而向使用者提供更为有用的信息,有助于使用者做出更加科学合理的决策。

财务报表是财务报告的核心内容,但是除了财务报表之外,财务报告还应当包括其他相关信息,具体可以根据有关法律法规的规定和外部使用者的信息需求而定。如企业可以在财务报告中披露其承担的社会责任、对社区的贡献、可持续发展能力等信息,这些信息与使用者的决策也是相关的,尽管属于非财务信息,无法包括在财务报表中,但是如果有规定或者使用者有需求,企业应当在财务报告中予以披露,有时企业也可以自愿在财务报告中披露相关信息。

第六节　会计职业道德与会计法规制度体系

一、会计人员职业道德

(一)会计职业与会计人员

1.会计职业及特征

会计职业,是指利用会计专门的知识和技能,为经济社会提供会计服务,获取合理报酬的职业。会计职业有以下特征:

社会属性。会计职业是一种社会分工,为维护生产关系和经济社会秩序,正确处理企业利益相关者和社会公众的经济权益及其关系提供会计服务。

规范性。按照系统性的专业规范操作要求执行会计工作,严格实行职业道德的规范性要求。

经济性。会计人员通过会计工作获取合理报酬,赖以谋生。

技术性。执行会计工作时需采用相关政策法规规定的专门方法和程序。

时代性。执行会计工作应适应当代经济社会生产经营方式,与时俱进。

2.会计人员及工作要求

会计人员,是指根据《中华人民共和国会计法》(以下简称《会计法》)的规定,在国家机关、社会团体、企业、事业单位和其他组织(以下统称单位)中从事会计核算、实行会计监督等会计工作的人员。具体包括:出纳,稽核,资产、负债和所有者权益的核算,收入、费用的核算,财务成果的核算,财务会计报告的编制,会计监督,会计机构内会计档案管理以及会计主管、总会计师、财务总监等人员。

会计人员工作的基本要求:①遵守《会计法》等会计法规;②具备良好的职业道德;③按照国家有关规定参加继续教育;④具备从事会计工作所需要的专业能力。

(二)会计人员职业道德及规定

1.会计职业道德

会计职业道德,是指会计人员在其职业活动中应当遵循的、体现会计职业特征的、调整会计职业关系的各种经济关系的职业行为准则和规范。会计职业道德由会计职业理想、会计职业责任、会计职业技能、会计工作态度、会计工作作风和会计职业纪律等构成。会计职业道德规范具有如下特点:

(1)职业性。会计职业道德规范是会计职业界提出的,与会计职业活动紧密相连,具有鲜明的会计职业特征。

(2)自觉性。会计职业道德规范对会计工作和会计人员的约束作用主要依靠社会舆论和道德力量来维护。

(3)综合性。会计职业道德既有对会计人员业务素质的要求,也有对其思想道德等方面的要求。

2.会计人员职业道德的内容

会计人员职业道德的规范包括以下内容：

(1)坚持诚信,守法奉公。牢固树立诚信理念,以诚立身、以信立业,严于律己、心存敬畏。学法知法守法,公私分明、克己奉公,树立良好的职业形象,维护会计行业声誉。"坚持诚信,守法奉公"是对社会公民的普遍性要求,会计人员作为一名社会公民自然要坚持和恪守。

(2)坚持准则,守责敬业。严格执行准则制度,保证会计信息真实完整。勤勉尽责、爱岗敬业,忠于职守、敢于斗争,自觉抵制会计造假行为,维护国家财经纪律和经济秩序。

(3)坚持学习,守正创新。始终秉持专业精神,勤于学习、锐意进取,持续提升会计专业能力。不断适应新形势、新要求,与时俱进、开拓创新,努力推动会计事业高质量发展。

二、会计法规制度体系

(一)会计法规制度体系的构成

会计法规制度,是指国家权力机关和行政机关制定的调整会计关系的各种法律法规、规章和规范性文件的总称。目前,我国已形成以《会计法》为主体,由会计法律、会计行政法规、会计部门规章和会计规范性文件有机构成的会计法规制度体系。

1.会计法律

会计法律,是指由全国人民代表大会及其常务委员会经过一定的立法程序制定的有关会计工作的法律,属于会计法律制度中层次最高的法律规范,是制定其他会计法规的依据,也是指导会计工作的最高准则。如《中华人民共和国会计法》《中华人民共和国注册会计师法》及其他有关法律。

2.会计行政法规

会计行政法规,是指由国务院制定并发布,或者由国务院有关部门拟定并经国务院批准发布,调整经济生活中某些方面会计关系的法律规范。如《总会计师条例》《企业财务会计报告条例》。

3.会计部门规章

会计部门规章,是指由国家主管会计工作的行政部门即财政部以及其他相关部委根据法律和行政法规,在本部门的权限范围内制定的、调整会计工作中某些方面内容的法律规范,通常以部长令的形式公布。如《会计从业资格管理办法》《财政部门实施会计监督办法》《企业会计准则——基本准则》等。

4.会计规范性文件

会计规范性文件,是指除会计行政法规以及部门规章外,由国务院财政部门依照法定权限、程序制定并公开发布,涉及公民、法人和其他组织权利义务,具有普遍约束力,在一定会计规范性文件期限内反复适用的公文,通常以财会字文件印发。省、自治区、直辖市人民代表大会及其常务委员会在同宪法、会计法律、行政规范和国家统一的会计制度不相抵触的前提下,根据本地区情况制定发布一些地方性会计法规。如《会计基础工作规范》《企业会计准则——具体准则》《企业会计准——应用指南》《企业会计制度》《金融企业会计制度》《小企业会计制度》《会计档案管理办法》等。

(二)我国企业会计准则体系

我国企业会计准则体系由基本会计准则、具体会计准则、解释公告、会计处理规定、应用指南以及会计准则应用案例、会计准则实施问答和会计准则实务问答等部分组成。

1.基本会计准则

基本会计准则在整个会计准则体系中起统驭作用,主要规范财务报告目标,会计基本假设和会计基础,会计信息质量要求,会计要素的分类及确认和计量,财务报告等,用来指导具体会计准则的制定以及指导没有具体会计准则规范的交易的处理。

2.具体会计准则

具体会计准则是在基本会计准则的指导下,对企业各项资产、负债、所有者权益、收入、费用、利润及相关交易事项的确认、计量和报告进行规范的会计准则。截至目前,具体会计准则包括存货、长期股权投资等42项。各项具体会计准则的规范内容与有关国际财务报告准则的内容基本一致,这也正是我国会计准则国际趋同的重要体现。今后随着经济的进一步发展,具体会计准则将会进一步完善与拓展。

3.解释公告

解释公告是对具体会计准则实施过程中出现的问题、具体准则条款规定不清楚或者尚未规定的问题作出的补充说明。

4.会计处理规定

会计处理规定是对某项特定交易或事项的会计处理所作的规定,如《增值税会计处理规定》。

5.应用指南

应用指南是对具体会计准则相关条款的细化和有关重点难点问题提供的操作性指南,以有利于会计准则的贯彻落实和指导实务操作。

6.会计准则应用案例、会计准则实施问答、会计准则实务问答

会计准则应用案例、会计准则实施问答、会计准则实务问答通常是针对会计实务中遇到的具体案例或者实施过程中对会计人员职业道德的会计准则的理解问题所作的回应,以帮助会计人员和注册会计师更好地理解和实施企业会计准则。

【问题讨论】

1.你认为财务报告目标与企业目标之间有什么联系?请举例说明。

2.试举出四个会计主体的例子,并说明不同会计主体的特征有哪些?

3.会计信息应具备哪些特征?不同的会计信息使用者分别关注哪些会计信息?

4.会计要素如何确认与计量?企业如何选择会计计量属性?

5.请阐述强化会计人员职业道德建设的必要性和重要性。

【项目训练】

训练目的:学生通过本项目的训练,对企业财务信息的生成环境有基本的认识,了解财务信息的生成背景,掌握会计要素的确认与计量。

训练形式:以学生自主完成为主,教师适当指导。

训练课时:课外 2 课时。

训练资料:主修电子商务专业的李汉同学于 2019 年 6 月大学毕业,受聘担任一家大型化工企业的销售业务员。有一次,在与企业化学工程师日常讨论中,得知公司已经研发出了利用回收的塑料汽水瓶生产产品的技术,并申请了专利。该技术的工艺步骤是先把塑料汽水瓶研磨成粉末,然后加工成产品。李汉从中看到了机会,他决定创办一家企业,专门回收塑料汽水瓶,碾成粉末,然后将粉末卖给该化工企业。李汉进行了一系列的市场调查和可行性论证,他的两个大学同学也认为该项目有一定的发展前途,决定投资,于是成立了由三人组成的股份制企业,其中李汉投入 10 万元,他的两个同学各投入 5 万元。由于李汉是发起人,所占股份最多,由他出任总经理,其他两位投资者分别出任企业的副经理。2019 年 9 月在当地工商行政管理部门进行了企业注册,注册资金 20 万元,同时聘请了一位会计师。

考虑到成本问题,企业购买了 2 台旧粉碎机(每台 2 万元)和 1 辆旧卡车(5 万元),另外还购置了 1 台电脑(1 万元),以备记账之用。另外,考虑到业务发展的需要,企业购买了一个位置非常优越的仓库,但需要 20 万元。为此,企业用 10 万元作为仓库的首期付款,银行同意为他们的仓库提供抵押贷款 10 万元,期限两年,利率 6%。此外,会计师从会计信息规范化的需要出发,使企业的会计记录能在一开始就走上正轨,建议企业购买一套供中小企业使用的通用会计软件,处理企业的会计与非会计信息。至此,企业开始正式进入运转,与当地两家瓶子处理厂签订了合同,并雇用了两名粉碎机工人和一名卡车司机。到 2020 年 1 月,企业已经向李汉原来所在的化工企业按期供货了。

训练要求:

(1)作为会计师,你如何向李汉总经理提供日常管理和决策所需要的信息?请把这些信息分成会计信息和非会计信息。

(2)作为会计师,请列出这家企业成立之时的资产和负债(如有必要,你可以做一些假定)。会计师应该怎样为企业的资产进行计价?企业开办之时的所有者权益是多少?

(3)现在企业已经开始有销售业务了,要判断企业是"盈利"或"亏损",需要哪些信息?构成该企业利润或损失分析的一般项目有哪些?企业应该多长时间进行一次这样的分析?

在线自测题

(4)为了控制企业的经营活动,企业还应记录和报告其他哪些会计信息?

第二章

货币资金

■■■ **学习目标**

通过本章的学习，要求学生了解货币资金的内容；理解库存现金、银行存款管理的内容和内部控制方法；掌握库存现金收支的核算及清查、现行银行支付结算方法、银行存款收付的核算及清查、其他货币资金的内容及核算。

■■■ **关键知识点**

现金，盘盈盘亏，银行存款，结算方式，银行存款余额调节表，其他货币资金。

■■■ **案例导入**

货币资金内部失控案例

杰克公司的前身是一家国有企业，始建于 1978 年，1998 年转制为杰克公司，经过数十年的发展，积累了相当丰富的工艺技术和一定的管理经验，有许多公司管理制度。公司经过多年的不间断改造、完善，提高了产品的生产能力和市场竞争能力，并引进了先进的生产设备。公司具有较强的新产品开发能力，主要生产五大系列 28 个品种 120 多种规格的低压和高压、低速和高速、异步和同步电动机。公司具有完整的质量保证体系，2002 年通过 ISO9000 系列质量管理体系认证。公司年创产值 2 800 万元，实现利润 360 万元。公司现有员工 600 多人，30% 以上具有初、中级专业技术资格，配备管理人员 118 人，专职检验人员 86 人，建立了技术含量较高的员工队伍。随着业务的发展壮大，公司在经营过程中出现了一些问题，已经影响到了今后的发展。

公司出纳员李某，给人印象就就业业、勤勤恳恳，待人热情，工作中积极肯干，不论分内分外的事，她都主动去做，受到领导的器重和同事的信任。而事实上，李敏在其工作的一年半期间，先后利用 22 张现金支票编造各种理由提取现金 98.96 万元，均未记入现金日记账，构成贪污罪。其具体手段如下：①隐匿 3 笔结汇收入和 7 笔会计开好的收汇转账单（记账联），共计 10 笔销售收入 98.96 万元，将其提现的金额与其隐匿的收入相抵，使 32 笔收支业务均未在银行存款日记账和银行余额调节表中反映；②由于公司财务印鉴和行政印鉴合并，统一由行政人员保管，李敏利用行政人员疏于监督开具现金支票；③伪造银行对账单，将提现的整数金额改成带尾数的金额，并将提现的银行代码"11"改成托收的代码"88"。杰克公司在清理逾期未收汇时曾经发现有 3 笔结汇收入未在银行日记账和余额调节表中反映，但当时由于人手较少未能对此进行专项清查。

李敏能在一年半的时间内作案 22 次，贪污巨款 98.96 万元，主要原因在于公司缺乏一套相互牵制、有效的约束机制和监督机制，从而使李敏截留收入贪污得心应手，猖狂作案。

思考：

1. 杰克公司在货币资金管理上存在哪些漏洞？

2. 针对上述漏洞可采取哪些措施补救？

3. 李某的行为违背了哪些职业道德？

货币资金是指企业生产经营过程中处于货币形态的资产,包括库存现金、银行存款和其他货币资金。它是企业中最活跃的资产,流动性强,是企业的重要支付手段和流通手段。货币资金可以立即投入流通,用以购买商品或劳务或用以偿还债务,在流动资产中,货币资金的流动性最强,并且是唯一能够直接转化为其他任何资产形态的流动性资产,也是唯一能代表企业现实购买力水平的资产。为确保生产经营活动的正常进行,企业必须拥有一定数量的货币资金,以便购买材料、交纳税金、发放工资、支付利息及股利或进行投资等。

第一节　库存现金

现金是通用的交换媒介,也是对其他资产计量的一般尺度,会计上对现金有狭义和广义之分。狭义现金仅指库存现金,即企业金库中存放的现金,包括纸币和硬币。广义现金包括库存现金、银行存款以及其他可以普遍接受的流通手段,如银行汇票、银行本票等。目前,国际惯例中的现金概念是指广义的现金概念。而本章中的现金为狭义现金概念,即库存现金。库存现金是指由企业拥有的由出纳人员保管的货币,包括人民币现金和外币现金。现金作为货币资金的重要组成部分,具有如下特征:

(1)货币性,是指现金具有的货币属性,即它起着交易的媒介、价值衡量的尺度、会计记录的货币单位的作用。

(2)通用性,是指现金可以被企业直接用来支付各项费用或偿还各项债务。

(3)流动性,是指现金的使用一般不受任何约定的限制,可以在一定范围内自由流动。现金是企业资产中流动性最强的货币性资产。流动性主要就是指资产转换成现金或负债到期清偿所需的时间,也指企业资源及负债接近现金的程度。

知识拓展 2-1

一、库存现金的管理

库存现金是企业流动性最强的资产,企业应当严格遵守国家和企业有关现金管理制度,正确进行现金收支的核算,监督现金使用的合法性与合理性。根据国务院发布的《现金管理暂行条例》的规定,企业现金管理制度主要包括以下内容。

在线视频 2-1

(一)库存现金的使用范围

企业只能在一定范围内使用现钞进行交易。根据国家现金管理制度和结算制度的规定,企业可用现金支付的款项有:

(1)职工工资、津贴;

(2)个人劳务报酬;

(3)根据国家规定颁发给个人的科学技术、文化艺术、体育比赛等的各种奖金;

(4)各种劳保、福利费用以及国家规定的对个人的其他支出;

(5)向个人收购农副产品和其他物资的价款;

(6)出差人员必须随身携带的差旅费;

（7）结算起点（1000 元）以下的零星支出；

（8）中国人民银行确定需要支付现金的其他支出。

除企业可以现金支付的款项中的第（5）和第（6）项外，开户单位支付给个人的款项，超过使用现金限额（即个人劳务报酬）的部分，应当以支票或者银行本票等方式支付；确需全额支付现金的，经开户银行审核后，予以支付现金。

（二）库存现金的限额

库存现金的限额是指为了保证单位日常零星开支的需要，允许单位留存现金的最高数额。这一限额由开户银行根据单位的实际需要核定，一般按照单位 3～5 天日常零星开支所需确定。边远地区和交通不便地区开户单位的库存现金限额，可按多于 5 天，但不得超过 15 天的日常零星开支的需要确定。经核定的库存现金限额，开户单位必须严格遵守超过部分应于当日终了前存入银行。需要增加或者减少库存现金限额的，应当向开户银行提出申请，由开户银行核定。

（三）库存现金收支的规定

开户单位现金收支应当依照下列规定办理：①开户单位现金收入应当于当日送存开户银行，当日送存确有困难的，由开户银行确定送存时间。②开户单位支付现金，可以从本单位库存现金限额中支付或从开户银行提取，不得从本单位的现金收入中直接支付（即坐支）。因特殊情况需要坐支现金的，应当事先报经开户银行审查批准，由开户银行核定坐支范围和限额。坐支单位应当定期向开户银行报送坐支金额和使用情况。③开户单位从开户银行提取现金时，应当写明用途，由本单位财会部门负责人签字盖章，经开户银行审核后，予以支付。④因采购地点不确定，交通不便，生产或市场急需，抢险救灾以及其他特殊情况必须使用现金的，开户单位应向开户银行提出申请，由本单位财会部门负责人签字盖章，经开户银行审核后，予以支付现金。

（四）库存现金的内部控制

现金的流动性决定了现金内部控制的必要性。除了个人的道德与法制的建立外，一个企业必须强调现金内部控制，要严格现金内部控制的措施与手段，建立健全的现金内部控制制度，这样才能防止现金的丢失、被盗，以及违法乱纪行为的发生，以保持现金流动的合理性、安全性，提高现金的使用效果与获利能力。现金的内部控制包括如下几个方面的内容。

1.实行职能分开原则

要求库存现金实物管理与财务记录分开，不能由一人兼管。企业库存现金收支与保管应由出纳人员负责。经管现金的出纳人员不得兼管收入、费用、债权、债务等账簿的登记工作以及会计稽核和会计档案保管工作。

2.必须有合法的原始凭证

企业无论是收到现金或是支付现金，都要有确凿的原始凭证，以保证收入来源的合法性及支付的有效性。如总经理报销招待餐费，必须要有合法的餐费发票作为原始凭证。

3.建立收据和发票的领用制度

企业应当建立发票和收据使用登记制度，设置发票和收据登记簿，记录发票和收据的领购、使用、结存等情况。领用及收回收据和发票时，应由领用人及保管人签字确认。对空白收据和发票应定期检查，以防止短缺。

4. 加强监督与检查

要求出纳人员做到日清月结,所谓日清月结就是出纳员办理现金出纳业务,必须做到按日清理,按月结账。这里所说的按日清理,是指出纳员应对当日的经济业务进行清理,全部登记日记账,结出库存现金账面余额,并与库存现金实地盘点数核对相符。如果出现不符,应及时查明原因并进行相应会计处理。

二、库存现金的核算

为了反映和监督企业库存现金的收入、支出和结存情况,企业应当设置"库存现金"科目,借方登记企业库存现金的增加,贷方登记企业库存现金的减少,期末借方余额反映期末企业实际持有的库存现金的金额。为了全面、连续地反映和监督库存现金的收支和结存情况,企业应当设置库存现金总账和库存现金日记账,分别进行库存现金的总分类核算和明细分类核算。

库存现金日记账由出纳人员根据收付款凭证,按照业务发生顺序逐日逐笔登记。每日终了,应当在库存现金日记账上计算出当日的现金收入合计额、现金支出合计额和余额,并将库存现金日记账的余额与实际库存现金金额相核对,保证账款相符。月度终了,库存现金日记账的余额应当与库存现金总账的余额核对,做到账账相符。

三、库存现金的清查

为了保证现金的安全完整,企业应当按规定对库存现金进行定期和不定期的清查。现金清查的基本方法是清点库存现金,并将现金实存数与现金日记账上的余额进行核对。对于清查的结果应当编制现金盘点报告单。如果有挪用现金、白条顶库的情况,应及时予以纠正;对于超限额留存的现金应及时送存银行。

(一)科目的设置

对于现金清查中发现的账实不符,即现金溢缺情况,通过"待处理财产损溢——待处理流动资产损溢"科目进行核算。

(二)现金盘盈盘亏的账务处理

1. 现金盘亏的账务处理

现金清查中发现短缺的现金,应按短缺的金额,借记"待处理财产损溢——待处理流动资产损溢"科目,贷记"库存现金"科目。经落实,属于应由责任人赔偿的部分,未收款时,借记"其他应收款——应收现金短缺款——××个人",如直接收到赔款,则借记"库存现金"科目,贷记"待处理财产损溢——待处理流动资产损溢"科目;属于应由保险公司赔偿的部分,借记"其他应收款——应收保险赔款——××保险公司"科目,贷记"待处理财产损溢——待处理流动资产损溢"科目;属于无法查明的其他原因,根据管理权限,经批准后作为盘亏损失处理,借记"管理费用"科目,贷记"待处理财产损溢——待处理流动资产损溢"科目。

【例2-1】 甬江股份有限公司(简称甬江公司)于2×19年12月15日,在对现金进行清查时,发现短缺200元。经落实,需由责任人赔偿80元,由保险公司赔偿70元,无法查明原因50元,并经批准进行相应的账务处理。

(1)发现短缺:

借:待处理财产损溢——待处理流动资产损溢 200

　　贷:库存现金 200

（2）落实后账务处理:

借:其他应收款——应收现金短缺款 80

　　其他应收款——应收保险赔款——××保险公司 70

　　管理费用 50

　　贷:待处理财产损溢——待处理流动资产损溢 200

2.现金盘盈的账务处理

现金清查中发现盘盈的现金,应按盘盈的金额,借记"库存现金"科目,贷记"待处理财产损溢——待处理流动资产损溢"科目。

经落实,属于应支付给有关人员或单位的,应借记"待处理财产损溢——待处理流动资产损溢"科目,未支付时,贷记"其他应付款——应付现金溢余——××个人或单位"科目,如直接支付的,则贷记"库存现金"科目;属于无法查明原因的现金溢余,经批准后作为盘盈利得处理,借记"待处理财产损溢——待处理流动资产损溢"科目,贷记"营业外收入——盘盈利得"科目。

【例2-2】　甬江公司2×19年12月30日,在对现金进行清查时,发现溢余100元,溢余原因不明,经批准进行相应的账务处理。

（1）发现溢余:

借:库存现金 100

　　贷:待处理财产损溢——待处理流动资产损溢 100

（2）现金溢余原因不明,经批准记入"营业外收入":

借:待处理财产损溢——待处理流动资产损溢 100

　　贷:营业外收入——盘盈利得 100

第二节　银行存款

银行存款是企业存放在银行或其他金融机构的货币资金。企业应当根据业务需要,按照规定在其所在地银行开设账户,运用所开设的账户,进行存款、取款以及各种收支转账业务的结算。银行存款的收付应严格执行银行结算制度的规定。

一、银行存款的管理办法

中国人民银行颁布的《银行账户管理办法》规定,凡独立核算的企业必须在当地银行开立账户,以办理银行存款的存入、提取和支付结算业务。企业开立账户,必须遵守有关银行账户管理的各项规定。企业开立的账户,依照用途不同可分为基本存款账户、一般存款账户、临时存款账户、专用存款账户。四种账户的开立与使用对比见表2-1。

在线视频2-2

表 2-1　四种账户开立与使用对比

账户种类	定义	作用及使用范围	相关规定
基本存款账户	企业办理日常结算和现金收付业务的账户	企业职工薪酬等现金的支取只能通过本账户	一个企业只能在一家银行开立一个基本存款账户,即一个企业只有一个基本存款账户
一般存款账户	企业在基本存款账户以外的银行借款转存以及与基本存款账户的企业不在同一地点的附属非独立核算单位开立的账户	办理转账结算和现金缴存,但不能支取现金	不得在同一家银行的几个分支机构开立一般存款账户,如:在华夏银行山东路支行开了一般账户,就不能在华夏银行南京路支行再开一个一般账户
临时存款账户	企业因临时经营活动的需要而开立的账户	办理转账结算和根据国家现金管理的规定办理现金收付。使用范围:设立临时机构、异地临时经营活动、注册验资	可以进行现金的缴存与支取,但用于注册验资的在验资期间不得进行现金支取。临时存款账户的有效期最长不得超过 2 年
专用存款账户	企业因特定用途的需要而开立的具有特定用途的账户	企业可申请专用存款账户的有:基本建设资金、更新改造资金、财政预算外资金、证券交易结算资金、期货交易保证金、单位银行卡备用金等	

知识拓展 2-2

　　为了反映和监督企业银行存款的收入、支出和结存情况,企业应当设置"银行存款"科目,借方登记企业银行存款的增加,贷方登记企业银行存款的减少,期末借方余额反映期末企业实际持有的银行存款的金额。

　　企业应当设置银行存款总账和银行存款日记账,分别进行银行存款的总分类核算和序时、明细分类核算。企业可按开户银行和其他金融机构、存款种类等设置银行存款日记账,根据收付款凭证,按照业务的发生顺序逐笔登记。每日终了,应结出余额。

　　企业将款项存入银行和其他金融机构时,应借记"银行存款"科目,贷记"库存现金"等科目;提取或用于支付已存入银行和其他金融机构的存款时,借记"库存现金"等科目,贷记"银行存款"科目。

　　【例 2-3】 2×19 年 12 月 3 日,甬江公司收到转账支票一张,金额 113 000 元,为销售商品货款,其中价款 100 000 元,增值税 13 000 元;另收到电汇款一笔,金额 50 000 元,为甲公司预付的货款,均存入银行。

　　(1)收到销售商品货款:

借:银行存款　　　　　　　　　　　　　　　　　　　　　　　　　113 000

　　贷:主营业务收入　　　　　　　　　　　　　　　　　　　　　　100 000

　　　　应交税费——应交增值税(销项税额)　　　　　　　　　　　　13 000

　　(2)收到购货单位预付货款:

借:银行存款 50 000
　　贷:预收账款——甲公司 50 000

【例 2-4】 2×19 年 12 月 5 日,甬江公司开出转账支票一张,金额 5 000 元,为支付管理部门的电费;以电汇的方式支付材料款 23 400 元,其中价款 20 000 元,增值税 2 600 元,发票已收,材料已验收入库。以上款项均银行存款支付。

(1)支付电费:
借:管理费用 5 000
　　贷:银行存款 5 000

(2)支付材料款:
借:原材料 20 000
　　应交税费——应交增值税(进项税额) 2 600
　　贷:银行存款 22 600

二、银行结算方式

银行结算方式主要有银行汇票结算、银行本票结算、商业汇票结算、支票结算、托收承付结算、委托收款结算、汇兑结算、信用卡结算和信用证结算等。

(一)银行汇票结算

银行汇票是出票银行签发的,由其在见票时按照实际结算金额无条件支付给收款人或持票人的票据。单位和个人各种款项的结算,均可使用银行汇票。银行汇票可以用于转账,填明"现金"字样的银行汇票也可以用于支取现金。银行汇票结算方式具有适用范围广,信用度高,安全可靠,使用灵活,适应性强的特点。

银行汇票结算的注意事项:
(1)银行汇票可以用于转账,填明"现金"字样的银行汇票也可以用于支取现金;
(2)提示付款期限自出票日起 1 个月内,逾期银行不予受理;
(3)银行汇票一律记名,可以背书转让,但填明"现金"字样的不得背书转让;
(4)申请签发银行汇票,应向签发银行提交"银行汇票委托书"。

(二)银行本票结算

银行本票结算是指汇款人将款项送存银行,由银行签发银行本票给汇款人,汇款人持银行本票在同城办理转账业务。银行本票,见票即付,不予挂失,当场抵用,付款保证程度高。适合单位和个人各种款项结算。银行本票按照其金额是否固定可分为不定额和定额两种。不定额银行本票是指凭证上金额栏是空白的,签发时根据实际需要填写金额(起点金额为 100 元)的银行本票。定额银行本票是指凭证上预先印有固定面额的银行本票,定额银行本票面额为 1 000 元,5 000 元,10 000 元和 50 000 元,其提示付款期限自出票日起最长不得超过 2 个月。

银行本票结算方式具有使用方便,信誉度高,支付能力强的特点。

银行本票结算的注意事项:
(1)银行本票可以用于转账,填明"现金"字样的银行本票可以向银行支取现金;
(2)提示付款期限为 2 个月内,在付款期内银行见票即付,不能挂失;

(3)银行本票一律记名,可以背书转让;

(4)采用银行本票结算方式时,应向银行填写"银行本票申请书"。

(三)商业汇票结算

商业汇票是出票人签发的,委托付款人在指定日期无条件支付确定的金额给收款人或者持票人的票据。采用商业汇票必须是真实的商品交易或债权债务关系。商业汇票分为商业承兑汇票和银行承兑汇票。两者的区别在于,到期时,付款人无足额款项支付,商业承兑汇票将被承兑银行退票,由收款人与付款人协商。而银行承兑汇票却由承兑银行垫付,银行将其作为对付款人的贷款处理。商业汇票的有效期最长不超过6个月。商业承兑汇票由银行以外的付款人承兑(付款人为承兑人),银行承兑汇票由银行承兑。

知识拓展2-3

商业汇票结算的注意事项:

(1)商业汇票的付款期限最长不超过6个月;

(2)提示付款期限为自汇票到期日起10日内;

(3)商业汇票一律记名,可以背书转让;

(4)符合条件的持票人可持未到期的商业汇票连同贴现凭证,向银行申请贴现。

(四)支票结算

支票是由出票人签发的,委托银行见票即付款给收款人或票据持有人的结算方式。支票按结算方式分为普通支票、现金支票和转账支票。普通支票可以用于支取现金,也可以用于转账。但在普通支票左上角划两条平行线的,为划线支票,只能用于转账,不能支取现金。现金支票用于现金的提取,转账支票用于转账。支票广泛用于同城结算,支票一律记名,起点为100元,有效期为10天。支票结算具有简便、灵活、迅速和可靠的特点。

支票结算的注意事项:

(1)支票提示付款期限自出票日起10天,但中国人民银行另有规定的除外。

(2)转账支票可以背书转让。

(3)签发支票应使用钢笔或碳素笔,各要素填写齐全,并在支票上加盖预留的银行印鉴。

(4)签发支票的金额不得超过付款时在付款人处实有的存款余额,禁止发行空头支票。签发空头支票,银行应予以退票,并按票面金额处以5%但不低于1 000元的罚款;持票人有权要求出票人赔偿支票金额2%的赔偿金。

(5)存款人领购支票,必须填写"票据和结算凭证领用单"并签章,签章应与预留银行的签章相符。存款账户结清时,必须将全部剩余空白支票交回银行注销。

(五)托收承付结算

托收承付结算是指根据购销合同由收款人发货后委托银行向异地购货单位收取货款,购货单位根据合同对单或对证验货后,向银行承认付款的一种结算方式。采用托收承付结算必须是由购销双方签有购销合同,代销、寄销、赊销商品的款项,不得办理托收承付,其每笔结算起点为10 000元(新华书店系统为1 000元)。

托收承付结算的注意事项:

(1)使用该结算方式的收款单位和付款单位,必须是国有企业,供销合作社以及经营较好,并经开户银行审查同意的城乡集体所有制工业企业。

（2）办理结算的款项必须是商品交易以及因商品交易而产生的劳务供应款项。代销、寄销、赊销商品款项，不得办理托收承付结算。

（3）托收承付结算方式分为托收和承付两个阶段。托收是指销货单位按合同发运商品，办妥发货手续后，根据发货票、代垫运杂费单据等填制"托收承付结算凭证"，连同发货票、运单一并送交开户银行办理托收。开户银行接到托收凭证及其附件后，应认真进行审查。对审查无误，同意办理的，应将托收凭证的回单联盖章后退回销货单位。承付是指购货单位收到银行转来的托收承付结算凭证及所附单证后，在规定的承付期内审查核对，安排资金。承付货款分为验单付款和验货付款两种，由收付双方商量选用，并在合同中明确规定。承付期为验单承付 3 天，验货承付 10 天。

（六）委托收款结算

委托收款结算是指收款人向银行提供收款依据，委托银行向付款人收取款项的一种结算方式。此结算方式与托收承付结算方式的程序相同，但不同点在于不受结算起点限制，同城、异地均可用。委托收款结算款项的划回方式，分邮寄和电报两种，由收款人选用。

委托收款结算的注意事项：

委托收款结算方式分为"委托"和"付款"两个阶段。

（1）委托。收款人办理委托收款应向银行提交委托收款凭证和有关的债务证明，收款人开户银行审查同意后，将"委托收款凭证"的回单退给收款单位，表示已办妥委托收款手续。

（2）付款。付款人开户银行接到寄来的委托收款凭证及债务证明，审查无误后，应及时通知付款人。付款人接到通知后，应在规定付款期限内付款，付款期为 3 天，从付款人开户银行发出付款通知的次日算起。付款人未在接到通知日的次日起 3 日内通知银行付款的，视同付款人同意付款，并于付款人接到通知日的次日起第 4 日上午开始营业时，将款项划给收款人。

（3）付款人审查有关债务证明后，对收款人委托收取的款项需要拒绝付款的，应在付款期内出具拒绝付款理由书，持有债务证明的，应将其送交开户银行。银行将拒绝付款理由书、债务证明和有关凭证一并寄给被委托银行，转交收款人。

（七）汇兑结算

汇兑结算是汇款人（付款企业）委托银行将其款项支付给异地收款人的结算方式。这种结算方式划拨款项简便、灵活。汇兑分信汇和电汇，汇兑结算方式除了适用于单位之间的款项划拨外，也可用于单位对异地的个人支付有关款项，如退休工资、医药费、各种劳务费、稿酬等，还可适用个人对异地单位所支付的有关款项，如邮购商品、书刊，交大学学费等。

（1）信汇：指汇款人向当地银行交付本国货币，由银行开具付款委托书，用邮寄交国外分行或代理行，办理付出外汇业务。

（2）电汇：是汇款人将一定款项交存汇款银行，汇款银行通过电报或电传给目的地的分行或代理行（汇入行），指示汇入行向收款人支付一定金额的一种汇款方式。

汇兑结算的注意事项：

①汇款人委托银行办理汇兑时，应填写信汇或电汇凭证，详细填明汇入地点、汇入银行名称、收款人姓名或收款单位名称、汇款用途等项内容。

②委托银行将款项汇往收款单位的开户银行,收款单位的开户银行将汇款收进收款单位存款账户后,转送汇款凭证通知收款单位收款。

(八)信用卡结算

信用卡又叫贷记卡,是一种非现金交易付款的方式,是简单的信贷服务,是指商业银行向个人或单位发行的,凭以向特约单位购物、消费和向银行存取现金的具有消费信用的特制载体卡片。采用信用卡来办理的结算称为信用卡结算。信用卡按使用对象分为单位卡和个人卡;按信誉等级分为金卡和普通卡。信用卡适用于同城和异地的特约单位购物、消费。

信用卡结算的注意事项:

(1)单位申领信用卡,应按规定填制申请表,连同有关资料一并送交发卡银行。符合条件并按一定要求交存一定金额的备用金后,银行为申请人开立信用卡存款户,并发给信用卡。

(2)单位卡账户的资金一律从其基本存款账户转账存入,不得交存现金,不得将销货收入的款项存入其账户。

(3)单位卡不得用于 10 万元以上的商品交易、劳务供应款项的结算。

(4)单位卡可申领若干张,持卡人本人不得出租或转借信用卡。

(5)允许善意透支,透支期限最长 60 天,不得恶意透支。

(九)信用证结算

信用证结算是付款单位将款项预先交给银行,并委托银行签收信用证,通知异地收款单位开户行转知收款单位,收款单位按照合同和信用证规定的结算条件发货后,收款单位开户银行代付款单位立即付给货款的结算。

从性质上讲,信用证结算首先是一种银行信用,开证银行以自己的信用作为付款保证。开证银行保证当受益人在信用证规定的期限内提交符合信用证条款的单据时履行付款义务。这与汇款、托收结算方式的商业信用性质不同,因而比汇款、托收结算收款更有保障。其次,信用证是一种独立的文件。信用证虽然以买卖合同为依据开立,但它一经开出,就成为独立于买卖合同之外的一种契约,不受买卖合同的约束,开证银行以及其他参与信用证业务的银行只按信用证的规定办理。此外,信用证业务是一种单据买卖,银行凭表面合格的单据付款,而不以货物为准。

三、银行存款的清查

银行存款日记账应定期与银行对账单核对,至少每月核对一次。银行存款日记账和银行对账单两者金额不相符的原因,归纳起来有两个方面:

在线视频 2-3

(1)企业和银行存在一方或双方同时记账错误,如银行将企业收款串户记账或银行、企业记账时发生数字错误,如企业将支付水费 969 元记为 996 元等。

(2)存在未达账项,未达账项是指结算凭证在企业和银行之间的传递存在时间差,造成一方已收到凭证并已入账,而另一方尚未收到凭证仍未入账的款项。

未达账项多由于月末业务产生的单据存在时间差而造成。未达账项一般有如下四种情况:

①企业已收款记账,而银行尚未收款记账。即"企业已收,银行未收。"

②企业已付款记账,而银行尚未付款记账。即"企业已付,银行未付。"

③银行已收款记账，而企业尚未收款记账。即"银行已收，企业未收。"

④银行已付款记账，而企业尚未付款记账。即"银行已付，企业未付。"

当记账错误和未达账项存在时，银行存款日记账的余额与银行对账单的余额是不相等的。在这种情况下，银行存款日记账余额与银行对账单余额有可能都不能代表企业银行存款的实有数，这时通过编制《银行存款余额调节表》得到的"调整后的余额"才是企业银行存款的实有数见表2-2。

表 2-2　银行存款余额调节表

2×19 年 12 月 31 日

公司名称：甬江公司　　　　　　　　　　　　　　　　　　　　　　　　单位：元

项目	金额	项目	金额
银行对账单余额		企业银行存款日记账余额	
加：企业已收，银行未收		加：银行已收，企业未收	
1.		1.	
2.		2.	
3.		3.	
4.		4.	
银行误记、串记（少记）		企业误记（少记）	
减：企业已付，银行未付		减：银行已付，企业未付	
1.		1.	
2.		2.	
3.		3.	
4.		4.	
银行误记、串记（多记）		企业误记（多记）	
调整后余额		调整后余额	

企业银行存款账面余额与银行对账单余额之间如有差额，应编制"银行存款余额调节表"，对此予以调节，如没有记账错误，调节后的双方余额应相等。

【例2-5】　2×19 年 12 月 31 日，甬江公司在中国农业银行山东路支行开立的账户信息如下，账号为 6228×××9236，银行存款日记账的余额为 90 773 元，银行对账单的余额为 236 000 元，经过对银行存款日记账和银行对账单的核对，发现 12 月未达账项及误记账的情况如下（见表2-3）：

(1)26 日，公司收到货款 9 600 元，出纳误记为 9 900 元；

(2)27 日，企业开出转账支票 60 000 元支付货款，持票人尚未到银行办理结算手续；

(3)27 日，收到货款 10 000 元，银行误记为 100 000 元；

(4)27 日，支付运费 969 元，出纳误记为 996 元；

(5)28 日，银行收取企业贷款利息 5 000 元，企业尚未收到付款通知；

(6)28 日，银行将公司存入的一笔款项串记至另一定公司账户，金额 40 000 元；

(7)28 日，银行代企业支付电费 4 500 元，企业尚未收到付款通知；

(8)29 日,企业送存银行的转账支票一张,金额 35 000 元,银行已承办,企业已凭回单记账,但银行尚未入账,对账单没有记录;

(9)30 日,银行收货款 80 000 元,但企业尚未收到收款通知。

表 2-3　银行存款余额调节表

2×19 年 12 月 31 日

公司名称:甬江公司　　　　　　　　　　　　　　　　　　　　　　　　单位:元

项目	金额	项目	金额
银行对账单余额	236 000	企业银行存款日记账余额	90 773
加:企业已收,银行未收	35 000	加:银行已收,企业未收	
1.29 日送存银行转账支票,银行尚未入账	35 000	1.30 日银行收货款,企业未收到收款通知	80 000
2.		2.	
3.		3.	
4.		4.	
银行误记、串记(少记)	40 000	企业误记(少记)	27
减:企业已付,银行未付	60 000	减:银行已付,企业未付	9 500
1.27 日企业开出转账支票,持票人未结算	60 000	1.28 日银行收取贷款利息,企业未收付款通知	5 000
2.		2.28 日银行代付电费,企业未收付款通知	4 500
3.		3.	
4.		4.	
银行误记、串记(多记)	90 000	企业误记(多记)	300
调整后余额	161 000	调整后余额	161 000

第三节　其他货币资金

其他货币资金是指企业除库存现金、银行存款以外的其他各种货币资金,主要包括银行汇票存款、银行本票存款、信用卡存款、信用证保证金存款、存出投资款和外埠存款等。这些货币资金的存放地点和用途与库存现金、银行存款不同。它们在管理与核算上应和库存现金、银行存款有所不同。

一、其他货币资金的内容

其他货币资金具体包括的内容如下:

(1)银行汇票存款,是指企业为取得银行汇票,按照规定存入银行的款项。

（2）银行本票存款，是指企业为取得银行本票，按照规定存入银行的款项。

（3）信用卡存款，是指企业为取得信用卡，按照规定存入银行信用卡专户的款项。

（4）信用证保证金存款，是指企业为取得信用证，按照规定存入银行信用证保证金专户的款项。

在线视频 2-4

（5）存出投资款，是指企业已存入证券公司但尚未购买股票、债券、基金等投资对象的款项。

（6）外埠存款，是指企业到外地进行临时或零星采购时，汇往采购地银行开立采购专户的款项。

二、其他货币资金的核算

为了反映和监督其他货币资金的收支和结存情况，企业应当设置"其他货币资金"科目，借方登记其他货币资金的增加，贷方登记其他货币资金的减少，期末余额在借方，反映企业实际持有的其他货币资金的金额。"其他货币资金"科目应当按照其他货币资金的种类设置明细科目进行核算。

（一）银行汇票存款

银行汇票存款是指企业为取得银行汇票，按照规定存入银行的款项。企业填写"银行汇票申请书"、将款项交存银行时，借记"其他货币资金——银行汇票"科目，贷记"银行存款"科目；企业持银行汇票购货、收到有关发票账单时，借记"材料采购""原材料""库存商品""应交税费——应交增值税（进项税额）"等科目，贷记"其他货币资金——银行汇票"科目；采购完毕收回剩余款项时，借记"银行存款"科目，贷记"其他货币资金——银行汇票"科目。

销货企业收到银行汇票、填制进账单到开户银行办理款项入账手续时，根据进账单及销货发票等，借记"银行存款"科目，贷记"主营业务收入""应交税费——应交增值税（销项税额）"等科目。

【例 2-6】 甫江公司为增值税一般纳税人，2×19 年 8 月 5 日向银行申请办理银行汇票用以购买原材料，将款项 250 000 元交存银行转作银行汇票存款。根据银行盖章退回的申请书存根联，甫江公司应编制如下会计分录：

借：其他货币资金——银行汇票　　　　　　　　　　　　　250 000
　　贷：银行存款　　　　　　　　　　　　　　　　　　　　　　250 000

2×19 年 8 月 10 日，甫江公司购入原材料一批，已验收入库，取得的增值税专用发票上注明的价款为 200 000 元，增值税额为 26 000 元，已用银行汇票办理结算，多余款项 24 000 元退回开户银行，公司已收到开户银行转来的银行汇票第四联（多余款收账通知）。甫江公司应编制如下会计分录。

（1）用银行汇票结算材料价款和增值税款时：

借：原材料　　　　　　　　　　　　　　　　　　　　　　200 000
　　应交税费——应交增值税（进项税额）　　　　　　　　　　26 000
　　贷：其他货币资金——银行汇票　　　　　　　　　　　　　　226 000

(2)收到退回的银行汇票多余款项时：

借：银行存款   24 000

 贷：其他货币资金——银行汇票   24 000

(二)银行本票存款

银行本票存款是指企业为了取得银行本票,按规定存入银行的款项。企业填写"银行本票申请书"、将款项交存银行时,借记"其他货币资金——银行本票"科目,贷记"银行存款"科目;企业持银行本票购货、收到有关发票账单时,借记"材料采购""原材料""库存商品""应交税费——应交增值税(进项税额)"等科目,贷记"其他货币资金——银行本票"科目。

销货企业收到银行本票、填制进账单到开户银行办理款项入账手续时,根据进账单及销货发票等,借记"银行存款"科目,贷记"主营业务收入""应交税费——应交增值税(销项税额)"等科目。

【例2-7】 甬江公司为增值税一般纳税人,为取得银行本票,向银行填交"银行本票申请书",并将11 300元银行存款转作银行本票存款。公司取得银行本票后,应根据银行盖章退回的银行本票申请书存根联填制银行付款凭证。甬江公司应编制如下会计分录：

借：其他货币资金——银行本票   11 300

 贷：银行存款   11 300

甬江公司用银行本票购买办公用品10 000元,增值税专用发票上注明的增值税额为1 300元。甬江公司应编制如下会计分录：

借：管理费用   10 000

 应交税费——应交增值税(进项税额)   1 300

 贷：其他货币资金——银行本票   11 300

(三)信用卡存款

信用卡存款是指企业为取得信用卡,按照规定存入银行信用卡专户的款项。企业申领信用卡应填制"信用卡申请表",连同支票和有关资料一并送存发卡银行,根据银行盖章退回的进账单第一联,借记"其他货币资金——信用卡"科目,贷记"银行存款"科目;企业用信用卡购物或支付有关费用,收到开户银行转来的信用卡存款的付款凭证及所附发票账单,借记"管理费用"等科目,贷记"其他货币资金——信用卡"科目;企业信用卡在使用过程中,需要向其账户续存资金的,应借记"其他货币资金——信用卡"科目,贷记"银行存款"科目;企业的持卡人如不需要继续使用信用卡时,应持信用卡主动到发卡银行办理销户,销卡时,信用卡余额转入企业基本存款户,不得提取现金,借记"银行存款"科目,贷记"其他货币资金——信用卡"科目。

【例2-8】 甬江公司于2×19年8月24日向银行申领信用卡,向银行交存50 000元。2×19年9月10日,该公司用信用卡支付购书款3 000元,增值税专用发票上注明的增值税额为270元。甬江公司应编制如下会计分录：

借：其他货币资金——信用卡   50 000

 贷：银行存款   50 000

借：管理费用   3 000

 应交税费——应交增值税(进项税额)   270

　　　　贷:其他货币资金——信用卡　　　　　　　　　　　　　　　　　　　　　　3 270

(四)信用证保证金存款

　　信用证保证金存款是指企业为取得信用证,按照规定存入银行信用证保证金专户的款项。企业向银行申请开立信用证,应按规定向银行提交开证申请书、信用证申请人承诺书和购销合同。

　　企业填写"信用证申请书"、将信用证保证金交存银行时,应根据银行盖章退回的"信用证申请书"回单,借记"其他货币资金——信用证保证金"科目,贷记"银行存款"科目;企业接到开证行通知,根据供货单位信用证结算凭证及所附发票账单,借记"材料采购""原材料""库存商品""应交税费——应交增值税(进项税额)"等科目,贷记"其他货币资金——信用证保证金"科目;将未用完的信用证保证金存款余额转回开户银行时,借记"银行存款"科目,贷记"其他货币资金——信用证保证金"科目。

(五)存出投资款

　　存出投资款是指企业已存入证券公司但尚未购买股票、债权、基金等投资对象的款项。企业向证券公司划出资金时,应按实际划出的金额,借记"其他货币资金——存出投资款"科目,贷记"银行存款"科目;购买股票、债券、基金等时,借记"交易性金融资产"等科目,贷记"其他货币资金——存出投资款"科目。

(六)外埠存款

　　外埠存款是指企业到外地进行临时或零星采购时,汇往采购地银行开立采购专户的款项。企业将款项汇往外地时,应填写汇款委托书,委托开户银行办理汇款。汇入地银行以汇款单位名义开立临时采购账户,该账户的存款不计利息、只付不收、付完清户,除了采购人员可从中提取少量现金外,一律采用转账结算。

　　企业将款项汇往外地开立采购专用账户,根据汇出款项凭证编制付款凭证时,借记"其他货币资金——外埠存款"科目,贷记"银行存款"科目;收到采购人员转来供应单位发票账单等报销凭证时,借记"材料采购""原材料""库存商品""应交税费——应交增值税(进项税额)"等科目,贷记"其他货币资金——外埠存款"科目;采购完毕收回剩余款项时,根据银行的收账通知,借记"银行存款"科目,贷记"其他货币资金——外埠存款"科目。

　　【例2-9】　甬江公司2×19年12月5日,因零星采购原材料的需要,将款项80 000元汇往北京中国银行海淀区支行开立采购专户。会计部门根据银行会计分录汇款回单编制如下:

　　　　借:其他货币资金——外埠存款　　　　　　　　　　　　　　　　　　　　80 000
　　　　　　贷:银行存款　　　　　　　　　　　　　　　　　　　　　　　　　　　　80 000

　　2×19年12月16日,支付材料款,会计部门收到供应单位开来的原材料增值税专用发票,价款50 000元,增值税6 500元。

　　　　借:原材料　　　　　　　　　　　　　　　　　　　　　　　　　　　　　50 000
　　　　　　应交税费——应交增值税(进项税额)　　　　　　　　　　　　　　　　 6 500
　　　　　　贷:其他货币资金——外埠存款　　　　　　　　　　　　　　　　　　　 56 500

　　2×19年12月18日,外埠采购业务完毕,采购员将剩余的外埠存款转回企业当地银行账户,会计部门根据收款通知进行相应会计处理。

借:银行存款   23 500

 贷:其他货币资金——外埠存款   23 500

【问题讨论】

1.什么是货币资金？它具体包括哪些内容？

2.应如何进行货币资金的管理及收支业务的账务处理？

3.我国目前主要的银行结算方式有哪些？它们各自有何特点？

4.其他货币资金包括哪些内容？简要说明其核算流程。

5.在货币资金管理中,存在哪些关键风险点？如何初心担使命,坚守规范？

【项目训练】

训练目的:学生通过本项目的训练,对货币资金项目有一个比较系统的认识,熟悉其账务处理程序,据以达到熟练地掌握货币资金项目的确认、计量、记录等会计技能的目的。

训练形式:以学生自主完成为主,教师适当指导。

训练课时:课外2课时。

训练资料:甬江公司为增值税一般纳税人,适用的增值税率为13%,2019年3—5月发生以下经济业务:

(1)3月1日,签发现金支票一张,从银行提取3 000元现金备用。

(2)3月6日,本单位职工李宵因公出差预借差旅费1 800元,财务部门支付现金。

(3)3月16日,李宵因出差报销费用1 850元,50元由财务处付给现金。

(4)3月25日,支付管理部门房屋租金850元。

(5)3月26日,顺达公司的生产车间领用备用金500元(采用定额管理)。

(6)3月28日,张某借现金500元买办公用品,实际用480元。

(7)3月27日,生产车间报销办公费60元。

(8)3月28日,在现金清查过程中,发现长款180元,其原因待查。

(9)3月30日,在现金清查中,发现短款50元,无法查明具体原因。

(10)3月31日,现金清查过程中的长款,经领导批准,转作营业外收入。经核查,以上短款由出纳人员责任造成,应由其赔偿。

(11)4月2日,销售产品,取得销售收入18 000元,增值税2 340元,共计20 340元,收到支票存入银行。

(12)4月3日,接到开户银行的收款通知,收回赊销产品的账款30 000元,已转入银行。

(13)4月15日,收到预收销货款59 000元,存入银行。

(14)4月18日,购进原材料一批,价款20 000元,增值税额2 600元,共计22 600元,以转账支票支付。

(15)4月21日,开出转账支票支付产品广告费2 500元。

(16)4月28日,开出现金支票,从银行提取现金120 000元,备发工资。

(17)5月4日,采购员林达到广州采购材料,开立临时采购账户,委托银行将 30 000 元汇往采购地广州工商银行。

(18)5月9日,采购员林达回厂,采购发票上列明购进材料价款 16 000 元,增值税额 2 080 元,共计 18 080 元,材料验收入库。

(19)5月10日,将在广州工商银行的外埠存款清户,收到银行收账通知,外埠存款余额 11 280 元收妥入账。

(20)5月15日,企业申请办理银行汇票,将银行存款 66 000 元转为银行汇票存款。

(21)5月17日,采用银行汇票结算方式购进材料,价值 45 000 元,增值税 5 850 元,共计 50 850 元,材料验收入库。

(22)5月20日,银行将多余款项 15 150 元退回,收妥入账。

(23)5月27日,企业将银行存款 50 000 元存入信用卡。

(24)5月28日,用信用卡支付业务招待费 5 000 元。

训练要求:编制甬江公司上述业务的会计分录。

在线自测题

第三章

应收及预付款项

■■■ 学习目标

通过本章的学习,要求学生了解应收及预付款项的内容;掌握应收票据、应收账款、预付账款及坏账准备的会计处理;理解应收及预付款项各项目在资产负债表中的填制方法。

■■■ 关键知识点

应收票据,贴现,应收账款,商业折扣与现金折扣,坏账准备。

■■■ 案例导入

鸿泉物联的应收账款

杭州鸿泉物联网技术股份有限公司(简称鸿泉物联)成立于 2009 年 6 月 11 日,2017 年 12 月 25 日整体变更为股份有限公司,注册资本 7 500 万元,目前员工 350 多人,分布在杭州、西安、上海、苏州、北京等地。2019 年 11 月 6 日在上海证券交易所上市(股票代码:688288),发行价格 24.99 元,总股本 1 亿。

数据显示,2016 到 2018 年,鸿泉物联前五大客户的销售在全年占比一直稳定在七到八成之间,而其中,2018 年,陕汽旗下天行健车联网应收账款为 3460 万元,占应收账款余额的比例为 34.80%,2017 年,应收账款为 5828 万元,占比 45.67%,2016 年应收账款为 2456 万元,占比 37.16%。

鸿泉物联大客户问题再次被上交所关注,公司在回复函中介绍,2011 年,公司开始与陕汽开展业务合作,为陕汽开发重卡车队精细化管理系统,合作之初双方不存在关联关系。

鸿泉物联表示,公司与大客户之间的业务对于公司的可持续发展的影响重大,大客户业绩停滞或下滑、或协议出现变更,将对公司的经营业绩产生较大的影响。鸿泉物联则表示,2017 年,公司应收账款账面价值增幅较大,主要原因是 2017 年公司的销售收入增长较快,部分货款尚在信用期内并未结算;2018 年,公司应收账款账面价值降幅较大,主要原因是公司 2018 年收入规模有所下降,同时公司加强应收账款的回收,进一步改善应收账款的回款情况,导致应收账款有所降低。

思考:

1. 鸿泉物联应收账款如此集中对企业会产生怎样的影响?

2. 鸿泉物联的应收账款和相关备抵项目,在资产负债表上应如何列示?

3. 应收账款账面价值是如何构成的?其影响因素有哪些?

4. 不当计提坏账准备对会计信息有什么影响?

第一节 应收票据

在线视频 3-1

一、应收票据的概念与分类

（一）应收票据的概念

应收票据是指企业因销售商品、提供劳务等而收到的经承兑人承兑的商业汇票。根据我国现行法律的规定，商业汇票的期限最长不得超过 6 个月。定日付款的汇票，在汇票上记载具体到期日；出票后定期付款的汇票自出票日起按月计算，并在汇票上记载。

商业汇票的提示付款期限，自汇票到期日起 10 天。持票人应在提示付款期限内通过开户银行委托收款或直接向付款人提示付款。对异地委托收款的，持票人可匡算邮程，提前通过开户银行委托收款。持票人超过提示付款期限提示付款的，持票人开户银行不予受理。商业汇票的收款人或持票人向付款人提示付款时，应在汇票背面记载"委托收款"字样，在"被背书人"栏记载其开户银行名称，并在"背书"栏签章、记载背书日期。符合条件的商业汇票的持票人，可以持未到期的商业汇票连同贴现凭证向银行申请贴现。

（二）应收票据的分类

商业汇票按承兑人不同，分为商业承兑汇票和银行承兑汇票。商业承兑汇票是指由付款人签发并承兑，或由收款人签发交由付款人承兑的汇票。银行承兑汇票是指由在承兑银行开立存款账户的存款人（这里也是出票人）签发，由承兑银行承兑的票据。企业申请银行承兑汇票时，应向其承兑银行按票面金额的万分之五交纳承兑手续费。

商业汇票按是否带有追索权，分为带追索权的商业汇票和不带追索权的商业汇票。追索权是指企业在转让应收款项的情况下，接受应收款项转让方在应收款项遭拒付或逾期时，向该应收款项转让方索取应收金额的权利。在我国，商业汇票可以背书转让，持票人可以对背书人、出票人和票据的其他债务人行使追索权。

商业汇票按是否带息，分为不带息商业汇票和带息商业汇票。不带息商业汇票是指汇票到期时，承兑人只按票据面值向收款人或被背书人支付款项，即"票据到期值＝票据面值"。带息商业汇票是指商业汇票到期时，承兑人必须按票据面值加上应计利息向收款人或被背书人支付款项，即"票据到期值＝票据面值＋票据利息"。在我国，商业汇票一般为不带息汇票。

（三）应收票据到期日的确定

商业汇票自承兑日起生效，其到期日是由票据有效期限的长短来决定的。在会计实务中，票据的期限一般有按月表示和按日表示两种。

票据期限按月表示时，票据的期限不考虑各月份实际天数多少，统一按次月对日为整月计算。当签发承兑票据的日期为某月月末时，统一以到期月份的最后一日为到期日。例如，3 月 2 日签发承兑期限为 6 个月的商业汇票，其到期为 9 月 2 日；1 月 31 日签发承兑的期限为 1 个月、2 个月、3 个月和 6 个月的商业汇票，其到期日分别为 2 月 28 日（闰年为 2 月 29

日）、3月31日、4月30日和7月31日。票据期限按月表示时,带息票据的利息应按票面金额、票据期限(月数)和月利率计算。

票据期限按日表示时,票据的期限不考虑月数,统一按票据的实际天数计算。在票据签发承兑日和票据到期日这两天,只计算其中的一天。例如,3月2日签发承兑期限为180天的商业汇票,其到期日为8月29日;1月31日(当年2月为28天)签发承兑期限为30天、60天、90天的商业汇票,其到期日分别为3月2日、4月1日、5月1日。票据期限按日表示时,带息票据的利息应按票面金额、票据期限(天数)和日利率计算。

知识拓展 3-1

二、应收票据的账务处理

为了反映和监督应收票据取得、票款收回等情况,企业应当设置"应收票据"科目,借方登记取得的应收票据的面值及计息期内应计提的利息,贷方登记到期收回的应收票据账面价值及到期前向银行贴现的应收票据账面价值,期末余额在借方,反映企业持有的尚未到期的商业汇票的账面价值。

"应收票据"科目可按照开出、承兑商业汇票的单位进行明细核算,并设置"应收票据备查簿",逐笔登记商业汇票的种类、号数和出票日、票面金额、交易合同号和付款人、承兑人、背书人的姓名或单位名称、到期日、背书转让日、贴现日、贴现率和贴现净额以及收款日和收回金额、退票情况等资料。商业汇票到期结清票款或退票后,在备查簿中应予注销。

(一)取得应收票据和收回到期款

应收票据取得的原因不同,其账务处理也有所不同。因企业销售商品、提供劳务等而收到开出、承兑的商业汇票,借记"应收票据"科目,贷记"主营业务收入""应交税费——应交增值税(销项税额)"等科目;因债务人抵偿前欠货款而取得的应收票据,借记"应收票据"科目,贷记"应收账款"科目。商业汇票到期收回款项时,应按实际收到的金额,借记"银行存款"科目,贷记"应收票据"科目。

【例 3-1】 甬江公司为增值税一般纳税人,2020年3月5日,向乙公司(为增值税一般纳税人)销售一批产品,价款为 1 500 000 元,适用的增值税率为 13%。收到乙公司出具的一张 4 个月到期的商业承兑汇票,面值为 1 695 000 元,甬江公司应编制如下会计分录:

借:应收票据 1 695 000
 贷:主营业务收入 1 500 000
  应交税费——应交增值税(销项税额) 195 000

【例 3-2】 甬江公司于 2020 年 3 月 8 日收到海洋公司出具的一张 3 个月到期的银行承兑汇票,面值 113 000 元,用于偿还前欠购货款。甬江公司应编制如下会计分录:

借:应收票据 113 000
 贷:应收账款 113 000

【例 3-3】 2020 年 6 月 8 日,甬江公司收到海洋公司出具的银行承兑汇票到期,收回票面金额 113 000 元存入银行。甬江公司应编制如下会计分录:

借:银行存款 113 000
 贷:应收票据 113 000

(二)应收票据的转让

实务中,企业可以将自己持有的商业汇票背书转让。背书是指在票据背面或者粘单上记载有关事项并签章的票据行为。背书转让的,背书人应当承担票据责任。通常情况下,企业将持有的商业汇票背书转让以取得所需物资时,按应计入取得物资成本的金额,借记"材料采购"或"原材料""库存商品"等科目,按照增值税专用发票上注明的可抵扣的增值税额,借记"应交税费——应交增值税(进项税额)"科目,按商业汇票的账面价值,贷记"应收票据"科目,如有差额,借记或贷记"银行存款"等科目。

【例3-4】 沿用【例3-2】,甬江公司假定于2020年4月8日将上述应收票据背书转让,以取得生产经营所需的甲材料,该材料价款为100 000元,适用的增值税率为13%。甬江公司应编制如下会计分录:

借:原材料   100 000
  应交税费——应交增值税(进项税额)   13 000
  贷:应收票据   113 000

三、应收票据的贴现

(一)贴现的概念

应收票据贴现是指票据持有人将未到期的票据在背书后送交银行,银行受理后从票据到期值中扣除按银行贴现率计算确定的贴现利息,然后将余额付给贴现企业的业务活动。票据贴现实质是企业以票据做抵押向银行借款,银行预先按到期值的一定比例扣除一定利息的一种融资行为。贴现金额的计算方法如下:

(1)贴现期=票据期限-企业已持有票据期限

(2)贴现利息=票据面值×贴现率×贴现天数÷360

(3)贴现净额(或贴现款)=票据面值-贴现息

注意:贴现期的计算一定要用天数计算,其计算原则是从贴现日至到期日按实际天数计算贴现期,同时遵循算头不算尾或者算尾不算头的原则。例如,3月5日出票的4个月到期的应收票据,到期日为当年的7月5日;5月6日贴现,贴现期不能按2个月计算,而要按贴现的实际天数(26+30+5-1=60天)计算。

(二)贴现的账务处理

1.不带追索权的应收票据贴现(如银行承兑汇票贴现)

(1)企业持未到期的应收票据向银行贴现,应按实际收到的金额(即减去贴现息后的净额),借记"银行存款"科目;按贴现息金额,借记"财务费用"等科目;按商业汇票的票面金额,贷记"应收票据"。

(2)票据到期时,承兑人无论是否支付,都与贴现企业无关,贴现企业无须进行账务处理。

知识拓展 3-2

2.带追索权的应收票据贴现(如商业承兑汇票贴现)

(1)企业持未到期的应收票据向银行贴现,应按实际收到的金额(即减去贴现息后的净额),借记"银行存款"科目;按贴现息金额,借记"财务费用"等科目;按商业汇票的账面金额,贷记"短期借款"科目。

(2)贴现的商业承兑汇票到期,承兑人付款时,申请贴现的企业按商业汇票的账面金额,借记"短期借款"科目,贷记"应收票据"科目。

(3)贴现的商业承兑汇票到期,承兑人的银行存款账户不足支付,申请贴现的企业在收到银行退回的商业承兑汇票时,按商业汇票的账面金额,借记"短期借款"科目,贷记"银行存款"科目;同时,应按商业汇票的账面金额,借记"应收账款"科目,贷记"应收票据"科目。

(3)申请贴现企业的银行存款账户余额不足的,银行做逾期贷款处理;同时,应按商业汇票的账面金额,借记"应收账款"科目,贷记"应收票据"科目。

【例 3-5】 2020 年 5 月 2 日,甬江公司持所收取的出票日期为 3 月 23 日、期限为 6 个月、面值为 110 000 元的不带息银行承兑汇票一张到银行贴现,假设该企业与承兑企业在同一票据交换区域内,银行年贴率为 12%。

该票据到期日为 9 月 23 日,其贴现天数为 144 天。

贴现天数＝30＋30＋31＋31＋23－1

贴现息＝110 000×12%×144÷360＝5 280(元)

贴现净额＝110 000－5 280＝104 720(元)

(1)由于本题是不带追索权的银行承兑汇票,企业应做如下处理:

借:银行存款	104 720
财务费用	5 280
贷:应收票据	110 000

(2)假设本题贴现的是带追索权的商业承兑汇票,企业应做:

借:银行存款	104 720
财务费用	5 280
贷:短期借款——票据贴现借款(带追索权)	110 000

(3)9 月 23 日票据到期时,付款人按时付款,申请贴现的企业应做如下处理:

借:短期借款	110 000
贷:应收票据	110 000

(4)假设 9 月 23 日票据到期,付款人无款支付,申请贴现的企业附连带责任付款时:

借:短期借款	110 000
贷:银行存款	110 000

同时:

借:应收账款	110 000
贷:应收票据	110 000

(5)假设 9 月 23 日票据到期,付款人无款支付,申请贴现的企业也无款支付时:

借:应收账款	110 000
贷:应收票据	110 000

此时,贴现银行则将贴现借款数额转作对申请贴现企业的逾期贷款处理。

第二节　应收账款

一、应收账款的概念及内容

应收账款是指企业在正常经营活动中，由于销售商品或提供劳务等，而应向购货单位或接受劳务的单位收取的款项。应收账款一般属于应在一年（可跨年度）内收回的短期债权，主要包括企业出售商品、材料、提供劳务等应向有关债务人收取的商品价款、应收取的增值税销项税额以及为购货单位垫付的包装费、运杂费等。应收账款应于收入实现时予以确认，即以收入确认日作为入账时间。

在线视频 3-2

二、应收账款的会计处理

一般来说，应收账款应按购销双方成交时的实际发生额入账。但企业为了促进商品（或劳务）销售或及时回笼货款，在销售时往往实行商业折扣或现金折扣政策，其对应收账款入账价值的影响不同，会计处理也有所不同。

为了反映应收账款的增减变动及结存情况，应设置"应收账款"科目。企业销售商品或提供劳务等发生应收款项时，借记"应收账款"科目，贷记"主营业务收入""其他业务收入""应交税费——应交增值税（销项税额）"等科目；收回款项时，借记"银行存款"等科目，贷记"应收账款"科目；企业代购货单位垫付运杂费时，借记"应收账款"科目，贷记"银行存款"等科目；收回代垫费用时，借记"银行存款"等科目，贷记"应收账款"科目。如果企业应收账款用应收票据结算，在收到承兑的商业汇票时，借记"应收票据"科目，贷记"应收账款"科目。

（一）没有任何折扣的会计处理

【例 3-6】　甬江公司赊销给 B 企业商品一批，货款总计 60 000 元，适用的增值税率为 13%，代垫运杂费 2 000 元（假设不考虑增值税）。甬江公司的账务处理如下：

（1）实现收入时：

借：应收账款　　　　　　　　　　　　　　　　　　　　69 800
　　贷：主营业务收入　　　　　　　　　　　　　　　　　　60 000
　　　　应交税费——应交增值税（销项税额）　　　　　　　　7 800
　　　　银行存款　　　　　　　　　　　　　　　　　　　　 2 000

（2）收到货款时：

借：银行存款　　　　　　　　　　　　　　　　　　　　69 800
　　贷：应收账款　　　　　　　　　　　　　　　　　　　　69 800

（二）商业折扣及其会计处理

商业折扣是指对商品价目单所列的价格给予一定的折扣，实际上是企业为了促进销售而对商品报价进行的折扣。商业折扣一般用百分比来表示，如 5%、10%、20% 等，也可用金额表示。商品报价并不是企业对某一具体客户的应收款项，在会计上，应收客户款应以业务发生时的成交价入账。也就是说,企业发生销货、提供劳务等主要经营业务行为时,应收账款一般应按商品报价扣除商业折扣以后的实际成交价格入账。由此可见,商业折扣对会计核算不产生任何影响。

【例 3-7】 甬江公司赊销商品一批,按价目表的价格计算,货款金额总计 20 000 元,给客户的商业折扣为 10%,适用的增值税率为 13%,代垫运杂费 500 元(假设不考虑增值税)。甬江公司的账务处理如下。

(1)实现收入时:

借:应收账款	20 840	
贷:主营业务收入[20 000×(1-10%)]		18 000
应交税费——应交增值税(销项税额)		2 340
银行存款		500

(2)收到货款时:

借:银行存款	20 840	
贷:应收账款		20 840

(三)现金折扣及其会计处理

现金折扣是指销货企业为鼓励客户在一定期限内早日偿还货款,对应收货款总额所给予的一定比率的扣减。现金折扣一般用"折扣/付款期限"表示。例如,"2/10,1/20,N/30",其含义分别是客户在 10 天内付款可给予售价 2% 的折扣,在第 11~20 天付款可给予售价 1% 的折扣,在第 21~30 天付款则不给予折扣。现金折扣使得企业应收账款的实际数额在规定的付款期限内,随着客户付款时间的推延而增加,因而会对会计核算产生影响。对于这种影响,会计上有两种处理方法可供选择,即总价法和净价法。

另外,在计算现金折扣时,应注意销售方是按不包含增值税的价款(不含税)提供现金折扣,还是按包含增值税(含税)的价款提供现金折扣,两种情况下购买方享有的现金折扣金额不同,具体采用哪一种情况要视购销双方谈判的结果来定。本教材均采用不含增值税的价款计算现金折扣。

知识拓展 3-3

1.总价法

总价法是在销售业务发生时,应收账款和销售收入以未扣减现金折扣前的实际售价作为入账价值,实际发生的现金折扣作为对客户提前付款的鼓励性支出,作为财务费用,我国会计实务中规定采用总价法。

原收入准则即 2006 年财政部发布的收入准则第六条规定:"销售商品涉及现金折扣的,应当按照扣除现金折扣前的金额确定销售商品收入金额。现金折扣在实际发生时计入当期损益。企业销售商品确认收入时,按销售总额借记"应收账款"科目,贷记"主营业务收入""应交税费——应交增值税(销项税额)"科目;企业折扣期内收到客户的货款时,按实收金额借记"银行存款"科目,按客户享受的现金折扣借记"财务费用"科目,按销售总额贷记"应收账款"科目;如果客户未享受现金折扣,则按全额借记"银行存款"科目,贷记"应收账款"科目。

【例 3-8】 甬江公司赊销甲产品,合同规定的客户付款期为企业交付货物后 30 天内,付款条件为"2/10,N/30",按不含增值税的价款计算现金折扣。当日开出增值税专用发票,发票上注明的不含税价款为 200 000 元,增值税额为 26 000 元,价税合计为 226 000 元。甬江公司的账务处理如下:

(1)销售业务发生时,根据有关销货发票:

借:应收账款	226 000
贷:主营业务收入	200 000
应交税费——应交增值税(销项税额)	26 000

(2)如果客户于 10 天内付款,则获得 4 000 元的现金折扣,实际收到货款 222 000 元存入银行。

借:银行存款	222 000
财务费用	4 000
贷:应收账款	226 000

(3)如果客户于商品销售后 20 天内未能付款,则无法获得现金折扣。

借:银行存款	226 000
贷:应收账款	226 000

2.净价法

净价法假定顾客一般会提前还款,享受现金折扣。企业销售时,应收账款和销售收入均按照扣减最大现金折扣后的金额入账。客户过了折扣期以后丧失折扣的款项,视作销售企业提供信贷所获得的收入,作为财务费用的减项,同时增加应收账款。

【例 3-9】 沿用【例 3-8】,净价法的会计处理如下。

(1)销售业务发生时,根据有关销货发票:

借:应收账款	222 000
贷:主营业务收入	196 000
应交税费——应交增值税(销项税额)	26 000

(2)如果客户于 10 天内付款,则获得 4 000 元的现金折扣,实际收到货款 222 000 元存入银行。

借:银行存款	222 000
贷:应收账款	222 000

(3)如果客户于商品销售后 20 天内未能付款,则无法获得现金折扣。

借:银行存款	226 000
贷:应收账款	222 000
财务费用	4 000

2017 年财政部对收入准则进行了修订(简称新收入准则),新收入准则对附有现金折扣的业务处理发生了很大的变化。认为现金折扣实质上是企业为了尽早收回货款而采取的一种激励手段,并随时间的推移而变化,属于交易价格中的可变对价,在会计上一般作为对销售收入的调整。具体方法是:

附有现金折扣条件的商品赊销时,将应收账款总额扣除估计的极有可能发生的现金折扣后的余额记入"应收账款"科目,将不含增值税的交易总价扣除估计的现金折扣后的余额确认为主营业务收入,按照不扣除现金折扣的不含增值税的交易总价和适用的增值税率确定的增值税额记入"应交税费——应交增值税(销项税额)"科目。

按照惯例,现金折扣一般按照商品价款计算。

资产负债表日,重新估计可能收到的对价金额,如果实际收款时间晚于估计的收款时间,客户因此丧失的现金折扣额作为可变对价,调增应收账款和主营业务收入;如果实际收款时间早于估计的收款时间,客户享受了现金折扣,则按实际享受的现金折扣大于估计的现金折扣的金额减少应收账款和主营业务收入。下面通过会计业务说明。

【例 3-10】 沿用【例 3-8】,公司依客户以往付款情况的经验及客户现实经营状况,估计客户很可能在 20 天内结清全部款项,并很有可能获得 4 000 元(200 000×2%)的现金折扣。甫江公司在新收入准则下的账务处理如下:

(1)销售业务发生时,根据有关销货发票:

借:应收账款	222 000	
贷:主营业务收入		196 000
应交税费——应交增值税(销项税额)		26 000

(2)如果客户于 10 天内付款,则获得 4 000 元的现金折扣,实际收到的货款 222 000 元存入银行。

借:银行存款	222 000	
贷:应收账款		222 000

(3)如果客户于商品销售后 20 天内未能付款,则无法获得现金折扣。

借:应收账款	4 000	
贷:主营业务收入/财务费用		4 000

销售方的现金折扣是视为可变对价调整销售收入还是计入财务费用?目前业界仍然有很多争论。具体如何进行会计处理还要视当下会计规定进行。

第三节 预付账款与其他应收款

一、预付账款

(一)预付账款的概念

预付账款是指企业按照购货合同规定预付给供应单位的款项。预付账款是企业暂时被供货单位占用的资金。企业预付货款后,有权要求对方按照购货合同规定发货。预付账款必须以购销双方签订的购货合同为条件,按照规定的程序和方法进行核算。预付账款应当按实际预付的金额入账。

(二)预付账款的核算

为了反映和监督预付账款的增减变动情况,企业应设置"预付账款"科目,借方登记预付的款项和补付的款项,贷方登记收到采购货物时按发票金额冲销的预付账款数和因预付货款多余而退回的款项,期末余额一般在借方,反映企业实际预付的款项。

预付款项不多的企业,可以不设"预付账款"科目,而直接在"应付账款"科目核算。但在编制资产负债表时,应当将"应付账款"科目的借方明细余额填入"预付账款"项目。

预付账款的核算包括预付款项和收回货物两个方面。

根据购货合同的规定向供应单位预付款项时,借记"预付账款"科目,贷记"银行存款"科目。企业收到所购货物时,根据有关发票账单金额,借记"原材料""应交税费——应交增值税(进项税额)"等科目,贷记"预付账款"科目;当预付货款小于采购货物所需支付的款项时,应将不足部分补付,借记"预付账款"科目,贷记"银行存款"科目;当预付货款大于采购货物所需支付的款项时,对收回的多余款项应借记"银行存款"科目,贷记"预付账款"科目。

【例 3-11】 甬江公司向 E 公司采购材料 1 000 千克,单价 50 元,所需支付的款项总额为 50 000 元。按照合同规定向 E 公司预付货款的 40%,验收货物后补付其余款项。

(1)预付 40%的货款:

借:预付账款　　　　　　　　　　　　　　　　　　　　　　　20 000
　　贷:银行存款　　　　　　　　　　　　　　　　　　　　　　20 000

(2)收到 E 公司发来的 1 000 千克材料,经验收无误,有关发票记载的货款为 50 000 元,增值税税额为 6 500 元。据此以银行存款补付不足款项时:

借:原材料　　　　　　　　　　　　　　　　　　　　　　　50 000
　　应交税费——应交增值税(进项税额)　　　　　　　　　　　6 500
　　　贷:预付账款　　　　　　　　　　　　　　　　　　　　56 500
借:预付账款　　　　　　　　　　　　　　　　　　　　　　36 500
　　贷:银行存款　　　　　　　　　　　　　　　　　　　　　36 500

二、其他应收款

这里的"其他应收款"是指资产负债表中的"其他应收款"项目,而非会计科目。资产负债表中的"其他应收款"项目包括"应收股利""应收利息"和"其他应收款"三个会计科目的借方期末余额之和。

(一)应收股利

应收股利是指企业应收取的现金股利和应收取其他单位分配的利润。为了反映和监督应收股利的增减变动及其结存情况,企业应设置"应收股利"科目。"应收股利"科目的借方登记应收现金股利或利润的增加,贷方登记收到的现金股利或利润,期末余额一般在借方反映企业尚未收到的现金股利或利润。

企业在持有以公允价值计量且其变动计入当期损益的金融资产(交易性金融资产)期间,被投资单位宣告发放现金股利,按应享有的份额,确认为当期投资收益,借记"应收股利"科目,贷记"投资收益"科目。企业在持有长期股权投资期间,被投资方宣告发放现金股利或利润,按应享有的份额,借记"应收股利"科目,贷记科目应区分两种情况:对于采用成本法核算的长期股权投资,贷记"投资收益"科目;对于采用权益法核算的长期股权投资,贷记"长期股权投资——损益调整"科目。

【例 3-12】 甬江公司持有海尔公司股票,且将其作为以公允价值计量且其变动计入当期损益的金融资产进行管理和核算。2020 年 3 月 10 日,海尔公司宣告发放 2019 年现金股利,甬江公司应分得现金股利150 000元。假定不考虑相关税费,甬江公司应编制如下会计分录:

借：应收股利——海尔公司   150 000

  贷：投资收益   150 000

3月20日，甫江公司收到海尔公司发放的现金股利150 000元。假定不考虑相关税费，甫江公司应编制如下会计分录：

借：其他货币资金——存出投资款   150 000

  贷：应收股利——海尔公司   150 000

(二)应收利息

应收利息是指企业根据合同或协议规定向债务人收取的利息。为了反映和监督企业应收利息的增减变动及其结存情况，企业应设置"应收利息"科目。"应收利息"科目的借方登记应收利息的增加，贷方登记收到的利息，期末余额一般在借方，反映企业尚未收到的利息。

【例3-13】 甫江公司持有三峡公司债券投资，2020年3月12日，甫江公司收到三峡公司通知，拟向其支付2019年利息120 000元，款项尚未支付。假定不考虑相关税费，甫江公司应编制如下会计分录：

借：应收利息——三峡公司   120 000

  贷：投资收益   120 000

3月20日，收到三峡公司利息120 000元

借：银行存款   120 000

  贷：应收利息——三峡公司   120 000

(三)其他应收款

1.其他应收款的概念与内容

其他应收款是指除应收票据、应收账款、预付账款以外的其他各种应收、暂付款项。其主要内容包括：

(1)应收的各种赔款、罚款，如因企业财产等遭受意外损失而应向有关保险公司收取的赔款等。

(2)应收的出租包装物租金。

(3)应向职工收取的各种垫付款项，如为职工垫付的水电费，应由职工负担的医药费、房租费等。

(4)备用金，如向企业各有关部门拨出的备用资金。

(5)存出保证金，如租入周转材料包装物支付的押金。

(6)其他各种应收、暂付款项。

2.其他应收款的核算

企业应设置"其他应收款"科目对其他应收款进行核算。该科目借方登记发生的各种其他应收款，贷方登记企业收到的款项和结转情况，余额一般在借方，表示应收未收的其他应收款项，企业应在"其他应收款"科目下，按债务人设置明细科目，进行明细核算。

企业发生备用金以外的其他应收款时，借记"其他应收款"科目，贷记"库存现金""银行存款"等科目；收回备用金以外的其他应收款时，借记"库存现金""银行存款""应付职工薪酬"等科目，贷记"其他应收款"科目。

企业应当定期或者至少于每年年度终了对其他应收款进行检查，预计其可能发生的坏

账损失,并计提坏账准备。对于不能收回的其他应收款应查明原因,追究责任。对确实无法收回的,按照企业的管理权限,经股东大会或董事会或经理(厂长)会议或类似机构批准作为坏账损失,冲减提取的坏账准备。

【例3-14】 甬江公司为李利垫付应由其个人负担的住院医药费800元,拟从其工资中扣回。

垫支时:

借:其他应收款——李利	800	
贷:银行存款		800

扣款时:

借:应付职工薪酬	800	
贷:其他应收款——李利		800

【例3-15】 甬江公司租入周转材料包装物一批,以银行存款向出租方支付押金5 000元。

支付时:

借:其他应收款——出租方	5 000	
贷:银行存款		5 000

收到出租方退还的押金时:

借:银行存款	5 000	
贷:其他应收款——出租方		5 000

【例3-16】 5月8日,甬江公司职工高峰预借差旅费1 200元,以现金支付。公司应编制如下会计分录:

借:其他应收款——高峰	1 200	
贷:库存现金		1 200

6月16日,高峰出差归来,报销差旅费1 080元,余款交回。

借:管理费用	1 080	
库存现金	120	
贷:其他应收款——高峰		1 200

3.备用金的核算

企业内各部门因经营业务需要,往往要准备一定数额的备用金。备用金是指企业内部各车间、部门、职能科室等周转使用的货币资金,主要包括预付给科室、车间及非独立核算的经营单位等用于日常开支的款项。会计上,企业一般以"其他应收款"科目核算备用金业务,如果企业发生的备用金业务较多,可以单独设置"备用金"科目进行核算,并按用款单位详细记录其具体情况。备用金的核算根据企业备用金管理制度的不同而有所区别。备用金管理制度可以分为定额备用金制度和非定额备用金制度两种。

(1)定额备用金制度

定额备用金制度,适用于经常使用备用金的内部各部门或员工。它的特点是对经常使用备用金的各部门或员工,根据其实际需要而核定一个现金数额,并保证其经常保持核定的数额。实行定额备用金制度,使用定额备用金的部门或员工应按核定的定额填写借款凭证,一次性领出全部定额现金,用后凭发票等有关凭证报销。财会部门根据报销金额付给现金,补足用掉数额,从而保证该部门或员工仍保持原有的定额数。只有在撤销定额备用金或调换经办人时才全部交回备用金。

【例 3-17】 9 月 1 日,甬江公司对销售科实行定额备用金制度,财务科开出现金支票拨付核定的定额 5 000 元给销售科。9 月份销售科用备用金购买设备零配件,取得增值税专用发票价款为 3 200 元,增值税额 416 元,零配件已全部用于车间设备的维修;用备用金支付本月外购材料的市内零星运杂费 1 084 元。9 月 30 日,销售科经办人员到财务科办理报销手续,审核无误后,出纳员付给现金 4 700 元补足其原定额数。甬江公司相关的账务处理如下:

(1)9 月 1 日,以现金支票拨付核定的定额给供销科时:

借:其他应收款——备用金——销售科　　　　　　　　　　　　　5 000
　　贷:银行存款　　　　　　　　　　　　　　　　　　　　　　　5 000

(2)9 月 30 日,销售科的经办人员办理报销手续时:

借:管理费用——修理费　　　　　　　　　　　　　　　　　　　3 200
　　　　　　——运输费　　　　　　　　　　　　　　　　　　　1 084
　　应交税费——应交增值税(进项税额)　　　　　　　　　　　　　416
　　贷:库存现金　　　　　　　　　　　　　　　　　　　　　　　4 700

除了增加或减少销售科的备用金定额,以后各月使用或报销有关备用金支出时不再通过"其他应收款"或"备用金"账户核算。这种方法便于企业对备用金的使用进行控制,一般适用于有经常性的费用开支的内部用款单位。

(2)非定额备用金制度

非定额备用金制度是指对不经常使用备用金的内部各部门或员工,按每次业务所需备用金的数额填制借款凭证,向出纳员预借现金,使用后凭发票等凭证报销,多退少补,一次结清,下次再用时重新办理借支手续的备用金管理制度。

【例 3-18】 9 月 8 日,甬江公司的部门经理陈海要到上海参加招商洽谈会,向财务科预借差旅费 4 000 元,出纳员以现金支付。9 月 20 日陈海回来,报销差旅费 3 960 元,退回现金 40 元。甬江公司的账务处理如下:

(1)9 月 8 日,以现金预付差旅费时:

借:其他应收款——陈海　　　　　　　　　　　　　　　　　　　4 000
　　贷:库存现金　　　　　　　　　　　　　　　　　　　　　　　4 000

(2)9 月 20 日,陈海出差归来,报销差旅费 3 960 元,余款交回:

借:管理费用　　　　　　　　　　　　　　　　　　　　　　　　3 960
　　库存现金　　　　　　　　　　　　　　　　　　　　　　　　　 40
　　贷:其他应收款——陈海　　　　　　　　　　　　　　　　　　4 000

这种方法手续简单,但不便于单位对备用金的使用进行控制,一般适用于用款单位的非经常性开支。

第四节　应收款项减值

一、坏账及其确认

企业的各种应收款项,可能会因购货人拒付、破产、死亡等原因而无法收回。这类无法收回的应收款项就是坏账。一般符合下列条件之一的,即可认为发生了坏账:

（1）债务人被依法宣告破产、撤销,其剩余财产确实不足清偿的应收款项;

（2）债务人死亡、失踪,其财产或遗产确实不足清偿的应收款项;

（3）债务人遭受重大自然灾害或意外事故,损失巨大,以其财产（包括保险赔偿）确实无法清偿的应收款项;

（4）债务人逾期未履行偿债义务,经法院裁决确实无法清偿的应收款项;

（5）债务人超过法定年限以上（一般为 3 年）仍未收回的应收款项;

（6）法定机构批准可核销的应收款项。

在线视频 3-3

二、坏账损失的会计处理

企业因坏账而遭受的损失为坏账损失或减值损失。企业应当在资产负债表日对应收款项的账面价值进行评估,应收款项发生减值的,应当将减记的金额确认为坏账损失,计提坏账准备。应收款项的减值有两种核算方法,即直接转销法和备抵法。我国企业会计准则规定,应收款项的减值应采用备抵法,不得采用直接转销法。

（一）直接转销法

采用直接转销法时,日常核算中应收款项可能发生的坏账损失不予考虑,只有在实际发生坏账时,才作为损失计入当期损益,同时冲销应收款项,即借记"信用减值损失"科目,贷记"应收账款"科目。

【例 3-19】　甬江公司 2015 年发生的一笔 20 000 元的应收账款,长期无法收回,于 2019 年年末确认为坏账。该公司在 2019 年年末应编制如下会计分录:

借:信用减值损失——坏账损失　　　　　　　　　　　　　　20 000

　　贷:应收账款　　　　　　　　　　　　　　　　　　　　　　　　20 000

这种方法的优点是账务处理简单,其缺点是不符合权责发生制原则,也与资产定义相冲突。在这种方法下,只有坏账实际发生时,才将其确认为当期费用,导致资产不实、各期损益不实;另外,在资产负债表上,应收账款是按账面余额而不是按账面价值反映,在一定程度上歪曲了期末的财务状况。所以,企业会计准则不允许采用直接转销法。

（二）备抵法

备抵法是采用一定的方法按期估计坏账损失,计入当期费用,同时建立坏账准备;待坏账实际发生时,冲销已提的坏账准备和相应的应收款项。

财政部于 2017 年发布了《企业会计准则第 22 号——金融工具确认和计量（2017 年修

订)》要求采用预期信用损失模型及时、足额、合理地计提应收账款的坏账准备。

预期信用损失,是指以发生违约的风险为权重的金融工具信用损失的加权平均值,是资产账面余额与估计未来现金流量的现值之间的差额,即全部现金短缺的现值。该方法要求企业考虑包括前瞻性信息在内的各种可获得信息,从而更加及时、足额地计提金融资产减值准备,便于揭示和防控金融资产信用风险。

企业应当设置"坏账准备"科目,该科目是"应收款项"科目的备抵科目,用来核算坏账准备的计提、转销等情况。"坏账准备"科目的贷方登记当期计提的坏账准备、收回已转销的应收款项而恢复的坏账准备,借方登记实际发生的坏账损失金额和冲减的坏账准备金额,期末贷方余额,反映企业已计提但尚未转销的坏账准备。

企业同时应设置"信用减值损失"科目,该科目属于损益类科目,核算企业计提各项应收款项减值准备所形成的信用减值损失,增加记借方,期末结转时记贷方,结转后无余额。

当期应计提的坏账准备=当期按应收款项计算应提取的坏账准备金额-(或+)
"坏账准备"科目的贷方(或借方)余额

在备抵法下,企业应当根据企业会计准则的规定,对各项应收款项采用一定的方法合理估计各会计期间的坏账损失。在实务中,按期估计坏账损失的方法主要有应收款项余额百分比法、账龄分析法和个别认定法等。

1. 应收款项余额百分比法

应收款项余额百分比法是根据期末应收款项的余额和估计的坏账率,估计坏账损失的方法。坏账率由企业根据以往的资料或经验自行确定。在余额百分比法下,企业应在每个会计期末根据本期末应收款项的余额和相应的坏账率估计出期末坏账准备账户应有的余额,它与调整前坏账准备账户已有的余额的差额,就是当期应计提的坏账准备金额。

(1)首次计提坏账准备时

企业计提坏账准备时,按照应计提的金额,借记"信用减值损失——计提的坏账准备"科目,贷记"坏账准备"科目;冲减多计提的坏账准备时,借记"坏账准备"科目,贷记"信用减值损失——计提的坏账准备"科目。

【例3-20】 甬江公司从2018年开始计提坏账准备。2018年年末应收账款余额为1 200 000元,该公司坏账准备的提取比例为5%。则计提的坏账准备为:

坏账准备提取额=1 200 000×5%=60 000(元)

借:信用减值损失　　　　　　　　　　　　　　　　　　　　　　60 000
　　贷:坏账准备　　　　　　　　　　　　　　　　　　　　　　　　60 000

2018年12月31日,甬江公司应收账款的账面价值=1 200 000-60 000=1 140 000(元)

(2)发生坏账时

企业确实无法收回应收款项,应按照管理权限报经批准后作为坏账转销,即确认坏账时,应当冲减已计提的坏账准备,借记"坏账准备"科目,贷记"应收账款""其他应收款"等科目。

【例3-21】 2019年6月,甬江公司发现有32 000元的应收账款无法收回,按有关规定确认为坏账损失。

借:坏账准备　　　　　　　　　　　　　　　　　　　　　　　　32 000
　　贷:应收账款　　　　　　　　　　　　　　　　　　　　　　　　32 000

（3）收回已确认坏账并注销应收款项

企业已确认并转销的应收款项又收回时，应当按照实际收到的金额增加坏账准备的账面余额，借记"应收账款""其他应收款"等科目，贷记"坏账准备"科目，同时，借记"银行存款"科目，贷记"应收账款""其他应收款"等科目。

【例3-22】 2019年11月10日，甬江公司收回本年6月已做坏账转销的应收账款10 000元，已存入银行。甬江公司应编制如下会计分录：

借：应收账款	10 000	
贷：坏账准备		10 000
借：银行存款	10 000	
贷：应收账款		10 000

（4）期末对坏账准备进行调整

会计期末估计的坏账准备与"坏账准备"科目的余额有差异时，应对"坏账准备"科目的余额进行调整，使调整后"坏账准备"科目的贷方余额与估计的坏账数额一致。调整"坏账准备"科目的贷方余额时，有以下三种情况：

第一种情况，调整前的"坏账准备"科目为借方余额时，该余额表明本期实际发生的坏账大于上期估计的坏账准备的差额。这时本期应计提的坏账准备金额为：

本期应计提的坏账准备＝本期估计的坏账金额＋"坏账准备"科目的期初借方余额

会计处理应为，借记"信用减值损失"科目，贷记"坏账准备"科目。

第二种情况，调整前的"坏账准备"科目为贷方余额，而且该贷方余额小于本期估计的坏账准备额。这时本期应计提的坏账准备金额为：

本期应计提的坏账准备＝本期估计的坏账金额－"坏账准备"科目的期初贷方余额

会计处理应为，借记"信用减值损失"科目，贷记"坏账准备"科目。

第三种情况，调整前的"坏账准备"科目为贷方余额，而且该贷方余额大于本期估计的坏账准备额。这时本期应冲减的坏账准备金额为：

本期应冲减的坏账准备＝"坏账准备"科目的期初贷方余额－本期估计的坏账金额

会计处理应为，借记"坏账准备"科目，贷记"信用减值损失"科目。

【例3-23】 2019年12月31日，甬江公司应收账款余额为1 800 000元。本年年末应收账款余额应保持的坏账准备金额（即坏账准备的余额）为：1 800 000×5％＝90 000（元）

年末计提坏账准备前，"坏账准备"科目的贷方余额为：60 000－32 000＋10 000＝38 000（元）

本年度应补提的坏账准备金额为：90 000－38 000＝52 000（元）

账务处理如下：

借：信用减值损失	52 000	
贷：坏账准备		52 000

2019年12月31日，甬江公司应收账款的账面价值＝1 800 000－90 000＝1 710 000（元）

如果甬江公司2018年发生坏账80 000元，其他信息不变。本年年末应收账款余额应保持的坏账准备金额（即坏账准备的余额）为：1 800 000×5％＝90 000（元）

年末计提坏账准备前，"坏账准备"科目的余额为：60 000－80 000＋10 000＝－10 000（元）

本年度应计提的坏账准备金额为：90 000＋10 000＝100 000（元）

账务处理如下：

借:信用减值损失   100 000

  贷:坏账准备   100 000

2019 年 12 月 31 日,甬江公司应收账款的账面价值=1 800 000－90 000=1 710 000(元)

如果 2019 年 12 月 31 日,甬江公司应收账款余额为 600 000 元。本年年末应收账款余额应保持的坏账准备金额(即坏账准备的余额)为:600 000×5％=30 000(元)

年末计提坏账准备前,"坏账准备"科目的贷方余额为:60 000－32 000＋10 000=38 000(元)

本年度应冲减的坏账准备金额为:38 000－30 000=8 000(元)

账务处理如下:

借:坏账准备   8 000

  贷:信用减值损失   8 000

2019 年 12 月 31 日,甬江公司应收账款的账面价值=600 000－30 000=570 000(元)

2.账龄分析法

账龄分析法是按应收款项账龄的长短,根据以往的经验确定坏账率,并据以估计坏账准备的一种方法。通常而言,应收款项账龄越长,其所对应发生的坏账损失可能性越大。可将应收款项按账龄长短分成若干组,并按组估计坏账损失的可能性,进而计算信用减值损失的金额。

对于应收账款的预期信用损失,企业可以在不违反《企业会计准则第 22 号——金融工具的确认和计量》有关规定的前提下,采用简便账龄法计量预期信用损失。如企业可参照历史信用损失经验,编制应收账款逾期天数与固定坏账准备率对照表,若逾期天数为 1～30(不含)日,坏账准备率为 5％;若逾期天数为 30～90(不含)日,坏账准备率为 10％,等等,以此为基础计算预期信用损失。如果不同细分客户群体发生损失的情况存在显著差异,应当对客户群体进行恰当的分组,在分组基础上运用上述简便方法。

【例 3-24】 甬江公司 2019 年年末"坏账准备"科目期末余额为 100 000 元,2020 年年末应收账款账龄及估计的坏账损失如表 3-1 所示。

表 3-1 简单账龄法坏账准备计提表   单位:元

账龄	2020 年 12 月 31 日	计提比例	坏账准备
1 年以内	6 000 000	5％	300 000
1～2 年	1 000 000	10％	100 000
2～3 年	300 000	50％	150 000
3～4 年	450 000	80％	360 000
4～5 年	500 000	90％	450 000
5 年以上	50 000	100％	50 000
合计	8 300 000	—	1 410 000

根据表 3-1,计算 2020 年甬江公司应计提的坏账准备:

2020 年年末"坏账准备"期末余额=1 410 000(元)

但是,2020 年年初"坏账准备"已有结存 100 000 元,因此,2020 年应计提坏账准备为:

1 410 000－100 000=1 310 000(元)

账务处理如下:

　　借:信用减值损失　　　　　　　　　　　　　　　　　　　　　1 310 000
　　　　贷:坏账准备　　　　　　　　　　　　　　　　　　　　　　　1 310 000

3.个别认定法

个别认定法是根据某一笔应收款项的情况来估计减值损失,计提坏账准备的一种方法。按规定,对于单项金额重大的应收款项,必须单独进行减值测试。

【例3-25】　甬江公司2020年年末应收丙公司款项100万元,年末得知丙公司出现财务困难,因金额较大单独进行减值测试。预计该项应收账款有60%无法收回,则该项应收账款预计未来现金流量现值为40万元,由于是短期应收款项,则应将该项应收账款的账面价值减记至40万元,则2020年应确认的减值损失为60万元(100—40)。

综上可见,备抵法下,每期估计的坏账损失直接计入当期损益,体现了谨慎性原则,在资产负债表上能如实反映应收款项的净额,使财务报表使用者能了解企业应收款项预期可收回的金额或真实的财务情况。资产负债表中"应收账款"是以应收账款账户余额扣除已计提的坏账准备后的净额反映。

企业应当制定计提坏账准备政策,明确计提坏账准备的范围、提取方法、账龄的划分和提取比例等,按照管理权限,经股东大会或董事会,或经理(厂长)会议或类似机构批准,按照法律、行政法规的规定报有关各方备案,并备置于企业所在地,以供投资者查阅。企业提取坏账准备的方法由企业自行选定,一经确定,不得随意变更。如需变更,仍需按上述程序,经批准后报送有关各方备案,并在会计报表附注中予以说明。

【问题讨论】

1.应收票据是怎样产生的?请绘制应收票据的会计核算流程图。

2.应收票据贴现的实质是什么?请通过实例对应收票据贴现的原理、流程以及特点做具体描述。

3.企业为什么会产生应收账款?应收账款的入账时间和入账价值如何确定?

4.商业折扣和现金折扣有哪些区别?如何进行账务处理?

5.从会计人员职业道德角度,阐述过度计提坏账准备对企业利润有何影响?

【项目训练】

训练目的:学生通过本项目的训练,对应收款项目有一个比较系统的认识,熟悉其账务处理程序,据以达到熟练地掌握债权性资产的确认、计量、记录等会计技能的目的。

训练形式:以学生自主完成为主,教师适当指导。

训练课时:课外2课时。

训练资料:甬江公司为增值税一般纳税人,适用的增值税率为13%,商品销售均为正常的商品交易,除特别说明外,采用应收账款余额百分比法于每年6月30日和12月31日计提坏账准备,计提比例为1%。2019年5月31日,"应收账款"科目借方余额为5 400 000元,其中,应收E公司账款为400 000元,其余全部为应收B公司账款,"坏账准备"科目贷方余额为50 000元;"应收票据"和"其他应收款"科目无余额。2019 年 6 月至 12 月发生以下经济业务：

(1)6 月 1 日,甬江公司向 A 公司赊销商品一批,该批商品货款为 1 000 000 元,增值税额为 130 000 元,销售成本为 800 000 元,现金折扣条件为:2/10,N/30。销售时用银行存款代垫运杂费 10 000 元,6 月 8 日,A 公司用银行存款支付上述全部款项,假定双方协议规定,计算现金折扣时不考虑增值税(现金折扣按交易价格中的可变对价核算)。

(2)6 月 10 日,收到应收 B 公司账款 4 000 000 元,款项已存入银行。

(3)6 月 15 日,向 C 公司赊销一批商品,价目表标明不含税价格为 2 000 000 元,商业折扣为 10%,货款尚未收到。

(4)6 月 18 日,向 D 公司赊销一批商品,开出的增值税专用发票上注明的货款为 5 000 000 元,增值税为 650 000 元;收到 D 公司开具的 6 个月不带息商业承兑汇票,到期日为 2019 年 12 月 18 日。

(5)6 月 20 日,甬江公司租入信达公司包装物一批,以银行存款向出租方支付押金 5 000 元。

(6)6 月 28 日,E 公司破产,根据清算程序,有应收账款 40 万元不能收回,确认为坏账。

(7)6 月 28 日,甬江公司收到奔腾公司通知,拟向其支付上半年债券利息 10 000 元,款项尚未支付。

(8)假定 6 月份,甬江公司除上述业务外没有发生其他有关应收款项的业务。6 月 30 日,对各项应收账款计提坏账准备。其中,应收 C 公司的账款采用个别认定法计提坏账准备,计提比例 5%。其他应收款类业务不计提坏账准备。

(9)7 月 18 日,甬江公司收到奔腾公司债券利息 10 000 元,款项存入银行。

(10)9 月 1 日,公司因业务发展需要,需向 M 公司订购特种材料甲。按公司与 M 公司所签订的协议,公司通过银行划转 20 000 元的定金。

(11)9 月 10 日,M 公司按协议发来材料甲 1 000 千克,单价 100 元/千克,增值税 13 000 元,材料已验收入库。余款暂未支付。

(12)9 月 18 日,将 6 月 18 日收到的 D 公司商业承兑汇票向银行贴现,获取价款 5 800 000 元,协议约定银行在票据到期日有追索权。

(13)9 月 15 日,甬江公司收到投资方普顿公司宣告分配现金股利的通知,甬江公司应分得现金股利 20 000 元。

(14)9 月 25 日,甬江公司收到普顿公司股利 20 000 元,自动转入公司股票的资金账户。

(15)12 月 18 日,D 公司因财务困难未向银行支付票款。甬江公司收到银行退回已贴现的商业承兑汇票,并以银行存款支付全部票款。

(16)12 月 30 日,甬江公司收到信达公司退还的包装物押金 15 000 元,款项存入银行。

(17)12 月 31 日,对各项应收账款计提坏账准备。对 C 公司应收账款仍采用个别认定法计提坏账准备,估计坏账率为 20%。

训练要求:

(1)编制甬江公司上述业务的会计分录。

(2)计算甬江公司本期应计提的坏账准备并编制会计分录("应交税费"科目要求写出明细科目和专栏名称,答案中的金额单位用万元表示)。

在线自测题

(3)计算甬江公司资产负债表中"应收账款"应列示的金额。

第四章

存 货

■■■ **学习目标**

通过本章的学习,要求学生了解存货的概念、特征和分类;掌握原材料按实际成本和按计划成本计价的会计处理、委托加工物资的会计处理、存货可变现净值的计算以及存货跌价准备的会计处理;理解其他存货的计价方法及会计处理。

■■■ **关键知识点**

存货的概念及确认条件,发出存货的计价方法,存货跌价准备。

■■■ **案例导入**

康美药业存货跌价准备计提为什么这么低?

康美药业截至 2019 年一季度账面总资产为 738 亿元,而其中存货就有 337 亿元,占比接近 46%。换作其他行业上市公司,如果账面上有如此高的存货,市场必定担心,如果存货大量计提减值,那么将对公司的业绩造成较大冲击。

在 5 月 28 日,康美药业回复上海证券交易所问询函中关于"结合市场价格变化、存货保质期、库龄、存货用途等因素,分析存货项目和品种评估并说明现有存货的价值,是否存在减值或减值风险"的问题时。康美药业表示,"公司分析该存货属于方便储存、不易变质、无明显保质期的中药材,可长期储存,存货可用于中药饮片生产或流通贸易。结合历史及目前市场价格行情,该药材品种价格趋于稳定增长的走势。公司调整入账的中药材存货系按采购成本入账,参考相关专家做出的鉴定意见,目前不存在减值迹象。"

从康美药业 2018 年年报中可以看到,截至 2018 年年底,公司存货账面价值 342 亿元,报告期只计提了 0.56 亿元的存货跌价准备,占比 0.1%。

思考:

1. 什么是存货? 存货在资产负债表中如何列示?

2. 分析案例企业为什么计提较低的存货跌价准备?

3. 存货账面价值与账户余额的区别是什么?

第一节 存货的确认和初始计量

一、存货的内容

(一)存货的定义

存货是指企业在日常活动中持有以备出售的产成品或商品、处在生产过程中的在产品、在生产过程或提供劳务过程中耗用的材料、物料等。通常包括企业为产品生产和商品销售而持有的原材料、周转材料、燃料、在产品、半成品、产成品、商品等。存货通常在 1 年或超过 1 年的一个营业周期内被消耗或经出售转换为现金、银行存款或应收账款等,具有明显的流动性,属于流动资产。在大多数企业中,存货在流动资产中占有很大的比重,是流动资产的重要组成部分。

(二)存货的认定范围

存货范围的认定一般以产权的归属为标准,即在盘存日,法定产权归属企业的一切物品,不论其存放地点如何,都是企业的存货。企业的存货通常包括以下几种:

(1)库存待售的存货。

(2)库存待消耗的存货。

(3)生产经营过程中使用以及处在加工过程中的存货。

(4)购入的正在运输途中和货已运到但尚未办理入库手续的存货。

(5)委托其他单位加工、代销的存货。

企业的存货不包括以下各项:

(1)库存的依照合同开出发票账单,但客户尚未提出的存货。

(2)库存的受其他单位委托代销、代加工的存货。

(3)约定未来购入的存货。

(三)存货的分类

存货分布于企业生产经营的各个环节,而且种类繁多、用途各异。为了加强存货的管理,提供有用的会计信息,应当对存货进行适当的分类。

1.按经济用途分类

(1)原材料,是指在生产过程中经加工改变其形态或性质并构成产品主要实体的各种原料及主要材料、辅助材料、外购半成品(外购件)、修理用备件(备品备件)、包装材料、燃料等。

(2)在产品,是指仍处于生产过程中、尚未完工入库的生产物,包括正处于各个生产工序尚未制造完成的在产品,以及虽已制造完成但尚未检验或虽已检验但尚未办理入库手续的产成品。

(3)自制半成品,是指在本企业已经过一定生产过程的加工并经检验合格交付半成品仓库保管,但尚未最终制造完成、仍需进一步加工的中间产品。自制半成品不包括从一个生产车间转给另一个生产车间继续加工的半成品以及不能单独计算成本的半成品。

(4)产成品,是指工业企业已经完成全部生产过程并验收入库,可以按照合同规定的条件送交订货单位,或者可以作为商品对外销售的产品。企业接受外来原材料加工制造的代定条件送交订货制品和为外单位加工修理的代修品,制造和修理完成验收入库后,应视同企业的产成品。

(5)商品,是指商品流通企业的商品,包括外购或委托加工完成验收入库的用于销售的各种商品。

(6)周转材料,是指企业能够多次使用、逐渐转移其价值但仍保持原有形态、不确认为固定资产的材料,包括包装物、低值易耗品等。其中,包装物,是指为了包装本企业产品及商品而储备的各种包装容器,如桶、箱、瓶、坛、袋等;低值易耗品,是指在使用过程中基本保持其原有实物形态不变,但单位价值相对较低、使用期限相对较短,或在使用过程中容易损坏,因而不能列入固定资产的各种用具物品,如工具、管理用具、玻璃器皿、劳动保护用品,以及在经营过程中周转使用的包装容器等。

2.按存放地点分类

企业的存货分布于供、产、销各个环节,按存放地点,可以分为在库存货、在途存货、在制存货和在售存货。

(1)在库存货,是指已经购进或生产完工并经过验收入库的各种原材料、周转材料、半成品、产成品以及商品。

(2)在途存货,是指已经取得所有权但尚在运输途中或虽已运抵企业但尚未验收入库的各种材料物资及商品。

(3)在制存货,是指正处于本企业各生产工序加工制造过程中的在产品,以及委托外单位加工但尚未完成的材料物资。

(4)在售存货,是指已发运给购货方,但尚不能完全满足收入确认条件,因而仍应作为销货方存货的发出商品、委托代销商品等。

3.按取得方式分类

存货按取得方式,可以分为外购存货、自制存货、委托加工存货、投资者投入的存货、接受捐赠取得的存货、通过债务重组取得的存货、非货币性资产交换取得的存货、盘盈的存货等。

二、存货的确认条件

存货同时满足下列条件的,才能予以确认。

(一)与该存货有关的经济利益很可能流入企业

在通常情况下,随着存货实物的交付和存货所有权的转移,所有权上的主要风险和报酬也一并转移。就销货方而言,存货所有权的转出一般可以表明存货所包含的经济利益已不能再流入企业;就购货方而言,存货所有权的转入一般可以表明存货所包含的经济利益能够流入企业。因此,存货确认的一个重要标志,就是企业是否拥有某项存货的所有权。一般来说,凡企业拥有所有权的货物,无论存放何处,都应包括在本企业的存货之中;而尚未取得所有权或者已将所有权转移给其他企业的货物,即使存放在本企业,也不应包括在本企业的存货之中。

(二)该存货的成本能够可靠地计量

成本或者价值能够可靠地计量是资产确认的一项基本条件。存货作为企业资产的组成部分,要予以确认也必须能够对其成本进行可靠的计量。存货的成本能够可靠地计量必须以取得确凿的证据为依据,并且具有可验证性。如果存货成本不能可靠地计量,则不能确认为一项存货。如企业承诺的订货合同,由于并未实际发生,不能可靠确定其成本,因此就不能确认为购买企业的存货。

三、外购存货的初始计量及会计处理

(一)外购存货的采购成本

外购存货的成本是指采购成本,一般包括购买价款、相关税费、运杂费以及其他可归属于存货采购成本的费用。

(1)购买价款,是指企业购入材料或商品取得的购货发票所注明的货款金额,不包括按规定可以抵扣的增值税进项税额。发票中的金额包括现金折扣,不包括商业折扣。

(2)相关税费,是指按规定应计入存货采购成本中的各种税费,如企业为从国外进口材料支付的关税、购买材料发生的消费税、不能从增值税销项税额中抵扣的进项税额以及相应的教育费附加等。

(3)运杂费,是指存货采购过程中发生的运杂费,包括包装费、运输费、装卸费、保险费和仓储费等,不包括取得的运输业增值税专用发票中可以抵扣的增值税进项税额。

在实际工作中,企业购进货物、加工修理修配劳务、服务、无形资产或不动产等取得的增值税专用发票,需经过税务机关认证后才能予以抵扣。因此,一般纳税人取得增值税发票(包括增值税专用发票、机动车销售统一发票、收费公路通行费增值税电子普通发票)后,可以自愿使用增值税发票选择确认平台查询,选择用于申报抵扣的增值税发票信息,在勾选平台进行发票抵扣的操作。取得的增值税发票何时进行申报抵扣,应由企业的财务主管根据本企业的税负率来统筹安排。如果本月取得的增值税进项发票金额较大,可根据实际需要延迟抵扣,即将取得的部分增值税专用发票延至下月或以后月份再做认证,但延迟抵扣的时间不得超过 360 天(以发票上的日期开始计算)。未经税务机关认证的增值税进项税额不计入外购材料物资等的成本,而是记入"应交税费——待认证进项税额"账户借方。

按规定,一般纳税人外购生产经营用的材料物资、各种固定资产和工程物资所支付的运输费等,属于增值税应税服务项目,无论通过何种途径,只要取得符合抵扣条件的增值税专用发票,经认证后也都可以进行抵扣。

(4)其他可归属于存货采购成本的费用,是指采购成本中除上述各项以外的可归属于存货采购成本的费用,例如在存货采购过程中发生的运输途中的合理损耗、入库前的挑选整理费用(包括挑选整理中发生的人工费支出和挑选整理过程中所发生的必要的损耗,并扣除回收的下脚废料价值)以及其他费用等。其中,运输途中的合理损耗,是指商品在运输过程中,因商品性质、自然条件及技术设备等因素,所发生的自然的或不可避免的损耗。例如,汽车在运输煤炭、化肥等的过程中自然散落以及易挥发产品在运输过程中的自然挥发。运输途中的合理损耗仅增加入库存货的单位成本,不影响存货的总成本。

对于存货采购过程中发生的相关税费、运杂费和其他可归属于存货采购成本的费用,凡能分清负担对象的,应直接计入存货的采购成本;不能分清负担对象的,应选择合理的分配方法,分配计入有关存货的采购成本。分配方法通常是按所购存货的重量或采购价格比例进行分配。

另外,存货在运输途中发生短缺,属于过失人造成的损失,应向过失人索取赔偿,不计入采购成本;属于自然灾害造成的非常损失,应将扣除保险赔款和可收回残值后的净损失,计入营业外支出;属于无法查明原因的途中损耗,应先作为待处理财产损溢核算,待查明原因后再做处理。此外,市内零星货物运杂费、采购人员的差旅费、采购机构的经费以及供应部门经费等一般都不应当包括在存货的采购成本中。

(二)外购存货的账户设置

企业外购的存货,由于距离采购地点远近不同、货款结算方式不同等原因,可能造成存货验收入库和货款结算并不总是同步完成;同时,外购存货还可能采用预付货款方式、赊购方式等。外购存货通常使用的会计科目有"原材料""在途物资"等。

"原材料"科目,性质是资产,用于核算企业库存各种材料的收入、发出与结存情况。借方登记入库材料的实际成本,贷方登记仓库发出材料的实际成本,期末余额在借方,反应企业库存材料的实际成本。本科目应按照材料物资的品种或规格进行明细核算。

"在途物资"科目,性质是资产,用于核算企业货款已经支付,但尚未验收入库的各种物资的实际采购成本。借方登记企业购入的在途物资的实际成本,贷方登记验收入库的在途物资的实际成本,期末余额在借方,反映企业在途物资的实际采购成本。本科目应按照供应单位和物资品种进行明细核算。

(三)外购存货的会计处理

企业外购的原材料,由于结算方式和采购地点不同,材料入库和货款的支付在时间上不一定完全同步,相应的账务处理也有所不同。

1.存货验收入库和货款结算同时完成

在存货验收入库和货款结算同时完成的情况下,企业应于支付货款或开出、承兑商业汇票,并且存货验收入库后,按发票账单等结算凭证确定的存货成本,借记"原材料""周转材料""库存商品"等存货科目,按增值税专用发票上注明的增值税额,借记"应交税费——应交增值税(进项税额)"科目,按实际支付的款项或应付票据面值,贷记"银行存款""应付票据"等科目。

【例4-1】 2019年1月5日,甬江公司购入一批原材料,增值税专用发票上注明的材料价款为60 000元,增值税额为7 800元。货款已通过银行转账支付,材料也已验收入库。

借:原材料	60 000
应交税费——应交增值税(进项税额)	7 800
贷:银行存款	67 800

2.货款已结算,但存货尚在运输途中

在已经支付货款或开出、承兑商业汇票,但存货尚在运输途中或虽已运达但尚未验收入库的情况下,企业应于支付货款或开出、承兑商业汇票时,按发票账单等结算凭证确定的存货成本,借记"在途物资"科目,按增值税专用发票上注明的增值税额,借记"应交税费——应交增值税(进项税额)"科目,按实际支付的款项或应付票据面值,贷记"银行存款""应付票据"等科目;待存货运达企业并验收入库后,再根据有关验货凭证,借记"原材料""周转材料""库存商品"等存货科目,贷记"在途物资"科目。

【例4-2】 2019年1月15日,甬江公司购入一批原材料,增值税专用发票上注明的材料价款为50 000元,增值税额为6 500元,货款已通过银行转账支付,材料尚在运输途中。

(1)支付货款,材料尚在运输途中:

借:在途物资	50 000
应交税费——应交增值税(进项税额)	6 500
贷:银行存款	56 500

(2)原材料运达企业,验收入库:

借:原材料	50 000
贷:在途物资	50 000

3.存货已验收入库,但货款尚未结算

在存货已运达企业并验收入库,但发票账单等结算凭证尚未到达、货款尚未结算的情况下,企业在收到存货时可先不进行会计处理。如果在本月内结算凭证能够到达企业,则应在支付货款或开出、承兑商业汇票后,按发票账单等结算凭证确定的存货成本,借记"原材料""周转材料""库存商品"等存货科目,按增值税专用发票上注明的增值税额,借记"应交税费——应交增值税(进项税额)"科目,按实际支付的款项或应付票据面值,贷记"银行存款""应付票据"等科目。

如果月末结算凭证仍未到达,为全面反映资产及负债情况,应对收到的存货按暂估价值入账,借记"原材料""周转材料""库存商品"等存货科目;贷记"应付账款——暂估应付账款"科目,下月初,再编制相同的红字记账凭证予以冲回;待结算凭证到达企业付款或开出、承兑商业汇票后,按发票账单等结算凭证确定的存货成本,借记"原材料""周转材料""库存商品"等存货科目,按增值税专用发票上注明的增值税额,借记"应交税费——应交增值税(进项税额)"科目,按实际支付的款项或应付票据面值,贷记"银行存款"、"应付票据"等科目。

【例4-3】 2019年5月29日,甬江公司购入一批原材料,材料已运达企业并已验收入库,但发票账单等结算凭证尚未到达。月末,该批货物的结算凭证仍未到达,甬江公司对该批材料估价65 000元入账。6月3日,结算凭证到达企业,增值税专用发票上注明的原材料价款为63 000元,增值税额为10 710元,货款通过银行转账支付。

(1)5月29日,材料运达企业并验收入库,暂不做会计处理。

(2)5月31日,结算凭证仍未到达,对该批材料暂估价值入账。

借:原材料	65 000
贷:应付账款——暂估应付账款	65 000

(3)6月1日,编制红字记账凭证冲回估价入账分录。

借:原材料	65 000
贷:应付账款——暂估应付账款	65 000

(4)6月3日,收到结算凭证并支付货款:

借:原材料	63 000
应交税费——应交增值税(进项税额)	8 190
贷:银行存款	71 190

4.货款已经预付,但存货尚未验收入库

在采用预付货款方式购入存货的情况下,企业应在预付货款时,按照实际预付的金额,借记"预付账款"科目,贷记"银行存款"科目;购入的存货验收入库时,按发票账单等结算凭证确定的存货成本,借记"原材料""周转材料""库存商品"等存货科目,按增值税专用发票上注明的增值税额,借记"应交税费——应交增值税(进项税额)"科目,按存货成本与增值税进项税额之和,贷记"预付账款"科目。预付的货款不足,需补付货款时,按照补付的金额,借记"预付账款"科目,贷记"银行存款"科目;供货方退回多付的货款时,借记"银行存款"科目,贷记"预付账款"科目。

【例4-4】 2019年6月18日,甬江公司向乙公司预付货款90 000元采购一批原材料。乙公司于7月15日交付所购材料,并开来增值税专用发票,材料价款为92 000元,增值税额为11 960元。7月15日,甬江公司将应补付的货款13 960元通过银行转账支付。

(1)6月18日,预付货款:

借:预付账款——乙公司 90 000

　　贷:银行存款 90 000

(2)7月15日,材料验收入库:

借:原材料 92 000

　　应交税费——应交增值税(进项税额) 11 960

　　贷:预付账款——乙公司 103 960

(3)7月15日,补付货款:

借:预付账款——乙公司 13 960

　　贷:银行存款 13 960

5.存货和结算凭证同时到达,但货款尚未支付

在采用赊购方式购入存货的情况下,企业应于存货验收入库后,按发票账单等凭证确定的存货成本,借记"原材料""周转材料""库存商品"等存货科目,按增值税专用发票上注明的增值税额,借记"应交税费——应交增值税(进项税额)"科目,按应付未付的货款,贷记"应付账款"科目;待支付款项或开出、承兑商业汇票后,再根据实际支付的货款金额或应付票据面值,借记"应付账款"科目,贷记"银行存款""应付票据"等科目。

【例4-5】 2019年5月20日,甬江公司从乙公司赊购一批原材料,增值税专用发票上注明的原材料价款为100 000元,增值税额为13 000元;供货方代垫运输费的增值税专用发票上注明的运费为5 000元。增值税450元。

材料已验收入库。根据购货合同约定,甬江公司应于6月30日之前支付货款。

(1)5月20日,赊购原材料:

借:原材料 105 000

　　应交税费——应交增值税(进项税额) 13 450

　　贷:应付账款——乙公司 118 450

(2)6月30日,支付货款:

借:应付账款——乙公司 118 450

　　贷:银行存款 118 450

如果应付账款附有现金折扣条件,则应付账款的会计处理有两种情况:

一是按照总价法处理,二是净价法。无论是总价法还是净价法,企业发生的与现金折扣有关的金额均通过财务费用处理。

【例4-6】 2019年8月1日,甬江公司从乙公司赊购一批原材料,增值税专用发票上注明的原材料价款为200 000元,增值税额为26 000元。根据购货合同的约定,甬江公司应于8月31日之前支付货款,并附有现金折扣条件:如果甬江公司能在10日内付款,可按原材料价款(不含增值税)的2%享受现金折扣;如果超过10日付款,则须按交易金额全额支付。

总价法:

(1)8月1日,赊购原材料。

借:原材料 200 000

　　应交税费——应交增值税(进项税额) 26 000

　　贷:应付账款——乙公司 226 000

（2）支付购货款。

①假定甬江公司于8月10日支付货款，享受2%的现金折扣：

借：应付账款——乙公司   226 000

    贷：银行存款   222 000

        财务费用   4 000

②假定甬江公司于8月31日支付货款，不享受现金折扣：

借：应付账款——乙公司   226 000

    贷：银行存款   226 000

净价法：

（1）8月1日，赊购原材料。

借：原材料   196 000

    应交税费——应交增值税（进项税额）   26 000

    贷：应付账款——乙公司   222 000

（2）支付购货款。

①假定甬江公司于8月10日支付货款：

借：应付账款——乙公司   222 000

    贷：银行存款   222 000

②假定甬江公司于8月31日支付货款：

借：应付账款——乙公司   222 000

    财务费用   4 000

    贷：银行存款   226 000

6.外购存货发生短缺

企业外购原材料可能发生溢余或短缺，应及时查明原因，做出处理，并根据不同的处理结果分别予以反映。

（1）定额内合理损耗，按其实际成本计入入库原材料成本；

（2）购进原材料发生的非常损失（如因管理不善造成被盗、丢失、霉烂变质的损失，不包括自然灾害造成的损失），将其实际成本及应负担的进项税额中由保险公司及有关责任人赔偿后尚不能弥补的部分计入管理费用（进项税额要转出）；自然灾害造成的损失计入营业外支出（进项税额不转出）。

发生购进原材料短缺，尚未查明原因或尚未做出处理之前，一般先按短缺原材料的实际成本记入"待处理财产损溢"科目的借方，贷记"在途物资"等科目；待查明原因后，再转入有关科目，借记"管理费用""营业外支出"等科目，贷记"待处理财产损溢"等科目。

【例4-7】 甬江公司5月29日从外埠购进甲材料100吨，每吨单价1 130元（其中，价款1 000元，增值税130元），每吨运费109元（其中，价款100元，增值税9元），运输保险费共计1 060元（其中，价款1 000元，增值税60元），货款及运杂费已支付。6月4日原材料到达，验收入库的合格品为90吨，残损5吨，另5吨缺少，原因待查。根据发生的有关购进原材料的经济业务，编制相关会计分录。

（1）5月29日付款时：

购进原材料的实际成本＝（1 000＋100）×100＋1 000＝111 000（元）

购进原材料的进项税额＝(130＋9)×100＋60＝13 960(元)

借:在途物资	111 000	
应交税费——应交增值税(进项税额)	13 960	
贷:银行存款		124 960

(2)6月4日材料验收入库时:

单位原材料的实际成本＝111 000/100＝1 110(元/吨)

单位原材料的进项税额＝13 960/100＝139.6(元/吨)

入库原材料的实际成本＝1 110×90＝99 900(元)

短缺原材料的实际成本＝1 110×10＝11 100(元)

借:原材料	99 900	
待处理财产损溢——待处理流动资产损溢	11 100	
贷:在途物资		111 000

(3)后查明原因,5吨残损系运输部门失责造成,已由运输部门承担修复费用后作为合格品入库;另外,有3吨短缺系本单位在提货以后、验收入库以前被盗所致,2吨系自然灾害所致,且保险公司已按规定同意赔偿2 000元,但赔款尚未收到。

修复后原材料的实际成本＝1 110×5＝5 550(元)

被盗原材料的实际成本＝1 110×3＝3 330(元)

其中:转出被盗原材料的进项税额＝139.6×3＝418.8(元)

自然灾害所致原材料的实际成本＝1 110×2＝2 220(元)

借:原材料	5 550	
其他应收款——保险公司	2 000	
营业外支出	220	
管理费用	3 748.8	
贷:待处理财产损溢——待处理流动资产损溢		11 100
应交税费——应交增值税(进项税额转出)		418.8

(注:2吨系自然灾害所致原材料的损失,其进项税额不做转出)

企业购进原材料发生溢余时,未查明原因的溢余材料一般只作为代保管物资在备查账中登记,不作为进货业务入账核算。查明原因后根据具体处理决定再做相应的处理。

四、委托加工物资的初始计量

(一)委托加工物资的内容和成本构成

委托加工物资,是指企业提供原料及主要材料,通过支付加工费,由受托加工单位按合同要求加工为企业所需的原材料、包装物或低值易耗品等。与材料或商品销售不同,委托加工材料发出后,虽然其保管地点发生位移,但材料或商品仍属于企业存货范畴。经过加工,材料或商品不仅实物形态、性能和使用价值可能发生变化,加工过程中也要消耗其他材料,发生加工费、税费,导致被加工材料或商品的成本增加。

在线视频4-1

企业委托其他单位加工的物资,其实际成本应包括:

(1)加工中实际耗用原料及主要材料或者半成品的实际成本；

(2)支付的加工费用；

(3)支付的应计入加工物资成本的税费；

(4)支付加工物资的往返运杂费。

委托加工物资应负担的增值税，凡属加工物资用于应交增值税项目并取得增值税专用发票的一般纳税人，可将这部分增值税作为进项税额，不计入加工物资的成本；凡属加工物资用于免征增值税项目的，以及未取得增值税专用发票的一般纳税人和小规模纳税人的加工物资，应将这部分增值税计入加工物资的成本。

(二)委托加工物资的账户设置

为了反映和监督委托加工物资增减变动及结存情况，企业应当设置"委托加工物资"账户，借方登记委托加工物资的实际成本，贷方登记加工完成验收入库物资的实际成本和剩余物资的实际成本，期末余额在借方，反映企业尚未完工的委托加工物资的实际成本等。

企业发出材料物资委托其他单位加工时，按发出材料物资的实际成本，借记"委托加工物资"科目，贷记"原材料""库存商品"等科目；支付加工费和往返运杂费时，借记"委托加工物资"科目，贷记"银行存款"科目；支付增值税时，借记"应交税费——应交增值税(进项税额)"科目，贷记"银行存款"科目；需要交纳消费税的委托加工存货，由受托加工方代收代交的消费税，应分别按以下情况处理：

(1)委托加工存货收回后直接用于销售，由受托加工方代收代交的消费税应计入委托加工存货成本，借记"委托加工物资"科目，贷记"银行存款"等科目。

(2)委托加工存货收回后用于连续生产应税消费品，由受托加工方代收代交的消费税按规定准予抵扣的，借记"应交税费——消费税"科目，贷记"银行存款"等科目。

委托加工的存货加工完成验收入库并收回剩余物资时，按计算的委托加工存货实际成本和剩余物资实际成本，借记"原材料""周转材料""库存商品"等科目，贷记"委托加工物资"科目。

(三)委托加工物资的会计处理

【例 4-8】 甬江公司委托甲公司加工一批 B 材料(属于应税消费品)。甬江公司与 B 公司适用的增值税率均为 13%，B 材料适用的消费税率为 10%。

2019 年 10 月 18 日发出 A 材料实际成本为 40 000 元，以现金支付运杂费 600 元；26 日 B 材料加工完成，以银行转账支付加工费 14 000 元，增值税 1 820 元，由受托方代收代交的消费税 6 000 元。委托加工的 B 材料收回后用于连续生产。30 日通过银行转账支付委托加工的 B 材料运杂费 1 400 元，B 材料办理了验收入库手续

(1)发出原材料委托加工 B 材料，同时支付运杂费时：

借：委托加工物资	40 600
贷：原材料	40 000
库存现金	600

(2)支付加工费及增值税：

借：委托加工物资	14 000
应交税费——应交增值税(进项税额)	1 820
贷：银行存款	15 820

(3)支付由受托方代收代交的消费税:

消费税组成计税价格＝(40 000＋14 000)/(1－10%)＝60 000(元)

应交消费税＝60 000×10%＝6 000(元)

借:应交税费——应交消费税   6 000

  贷:银行存款   6 000

(4)收回加工完成的B材料:

B材料实际成本＝40 600＋14 000＋1 400＝56 000(元)

借:原材料——B材料   56 000

  贷:委托加工物资   56 000

【例4-9】 沿用【例4-8】,假如甬江公司委托加工的B材料直接用于出售,其账务处理如下。

(1)发出原材料委托加工B材料,同时支付运杂费时,会计分录同【例4-8】(1)。

(2)支付加工费及增值税,会计分录同【例4-8】(2)。

(3)支付由受托方代收代缴的消费税:

消费税组成计税价格＝(40 000＋14 000)/(1－10%)＝60 000(元)

应交消费税＝60 000×10%＝6 000(元)

借:委托加工物资   6 000

  贷:银行存款   6 000

(4)收回加工完成的B材料:

B材料实际成本＝40 600＋14 000＋6 000＋1 400＝62 000(元)

借:原材料——B材料   62 000

  贷:委托加工物资   62 000

五、自制存货的初始计量

企业自制存货的成本由采购成本、加工成本和其他成本构成。

加工成本,是指存货制造过程中发生的直接人工以及按照一定的方法分配的制造费用。其中,制造费用是指企业为生产产品和提供劳务而发生的各项间接费用。企业应当根据制造费用的性质,合理地选择制造费用分配方法。在同一生产过程中,同时生产两种或两种以上的产品,并且每种产品的加工成本不能直接区分的,其加工成本应当按照合理的方法在各种产品之间进行分配。

其他成本,是指除采购成本、加工成本以外的,使存货达到目前场所和状态所发生的其他支出。例如,为特定客户设计产品所发生的可直接确定的设计费用;可直接归属于符合资本化条件的存货、应当予以资本化的借款费用等。其中,符合资本化条件的存货,是指需要经过相当长时间的生产活动才能达到预定可销售状态的存货。企业发生的一般产品设计费用以及不符合资本化条件的借款费用,应当确认为当期损益。

企业在存货制造过程中发生的下列支出,应当于发生时直接确认为当期损益,不计入存货成本:

(1)非正常消耗的直接材料、直接人工和制造费用。例如,企业因自然灾害而发生的直接材料、直接人工和制造费用损失,无助于使继续加工的存货达到目前的场所和状态,因此,不能计入继续加工的存货成本,而应将扣除残料和保险赔款后的净损失,计入营业外支出。

(2)仓储费用。这里所说的仓储费用,仅指存货在加工和销售环节发生的仓储费用,不包括存货采购过程中发生的仓储费用,也不包括在生产过程中为使存货达到下一个生产阶段所必需的仓储费用。存货采购过程中发生的仓储费用以及在生产过程中为使存货达到下一个生产阶段所必需的仓储费用,应当计入存货成本。例如,酿造企业为使产品达到规定的质量标准,通常需要经过必要的储存过程,其实质是产品生产过程的继续,是使产品达到规定的质量标准所必不可少的一个生产环节,相关仓储费用属于生产费用,应当计入存货成本,而不应计入当期损益。

(3)不能归属于使存货达到目前场所和状态的其他支出。

企业自制并已验收入库的存货,按确定的实际成本,借记"周转材料""库存商品"等存货科目,贷记"生产成本"科目。

【例4-10】 甬江公司生产车间分别以甲、乙两种材料生产两种产品 A 和 B,2019 年 7 月,投入甲材料 60 000 元生产 A 产品,投入乙材料 30 000 元生产 B 产品。当月生产 A 产品发生直接人工费用 8 000 元,生产 B 产品发生直接人工费用 7 000 元,该生产车间归集的制造费用总额为 30 000 元。假定,当月投入生产的 A、B 两种产品均于当月完工,该企业生产车间的制造费用按生产工人工资比例进行分配,则:

A 产品应分担的制造费用为=8 000×[30 000/(8 000+7 000)]=16 000(元)

B 产品应分担的制造费用为=7 000×[30 000/(8 000+7 000)]=14 000(元)

A 产品完工成本(即 A 存货的成本)=60 000+8 000+16 000=84 000(元)

B 产品完工成本(即 A 存货的成本)=30 000+7 000+14 000=51 000(元)

```
借:生产成本——A 产品                                              16 000
          ——B 产品                                              14 000
    贷:制造费用                                                          30 000
借:库存商品——A 产品                                              84 000
          ——B 产品                                              51 000
    贷:生产成本——A 产品                                                84 000
          ——B 产品
```

六、投资者投入的存货的初始计量

投资者投入存货的成本应当按照投资合同或协议约定的价值确定,但合同或协议约定价值不公允的除外。在投资合同或协议约定价值不公允的情况下,按照该项存货的公允价值作为其入账价值。

企业收到投资者投入的存货,按照投资合同或协议约定的存货价值,借记"原材料""周转材料""库存商品"等科目,按增值税专用发票上注明的增值税额,借记"应交税费——应交增值税(进项税额)"科目,按投资者在注册资本中所占的份额,贷记"实收资本"或"股本"科目,按其差额,贷记"资本公积"科目。

【例4-11】 甬江公司收到甲公司作为资本投入的原材料。原材料计税价格 700 000 元;增值税专用发票上注明的税额为 91 000 元,投资各方确认按该金额作为甲公司的投入资本,可折换甬江公司每股面值 1 元的普通股股票 600 000 股。

借:原材料	700 000
应交税费——应交增值税(进项税额)	91 000
贷:股本——甲公司	600 000
资本公积——股本溢价	191 000

第二节 发出存货的计量

一、发出存货的计量方法

企业应当根据各类存货的实物流转方式、企业管理的要求、存货的性质等实际情况,合理确定发出存货成本的计算方法,以及当期发出存货的成本。对于性质和用途相同的存货,应当采用相同的成本计算方法确定发出存货的成本。计价方法一旦选定,前后各期应当保持一致,并在会计报表附注中予以披露。

我国企业会计准则规定,企业可以采用的发出存货成本的计价方法包括:先进先出法、月末一次加权平均法、移动加权平均法和个别计价法。对于性质和用途相似的存货,应当采用相同的存货计价方法。

(一)先进先出法

先进先出法是以先购入的存货应先发出(销售或耗用)这样一种存货实物流转假设为前提,对发出存货进行计价的一种方法。采用这种方法,先购入的存货成本在后购入的存货成本之前转出,据此确定发出存货和期末存货的成本。具体方法是:收入存货时,逐笔登记收入存货的数量、单价和金额;发出存货时,按照先进先出的原则逐笔登记存货的发出成本和结存金额。

【例4-12】 甬江公司2020年6月份甲材料收入、发出和结存情况如表4-1所述。从该表可以看出存货成本的计价顺序,如6月11日发出的200件存货,按先进先出法的流转顺序,应先发出期初库存存货1 500(150×10)元,然后再发出5日购入的50件,即600(50×12)元,其他以此类推。从表中看出,使用先进先出法得出的发出存货成本和期末存货成本分别为4 800元和2 200元。

表4-1 甲材料明细账(先进先出法) 单位:元

日期		摘要	收入			发出			结存		
月	日		数量	单价	金额	数量	单价	金额	数量	单价	金额
6	1	期初余额							150	10	1 500
	5	购入	100	12	1 200				150 100	10 12	1 500 1 200
	11	发出				150 50	10 12	1 500 600	50	12	600
	16	购入	200	14	2 800				50 200	12 14	600 2 800

日期		摘要	收入			发出			结存		
月	日		数量	单价	金额	数量	单价	金额	数量	单价	金额
	20	发出				50	12	600	150	14	2 100
						50	14	700			
	23	购入	100	15	1 500				150	14	2 100
									100	15	1 500
	27	发出				100	14	1 400	50	14	700
									100	15	1 500
	30	本月合计	400	—	5 500	400	—	4 800	50	14	700
									100	15	1 500

甬江公司日常账面记录显示,甲材料期初结存存货为 1 500(150×10)元,本期购入存货三批,按先后顺序分别为:100×12,200×14,100×15。假设经过盘点,发现期末库存 150件。则本期发出存货为 400 件,发出存货成本为:

发出存货成本＝150×10＋50×12＋50×12＋50×14＋100×14＝4 800(元)

期末存货成本为:

期末存货成本＝50×14＋100×15＝2 200(元)

或:期末结存存货成本＝期初结存存货成本＋本期购入存货成本—本期发出存货成本

＝1 500＋5 500—4 800＝2 200(元)

先进先出法可以可以随时结转发出存货成本,但在存货业务较多且单价不稳定时,工作量较大,较烦琐。在物价持续上升时,期末存货成本接近于市价,而发出存货成本偏低,会高估企业当期利润和库存存货价值;反之,会低估企业库存存货价值和当期利润。

(二)月末一次加权平均法

知识拓展4-1

月末一次加权平均法,亦称全月一次加权平均法,是指以当月全部进货数量加上月初存货数量作为权数,去除当月全部进货成本加上月初存货成本,计算出存货的加权平均单位成本,以此为基础计算当月发出存货的成本和期末结存存货的成本的一种方法。

存货单位成本＝$\dfrac{月初库存存货的实际成本＋本月各批次入库存货的实际成本之和}{月初库存存货数量＋本月各批进货数量之和}$

本月发出存货成本＝本月发出存货数量×存货单位成本

本月月末库存存货成本＝月初结存存货成本＋本月收入存货成本—本月发出存货成本

【例 4-13】 沿用【例 4-12】,假设甬江公司采用月末一次加权平均法核算存货,6 月份甲材料的平均单位成本计算如下:

存货单位成本＝$\dfrac{月初库存存货的实际成本＋本月各批次入库存货的实际成本之和}{月初库存存货数量＋本月各批进货数量之和}$

＝(1 500＋5 500)/(150＋400)≈12.727(元)

则 6 月份发出存货成本和期末结存存货成本分别为:

发出存货成本＝400×12.727＝5 090.80(元)

期末结存存货成本＝期初结存存货成本＋本期购入存货成本—本期发出存货成本

$$=1\,500+5\,500-5\,090.80=1\,909.20(元)$$

6月份甲材料收入、发出和结存情况如表4-2所示。

表4-2 甲材料明细账(月末一次加权平均法) 单位:元

日期		摘要	收入			发出			结存		
月	日		数量	单价	金额	数量	单价	金额	数量	单价	金额
6	1	期初余额							150	10	1 500
	5	购入	100	12	1 200				250		
	11	发出				200			50		
	16	购入	200	14	2 800				250		
	20	发出				100			150		
	23	购入	100	15	1 500				250		
	27	发出				100			150		
	30	本月合计	400	—	5 500	400	12.727	5 090.80	150	12.728*	1 909.20*

注:1 909.20* 表示 1 909.20 采用"期末结存存货成本＝期初结存存货成本＋本期购入存货成本—本期发出存货成本"计算确定的金额;12.728* 表示 12.728＝1 909.20÷150,与月末一次加权平均法计算的平均单位成本理论上应完全一致,实务中有时出现不一致,系四舍五入所致。

从表4-2可以看出,采用月末一次加权平均法,甲材料的平均单位成本从期初的10元变为期末的12.728元;采用月末一次加权平均法得出的本期发出存货成本和期末结存存货成本分别为5 090.80元和1 909.20元。

采用月末一次加权平均法只在月末一次计算加权平均单价,比较简单,有利于简化成本计算工作,但由于平时无法从账上提供发出和结存存货的单价及金额,不利于存货成本的日常管理与控制。

(三)移动加权平均法

移动加权平均法是指每次进货的成本加上原有库存存货的成本,除以每次进货数量加上原有库存存货的数量,据以计算加权平均单位成本,作为在下次进货前计算各次发出存货成本依据的一种方法。

$$存货单位成本=\frac{原有库存存货的实际成本＋本次进货的实际成本}{原有库存存货数量＋本次进货数量}$$

本次发出存货成本＝本次发出存货数量×本次发货前的存货单位成本

本月月末库存存货成本＝期初结存存货成本＋本月收入存货成本—本月发出存货成本

【例4-14】 沿用【例4-12】,假设甬江公司采用移动加权平均法核算存货,6月份甲材料的各平均单位成本计算如下:

6月5日,购入存货后的平均单位成本＝(1 500＋1 200)/(150＋100)≈10.80(元)

6月16日,购入存货后的平均单位成本＝(540＋2 800)/(50＋200)≈13.36(元)

6月23日,购入存货后的平均单位成本＝(2 004＋150 000)/(150＋100)≈14.02(元)

则6月份发出成本分别如下:

6月11日,发出存货成本＝200×10.80＝2 160(元)

6月20日,发出存货成本＝100×13.36＝1 336(元)

6月27日,发出存货成本＝100×14.016＝1 401.60(元)

本月月末结存存货成本＝期初结存存货成本＋本期购入存货成本－本期发出存货成本

＝1 500＋5 500－4 897.60＝2 102.40(元)

6月份甲材料收入、发出和结存情况如表4-3所示。

表4-3　甲材料明细账(移动加权平均法)　　　　　　　　　　　单位:元

日期		摘要	收入			发出			结存		
月	日		数量	单价	金额	数量	单价	金额	数量	单价	金额
6	1	期初余额							150	10	1 500
	5	购入	100	12	1 200				250	10.80	2 700
	11	发出				200	10.80	2 160	50	10.80	540
	16	购入	200	14	2 800				250	13.36	3 340
	20	发出				100	13.36	1 336	150	13.36	2 004
	23	购入	100	15	1 500				250	14.016	3 504
	27	发出				100	14.016	1 401.60	150	14.016	2 102.40
	30	本月合计	400	—	5 500	400	—	4 897.60	150	14.016	2 102.40

从表4-3中可以看出,采用移动加权平均法,甲材料的平均单位成本从期初的10元,随着每次购入成本的不同而不断变动。采用移动加权平均法得出的本期发出存货成本和期末结存存货成本分别为4 897.60元和2 102.40元。

采用移动加权平均法能够使企业管理层及时了解存货的结存情况,计算的平均单位成本以及发出和结存的存货成本比较客观。但由于每次收货都要计算一次平均单价,计算工作量较大,对收发较频繁的企业不适用。

(四)个别计价法

个别计价法,亦称个别认定法、具体辨认法、分批实际法,采用这一方法是假设存货具体项目的实物流转与成本流转相一致,按照各种存货逐一辨认各批发出存货和期末存货所属的购进批别或生产批别,分别按其购入或生产时所确定的单位成本计算各批发出存货和期末存货成本的方法。在这种方法下,把每一种存货的实际成本作为计算发出存货成本和期末存货成本的基础。

【例4-15】　沿用【例4-12】,假设甬江公司采用个别计价法核算存货,6月份甲材料的各平均单位成本计算如下:

假设经过具体辨认,本月发出存货成本分别为:6月11日发出的200件存货中,100件系期初结存存货,单位成本为10元,另外100件系6月5日购入存货,单位成本为12元;6月20日发出的100件存货系6月16日购入,单位成本为14元;6月27日发出的100件存货中,50件为期初结存存货,单位成本为10元,50件为6月23日购入存货,单位成本为15元,则按照个别计价法,甬江公司6月甲材料收入、发出与结存情况如表4-4所示。

表 4-4 甲材料明细账(个别认定法) 单位:元

日期		摘要	收入			发出			结存		
月	日		数量	单价	金额	数量	单价	金额	数量	单价	金额
6	1	期初余额							150	10	1 500
	5	购入	100	12	1 200				150	10	1 500
									100	12	1 200
	11	发出				100	10	1 000			
						100	12	1 200	50	10	500
	16	购入	200	14	2 800				50	10	500
									200	14	2 800
	20	发出				100	14	1 400	50	10	500
									100	14	1 400
	23	购入	100	15	1 500				50	10	500
									100	14	1 400
									100	15	1 500
	27	发出				50	10	500	100	14	1 400
						50	15	750	50	15	750
	30	本月合计	400	—	5 500	400	—	4 850	100	14	1 400
									50	15	750

从表 4-4 中可以看出,采用个别认定法,甲材料的本期发出存货成本和期末结存存货成本分别为 4 850 元和 2150 元。

或:期末结存存货成本=期初结存存货成本+本期购入存货成本—本期发出存货成本

=1 500+5 500—4 850=2 150(元)

个别计价法的成本计算准确,符合实际情况。但在存货收发频繁的情况下,其发出成本分辨的工作量较大。因此,该方法适通常用于一般不能替代使用的存货、为特定项目专门购入或制造的存货以及提供的劳务,如珠宝、名画等贵重物品。

二、发出原材料的账务处理

原材料在生产经营过程中领用后,其原有实物形态会发生改变乃至消失,其成本也随之形成产品成本或直接转化为费用,或形成其他有关项目支出的一部分。根据原材料的消耗特点,企业应按发出原材料的用途,将其成本直接计入产品成本或当期费用,或作为有关项目支出。

知识拓展 4-2

(1)生产经营领用的原材料,应根据领用部门和用途,分别计入有关成本费用项目。领用原材料时,按计算确定的实际成本,借记"生产成本""制造费用""委托加工物资""销售费用""管理费用"等科目,贷记"原材料"科目。

【例 4-16】 甬江公司本月领用原材料的实际成本为 400 000 元。其中,基本生产领用 250 000元,辅助生产领用 100 000元,生产车间一般耗用 30 000元,管理部门领用 20 000元。

借:生产成本——基本生产成本 250 000

——辅助生产成本 100 000

制造费用	30 000
管理费用	20 000
贷：原材料	400 000

（2）出售原材料取得的销售收入作为其他业务收入，相应的原材料成本应计入其他业务成本。出售原材料时，按已收或应收的价款，借记"银行存款""应收账款"等科目，按实现的营业收入，贷记"其他业务收入"科目，按增值税销项税额，贷记"应交税费——应交增值税（销项税额）"科目；同时，按出售原材料的实际成本结转销售成本，借记"其他业务成本"科目，贷记"原材料"科目。

【例4-17】　甬江公司销售一批原材料，售价8 000元，增值税额1 040元，原材料实际成本5 500元。

借：银行存款	9 040
贷：其他业务收入	8 000
应交税费——应交增值税（销项税额）	1 040
借：其他业务成本	5 500
贷：原材料	5 500

（3）在建工程领用的原材料，应按实际成本，借记"在建工程"科目，贷记"原材料"科目。

【例4-18】　甬江公司自制一项固定资产，领用库存材料6 000元。

借：在建工程	6 000
贷：原材料	6 000

三、发出周转材料的账务处理

周转材料，是指企业能够多次使用，不符合固定资产定义，逐渐转移其价值但仍能保持原有形态，不确认为固定资产的材料，主要包括包装物、低值易耗品等。

（一）包装物的账务处理

1.包装物的内容

包装物是指为包装产品而储备的各种包装容器，如桶、箱、瓶、坛、袋等。具体包括：

（1）生产过程中用于包装产品作为产品组成部分的包装物；

（2）随同商品出售而不单独计价的包装物；

（3）随同商品出售单独计价的包装物；

（4）出租或出借给购买单位使用的包装物。

2.包装物的账务处理程序

为了反映和监督包装物的增减变动及其价值损耗、结存等情况，企业应当设置"周转材料——包装物"科目进行核算，借方登记包装物的增加，贷方登记包装物的减少，期末余额在借方，通常反映企业期末结存包装物的金额。

（1）生产领用包装物

生产领用包装物，应根据领用包装物的实际成本，借记"生产成本"科目，贷记"周转材料——包装物"等科目。

【例4-19】　甬江公司为增值税一般纳税人，对包装物采用实际成本核算，某月生产产品领用包装物的实际成本为 50 000 元。甬江公司应编制如下会计分录：

```
借:生产成本                                    50 000
    贷:周转材料——包装物                        50 000
```

（2）随同商品出售不单独计价的包装物

随同商品出售不单独计价的包装物,应于包装物发出时,按其实际成本计入销售费用,借记"销售费用"科目,贷记"周转材料——包装物"等科目。

【例 4-20】 甬江公司为增值税一般纳税人,对包装物采用实际成本核算,某月销售商品领用不单独计价包装物的实际成本为 60 000 元。甬江公司应编制如下会计分录：

```
借:销售费用                                    60 000
    贷:周转材料——包装物                        60 000
```

（3）随同商品出售单独计价的包装物

随同商品出售单独计价的包装物,一方面应反映其销售收入,记入"其他业务收入"科目的贷方;另一方面应反映其实际销售成本,记入"其他业务成本"科目的借方。多次使用的包装物应当根据使用次数分次进行摊销。

【例 4-21】 甬江公司为增值税一般纳税人,对包装物采用实际成本核算,某月销售商品领用单独计价包装物的实际成本为 80 000 元,销售收入为 100 000 元,取得的增值税专用发票上注明的增值税额为 13 000 元,款项已存入银行。甬江公司应编制如下会计分录。

①出售单独计价包装物时：

```
借:银行存款                                    113 000
    贷:其他业务收入                             100 000
        应交税费——应交增值税(销项税额)          13 000
```

②结转所售单独计价包装物的成本

```
借:其他业务成本                                 80 000
    贷:周转材料——包装物                         80 000
```

（4）出租或出借包装物

有时企业因销售产品或商品,将包装物以出租或出借的形式,租给或借给客户暂时使用,并与客户约定一定时间内收回包装物。

出租或出借包装物时需要单独设置"周转材料——包装物(在库)""周转材料——包装物(在用)""周转材料——包装物(摊销)"明细科目。

为了保证及时返还和承担妥善保管包装物的监管责任,企业出租或出借包装物时,一般要向客户收取一定数额的押金,即存入保证金,归还包装物时将押金退还给客户。收取包装物押金时,借记"库存现金""银行存款"等科目,贷记"其他应付款——存入保证金"科目;退还押金时,编制相反的会计分录。

出租包装物是企业(专门经营包装物租赁业务的除外)的一项其他业务活动。出租期间,企业按约定收取的包装物租金,应计入其他业务收入,借记"库存现金""银行存款""其他应收款"等科目,贷记"其他业务收入"科目。

出租或出借包装物发生的相关费用包括两个方面:一是包装物的摊销费用;二是包装物的维修费用。

出租或出借的包装物一般能够多次周转使用,为了能够反映在用包装物的实际情况,在会计核算时一般采用分次摊销法或五五摊销法。对包装物进行摊销时,借记"其他业务成本"(出租包装物)、"销售费用"(出借包装物)科目,贷记"周转材料——包装物(包装物摊销)"。

企业确认应由其负担的包装物修理费用等支出时,借记"其他业务成本"(出租包装物)、"销售费用"(出借包装物)科目,贷记"库存现金""银行存款""原材料""应付职工薪酬"等科目。

①分次摊销法

分次摊销法是指按包装物的使用期限,分次摊销其价值的方法。这种方法适用于一次领用数额较多,或单位价值较大,使用期限较长的包装物。

【例4-22】 甬江公司3月5日随产品销售出借包装铁桶100只,每只成本40元,押金按每只45元收取,该批包装物成本分4次摊销,铁桶按时收回,押金退还,并通过银行结算。编制有关会计分录如下。

(1)领出出借用铁桶时:

借:周转材料——包装物(在用) 　　　　　　　　　　　　　　　　4 000
　　贷:周转材料——包装物(在库) 　　　　　　　　　　　　　　　　　　4 000

(2)收取押金时:

借:银行存款 　　　　　　　　　　　　　　　　　　　　　　　　4 500
　　贷:其他应付款 　　　　　　　　　　　　　　　　　　　　　　　　4500

(3)月末摊销包装物成本时:

借:销售费用 　　　　　　　　　　　　　　　　　　　　　　　　1 000
　　贷:周转材料——包装物(摊销) 　　　　　　　　　　　　　　　　　1 000

以后各月末做与(3)相同的会计分录。

(4)铁桶按时收回,退还该批包装物押金时:

借:周转材料——包装物(摊销) 　　　　　　　　　　　　　　　　4 000
　　贷:周转材料——包装物(在用) 　　　　　　　　　　　　　　　　　4 000

借:其他应付款 　　　　　　　　　　　　　　　　　　　　　　　4 500
　　贷:银行存款 　　　　　　　　　　　　　　　　　　　　　　　　4 500

②五五摊销法

五五摊销法是指在领用包装物时先摊销其账面价值50%,待报废时再摊销其账面价值的50%的一种摊销方法。

领用包装物时,按其账面价值,借记"周转材料——包装物(在用)"科目,贷记"周转材料——包装物(在库)"科目;摊销其账面价值的50%时,借记"其他业务成本"或"销售费用"等科目,贷记"周转材料——包装物(摊销)"科目。

周转材料报废时,摊销其余50%的账面价值,借记"其他业务成本"或"销售费用"等科目,贷记"周转材料——包装物(摊销)销"科目;同时,转销包装物全部累计摊销额,借记"周转材料——包装物(摊销)"科目,贷记"周转材料——包装物(在用)"科目。报废包装物的残料价值,借记"原材料"等科目,贷记""其他业务成本"或"销售费用"等科目。

采用五五摊销法,虽然会计处理略显烦琐,但包装物在报废之前,总有50%的价值保留在账面上,有利于加强对周转材料的管理与核算,该方法适用于领用数量多、金额大的包装物。

【例4-23】 甬江公司领用了一批全新的包装箱,出借给客户周转使用。收取客户押金10 000元,存入银行。包装箱账面价值60 000元,采用五五摊销法摊销。该批包装箱报废时,残料估价 3 000 元作为原材料入库。

(1)领用包装物并摊销其账面价值的 50%：

借:周转材料——包装物(在用)　　　　　　　　　　　　　　　60 000
　　贷:周转材料——包装物(在库)　　　　　　　　　　　　　　　60 000
借:销售费用　　　　　　　　　　　　　　　　　　　　　　　30 000
　　贷:周转材料——包装物(摊销)　　　　　　　　　　　　　　　30 000

(2)包装物报废,摊销其余 50%的账面价值,并转销全部已提摊销额：

借:销售费用　　　　　　　　　　　　　　　　　　　　　　　30 000
　　贷:周转材料——摊包装物(摊销)　　　　　　　　　　　　　　30 000
借:周转材料——包装物(摊销)　　　　　　　　　　　　　　　60 000
　　贷:周转材料——包装物(在用)　　　　　　　　　　　　　　　60 000

(3)报废包装物的残料作价入库：

借:原材料　　　　　　　　　　　　　　　　　　　　　　　3 000
　　贷:销售费用　　　　　　　　　　　　　　　　　　　　　　　3 000

(二)低值易耗品的账务处理

低值易耗品是指一般工具、专用工具、替换设备、管理用具、劳动保护用品和其他用具等。

为了反映和监督低值易耗品的增减变动及其结存情况,企业应当设置"周转材料——低值易耗品"科目,借方登记低值易耗品的增加,贷方登记低值易耗品的减少,期末余额在借方,通常反映企业期末结存低值易耗品的金额。

低值易耗品等企业的周转材料符合存货定义和条件的,按照使用次数分次计入成本费用。金额较小的,可在领用时一次计入成本费用,但为加强实物管理,应当在备查簿上进行登记。

【例 4-24】 甬江公司的管理部门领用一批低值易耗品,账面价值为 4 000 元,采用一次转销法。同时,报废一批低值易耗品,残料作价 300 元,作为原材料入库。

借:管理费用　　　　　　　　　　　　　　　　　　　　　　　4 000
　　贷:周转材料　　　　　　　　　　　　　　　　　　　　　　　4 000
借:原材料　　　　　　　　　　　　　　　　　　　　　　　300
　　贷:管理费用　　　　　　　　　　　　　　　　　　　　　　　300

采用分次摊销法摊销低值易耗品,低值易耗品在领用时摊销其账面价值的单次平均摊销额。分次摊销法适用于可供多次反复使用的低值易耗品。

在采用分次摊销法的情况下,需要单独设置"周转材料——低值易耗品(在用)""周转材料——低值易耗品(在库)""周转材料——低值易耗品(摊销)"明细科目。

【例 4-25】 甬江公司为增值税一般纳税人,对低值易耗品采用实际成本核算,某月基本生产车间领用专用工具一批,实际成本为 100 000 元,不符合固定资产定义,采用分次摊销法进行摊销。该专用工具的估计使用次数为 2 次。甬江公司应编制如下会计分录。

(1)领用专用工具时：

借:周转材料——低值易耗品(在用)　　　　　　　　　　　　　100 000

贷:周转材料——低值易耗品(在库)	100 000

(2)第一次领用时摊销其价值的一半:

借:制造费用	50 000
贷:周转材料——低值易耗品(摊销)	50 000

(3)第二次领用时摊销其价值的一半:

借:制造费用	50 000
贷:周转材料——低值易耗品(摊销)	50 000

同时:

借:周转材料——低值易耗品(摊销)	100 000
贷:周转材料——低值易耗品(在用)	100 000

四、发出库存商品的账务处理

(一)库存商品的内容

库存商品是指企业完成全部生产过程并已验收入库、合乎标准规格和技术条件,可以按照合同规定的条件送交订货单位,或可以作为商品对外销售的产品以及外购或委托加工完成验收入库用于销售的各种商品。

库存商品具体包括库存产成品、外购商品、存放在门市部准备出售的商品、发出展览的商品、寄存在外的商品、接受来料加工制造的代制品和为外单位加工修理的代修品等。已完成销售手续但购买单位在月末未提取的产品,不应作为企业的库存商品,而应作为代管商品处理,单独设置"代管商品"备查簿进行登记。

为了反映和监督库存商品的增减变动和结存情况,企业应当设置"库存商品"账户,借方登记验收入库的库存商品成本,贷方登记发出的库存商品成本,期末余额在借方,反映各种库存商品的实际成本。"库存商品"账户应按照商品种类、品种和规格设置明细科目进行核算。

(二)发出库存商品的账务处理程序

企业对外销售的库存商品,应按从购货方已收或应收合同或协议价款的公允价值确认销售收入,借记"银行存款"或"应收账款"等科目,贷记"主营业务收入""应交税费——应交增值税(销项税额)"科目;同时,按库存商品的账面价值结转销售成本,借记"主营业务成本"科目,贷记"库存商品"科目。

【例4-26】 甬江公司赊销A产品500件,每件售价60元。A产品的单位生产成本为45元。

借:应收账款	33 900
贷:主营业务收入	30 000
应交税费——应交增值税(销项税额)	3 900
借:主营业务成本	22 500
贷:库存商品	22 500

在建工程领用本企业的库存商品,应按其生产成本,计入在建工程成本。

【例4-27】 甬江公司自制一台专用设备,领用本企业生产的B产品一批,实际成本为

80 000元,税务部门确定的计税价格为100 000元,增值税率为13%。有关的账务处理如下:

借:在建工程　　　　　　　　　　　　　　　　　　　　　　　　80 000
　　贷:库存商品　　　　　　　　　　　　　　　　　　　　　　　　　　80 000

第三节　存货的其他计量方法

一、原材料按计划成本计价的核算

存货采用实际成本进行日常核算,要求存货的收入和发出凭证、明细分类账、总分类账全部按实际成本计价,这对于存货品种、规格、数量繁多,收发频繁的企业来说,日常核算工作量很大,核算成本较高,也会影响会计信息的及时性。为了简化存货的核算,企业可以采用计划成本法对原材料的收入、发出及结存进行日常核算。

在线视频 4-2

(一)计划成本核算的特点及账户设置

1.计划成本核算的特点

原材料按计划成本计价是指原材料的日常收入、发出和结存均按预先制定的计划成本计价,并设置"材料成本差异"科目,用来核算材料实际成本与计划成本之间的差异;月末,再通过对材料成本差异的分摊,将发出材料的计划成本和结存材料的计划成本调整为实际成本进行反映的一种核算方法。材料按计划成本核算具有如下特点:

(1)制定材料的计划成本。企业应预先制定每一品种规格材料的计划成本,材料计划成本的组成内容应与其实际成本的构成一致,包括买价、运杂费和有关的税金等。材料的计划成本一般由企业采购部门会同财会等有关部门共同制定,制定的计划成本应尽可能接近实际,以利于发挥计划成本的考核和控制功能。除特殊情况外,计划单位成本在年度内一般不做调整。

(2)按计划成本验收材料。平时收到材料时,应按实收数量乘以其计划单位成本计算的材料计划成本填入收料单,并据以登记材料明细账。同时,将入库材料实际成本与计划成本的差额,分类登记在"材料成本差异"账户。

材料成本差异=材料实际成本—材料计划成本(正数为超支额,负数为节约额)

(3)月末计算并结转发出材料应分摊的成本差异。月末,先结转发出材料的计划成本,然后计算并结转发出材料应分摊的成本差异,将发出材料的计划成本调整为实际成本。

发出材料的实际成本=发出材料计划成本±发出材料应分摊的超支额(或节约额)

(4)月末计算库存材料的实际成本。通过材料成本差异的分摊,将月末库存材料的计划成本调整为实际成本。

库存材料的实际成本=库存材料计划成本±库存材料应分摊的超支额(或节约额)

或　　　　　　　　　　　="原材料"的借方期末余额±"材料成本差异"账户借方(或贷方)
　　　　　　　　　　　　　期末余额

2.会计科目的设置

材料按计划成本计价的核算,应设置"原材料""材料采购"和"材料成本差异"等账户。

(1)设置"原材料"科目。为了反映和监督企业库存原材料计划成本的增减变动及其结存情况,企业应当设置"原材料"账户,该账户借方登记外购、委托加工等途径取得并验收入库原材料的计划成本,贷方登记发出原材料的计划成本;期末余额在借方,反映企业库存原材料的计划成本。该账户应按原材料的保管地点(仓库)、类别、品种和规格等设置明细账户,进行明细分类核算。

(2)设置"材料采购"科目。为了反映和监督企业外购材料的采购成本及实际采购成本与计划成本的差异,以确定入库材料的超支额或节约额,企业应当设置"材料采购"账户。该账户借方登记购入材料的实际成本及结转入库材料实际成本小于计划成本的节约额,贷方登记转出的入库材料的计划成本及结转入库材料实际成本大于计划成本的超支额;月末若有借方余额,反映在途材料的实际采购成本。"材料采购"账户应按材料的类别设置明细账户,进行明细分类核算。

(3)设置"材料成本差异"科目。为了反映和监督企业已入库各种材料实际成本与计划成本的差异,企业应当设置"材料成本差异"账户。该账户属于资产类,是"原材料""周转材料"账户的调整账户。其借方登记入库材料的超支差异及结转发出材料应负担的节约差异,贷方登记入库材料的节约差异及结转发出材料应负担的超支差异。期末如为借方余额,反映企业库存材料的实际成本大于计划成本的差异(即超支差异);期末如为贷方余额,则反映企业库存材料的实际成本小于计划成本的差异(即节约差异)。"材料成本差异"账户应按原材料、包装物和低值易耗品等设置明细账户,进行明细分类核算。

(二)存货的取得及成本差异的形成

1.确定存货的实际采购成本

购进时,按确定的材料实际采购成本,借记"材料采购"科目,按增值税专用发票上注明的增值税额,借记"应交税费——应交增值税(进项税额)"科目,按已支付或应支付的金额,贷记"银行存款""应付票据""应付账款"等科目。

2.按材料的计划成本入库

已购进的材料验收入库时,按计划成本,借记"原材料"等存货科目,贷记"材料采购"科目。

3.结转入库材料的成本差异

已购进并已验收入库的材料,按实际成本大于计划成本的超支差额,借记"材料成本差异"科目,贷记"材料采购"科目;反之,按实际成本小于计划成本的节约差额,借记"材料采购"科目,贷记"材料成本差异"科目。

或将材料按计划成本入库与结转入库材料的成本差异的会计分录进行合并。即:

(1)入库材料超支时

借:原材料

　　材料成本差异

　　贷:材料采购

（2）入库材料节约时

借：原材料

材料采购

贷：材料成本差异

4. 对已验收入库但尚未收到发票账单的存货的处理

月末，对已验收入库但尚未收到发票账单的存货，按计划成本暂估入账，借记"原材料"等存货科目，贷记"应付账款——暂估应付账款"科目，下月初再用红字做相同的会计分录予以冲回；下月收到发票账单并结算时，按正常的程序进行会计处理。

【例4-28】 甬江公司的存货采用计划成本核算。2019年6月份，发生下列材料采购业务：

（1）6月5日，购入一批原材料，增值税专用发票上注明的价款为200 000元，增值税额为34 000元。货款已通过银行转账支付，材料也已验收入库。该批原材料的计划成本为210 000元。

借：材料采购 200 000

应交税费——应交增值税（进项税额） 34 000

贷：银行存款 234 000

借：原材料 210 000

贷：材料采购 210 000

借：材料采购 10 000

贷：材料成本差异——原材料 10 000

（2）6月10日，购入一批原材料，增值税专用发票上注明的价款为180 000元，增值税额为30 600元。货款已通过银行转账支付，材料尚在运输途中。

借：材料采购 180 000

应交税费——应交增值税（进项税额） 30 600

贷：银行存款 210 600

（3）6月16日，购入一批原材料，材料已经运达企业并已验收入库，但发票等结算凭证尚未收到，货款尚未支付。暂不做会计处理。

（4）6月18日，收到6月10日购进的原材料并验收入库。该批原材料的计划成本为170 000元。

借：原材料 170 000

贷：材料采购 170 000

借：材料成本差异——原材料 10 000

贷：材料采购 10 000

（5）6月22日，收到6月16日已入库原材料的发票等结算凭证，增值税专用发票上注明的材料价款为250 000元，增值税额为42 500元，开出一张商业汇票抵付。该批原材料的计划成本为243 000元。

借：材料采购 250 000

应交税费——应交增值税（进项税额） 42 500

贷：应付票据 292 500

```
    借:原材料                                      243 000
        贷:材料采购                                         243 000
    借:材料成本差异——原材料                         7 000
        贷:材料采购                                          7 000
```

(6)6月25日,购入一批原材料,增值税专用发票上注明的价款为200 000元,增值税额为34 000元。货款已通过银行转账支付,材料尚在运输途中。

```
    借:材料采购                                      200 000
        应交税费——应交增值税(进项税额)              34 000
        贷:银行存款                                         234 000
```

(7)6月27日,购入一批原材料,材料已经运达企业并已验收入库,但发票等结算凭证尚未收到,货款尚未支付。6月30日,该批材料的结算凭证仍未到达,企业按该批材料的计划成本80 000元估价入账。

```
    借:原材料                                       80 000
        贷:应付账款——暂估应付账款                           80 000
```

下月初,用红字将上述分录予以冲回。

```
    借:原材料                                       80 000

        贷:应付账款——暂估应付账款                           80 000
```

待下月收到发票等有关结算凭证并支付货款时,按正常程序记账。

在会计实务中,为了简化收入存货和结存存货成本差异的核算手续,企业平时收到存货时,也可以先不记录存货的增加,也不结转形成的存货成本差异;月末时,一次性对本月已付款或已开出承兑商业汇票并已验收入库的存货,按实际成本和计划成本分别汇总,一次登记本月存货的增加,并计算和结转本月存货成本差异。

思考:【例4-28】中,如果甬江公司采用月末汇总登记存货的增加和结转存货成本差异的方法,应该如何进行会计处理?

企业通过外购以外的其他方式取得存货,不需要通过“材料采购”科目确定存货成本差异,而应直接按取得存货的计划成本,借记“原材料”等存货科目,按确定的实际成本,贷记“生产成本”“委托加工物资”等相关科目,按实际成本与计划成本之间的差额,借记或贷记“材料成本差异”科目。

【例4-29】 甬江公司的甲投资者以一批原材料作为投资。增值税专用发票上注明的材料价款为450 000元,增值税额为76 500元,投资各方确认按该发票金额作为甲投资者的投入资本,折换为甬江公司每股面值1元的股票350 000股。该批原材料的计划成本为460 000元。

```
    借:原材料                                      460 000
        应交税费——应交增值税(进项税额)              76 500
        贷:股本——甲股东                                    350 000
            资本公积——股本溢价                              176 500
            材料成本差异——原材料                             10 000
```

(三)存货的发出及成本差异的分摊

1.存货按计划成本发出

在实务中,为了简化核算,企业对于本月已发出的材料,通常是在月末,将领料单等发料凭证按领用部门和用途进行分类,然后汇总编制"发料凭证汇总表",进行材料发出的总分类核算。按发出存货的计划成本,借记"生产成本""制造费用""管理费用"等有关成本费用科目,贷记"原材料"等存货科目。

2.结转发出存货应负担的成本差异

月末,将期初结存存货的成本差异和本月取得存货形成的成本差异,在本月发出存货和期末结存存货之间进行分摊,将本月发出存货和期末结存存货的计划成本调整为实际成本。为了便于存货成本差异的分摊,企业应当计算材料成本差异率,作为分摊存货成本差异的依据。材料成本差异率包括本期材料成本差异率和期初材料成本差异率两种,计算公式如下:

$$本期材料成本差异率=\frac{期初结存材料的成本差异+本期验收入库材料的成本差异}{期初结存材料的计划成本+本期验收入库材料的计划成本}+100\%$$

注意上公式中,本期验收入库材料的计划成本仅仅是取得购货发票并已验收入库部分的材料(不包括在途材料的计划成本和暂估入账材料的计划成本);超支额和超支差异率用正数表示;节约额和节约差异率用负数表示。

企业应当区分原材料、周转材料等,按照类别或品种对存货成本差异进行明细核算,并计算相应的材料成本差异率,不能使用一个综合差异率。在计算发出存货应负担的成本差异时,除委托外部加工发出存货可按月初成本差异率计算外,应使用当月的实际差异率;月初成本差异率与本月成本差异率相差不大的,也可按月初成本差异率计算。计算方法一经确定,不得随意变更。如果确需变更,应在会计报表附注中予以说明。

$$期初材料成本差异率=\frac{期初结存材料的成本差异}{期初结存材料的计划成本}+100\%$$

本月发出存货应负担的成本差异及实际成本和月末结存存货应负担的成本差异及实际成本,可按如下公式计算:

本月发出存货应负担的成本差异=发出存货的计划成本×材料成本差异率

本月发出存货的实际成本=发出存货的计划成本+发出存货应负担的超支差异

或　　　　　　　　　=发出存货的计划成本－发出存货应负担的节约差异

月末结存存货应负担的成本差异=结存存货的计划成本×材料成本差异率

月末结存存货的实际成本=结存存货的计划成本+结存存货应负担的超支差异

或　　　　　　　　　=结存存货的计划成本－结存存货应负担的节约差异

发出存货应负担的成本差异,必须按月分摊,不得在季末或年末一次分摊。企业在分摊发出存货应负担的成本差异时,按计算的各成本费用项目应负担的差异金额,借记"生产成本""制造费用""管理费用"等有关成本费用科目,贷记"材料成本差异"科目。实际成本大于计划成本的超支差异,用蓝字登记;实际成本小于计划成本的节约差异,做相反的会计处理。

在编制资产负债表时,月末结存存货应负担的成本差异应作为存货的调整项目,将结存存货的计划成本调整为实际成本列示。

【例4-30】 2019年6月1日,甬江公司结存原材料的计划成本为52 000元,"材料成本差异——原材料"科目的贷方余额为1 000元。根据6月份的材料采购业务,经汇总,6月份已经付款或已开出承兑商业汇票并已验收入库的原材料计划成本为 623 000 元,实际成本为 630 000 元,材料成本差异为超支的 7 000 元。6 月份领用原材料的计划成本为 504 000 元,其中,基本生产领用 350 000 元,辅助生产领用 110 000 元,车间一般耗用 16 000 元、管理部门领用 8 000 元,出售 20 000 元。

(1)按计划成本发出原材料:

借:生产成本——基本生产成本   350 000

      ——辅助生产成本   110 000

  制造费用   16 000

  管理费用   8 000

  其他业务成本   20 000

    贷:原材料   504 000

(2)计算本月材料成本差异率:

$$本月材料成本差异率 = \frac{-1\,000 + 7\,000}{52\,000 + 623\,000} \times 100\% = 0.8889\%$$

在计算本月材料成本差异率时,本月收入存货的计划成本金额不包括已验收入库但发票等结算凭证月末尚未到达,企业按计划成本估价入账的原材料金额。

(3)分摊材料成本差异:

生产成本(基本生产成本)= 350 000 × 0.8889% = 3 111(元)

生产成本(辅助生产成本)= 110 000 × 0.8889% = 978(元)

制造费用 = 16 000 × 0.8889% = 144(元)

管理费用 = 8 000 × 0.8889% = 70(元)

其他业务成本 = 20 000 × 0.8889% = 177(元)

借:生产成本——基本生产成本   3 111

      ——辅助生产成本   978

  制造费用   144

  管理费用   70

  其他业务成本   177

    贷:材料成本差异——原材料   4 480

(4)月末,计算结存原材料实际成本,据以编制资产负债表:

"原材料"科目期末余额 =(52 000 + 623 000 + 80 000)- 504 000 = 251 000(元)

"材料成本差异"科目期末余额 =(-1 000 + 7 000)- 4 480 = 1 520(元)

结存原材料实际成本 = 251 000 + 1 520 = 252 520(元)

月末编制资产负债表时,存货项目中的原材料存货,应当按上列结存原材料实际成本 252 520 元列示。

企业委托外部加工的存货,在发出材料物资时,可以按月初材料成本差异率将发出材料物资的计划成本调整为实际成本,并通过"委托加工物资"科目核算委托加工存货的实际成本;收回委托加工的存货时,实际成本与计划成本的差额直接记入"材料成本差异"科目。

【例 4-31】 甬江公司委托丁公司加工一批周转材料。发出原材料计划成本为 40 000 元,月初材料成本差异率为 2%;支付加工费 10 000 元,支付增值税 1 700 元;周转材料的计划成本为 52 000 元。

(1)发出原材料,委托丁公司加工周转材料:

借:委托加工物资 40 800

　　贷:原材料 40 000

　　　　材料成本差异——原材料 800

(2)支付加工费和税金:

借:委托加工物资 10 000

　　应交税费——应交增值税(进项税额) 1 700

　　　贷:银行存款 11 700

(3)收回委托加工的周转材料,验收入库:

周转材料实际成本＝40 800＋10 000＝50 800(元)

借:周转材料 52 000

　　贷:委托加工物资 50 800

　　　　材料成本差异——周转材料 1 200

(四)计划成本法的优点

1.可以简化存货的日常核算手续

在计划成本法下,同一种存货只有一个单位计划成本,因此,存货明细账平时可以只登记收、发、存数量,而不必登记收、发、存金额。需要了解某项存货的收、发、存金额时,以该项存货的单位计划成本乘以相应的数量即可求得,避免了烦琐的发出存货计价,简化了存货的日常核算手续。

2.有利于考核采购部门的工作业绩

计划成本法的显著特点是可以通过实际成本与计划成本的比较,得出实际成本脱离计划成本的差异,并通过对差异的分析,寻求实际成本脱离计划成本的原因,据以考核采购部门的工作业绩,促使采购部门不断降低采购成本。

鉴于上述优点,计划成本法在我国大中型工业企业中应用得比较广泛。

二、毛利率法

商品流通企业的库存商品一般采用毛利率法。毛利率法是指根据本期销售净额乘以上期实际(或本期计划)毛利率匡算本期销售毛利,并据以计算发出存货和期末结存存货成本的一种方法。采用毛利率法估算存货成本的基本程序如下:

(1)毛利率＝销售毛利/销售净额×100%

(2)销售净额＝销售收入－销售退回与折让

(3)销售毛利＝销售净额×毛利率

(4)销售成本＝本期销售净额－销售毛利

或　　　　　　＝本期销售净额×(1－毛利率)

(5)期末结存存货成本＝期初存货成本＋本期购货成本－本期销售成本

这一方法常用于商品批发企业计算本期商品销售成本和期末库存商品成本。商品流通企业由于商品种类多,一般来讲,其同类商品的毛利率大致相同,采用毛利率法能减轻会计核算工作量。

【例 4-32】 甬江公司的家用电器商场,采用毛利率法进行核算,2019 年 4 月 1 日结存存货成本 648 000 元,本月购进存货成本 4 120 000 元,本月销售收入 5 650 000 元,销售退回与折让 10 000 元。上季度家用电器的实际毛利率为 25%。有关计算如下:

本月销售净额＝5 650 000−10 000＝5 640 000(元)

本月销售毛利＝5 640 000×25%＝1 410 000(元)

本月销售成本＝5 640 000−1 410 000

或　　　　　　＝5 640 000×(1−25%)

　　　　　　　＝4 230 000(元)

三、售价金额核算法

售价金额核算法是指平时商品的购入、加工收回、销售均按售价记账,售价与进价的差额通过"商品进销差价"科目核算,期末计算进销差价率和本期已销商品应分摊的进销差价,并据以调整本期销售成本的一种方法。计算公式如下:

$$商品进销差价率＝\frac{期初库存商品进销差价＋本期购入商品进销差价}{期初库存商品售价＋本期购入商品售价}×100\%$$

本期销售商品应分摊的商品进销差价＝本期商品销售收入×商品进销差价率

本期销售商品的成本＝本期商品销售收入−本期销售商品应分摊的商品进销差价

期末结存商品的成本＝期初库存商品的进价成本＋本期购进商品的进价成本−本期销售商品的成本

如果企业的商品进销差价率各期之间是比较均衡的,也可以采用上期商品进销差价率分摊本期的商品进销差价。年度终了,应对商品进销差价核实调整。

对于从事商业零售业务的企业,如百货公司、超市等,由于经营的商品种类、品种、规格繁多,而且要求按商品零售价格标价,采用其他成本计算结转方法较为困难,因此广泛采用这一方法。

采用售价金额核算法,"库存商品"总账和明细账都按商品的销售价格记账,另外还要设置"商品进销差价"科目单独核算商品售价与进价的差额。商品日常的进、销、存记录均按售价进行,期末,通过计算商品进销差价率,将商品进销差价在本期已销商品和结存商品之间进行分摊,据以确定本期已销商品的成本和结存商品的成本。

【例 4-33】 甬江公司的零售商店是一般纳税人,适用 13% 的增值税率,某月初存货成本为 250 000 元,售价金额为 350 000 元;本月购货成本为 1 400 000 元,售价金额为 1 850 000 元;本期销售收入为 1 780 000 元。则本月购销业务的会计处理如下。

(1)购进商品:

借:库存商品　　　　　　　　　　　　　　　　　　　　　1 850 000

　　应交税费——应交增值税(进项税额)　　　　　　　　　182 000

　　　贷:银行存款　　　　　　　　　　　　　　　　　　　　　1 582 000

　　　　商品进销差价　　　　　　　　　　　　　　　　　　　　450 000

(2)销售商品:

借:银行存款　　　　　　　　　　　　　　　　　　　　　2 011 400

　　贷：主营业务收入　　　　　　　　　　　　　　　　　　　　1 780 000
　　　　应交税费——应交增值税（销项税额）　　　　　　　　　　231 400
　　（3）结转销售成本：
　　借：主营业务成本　　　　　　　　　　　　　　　　　　　　　1 780 000
　　　　贷：库存商品　　　　　　　　　　　　　　　　　　　　　　　1 780 000
　　（4）计算商品进销差价率并分摊进销差价：
　　商品进销差价率＝(100 000＋450 000)/(350 000＋1 850 000)×100％＝25％
　　已销商品应分摊的进销差价＝1 780 000×25％＝445 000(元)
　　借：商品进销差价　　　　　　　　　　　　　　　　　　　　　　445 000
　　　　贷：主营业务成本　　　　　　　　　　　　　　　　　　　　　　445 000
　　经上述会计处理，商品实际成本的核算结果如下：
　　已销商品实际销售成本＝1 780 000－445 000＝1 335 000(元)
　　结存商品应分摊的进销差价＝(100 000＋450 000)－445 000＝105 000(元)
　　结存商品实际成本＝[(350 000 ＋ 1 850 000)－1 780 000]－105 000＝ 315 000(元)
　　期末，该零售商店在编制资产负债表时，存货项目中的商品存货部分，应根据结存商品的实际成本 315 000 元列示。

第四节　存货的期末计量

　　为了在资产负债表中更合理地反映期末存货的价值，企业应当按照成本与可变现净值孰低法对期末存货进行计量。

一、期末存货计量及存货跌价准备计提原则

(一)成本与可变现净值孰低法的含义

　　成本与可变现净值孰低法，是指按照存货的成本与可变现净值两者之中的较低者对期末存货进行计量的一种方法。采用这种方法，当期末存货的成本低于可变现净值时，存货仍按成本计量；当期末存货的可变现净值低于成本时，存货则按可变现净值计量。

　　所谓成本，是指期末存货的实际成本，即采用先进先出法、加权平均法等存货计价方法，对发出存货(或期末存货)进行计价所确定的期末存货账面成本。如果存货的日常核算采用计划成本法、售价金额核算法等简化核算方法，则期末存货的实际成本是指通过差异调整而确定的存货成本。

　　所谓可变现净值，是指在日常活动中，存货的估计售价减去至完工时估计将要发生的成本、估计的销售费用以及相关税费后的金额。存货在销售过程中，不仅会取得销售收入，也会发生销售费用和相关税费；为使存货达到预定可销售状态，还可能发生进一步的加工成本。这些销售费用、相关税费和加工成本，均构成销售存货产生的现金流入的抵减项目，只有扣除了这些现金流出后，才能确定存货的可变现净值。因此，可变现净值不是指存货的预计售价或合同价，而是指存货的预计未来净现金流量。

(二)存货跌价准备计提原则

资产负债表日,存货应当按照成本与可变现净值孰低计量。

当存货成本低于其可变现净值时,存货按成本计量;当存货成本高于其可变现净值时,存货按可变现净值计量。同时,按照成本高于可变现净值的差额计提存货跌价准备,计入当期损益。

成本与可变现净值孰低计量的理论基础主要是使存货符合资产的定义,且符合谨慎性原则的要求。当存货的可变现净值下跌至成本以下时,表明该存货会给企业带来的未来经济利益低于其账面成本,因而应将这部分损失从资产价值中扣除,计入当期损益。否则,存货的可变现净值低于成本时,如果仍然以其成本计量,就会出现虚计资产的现象。当以前减计存货价值的影响因素已经消失,减记的金额应当予以恢复,并在原已计提的存货跌价准备金额内转回,转回的金额计入当期损益。

二、存货可变现净值的确定

(一)确定存货可变现净值应考虑的因素

企业确定存货的可变现净值,应当以取得的确凿证据为基础,并且考虑持有存货的目的、资产负债表日后事项的影响等因素。

1.确定存货的可变现净值应以确凿的证据为基础

在线视频 4-3

存货可变现净值的确凿证据,是指对确定存货的可变现净值有直接影响的客观证明,如产品或商品的市场销售价格、与企业产品或商品相同或类似商品的市场销售价格、销售方提供的有关资料和生产成本资料等。

2.确定存货的可变现净值应考虑持有存货的目的

企业持有的存货一般有两个基本目的,一是持有以备出售的存货,如商品、产成品;二是持有以备继续加工或耗用的存货,如材料等。持有存货的目的不同,可变现净值的确定方法也不尽相同。

3.资产负债表日后事项的影响

在确定资产负债表日存货的可变现净值时,应当考虑:一是以资产负债表日取得最可靠的证据估计的售价为基础并考虑持有存货的目的;二是资产负债表日后发生的事项为资产负债表日存在状况提供进一步证据,以表明资产负债表日存在的存货价值发生变动的事项。

(二)不同情况下可变现净值的确定

1.用于出售的商品存货,且没有签订销售合同

产成品、商品等直接用于出售的商品存货,没有销售合同约定的,其可变现净值应当为在正常生产经营过程中,产成品或商品的一般销售价格(即市场销售价格)减去估计的销售费用和相关税费等后的金额。

【例 4-34】 2019 年 12 月 31 日,甬江公司 M1 型机器的实际成本为 330 万元,数量为 10 台,单位成本为 33 万元/台。2019 年 12 月 31 日,M1 型机器的市场销售价格为 32 万元/台。预计发生的相关税费和销售费用合计为 1 万元/台。甬江公司没有签订有关 M1 型机器的销售合同。

本例中,由于甬江公司没有签订有关 M1 型机器的销售合同,因此,在这种情况下,计算

M1 型机器的可变现净值应以一般销售价格合总额 320(32×10)万元作为计算基础。即：

M1 型机器的可变现净值=320-10×1=310(万元)

2.用于出售的材料,且没有签订销售合同

用于出售的材料等通常以市场价格作为其可变现净值的计算基础。这里的市场价格是指材料的市场销售价格,如果用于出售的材料存在销售合同约定,应按合同价格作为其可变现净值的计算基础。

【例 4-35】 2019 年 12 月 1 日,甬江公司根据市场需求的变化,决定停止生产 M2 型机器。为减少不必要的损失,决定将原材料中专门用于生产 M2 型机器的外购 A 材料全部出售,2019 年 12 月 31 日该材料账面成本为 102 万元,数量为 10 吨。据市场调查,A 材料的市场销售价格为 10 万元/吨,同时可能发生的销售费用及其相关税费共计为 0.5 万元。

在本例中,企业已决定不再生产 M2 型机器,因此,A 材料的可变现净值不能再以 M2 型机器的销售价格作为计算基础,而应按其本身的市场销售价格作为计算基础。即：

A 材料的可变现净值=10×10-0.5=99.5(万元)

3.为执行销售合同或者劳务合同而持有的存货

为执行销售合同或者劳务合同而持有的存货,其可变现净值应当以合同价格,而不是估计售价减去估计的销售费用和相关税费等的金额确定。具体分以下两种情况。

(1)当合同数量≥存货数量时

如果企业持有存货的数量少于销售合同订购数量,实际持有与该销售合同相关的存货应以销售合同所规定的价格作为可变现净值的计算基础。如果该合同为亏损合同,还应同时按照或有事项的规定处理。

【例 4-36】 甬江公司于 2019 年 11 月 1 日与乙公司签订了一份不可撤销的销售合同,双方约定,2020 年 2 月 20 日,甬江公司应按每台 31 万元的价格向乙公司提供 M1 型机器 12 台。2019 年 12 月 31 日,甬江公司 M1 型机器的账面成本为 330 万元,数量为 10 台,单位成本为 33 万元/台。2019 年 12 月 31 日,M1 型机器的市场销售价格为 30 万元/台。预计发生的相关税费和销售费用合计为 1 万元/台。

根据甬江公司与乙公司签订的销售合同规定,该批 M1 型机器的销售价格已由销售合同约定,并且其库存数量等于销售合同约定的数量,因此,在这种情况下,计算 M1 型机器的可变现净值应以销售合同约定的价格 310 万元(31×10)作为计算基础。

M1 型机器的可变现净值=310-10×1=300(万元)

(2)当合同数量<存货数量时

如果企业持有存货的数量多于销售合同订购数量,超出部分的存货可变现净值应当以产成品或商品的一般销售价格作为计量基础。

【例 4-37】 沿用【例 4-31】,假定甬江公司于 2019 年 12 月 1 日与乙公司签订了一份不可撤销的销售合同,双方约定,2020 年 5 月 20 日,甬江公司应按每台 30 万元的价格向乙公司提供 M1 型机器 12 台。2019 年 12 月 31 日,甬江公司 M1 型机器的账面成本为 462 万元,数量为 14 台,单位成本为 33 万元/台。根据甬江公司销售部门提供的资料表明,向乙公司销售的 M1 型机器预计发生的相关税费和销售费用合计为 1 万元/台。2019 年 12 月 31 日,M1 型机器的市场销售价格为 32 万元/台。

在本例中,能够证明 M1 型机器的可变现净值的确凿证据是甬江公司与乙公司签订的有关 M1 型机器的销售合同、市场销售价格资料、销售部门提供的有关销售费用的资料等。

根据该销售合同规定，库存的 M1 型机器中的 12 台的销售价格已由销售合同约定，其余 2 台并没有由销售合同约定。因此，在这种情况下，对于销售合同约定的数量（12 台）的 M1 型机器的可变现净值应以销售合同约定的价格 30 万元/台作为计算基础，而对于超出部分（2 台）的 M1 型机器的可变现净值应以市场销售价格 32 万元/台作为计算基础。即：

$$M1 型机器的可变现净值 = (30 \times 12 - 1 \times 12) + (32 \times 2 - 1 \times 2)$$
$$= (360 - 12) + (64 - 2)$$
$$= 348 + 62$$
$$= 410（万元）$$

（三）需要加工的材料存货的期末计量

需要加工的材料存货，是指原材料、在产品、委托加工材料等。由于持有该材料的目的是用于生产产成品，而不是出售，该存货的价值将体现在用其生产的产成品上。在正常的生产经营过程中，应当以所生产的产成品的估计售价减去至完工时估计将要发生的成本、估计的销售费用和相关税费后的金额，确定其可变现净值。

对用于生产而持有的材料存货，应当将材料存货的期末计量与所生产的产成品期末价值减损情况联系起来，按如下原则处理。

（1）用材料存货生产的产成品的可变现净值预计高于生产成本，则该材料存货应当按照成本计量。

【例 4-38】 2019 年 12 月 31 日，甬江公司库存原材料——甲材料的账面价值（成本）为 1 500 000 元，市场销售价格总额（不含增值税）为 1 400 000 元，假设不发生其他购买费用，用甲材料生产的产成品——A 型机器的可变现净值高于成本。

本例中，虽然甲材料在 2019 年 12 月 31 日的市场价格低于其账面价值（成本）。但是由于用其生产的产成品——A 型机器的可变现净值高于其成本，即用该原材料生产的最终产品并没有发生价值减损。因此，在这种情况下，甲材料即使其市场价格低于其账面价值（成本），也不应计提存货跌价准备，仍应按其原账面价值（成本）1 500 000 元列示在甬江公司 2019 年 12 月 31 日资产负债表的存货项目之中。

（2）如果材料存货价格的下降表明以其生产的产成品的可变现净值低于生产成本，则该材料存货应当按可变现净值计量，按其差额计提存货跌价准备。

【例 4-39】 2019 年 12 月 31 日，甬江公司库存原材料——乙材料的账面价值为 600 000 元，可用于生产 1 台 B 型机器，相对应的材料市场销售价格为 550 000 元，假设不发生其他购买费用。由于钢材的市场销售价格下降，用钢材作为原材料生产的 B 型机器的市场销售价格由 1 500 000 元下降为 1 350 000 元，但其生产成本仍为 1 400 000 元，即将该批钢材加工成 B 型机器尚需投入加工费 800 000 元，估计销售费用及税金为 50 000 元。

根据上述资料，可按以下步骤确定该批乙材料的账面价值：

第一步，计算：计算用该原材料所生产的产成品的可变现净值。

$$B 型机器的可变现净值 = B 型机器估计售价 - 估计销售费用及税金$$
$$= 1 350 000 - 50 000 = 1 300 000（元）$$

第二步，比较：用该原材料所生产的产成品的可变现净值与其成本进行比较。

B 型机器的可变现净值 1 300 000 元小于其成本 1 400 000 元,即乙材料价格的下降和 B 型机器销售价格的下降表明 B 型机器的可变现净值低于其成本,因此该批乙材料应当按可变现净值计量。

第三步,计算该批乙材料的可变现净值,并确定其期末价值。

$$乙材料的可变现净值=B 型机器的估计售价-尚需投入的成本-估计销售费用及税金$$
$$=1\ 350\ 000-800\ 000-50\ 000=500\ 000(元)$$

该批乙材料的可变现净值 500 000 元小于其成本 600 000 元,因此该批乙材料材的期末价值应为其可变现净值 500 000 元,即该批乙材料应按 500 000 元列示在 2019 年 12 月 31 日资产负债表的存货项目之中。

三、存货跌价准备的计提方法

企业应当定期对存货进行全面检查,如果由于存货毁损、全部或部分陈旧过时或销售价格低于成本等原因,使存货可变现净值低于其成本,应按可变现净值低于成本的部分,计提存货跌价准备。

(一)存货减值的判断依据

企业在对存货进行定期检查时,如果存在下列情况之一的,表明存货的可变现净值低于成本:

(1)该存货的市场价格持续下跌,并且在叮预见的未来无回升的希望;

(2)企业使用该项原材料生产的产品的成本高十产品的销售价格;

(3)企业因产品更新换代,原有库存原材料已不适应新产品的需要,而该原材料的市场价格又低于其账面成本;

(4)因企业所提供的商品或劳务过时或消费者偏好改变而使市场的需求发生变化,导致市场价格逐渐下跌;

(5)其他足以证明该项存货实质上已经发生减值的情形。

(二)计提存货跌价准备的方法

存货按成本与可变现净值孰低法计量时,可以采用不同的方法对成本与可变现净值进行比较。比较的方法有三种:按单项存货项目比较、按存货类别比较和按全部存货比较。这三种方法的区别可以通过表 4-5 的数据予以解释。

【例 4-40】 甬江公司的有关资料及存货期末计量见表 4-5,假设甬江公司在此之前没有对存货计提跌价准备。假如不考虑相关税费和销售费用。

1.按单项存货项目比较

按单项存货项目比较时,只要某存货项目的可变现净值低于其成本,就将该项目按可变现净值计量,不考虑其他存货项目的可变现净值是否低于成本,不受其他存货可变现净值大小的影响。当某存货项目的成本高于该存货项目的可变现净值时,就应按其差额对该存货项目计提存货跌价准备。在表 4-1 中,资产负债表日,A 商品账面价值应该按 3 600 元计量,低于成本 4 000 元,计提存货跌价准备 400(4 000－3 600)元;而 B 商品可变现净值 4 000 元,高于成本,不计提存货跌价准备,账面价值为 3 500 元。

表 4-5 成本与可变现净值孰低法比较表   单位:元

项目	成本	可变现净值	成本与可变现净值孰低的选择金额		
			按单项存货	按类别存货	按全部存货
家电类:					
A 商品	4 000	3 600	3 600		
B 商品	3 500	4 000	3 500		
小计	7 500	7 600	—	7 500	
百货类:					
C 商品	10 000	9 600	9 600		
D 商品	4 500	4 400	4 400		
小计	14 500	14 000	—	14 000	
合计	22 000	21 600			21 600

2.按存货类别计提

按存货类别进行比较时,只要某类存货的可变现净值低于其成本,就将该类存货按可变现净值计量,不考虑其他类别存货的可变现净值是否低于成本,不受其他类别存货可变现净值大小的影响。当某类存货的成本小计高于该类存货的可变现净值小计时,就应按其差额对该类存货计提存货跌价准备。在表 4-1 中,资产负债表日,家电类商品成本 7 500 元低于其该类商品可变现净值 7 600 元,该类商品本期不计提跌价准备;而百货类商品成本 14 500 元高于该类存货可变现净值 14 000 元,按其差额计提存货跌价准备 500(14 500 — 14 000)元。

采用这种方法时,有些存货的可变现净值可能高于、低于或等于其成本,按该类存货可变现净值总额计量就会将不同存货项目可变现净值与成本的差异相互抵消,使得不同存货项目的可变现净值与成本的关系不能清晰地反映。

3.按全部存货比较

按全部存货比较时,只有全部存货的可变现净值低于全部存货的成本时,才按可变现净值计量。这种情况下,不仅会将不同存货项目之间可变现净值与成本的差异相互抵消,而且会将不同存货类别之间可变现净值与成本之间的差异相互抵消,使得不同存货项目的可变现净值与成本之间的差异相互抵消,不同存货项目的可变现净值与成本的关系,以及不同存货类别可变现净值与成本的关系无法清晰地反映。在表 4-1 中,资产负债表日,该企业全部存货可变现净值合计 21 600 元低于全部存货成本合计 22 000 元,应按其差额计提存货跌价准备 400(22 000 — 21 600)元。

按照我国企业会计准则的规定,存货跌价准备通常应当按单个存货项目计提。但是,对于数量繁多、单价较低的存货,可以按照存货类别计提存货跌价准备。与在同一地区生产和销售的产品系列相关、具有相同或类似最终用途或目的,且难以与其他项目分开计量的存货,可以合并计提存货跌价准备。

期末对存货进行计量时,如果同一类存货,其中一部分是有合同价格约定的,另一部分则不存在合同价格,在这种情况下,企业应区分有合同价格约定的和没有合同价格约定的存货,分别确定其期末可变现净值,并与其相对应的成本进行比较,从而分别确定是否需计提存货跌价准备。

四、存货跌价准备的会计处理

(一)存货跌价准备的计提

为了反映和监督存货跌价准备的计提、转回和转销情况,企业应当设置"存货跌价准备"科目,贷方登记计提的存货跌价准备金额;借方登记实际发生的存货跌价准备金额和转回的存货跌价准备金额,期末余额一般在贷方,反映企业已计提但尚未转回的存货跌价准备。

在线视频 4-4

资产负债表日,企业计提存货跌价准备时,首先应确定本期存货的减值金额,即本期存货可变现净值低于成本的差额,然后将本期存货的减值金额与"存货跌价准备"科目原有的余额进行比较,按下列公式计算确定本期应计提的存货跌价准备金额:

$$\text{某期应计提的存货跌价准备} = \text{当期可变现净值低于成本的差额} - \text{"存货跌价准备"科目原有余额}$$

根据上列公式,如果计提存货跌价准备前,"存货跌价准备"科目无余额,应按本期存货可变现净值低于成本的差额计提存货跌价准备,借记"资产减值损失——计提的存货跌价准备"科目,贷记"存货跌价准备"科目。

如果计提存货跌价准备前,"存货跌价准备"科目有贷方余额,且小于本期存货可变现净值低于成本的差额,应按两者之差补提存货跌价准备,借记"资产减值损失——计提的存货跌价准备"科目,贷记"存货跌价准备"科目。

如果计提存货跌价准备前,"存货跌价准备"科目有贷方余额,且等于本期存货可变现净值低于成本的差额,则本期不需要计提存货跌价准备。

【例 4-41】 甬江公司 2019 年有关 A 商品期末计量的资料及相应的会计处理如下:

(1)2019 年 6 月 30 日,A 商品的账面成本为 106 000 元,可变现净值为 80 000 元。

本期应计提的存货跌价准备=106 000－80 000＝26 000(元)

借:资产减值损失——计提的存货跌价准备　　　　26 000
　　贷:存货跌价准备——A 商品　　　　　　　　　　　　26 000

在 2019 年 6 月 30 日的资产负债表中,A 商品应按可变现净值 80 000 元列示其价值。

(2)2019 年 12 月 31 日,A 商品账面成本 106 000 元,可变现净值 75 000 元;计提存货跌价准备之前,"存货跌价准备"科目贷方余额 26 000 元。

可变现净值低于成本的差额＝106 000－75 000＝31 000(元)

本年应计提存货跌价准备＝31 000－26 000＝5 000(元)

借:资产减值损失——计提的存货跌价准备　　　　5 000
　　贷:存货跌价准备——A 商品　　　　　　　　　　　　5 000

本年计提存货跌价准备之后,"存货跌价准备"科目贷方余额为 31 000 元;在 2019 年 12 月 31 日的资产负债表中,A 商品应按可变现净值 75 000 元列示其价值。

(二)存货跌价准备的转回

当以前减记存货价值的影响因素已经消失,减记的金额应当予以恢复,并在原已计提的存货跌价准备金额内转回,转回的金额计入当期损益。

在核算存货跌价准备的转回时,转回的存货跌价准备与计提准备的存货项目或类别应当存在直接对应关系。在原已计提的存货跌价准备金额内转回,意味着转回的金额已将存货跌价准备的余额冲至零为限。

如果计提存货跌价准备前,"存货跌价准备"科目有贷方余额,且大于本期存货可变现净值低于成本的差额,表明以前引起存货减值的影响因素已经部分消失,存货的价值又得以部分恢复,企业应当相应地恢复存货的账面价值。此时,应按两者之差转回已计提的存货跌价准备金额,借记"存货跌价准备"科目,贷记"资产减值损失——计提的存货跌价准备"科目。

【例 4-42】 甬江公司 2019 年 6 月 30 日,A 商品账面成本 106 000 元,可变现净值 78 000 元;计提存货跌价准备之前,"存货跌价准备"科目贷方余额 31 000 元。

可变现净值低于成本的差额 = 106 000 − 78 000 = 28 000(元)

本年应计提存货跌价准备 = 28 000 − 31 000 = −3 000(元)

借:存货跌价准备——A 商品　　　　　　　　　　　　　　　　　3 000

　　贷:资产减值损失——计提的存货跌价准备　　　　　　　　　　　　　　3 000

本年转回存货跌价准备之后,"存货跌价准备"科目贷方余额为 28 000 元;在 2020 年 6 月 30 日的资产负债表中,A 存货应按可变现净值 78 000 元列示其价值。

需要注意的是,导致存货跌价准备转回的是以前减记存货价值的影响因素的消失,而不是在当前造成存货可变现净值高于其成本的其他因素。如果本期导致存货可变现净值高于其成本的影响因素不是以前减记该存货价值的影响因素,则不允许将该存货跌价准备转回。

(三)存货跌价准备的结转

(1)销售的存货,应结转相应的存货跌价准备。

企业结转销售成本时,对于已计提存货跌价准备的,应当一并结转,同时调整销售成本,借记"存货跌价准备"科目,贷记"主营业务成本""其他业务成本"等科目。

【例 4-43】 甬江公司将 A 商品按 100 000 元的价格售出,增值税销项税额为 13 000 元。A 商品账面余额 90 000 元,已计提存货跌价准备 12 000 元。有关的账务处理如下:

借:银行存款　　　　　　　　　　　　　　　　　　　　　　113 000

　　贷:主营业务收入　　　　　　　　　　　　　　　　　　　　100 000

　　　　应交税费——应交增值税(销项税额)　　　　　　　　　　　13 000

借:主营业务成本　　　　　　　　　　　　　　　　　　　　　78 000

　　存货跌价准备——A 商品　　　　　　　　　　　　　　　　12 000

　　贷:库存商品——A 商品　　　　　　　　　　　　　　　　　90 000

(2)可变现净值为零的存货,应当将其账面余额全部转销,同时转销相应的存货跌价准备。当存货存在以下情况之一时,表明存货的可变现净值为零:

①已霉烂变质的存货;

②已过期且无转让价值的存货;

③生产中已不再需要,并且已无使用价值和转让价值的存货;

知识拓展 4-3　④其他足以证明已无使用价值和转让价值的存货。

【例 4-44】 甬江公司的库存 M 商品已过保质期,不可再使用或销售。M 商品账面余额

40 000 元,已计提存货跌价准备 25 000 元。

借:资产减值损失——计提的存货跌价准备   15 000

    存货跌价准备——M 商品   25 000

    贷:库存商品——M 商品   40 000

第五节 存货的清查

一、存货清查的意义与方法

存货是企业资产的重要组成部分,且处于不断销售或耗用以及重置之中,具有较强的流动性。为了加强对存货的控制,维护存货的安全完整,企业应当定期或不定期对存货的实物进行盘点和抽查,以确定存货的实有数量,并与账面记录进行核对,确保存货账实相符。企业至少应当在编制年度财务会计报告之前,对存货进行两次全面的清查盘点。

存货清查采用实地盘点、账实核对的方法。在每次进行清查盘点前,应将已经收发的存货数量全部登记入账,并准备盘点清册,抄列各种存货的编号、名称、规格和存放地点。盘点时,应在盘点清册上逐一登记各种存货的账面结存数量和实存数量,并进行核对。对于账实不符的存货,应查明原因,分清责任,并根据清查结果编制"存货盘存报告单",作为存货清查的原始凭证。

在进行存货清查盘点时,如果发现存货盘盈或盘亏,应于期末前查明原因,并根据企业的管理权限,报经股东大会或董事会,或经理(厂长)会议或类似机构批准后,在期末结账前处理完毕。

二、存货盘盈与盘亏的会计处理

(一)存货盘盈

存货盘盈,是指存货的实存数量超过账面结存数量的差额。存货发生盘盈,应按照同类或类似存货的市场价格作为实际成本及时登记入账,借记"原材料""周转材料""库存商品"等存货科目,贷记"待处理财产损溢——待处理流动资产损溢"科目;待查明原因,报经批准处理后,冲减当期管理费用。

【例 4-45】 甬江公司在存货清查中发现盘盈一批 A 材料,市场价格为 6 000 元。

(1)发现盘盈:

借:原材料   6 000

    贷:待处理财产损溢——待处理流动资产损溢   6 000

(2)报经批准处理:

借:待处理财产损溢——待处理流动资产损溢   6 000

    贷:管理费用   6 000

(二)存货盘亏

存货盘亏,是指存货的实存数量少于账面结存数量的差额。存货发生盘亏,应将其账面成本及时转销,借记"待处理财产损溢——待处理流动资产损溢"科目,贷记"原材料""周转材料""库存商品"等存货科目;盘亏存货涉及增值税的,还应进行相应处理。待查明原因,报经批准处理后,根据造成盘亏的原因,分别按以下情况进行会计处理:

(1)属于定额内自然损耗造成的短缺,计入管理费用;

(2)属于收发计量差错和管理不善等原因造成的短缺或毁损,将扣除可收回的保险公司和过失人赔款以及残料价值后的净损失,计入管理费用;

(3)属于自然灾害或意外事故等非常原因造成的毁损,将扣除可收回的保险公司和过失人赔款以及残料价值后的净损失,计入营业外支出。

【例4-46】 甬江公司在财产清查中发现毁损甲材料300千克,实际成本为30 000元,相关增值税专用发票上注明的增值税额为3 900元。经查属于材料保管员的过失造成的,按规定由其个人赔偿20 000元,其他净损失由企业承担。

(1)批准处理前:

借:待处理财产损溢——待处理流动资产损溢		33 900
贷:原材料		30 000
应交税费——应交增值税(进项税额转出)		3 900

(2)报经批准处理:

借:其他应收款——保管员		20 000
管理费用		13 900
贷:待处理财产损溢——待处理流动资产损溢		33 900

【例4-47】 甬江公司因台风造成一批库存乙材料毁损,实际成本70 000元,该批材料的进项税为9 100元。根据保险合同的约定,应由保险公司赔偿50 000元,残料入库200元。报经批准后,净损失应计入营业外支出。

(1)批准处理前:

借:待处理财产损溢——待处理流动资产损溢		70 000
贷:原材料		70 000

(2)报经批准处理:

借:其他应收款——保险公司		50 000
原材料		200
营业外支出		19 800
贷:待处理财产损溢——待处理流动资产损溢		70 000

如果盘盈或盘亏的存货在期末结账前尚未经批准,在对外提供财务会计报告时,应先按上述方法进行会计处理,并在财务会计报告附注中做出说明。如果其后批准处理的金额与已处理的金额不一致,应当调整当期会计报表相关项目的年初数。

【问题讨论】

1.什么是存货?企业的存货如何分类?存货的确认条件是什么?

2.什么是定期盘存制,什么是永续盘存制?它们各有什么优缺点?适用范围如何?

3.比较各种存货发出计价方法的优缺点及适用性。

4.什么是成本与可变现净值孰低法?如何运用?

5.存货跌价准备的计提对企业财务状况和经营业绩产生哪些影响?

【项目训练】

训练目的:学生通过本项目的训练,对存货项目有一个比较系统地认识,熟悉其账务处理程序,据以达到熟练地掌握存货的确认、计量、记录等会计技能的目的。

训练形式:以学生自主完成为主,教师适当指导。

训练课时:课外 2 课时。

训练资料:甬江公司为增值税一般纳税人,适用的增值税率为 13%,生产中所需甲材料按实际成本核算,采用月末一次加权平均法计算和结转发出材料成本。2019 年 6 月 1 日,甲材料结存 1 400 千克,账面余额 385 万元,未计提存货跌价准备。甬江公司 2019 年 6 月份发生的有关甲材料业务如下:

(1)6 月 3 日,持银行汇票 300 万元购入甲材料 800 千克,增值税专用发票上注明的货款为 216 万元,增值税额为 28.08 万元,对方代垫包装费 1.8 万元,材料已验收入库,剩余票款退回并存入银行。

(2)6 月 6 日,签发一张商业承兑汇票购入甲材料 590 千克,增值税专用发票上注明的货款为 163 万元,增值税额为 21.19 万元,对方代垫保险费 0.4 万元。材料已验收入库。

(3)6 月 10 日,收到长江公司作为资本投入的甲材料 5 000 千克,并验收入库。投资合同约定该批原材料价值(不含可抵扣的增值税进项税额)为 1 415 万元,增值税进项税额为 183.95 万元,长江公司开具增值税专用发票。假定合同约定的价值与公允价值相等,未发生资本溢价。

(4)6 月 20 日,销售甲材料一批,开出的增值税专用发票上注明的售价 171 万元,增值税额为 22.23 万元,款项已由银行收妥。

(5)6 月 30 日,因自然灾害毁损甲材料 50 千克,该批材料购入时支付的增值税为 1.82 万元。经保险公司核定应赔偿 10 万元,款项尚未收到,其余损失已由有关部门批准处理。

(6)6 月份发出甲材料情况如下:

①6 月 12 日,生产车间领用甲材料 2 000 千克,用于生产 A 产品 20 件、B 产品 10 件,A 产品领用 960 千克,B 产品领用 1 040 千克;车间管理部门领用 700 千克;企业行政管理部门领用 450 千克。

②6 月 15 日,委托加工一批零部件,发出甲材料 100 千克。

③6 月 20 日,对外销售发出甲材料 600 千克。

(7)6 月 30 日,甲材料的预计可变现净值为 1 000 万元。

假定除上述资料外,不考虑其他因素。

训练要求:

1.采用月末一次加权平均法进行会计处理:

(1)编制甬江公司第(1)至(4)项业务的会计分录。

（2）计算甬江公司 6 月份甲材料的加权平均单位成本。

（3）①编制甬江公司第（5）项业务的会计分录；

②计算甬江公司 A 产品、B 产品应分配的甲材料成本；

③编制甬江公司第（6）项结转发出材料成本的会计分录。

（4）计算甬江公司 6 月 20 日甲材料计提的存货跌价准备并编制会计分录。

（5）计算甬江公司 6 月 30 日甲材料计提的存货跌价准备并编制会计分录。

（6）计算甬江公司 6 月 30 日甲材料应计入资产负债表"存货"项目的金额。

（注："应交税费"科目要求写明细科目及专栏名称，答案中的金额单位用万元表示）

2.采用先进先出法和移动加权平均法对上述业务进行会计处理。

3.根据以上三种计价方法的计算结果，说明为什么发出存货计价方法一经选用，不得随意变更？

在线自测题

第五章

金融资产

■■■ 学习目标

通过本章的学习,要求学生了解债权投资的概念,其他债权投资和其他权益工具投资的特征;理解金融工具的内容、金融资产的基本分类及各类金融资产的主要特征;掌握各类金融资产初始成本的构成内容;掌握交易性金融资产、债权投资、其他债权投资和其他权益工具投资的核算以及金融资产重分类的核算。

■■■ 关键知识点

金融资产的基本分类及各类金融资产的主要特征,交易性金融资产核算,债权投资摊余成本的构成及核算,其他债权投资和其他权益工具投资的初始入账价值的构成及核算,金融资产重分类的核算。

■■■ 案例导入

2018 年 1 月 1 日,WD 公司以 1 000 万元银行存款作为对价购入某公司当日发行的一项公司债券。该债券的期限为 10 年,票面年利率为 5%,分期付息,到期一次还本。公司管理层决定一直持有该项债券,以获得稳定的利息,到期收回本金。2019 年 1 月 1 日,因公司管理该类金融资产的业务模式发生改变。WD 公司在未来期间对该类债券投资以收取合同现金流量为主,但不排除在未来择机出售该类金融资产的可能。

2018 年 4 月 1 日,WD 公司通过其在某证券公司开立的证券交易账户购入 100 万股中国建设银行股票,成交价格为每股 7.20 元。考虑到中国建设银行股票多年来股息分红率较高且一直非常稳定,公司管理层决定长期持有上述股票,以获取稳定分红。

2018 年 7 月 1 日,WD 公司以每股 10 元的价格购进某创业板股票 20 000 股,公司管理该项股票投资的业务模式为短线持有,赚取买卖价差。

思考:

1.WD 公司取得上述金融资产时,应分别将其划分成或指定为哪一类金融资产?

2.在后续计量期间,WD 公司能否对上述金融资产进行重新分类?

3.无论是个人还是公司,在进行金融投资时需具备哪些财商素养?

第一节 金融资产概述

一、金融资产的定义

市场经济条件下,企业生产经营日趋多元化,除传统的经过原材料投入、加工、销售方式获取利润外,通常采用投资、收购、兼并、重组等方式拓宽生产经营渠道,提高获利能力。按照《企业会计准则第 22 号——金融工具确认和计量》(2017)限定的金融资产范围,金融资产,是指企业持有的货币现金、持有其他企业的权益工具以及符合下列条件之一的资产:①从其他方收取现金或其他金融资产的权利;②在潜在有利条件下,与其他方交换金融资产或金融负债的合同权利;③将来须用或可用企业自身权益工具进行结算的非衍生工具合同,且企业根据该合同将收到可变数量的自身权益工具;④将来须用或可用企业自身权益工具进行结算的衍生工具合同,但以固定数量的自身权益工具交换固定金额的现金或其他金融资产的衍生工具合同除外。

金融资产主要包括库存现金、银行存款、应收账款、应收票据、合同资产、其他应收款项、股权投资、债权投资、衍生工具形成的资产等。

本章不涉及以下金融资产的会计处理:

(1)货币资金;

(2)对子公司、联营企业、合营企业的长期股权投资。

在线视频 5-1

知识拓展 5-1

二、金融资产的分类

(一)金融资产分类涉及的相关概念

企业应当根据其管理金融资产的业务模式和金融资产的合同现金流量特征对金融资产进行分类。

1. 管理金融资产的业务模式

企业管理金融资产的业务模式,是指企业如何管理其金融资产以产生现金流量。业务模式决定企业管理金融资产现金流量的来源是收取合同现金流量、出售金融资产还是两者兼有。

企业管理金融资产的业务模式,应当以企业关键管理人员决定的管理金融资产的特定业务目标为基础、以客观事实为依据进行确定,不得以按照合理预期不会发生的情形为基础确定。一个企业可能会采用多个业务模式管理其金融资产。例如,企业持有一组收取合同现金流量为目标的投资组合,同时还持有另一组既以收取合同现金流量为目标又以出售该金融资产为目标的投资组合。

企业管理金融资产的业务模式大致可分为如下三类:

(1)以收取合同现金流量为目标的业务模式。此业务模式下,企业管理金融资产旨在通过在金融资产存续期内收取合同付款来实现现金流量,而不是通过持有并出售金融资产产生整体回报。

（2）以收取合同现金流量和出售金融资产为目标的业务模式。此业务模式下，企业的关键管理人员认为收取合同现金流量和出售金融资产对于实现其管理目标而言都是不可或缺的。

（3）其他业务模式。

知识拓展 5-2

2. 合同现金流量

金融资产的合同现金流量特征，是指金融工具合同约定的、反映相关金融资产经济特征的现金流量属性。即相关金融资产在特定日期产生的合同现金流量仅为对本金和以未偿付本金金额为基础的利息的支付，其中，本金是指金融资产在初始确认时的公允价值，本金金额可能因提前还款等原因在金融资产的存续期内发生变动；利息包括对货币时间价值、与特定时期未偿付本金相关的信用风险以及其他基本借贷风险、成本和利润的对价。

知识拓展 5-3

（二）金融资产的一般分类

根据企业管理金融资产的业务模式和金融资产的合同现金流量特征，将金融资产分类为以摊余成本计量的金融资产，以公允价值计量且其变动计入其他综合收益的金融资产、以公允价值计量且其变动计入当期损益的金融资产三类。企业会计准则按此方式对金融资产进行分类，并设置相应会计科目核算。在资产负债表中，各类金融资产分项单独列示。

在线视频 5-2

1. 以摊余成本计量的金融资产

金融资产同时符合下列条件的，应当分类为以摊余成本计量的金融资产：①企业管理该金融资产的业务模式是以收取合同现金流量为目标；②该金融资产的合同条款规定，在特定日期产生的现金流量，仅为对本金和以未偿付本金金额为基础的利息的支付。

企业一般应当设置"银行存款""贷款""应收账款""债权投资"等科目核算分类为以摊余成本计量的金融资产。

2. 以公允价值计量且其变动计入其他综合收益的金融资产

金融资产同时符合下列条件的，应当分类为以公允价值计量且其变动计入其他综合收益的金融资产：①企业管理该金融资产的业务模式既以收取合同现金流量为目标又以出售该金融资产为目标；②该金融资产的合同条款规定，在特定日期产生的现金流量，仅为对本金和以未偿付本金金额为基础的利息的支付。

企业应当设置"其他债权投资"科目核算分类为以公允价值计量且其变动计入其他综合收益的金融资产。

3. 以公允价值计量且其变动计入当期损益的金融资产

分类为以摊余成本计量的金融资产和分类为以公允价值计量且其变动计入其他综合收益的金融资产之外的金融资产，企业应当将其分类为以公允价值计量且其变动计入当期损益的金融资产。

金融资产满足下列条件之一的，表明企业持有该金融资产的目的是交易性的：①取得相关金融资产的目的，主要是为了近期出售或回购；②相关金融资产在初始确认时属于集中管理的可辨认金融工具组合的一部分，且有客观证据表明近期实际存在短期获利模式；③相关金融资产属于衍生工具。

知识拓展 5-4

企业应当设置"交易性金融资产"科目核算以公允价值计量且其变动计入当期损益的金融资产。

（三）金融资产类别的特别指定

1. 指定为以公允价值计量且其变动计入其他综合收益的金融资产的情形

权益工具投资（如对上市公司的股票投资或非上市公司的股权投资）的合同现金流量通常并非对本金和以未偿付本金金额为基础的利息的支付，因此一般只能分类为以公允价值计量且其变动计入当期损益的金融资产，然而，如果该项权益工具投资属于非交易性权益工具投资，由企业在初始确认该项投资时，可以将其指定为以公允价值计量且其变动计入其他综合收益的金融资产。该指定一经做出，不得撤销。

企业应当设置"其他权益工具投资"科目核算其指定为以公允价值计量且其变动计入其他综合收益的金融资产。

2. 指定为以公允价值计量且其变动计入当期损益的金融资产的情形

在初始确认某项金融资产时，如果能够消除或显著减少会计错配，企业可以将金融资产指定为以公允价值计量且其变动计入当期损益的金融资产。该指定一经做出，不得撤销。

企业持有的直接指定为以公允价值计量且其变动计入当期损益的金融资产，通过"交易性金融资产"科目核算。

会计错配，是指当企业以不同的会计确认方法和计量属性，对在经济上相关的资产和负债进行确认或计量而产生利得或损失时，可能导致的会计确认和计量上的不一致。

需要说明的是，为便于对照会计报表项目学习和理解金融资产的基本业务及其相关会计处理，本章并不按照会计准则三分类的顺序安排，而是按照金融资产的具体内容来讲述。

第二节　以公允价值计量且其变动计入公允价值变动损益的金融资产

一、初始计量

在线视频 5-3

企业初始确认以公允价值计量且其变动计入公允价值变动损益的金融资产时，应按公允价值计量，相关交易费用应当直接计入当期损益。其中，交易费用是指可直接归属于购买、发行或处置金融工具新增的外部费用。所谓新增的外部费用，是指企业不购买、发行或处置金融工具就不会发生的费用。交易费用包括支付给代理机构、咨询公司、券商等的手续费和佣金及其他必要支出，不包括债券溢价、折价、融资费用、内部管理成本及其他与交易不直接相关的费用。

企业取得以公允价值计量且其变动计入公允价值变动损益的金融资产所支付的价款中，包含已宣告但尚未发放的现金股利或已到付息期但尚未领取的债券利息的，应当单独确认为应收项目。

企业取得以公允价值计量且其变动计入公允价值变动损益的金融资产，按其公允价值（不含支付的价款中所包含的已宣告但尚未发放的现金股利或已到付息期但尚未领取的债券利息),借记"交易性金融资产——成本"科目,按发生的交易费用,借记"投资收益"科目,按已宣告但尚未发放的现金股利或已到付息期但尚未领取的债券利息,借记"应收股利"或"应收利息"科目,按实际支付的金额,贷记"银行存款"等科目;收到上列现金股利或债券利息时,借记"银行存款"科目,贷记"应收股利"或"应收利息"科目。

在线视频 5-4

【例 5-1】 2018 年 3 月 2 日,甬江公司购入富安公司每股面值 1 元的股票 50 000 股,每股购买价格 7 元,作为交易性金融资产,并支付手续费等交易费用 1 000 元,其中包括增值税额 56.60 元。

其账务处理如下:

初始投资成本=50 000×7=350 000(元)

借:交易性金融资产——富安公司股票(成本)		350 000
投资收益		943.40
应交税费——应交增值税(进项税额)		56.60
贷:银行存款		351 000

【例 5-2】 2018 年 1 月 4 日,甬江公司按 84 000 元的价格购入新星公司于 2017 年 1 月 1 日发行的面值 80 000 元、期限 5 年、票面利率 4%、每年 12 月 31 日付息、到期还本的债券作为交易性金融资产,并支付交易费用 500 元,其中包括增值税额 28.30 元。债券购买价格中包含已到付息期但尚未支付的利息 3 200 元。其账务处理如下。

(1)2018 年 1 月 1 日,购入新星公司债券:

初始投资成本=84 000-3 200=80 800(元)

借:交易性金融资产——新星公司债券(成本)		80 800
应收利息		3 200
投资收益		471.70
应交税费——应交增值税(进项税额)		28.30
贷:银行存款		84 500

(2)收到新星公司支付的债券利息:

借:银行存款		3 200
贷:应收利息		3 200

二、持有期间收益的确认

对于分类为以公允价值计量且其变动计入公允价值变动损益的金融资产,企业应将在持有期间取得的利息或现金股利,确认为投资收益。

持有交易性金融资产期间,被投资单位宣告发放现金股利时,投资企业按应享有的份额,借记"应收股利"科目,贷记"投资收益"科目;资产负债表日,投资企业按分期付息、一次还本债券投资的票面利率计提利息时,借记"应收利息"科目,贷记"投资收益"科目。收到现金股利或债券利息时,借记"银行存款"科目,贷记"应收股利"或"应收利息"科目。

【例 5-3】 沿用【例 5-1】,2018 年 7 月 20 日,富安公司宣告 2018 年半年度利润分配方案,每股分派现金股利 0.2 元。并于 2018 年 9 月 26 日发放。甬江公司持有富安公司股票 50 000 股。其账务处理如下。

(1)2018 年 7 月 20 日,富安公司宣告分派现金股利:

应收现金股利＝50 000×0.20＝10 000(元)

借:应收股利   10 000

  贷:投资收益   10 000

(2)2018 年 9 月 26 日,收到富安公司派发的现金股利:

借:银行存款   10 000

  贷:应收股利   10 000

【例 5-4】 沿用【例 5-2】,甬江公司对持有的交易性债券投资每半年计提一次利息。2018 年 6 月 30 日,甬江公司对持有的面值 80 000 元、期眼 5 年、票面利率 4%、每年 12 月 31 日付息的新星公司债券计提利息。其账务处理如下:

应计债券利息＝80 000×4%×6/12＝1 600(元)

借:应收利息   1 600

  贷:投资收益   1 600

三、期末计量

分类为以公允价值计量且其变动计入公允价值变动损益的金融资产的期末计量,是指采用一定的价值标准,对其期末价值进行后续计量,并以此列示于资产负债表中的会计程序。以公允价值计量且其变动计入公允价值变动损益的金融资产在最初取得时,是按公允价值入账的,反映了企业取得该类金融资产的实际成本,但该类金融资产的公允价值是不断变化的,会计期末的公允价值则代表了该类金融资产的现时可变现价值。根据企业会计准则的规定,该类金融资产的价值应按资产负债表日的公允价值反映,公允价值的变动计入当期损益。

资产负债表日,该类金融资产的公允价值高于其账面余额时,应按两者之间的差额,调增该类金融资产的账面余额,同时确认公允价值上升的收益,借记"交易性金融资产——公允价值变动"科目,贷记"公允价值变动损益"科目;该类金融资产的公允价值低于其账面余额时,应按两者之间差额,调减该类金融资产的账面余额,同时确认公允价值下跌的损失,借记"公允价值变动损益"科目,贷记"交易性金融资产——公允价值变动"科目。

【例 5-5】 甬江公司每年 6 月 30 日和 12 月 31 日对持有的交易性金融资产按公允价值进行再计量,确认公允价值变动损益。2018 年 6 月 30 日,甬江公司持有的交易性金融资产账面余额和当日公允价值资料见表 5-1。

表 5-1 交易性金融资产账面余额和公允价值表

2018 年 6 月 30 日   单位:元

交易性金融资产	调整前账面余额	期末公允价值	公允价值变动损益	调整后账面余额
富安公司股票	350 000	300 000	−50 000	300 000
新星公司债券	80 800	83 000	2 200	83 000

根据表 5-1 资料,甬江公司 2018 年 6 月 30 日的会计处理如下:

借:公允价值变动损益   50 000

  贷:交易性金融资产——富安公司股票(公允价值变动)   50 000

借:交易性金融资产——新星公司债券(公允价值变动)   2 200

　　　　贷:公允价值变动损益　　　　　　　　　　　　　　　　　　　　　　　　　　　　2 200

四、处置

　　企业处置以公允价值计量且其变动计入公允价值变动损益的金融资产的主要会计问题是正确确认处置损益。该类金融资产的处置损益,是指处置该类金融资产实际收到的价款,减去所处置该类金融资产账面余额后的差额。其中,该类金融资产的账面余额,是指该类金融资产的初始计量金额加上或减去资产负债表日公允价值变动后的金额。如果在处置该类金融资产时,已计入应收项目的现金股利或债券利息尚未收回,还应先从处置价款中扣除该部分现金股利或债券利息之后,确认处置损益。

　　处置该类金融资产时,应按实际收到的处置价款,借记"银行存款"科目,按该金融资产的初始成本,贷记"交易性金融资产——成本"科目,按该金融资产的公允价值变动,贷记或借记"交易性金融资产——公允价值变动"科目,按其差额,贷记或借记"投资收益"科目。

　　【例5-6】　沿用【例5-1】和【例5-5】,2018年12月21日,甬江公司将持有的富安公司股票售出,实际收到出售价款306 000元。股票出售日,富安公司股票账面价值300 000元,其中,成本350 000元,已确认公允价值变动损失50 000元。其账务处理如下:

　　　　处置损益＝306 000－300 000＝6 000(元)

　　　　借:银行存款　　　　　　　　　　　　　　　　　　　　　　　　　　　　306 000

　　　　　　交易性金融资产——富安公司股票(公允价值变动)　　　　　　　　　　50 000

　　　　　　贷:交易性金融资产——富安公司股票(成本)　　　　　　　　　　　　　350 000

　　　　　　　　投资收益　　　　　　　　　　　　　　　　　　　　　　　　　　　6 000

　　【例5-7】　沿用【例5-2】、【例5-4】和【例5-5】,2018年12月23日,甬江公司将新星公司债券售出,实际收到出售价款88 600元。债券出售日,新星公司债券已计提利息1 600元,债券账面价值83 000元,其中,成本80 800元,已确认公允价值变动收益2 200元。其账务处理如下:

　　　　处置损益＝88 600－83 000－1 600＝4 000(元)

　　　　借:银行存款　　　　　　　　　　　　　　　　　　　　　　　　　　　　88 600

　　　　　　贷:交易性金融资产——新星公司债券(成本)　　　　　　　　　　　　　80 800

　　　　　　　　　　　　——新星公司债券(公允价值变动)　　　　　　　　　　　2 200

　　　　　　　　应收利息　　　　　　　　　　　　　　　　　　　　　　　　　　1 600

　　　　　　　　投资收益　　　　　　　　　　　　　　　　　　　　　　　　　　4 000

第三节　以摊余成本计量的金融资产

一、初始计量

　　企业初始确认以摊余成本计量的金融资产时,应当按照公允价值和相关交易费用之和作为初始入账金额。

在线视频 5-5

但是,企业初始确认的应收账款未包含《企业会计准则第 14 号——收入》中定义的重大融资成分或根据《企业会计准则第 14 号——收入》规定不考虑不超过一年的合同中的融资成分的,应当根据该准则定义的交易价格进行初始计量。

交易费用,是指可直接归属于购买、发行或处置金融工具的增量费用,增量费用,是指企业没有发生购买、发行或处置相关金融工具的情形就不会发生的费用,包括支付代理机构、咨询公司、券商、证券交易所、政府有关部门等的手续费、佣金、相关税费以及其他必要支出,不包括债券溢价、折价、融资费用。

企业取得以摊余成本计量的金融资产支付的价款中包括的已到付息期但尚未领取的债券利息,应单独确认为应收项目。

企业应设置"债权投资"科目,核算债权投资的摊余成本,并按照债权投资的类别和品种,分别按"成本""利息调整""应计利息"等进行明细核算。以购入债券为例,债券的购入价格有面值、溢价和折价三种。其中,"成本"明细核算债券的面值;不同的购入价格,使得实际利率与票面利率产生差异,溢价、折价的实质是对债券利息收入进行的调整,"利息调整"明细核算的内容包括溢价、折价和交易费用;按照权责发生制,应于资产负债表日计提债券利息,"应计利息"明细核算一次还本付息债券投资计提的利息。

企业取得以摊余成本计量的金融资产时,应按取得时的公允价值和支付的相关交易费用之和作为该类金融资产的初始确认金额,按该投资的面值,借记"债权投资——成本"科目,按支付的价款中包含的已到付息期但尚未领取的利息,借记"应收利息"科目,按实际支付的金额,贷记"银行存款"等科目,按其差额,借记或贷记"债权投资——利息调整"科目。收到支付的价款中包含的已到付息期但尚未领取的利息,借记"银行存款"科目,贷记"应收利息"科目。

在线视频 5-6

【例 5-8】 2018 年 1 月 1 日,甬江公司购入恒源公司当日发行的面值 600 000 元、期限 3 年、票面利率 6%、每年 12 月 31 日付息、到期还本的债券作为以摊余成本计量的金融资产,实际支付的购买价款为 645 000 元。其账务处理如下:

借:债权投资——恒源公司债券(成本)　　　　　　　　　　　600 000
　　　　　　——恒源公司债券(利息调整)　　　　　　　　　 45 000
　　贷:银行存款　　　　　　　　　　　　　　　　　　　　　645 000

【例 5-9】 2018 年 1 月 1 日,甬江公司购入正泰公司于 2017 年 1 月 1 日发行的面值 700 000 元、期限 5 年、票面利率 4%、每年 12 月 31 日付息、到期还本的债券作为以摊余成本计量的金融资产,实际支付的购买价款为 715 000 元,该价款中包含已到付息期但尚未支付的利息 28 000 元。其账务处理如下。

(1)购入债券时:

债权投资取得成本=715 000-28 000＝687 000(元)

借:债权投资——正泰公司债券(成本)　　　　　　　　　　　700 000
　　应收利息　　　　　　　　　　　　　　　　　　　　　　　 28 000
　　贷:银行存款　　　　　　　　　　　　　　　　　　　　　715 000
　　　债权投资——正泰公司债券(利息调整)　　　　　　　　 13 000

(2)收到债券利息时：

借：银行存款　　　　　　　　　　　　　　　　　　　　　　　　28 000

　　贷：应收利息　　　　　　　　　　　　　　　　　　　　　　　　　28 000

二、后续计量

企业应在债权投资持有期间,采用实际利率法,按照摊余成本和实际利率计算确认利息收入,计入投资收益。实际利率法,是指按照金融资产的实际利率计算其摊余成本及各期利息收入的方法。实际利率,是指将金融资产在预期存续期间或适用的更短期间内的未来现金流量,折现为该金融资产当前账面价值所使用的利率。债权投资初始确认时,应当计算确定其实际利率,并在该持有至到期投资预期存续期间或适用的更短期间内保持不变。摊余成本,是指该金融资产的初始确认金额经下列调整后的结果：①扣除已偿还的本金；②加上或减去采用实际利率法将该初始确认金额与到期日金额之间的差额进行摊销形成的累计摊销；③扣除已发生的减值损失。

实际利率法计算公式：

当期利息收入＝期初账面摊余成本×实际利率

当期应计利息＝债券票面价值×票面利率

当期账面成本摊销额＝当期应计利息－当期利息收入

债权投资如为分期付息、一次还本债券投资,应将于资产负债表日按票面利率计算确定的应收未收利息,借记"应收利息"科目,按债权投资摊余成本和实际利率计算确定的利息收入,贷记"投资收益"科目,按其差额,借记或贷记"债权投资——利息调整"科目。收到分期付息、一次还本债权投资持有期间支付的利息,借记"银行存款"科目,贷记"应收利息"科目。

债权投资如为一次还本付息债券投资,应将于资产负债表日按票面利率计算确定的应收未收利息,借记"债权投资——应计利息"科目,按债权投资摊余成本和实际利率计算确定的利息收入,贷记"投资收益"科目,按其差额,借记或贷记"债权投资——利息调整"科目。

【例5-10】 2018年1月1日,甬江公司从活跃市场上购入海鸥公司5年期债券,面值100 000元,票面利率6％,按年支付利息,本金最后一次支付。购入价格105 600元。甬江公司将购入的该公司债券划分为以摊余成本计量的金融资产,且不考虑所得税、减值损失等因素。

甬江公司在初始确认时先计算确定该债券的实际利率。

由于甬江公司取得该债券的成本高于面值,因此,该债权投资的实际利率一定低于票面利率。经过有关计算(略),实际利率为4.72％。

甬江公司采用实际利率法确认的利息收入见表5-2。

表 5-2　利息收入计算表　　　　　　　　　　单位:元

计息日期	应收利息(1)＝面值×票面利率(6％)	实际利率(2)	利息收入(3)＝上期(5)×(2)	利息调整(4)＝(1)－(3)	摊余成本(5)＝上期(5)－(4)
2018 年 1 月 1 日					105 600
2018 年 12 月 31 日	6 000	4.72％	4 984	1 016	104 584
2019 年 12 月 31 日	6 000	4.72％	4 936	1 064	103 520
2020 年 12 月 31 日	6 000	4.72％	4 886	1 114	102 406
2021 年 12 月 31 日	6 000	4.72％	4 834	1 166	101 240
2022 年 12 月 31 日	6 000	4.72％	4 760	1 240	100 000
合计	30 000	—	24 400	5 600	—

注:最后一年利息收入的计算考虑了尾差。

根据上述数据,甬江公司的有关账务处理如下。

(1)2018 年 1 月 1 日,购入债券:

借:债权投资——海鸥公司债券(成本)　　　　　　　　　　100 000
　　　　　　——海鸥公司债券(利息调整)　　　　　　　　5 600
　　贷:银行存款　　　　　　　　　　　　　　　　　　　　105 600

(2)2018 年 12 月 31 日,确认实际利息收入、收到票面利息:

借:应收利息　　　　　　　　　　　　　　　　　　　　　　6 000
　　贷:投资收益　　　　　　　　　　　　　　　　　　　　4 984
　　　　债权投资——海鸥公司债券(利息调整)　　　　　　1 016
借:银行存款　　　　　　　　　　　　　　　　　　　　　　6 000
　　贷:应收利息　　　　　　　　　　　　　　　　　　　　6 000

(3)2019 年 12 月 31 日,确认实际利息收入、收到票面利息:

借:应收利息　　　　　　　　　　　　　　　　　　　　　　6 000
　　贷:投资收益　　　　　　　　　　　　　　　　　　　　4 936
　　　　债权投资——海鸥公司债券(利息调整)　　　　　　1 064
借:银行存款　　　　　　　　　　　　　　　　　　　　　　6 000
　　贷:应收利息　　　　　　　　　　　　　　　　　　　　6 000

以后各年确认利息收入、收到票面利息的会计处理可依此类推,此处略。

【例 5-11】　2018 年 1 月 1 日,甬江公司从活跃市场上购入宝德公司 4 年期债券,面值 400 000 元,票面利率 5％,按年支付利息,本金最后一次支付。购入价格 389 250 元。甬江公司将购入的该公司债券划分为以摊余成本计量的金融资产,且不考虑所得税、减值损失等因素。

甬江公司在初始确认时先计算确定该债券的实际利率。

由于甬江公司取得该债券的成本低于面值,因此,该债权投资的实际利率一定高于票面利率。经过有关计算(略),实际利率为 5.78％。

甬江公司采用实际利率法确认的利息收入见表 5-3。

表 5-3 利息收入计算表　　　　　　　　　　　　　　　单位:元

计息日期	应收利息(1) ＝面值×票面 利率(6%)	实际利率(2)	利息收入(3)＝ 上期(5)×(2)	利息调整(4) ＝(3)－(1)	摊余成本(5)＝ 上期(5)＋(4)
2018 年 1 月 1 日					389 250
2018 年 12 月 31 日	20 000	5.78%	22 499	2 499	391 749
2019 年 12 月 31 日	20 000	5.78%	22 643	2 643	394 392
2020 年 12 月 31 日	20 000	5.78%	22 796	2 796	397 188
2021 年 12 月 31 日	20 000	5.78%	22 812	2 812	400 000
合计	80 000	—	90 750	10 750	—

注:最后一年利息收入的计算考虑了尾差。

根据上述数据,甬江公司的有关账务处理如下。

(1)2018 年 1 月 1 日,购入债券:

借:债权投资——宝德公司债券(成本)　　　　　　　　　　　　　400 000

　　贷:银行存款　　　　　　　　　　　　　　　　　　　　　　　389 250

　　　债权投资——宝德公司债券(利息调整)　　　　　　　　　　　 10 750

(2)2018 年 12 月 31 日,确认实际利息收入、收到票面利息:

借:应收利息　　　　　　　　　　　　　　　　　　　　　　　　20 000

　　债权投资——宝德公司债券(利息调整)　　　　　　　　　　　　2 499

　　贷:投资收益　　　　　　　　　　　　　　　　　　　　　　　22 499

借:银行存款　　　　　　　　　　　　　　　　　　　　　　　　20 000

　　贷:应收利息　　　　　　　　　　　　　　　　　　　　　　　20 000

(3)2019 年 12 月 31 日,确认实际利息收入、收到票面利息:

借:应收利息　　　　　　　　　　　　　　　　　　　　　　　　20 000

　　债权投资——宝德公司债券(利息调整)　　　　　　　　　　　　2 643

　　贷:投资收益　　　　　　　　　　　　　　　　　　　　　　　22 643

借:银行存款　　　　　　　　　　　　　　　　　　　　　　　　20 000

　　贷:应收利息　　　　　　　　　　　　　　　　　　　　　　　20 000

以后各年确认利息收入、收到票面利息的会计处理可依此类推,此处略。

三、债权投资的处置

处置债权投资时,应将所取得价款与债权投资账面价值之间的差额,计入当期损益。其中,投资的账面价值是指投资的账面余额减除已经计提的减值准备后的差额。

处置债权投资时,应按实际收到的金额,借记“银行存款”科目,按债权投资账面余额,贷记“债权投资——成本”“债权投资——应计利息”科目,贷记或借记“债权投资——利息调整”科目,按其差额,贷记或借记“投资收益”科目。已计提减值准备的,还应同时结转减值准备。

第四节　以公允价值计量且其变动计入其他综合收益的金融资产

一、初始计量

企业初始确认以公允价值计量且其变动计入其他综合收益的金融资产时,应当按取得该金融资产的公允价值和相关交易费用之和作为初始确认金额。如果支付的价款中包含已到付息期但尚未领取的债券利息或已宣告但尚未发放的现金股利,应单独确认为应收项目。

企业应当设置"其他债权投资"科目,核算分类为以公允价值计量且其变动计入其他综合收益的金融资产,并按照其他债权投资类别和品种,分别按"成本""利息调整""应计利息""公允价值变动"等科目进行明细核算。企业应当设置"其他权益工具投资"科目,核算非交易性权益工具投资指定为以公允价值计量且其变动计入其他综合收益的金融资产,并按照其他权益工具投资类别和品种,分别按"成本""公允价值变动"等科目进行明细核算。

企业取得债权投资的,应按债券的面值,借记"其他债权投资——成本"科目,按支付的价款中包含的已到付息期但尚未领取的利息,借记"应收利息"科目,按实际支付的金额,贷记"银行存款"等科目,按差额,借记或贷记"其他债权投资——利息调整"科目。

企业取得权益工具投资的,应按其公允价值与交易费用之和,借记"其他权益工具投资——成本"科目,按支付的价款中包含的已宣告但尚未发放的现金股利,借记"应收股利"科目,按实际支付的金额,贷记"银行存款"等科目。

收到支付的价款中包含的已宣告但尚未发放的现金股利或已到付息期但尚未领取的利息,借记"银行存款"科目,贷记"应收利息"或"应收股利"科目。

【例5-12】　甬江公司于2018年1月1日从证券市场上购入吉峰公司于2017年1月1日发行的债券,该债券5年期、票面年利率为5%、每年1月5日支付上年度利息、到期日一次归还本金和最后一次利息。购入债券时的实际利率为4%。甬江公司购入债券的面值为1 000万元,实际支付价款为1086.3万元。甬江公司将该债券分类为以公允价值计量且其变动计入其他综合收益的金融资产。假定按年计提利息。其账务处理如下。

(1)2018年1月1日,购入吉峰公司债券:

借:其他债权投资——吉峰公司债券(成本)	10 000 000
应收利息	500 000
其他债权投资——吉峰公司债券(利息调整)	363 000
贷:银行存款	10 863 000

(2)2018年1月5日,收到吉峰公司发放的利息:

借:银行存款	500 000
贷:应收利息	500 000

【例5-13】　2018年6月20日,甬江公司按每股6.60元的价格购入汉威公司每股面值1元的股票70 000股,并支付交易费用3 000元。股票购买价格中包含每股0.20元已宣告

但尚未领取的现金股利。甬江公司将该债券分类为以公允价值计量且其变动计入其他综合收益的非交易性权益工具投资。该现金股利于 2018 年 7 月 10 日发放。其账务处理如下。

（1）2018 年 6 月 20 日，购入汉威公司股票：

初始投资成本＝70 000 ×（6.60 －0.20）＋3 000 ＝451 000（元）

应收现金股利＝70 000×0.20 ＝14 000（元）

借：其他权益工具投资——汉威公司股票（成本）　　　　　　　　　　　451 000

　　应收股利　　　　　　　　　　　　　　　　　　　　　　　　　　　14 000

　　　贷：银行存款　　　　　　　　　　　　　　　　　　　　　　　　　　465 000

（2）2018 年 7 月 10 日，收到汉威公司发放的现金股利：

借：银行存款　　　　　　　　　　　　　　　　　　　　　　　　　　　14 000

　　　贷：应收股利　　　　　　　　　　　　　　　　　　　　　　　　　　14 000

二、持有期间收益的确认

分类为以公允价值计量且其变动计入其他综合收益的金融资产在持有期间取得的现金股利或债券利息，应当计入投资收益。

其他权益工具投资持有期间被投资单位宣告发放现金股利，按应享有的份额，借记"应收股利"科目，贷记"投资收益"科目；收到其他权益工具投资发放的现金股利，借记"银行存款"科目，贷记"应收股利"科目。

资产负债表日，其他债权投资如为分期付息、一次还本债券投资，应按票面利率计算确定的应收未收利息，借记"应收利息"科目，按债券摊余成本和实际利率计算确定的利息收入，贷记"投资收益"科目，按其差额，借记或贷记"其他债权投资——利息调整"科目；其他债权投资如为一次还本付息债券投资，应于资产负债表日按票面利率计算确定的应收未收利息，借记"其他债权投资——应计利息"科目，按债券摊余成本和实际利率计算确定的利息收入，贷记"投资收益"科目，按其差额，借记或贷记"其他债权投资——利息调整"科目。收到债券投资持有期间支付的利息，借记"银行存款"科目，贷记"应收利息"科目。

【例 5-14】　沿用【例 5-12】，甬江公司对其他债权投资采用实际利率法确认利息收入。该公司 2018 年 1 月 1 日购入面值 10 000 000 元、期限 5 年、票面利率 5％、每年 1 月 5 日付息、到期还本支付最后一次利息的吉峰公司债券，在持有期间确认利息收入的会计处理如下。

（1）2018 年 12 月 31 日：

应确认的投资收益＝（10 000 000＋363 000）× 4％ ＝414 520（元）

其他债权投资——利息调整＝10 000 000 × 5％－414 520＝85 480（元）

借：应收利息　　　　　　　　　　　　　　　　　　　　　　　　　　500 000

　　　贷：投资收益　　　　　　　　　　　　　　　　　　　　　　　　　　414 520

　　　　其他债权投资——吉峰公司债券（利息调整）　　　　　　　　　　　85 480

（2）2019 年 1 月 5 日，收到吉峰公司发放的利息：

借：银行存款　　　　　　　　　　　　　　　　　　　　　　　　　　500 000

　　　贷：应收利息　　　　　　　　　　　　　　　　　　　　　　　　　　500 000

（3）2019 年 12 月 31 日：

应确认的投资收益＝(10 000 000＋363 000－85 480)×4％＝411 100(元)

其他债权投资——利息调整＝10 000 000×5％－411 100＝88 900(元)

借:应收利息 500 000

　　贷:投资收益 411 100

　　　　其他债权投资——吉峰公司债券(利息调整) 88 900

(4)2020 年 1 月 5 日,收到吉峰公司发放的利息:

借:银行存款 500 000

　　贷:应收利息 500 000

(5)2020 年 12 月 31 日:

应确认的投资收益＝(10 000 000＋363 000－85 480－88 900)×4％＝407 545(元)

其他债权投资——利息调整＝10 000 000×5％－407 545＝92 455(元)

借:应收利息 500 000

　　贷:投资收益 407 545

　　　　其他债权投资——吉峰公司债券(利息调整) 92 455

(6)2021 年 1 月 5 日,收到吉峰公司发放的利息:

借:银行存款 500 000

　　贷:应收利息 500 000

(7)2021 年 12 月 31 日:

其他债权投资——利息调整＝363 000－85 480－88 900－92 455＝96 165(元)

应确认的投资收益＝500 000－96 165＝403 835(元)

借:应收利息 500 000

　　贷:投资收益 403 835

　　　　其他债权投资——吉峰公司债券(利息调整) 96 165

(8)2022 年 1 月 5 日,收到吉峰公司发放的利息和归还的本金:

借:银行存款 500 000

　　贷:应收利息 500 000

借:银行存款 10 000 000

　　贷:其他债权投资——吉峰公司债券(成本) 10 000 000

三、期末计量及处置

以公允价值计量且其变动计入其他综合收益的金融资产,期末其公允价值变动形成的利得损失,均应当计入其他综合收益。

处置其他债权投资时,应将取得的价款与该金融资产账面余额之间的差额,计入投资收益;同时,将原计入其他综合收益的公允价值变动累计额对应处置部分的金额转出,计入投资收益。

处置其他债权投资时,应按实际收到的金额,借记"银行存款"科目,按其账面余额,贷记"其他债权投资——成本""其他债权投资——应计利息"科目,贷记或借记"其他债权投资——利息调整""其他债权投资——公允价值变动"科目,按应从其他综合收益中转出的公允价值累计变动额,借记或贷记"其他综合收益"科目,按其差额,贷记或借记"投资收益"科目。

处置其他权益工具投资时,应按实际收到的金额,借记"银行存款"科目,按其账面余额,贷记"其他权益工具投资——成本"科目,贷记或借记"其他权益工具投资——公允价值变动"科目,按应从其他综合收益中转出的公允价值累计变动额,借记或贷记"其他综合收益"科目,按其差额,贷记或借记"盈余公积""利润分配"科目。

【例 5-15】 沿用【例 5-13】,2018 年 6 月 30 日,该股票市价为每股 6.50 元;2018 年 12 月 31 日,该股票市价为每股 6.70 元;2019 年 4 月 10 日,甬江公司以每股 6.75 元的价格将股票全部转让。其账务处理如下。

(1)2018 年 6 月 30 日,确认股票价格变动:

公允价值变动=6.50×70 000−451 000=4 000(元)

借:其他权益工具投资——汉威公司债券(公允价值变动)   4 000

    贷:其他综合收益   4 000

(2)2018 年 12 月 31 日,确认股票价格变动:

公允价值变动=(6.70−6.50)×70 000=14 000(元)

借:其他权益工具投资——汉威公司债券(公允价值变动)   14 000

    贷:其他综合收益   14 000

(3)2019 年 4 月 10 日,出售股票时:

借:银行存款   472 500

    其他综合收益   18 000

    贷:其他权益工具投资——汉威公司债券(成本)   451 000

                ——汉威公司债券(公允价值变动)   18 000

      盈余公积   2 150

      利润分配——未分配利润   19 350

第五节 金融资产重分类与减值

一、金融资产重分类

企业改变其管理金融资产的业务模式时,应当按照会计准则的规定对所有受影响的相关金融资产进行重分类。

企业对金融资产进行重分类,应当自重分类日起采用未来适用法进行相关会计处理,不得对以前已经确认的利得、损失(包括减值损失或利得)或利息进行追溯调整。重分类日,是指导致企业对金融资产进行重分类的业务模式发生变更后的首个报告期间的第一天。

(一)以摊余成本计量的金融资产重分类

(1)企业将一项以摊余成本计量的金融资产重分类为以公允价值计量且其变动计入当期损益的金融资产,应当按照该资产在重分类日的公允价值进行计量。原账面价值与公允价值之间的差额计入当期损益。

(2)企业将一项以摊余成本计量的金融资产重分类为以公允价值计量且其变动计入其

他综合收益的金融资产,应当按照该金融资产在重分类日的公允价值进行计量。原账面价值与公允价值之间的差额计入其他综合收益。该金融资产重分类不影响其实际利率和预期信用损失的计量。

(二)以公允价值计量且其变动计入其他综合收益的金融资产重分类

(1)企业将一项以公允价值计量且其变动计入其他综合收益的金融资重分类为以摊余成本计量的金融资产,应当将之前计入其他综合收益的累计利得或损失转出,调整该金融资产在重分类日的公允价值,并以调整后的金额作为新的账面价值,即视同该金融资产一直以摊余成本计量,该金融资产重分类不影响其实际利率和预期信用损失的计量。

(2)企业将一项以公允价值计量且其变动计入其他综合收益的金融资产重分类为以公允价值计量且其变动计入当期损益的金融资产,应当继续以公允价值计量该金融资产。同时,企业应当将之前计入其他综合收益的累计利得或损失从其他综合收益转入当期损益。

(三)以公允价值计量且其变动计入当期损益的金融资产重分类

(1)企业将一项以公允价值计量且其变动计入当期损益的金融资重分类为以摊余成本计量的金融资产,应当以其在重分类日的公允价值作为新的账面余额。

(2)企业将一项以公允价值计量且其变动计入当期损益的金融资产重分类为以公允价值计量且其变动计入其他综合收益的金融资产,应当继续以公允价值计量该金融资产。

二、金融资产减值

企业应当以预期信用损失为基础,对以摊余成本计量的金融资产和以公允价值计量且其变动计入其他综合收益的金融资产进行减值会计处理并确认损失准备。预期信用损失,是指以发生违约的风险为权重的金融工具信用损失的加权平均值。对于金融资产,信用损失应为企业应收取的合同现金流量与预期收取的现金流量之间差额的现值。

企业应当在每个资产负债表日评估相关金融工具(金融工具,是指形成一方的金融资产并形成其他方的金融负债或权益工具的合同)的信用风险自初始确认后是否已显著增加,并按照下列情形分别计量其损失准备,确认预期信用损失及其变动:

(1)如果该金融工具的信用风险自初始确认后已显著增加,企业应当按照相当于该金融工具整个存续内预期信用损失的金额计量其损失准备。无论企业评估信用损失的基础是单项金融工具还是金融工具组合,由此形成的损失准备的增加或转回金额,应当作为减值损失或利得计入当期损益。

(2)如果该金融工具的信用风险自初始确认后并未显著增加,企业应当按照相当于该金融工具未来 12 个月内预期信用损失的金额计量其损失准备。无论企业评估信用损失的基础是单项金融工具还是金融工具组合,由此形成的损失准备的增加或转回金额,应当作为减值损失或利得计入当期损益。

未来 12 个月内预期信用损失,是指因资产负债表日后 12 个月内(若金融工具的预计存续期少于 12 个月,则为预计存续期)可能发生的金融工具违约事件而导致的预期信用损失,是整个存续期预期信用损失的一部分。当对金融资产预期未来现金流量具有不利影响的一项或多项事件发生时,该金融资产成为已发生信用减值的金融资产。

金融资产已发生信用减值的证据包括下列可观察信息:①发行方或债务人发生重大财

务困难;②债务人违反合同,如偿付利息或本金违约或逾期等;③债权人出于与债务人财务困难有关的经济或合同考虑,给予债务人在任何其他情况下都不会做出的让步;④债务人很可能破产或进行其他财务重组;⑤发行方或债务人财务困难导致该金融资产的活跃市场消失;⑥以大幅折扣购买或源生一项金融资产,该折扣反映了发生信用损失的事实。金融资产发生信用减值,有可能是多个事件的共同作用所致,未必是可单独识别的事件所致。

【问题讨论】

1. 企业对外投资的目的是什么? 如何确定各类金融资产的初始投资成本?

2. 以公允价值计量且其变动计入公允价值变动损益的金融资产与其他债权投资期末公允价值变动的会计处理有何区别?

3. 什么是实际利率法? 如何确定实际利率? 债权投资的摊余成本如何计算? 如何确认债权投资的利息收益? 债券应计利息和利息收益之间有何关系?

【案例分析】

上市公司在做好主业的同时,投资收益也成为利润来源的一个重要渠道。截至 2018 年 8 月 23 日,已公布半年报的 1259 家公司投资收益合计为 305.79 亿元,合计实现净利润 2 145.96 亿元,投资收益对上市公司利润贡献度为 14.25%。其中,106 家公司的投资收益占净利润比例超过五成,对中期业绩的拉动作用十分明显。

已公布半年报的公司中共有 804 家公司的利润构成涉及投资收益,合计金额为 305.79 亿元,其中,612 家公司投资收益金额为正,中国太保、大唐发电、万科 A 等 46 家公司投资收益金额在亿元以上,中国太保上半年投资收益金额为 107.74 亿元,是目前公布半年报的公司中投资收益金额最大的,其次为招商银行,投资收益金额为 23.95 亿元。

作为利润的重要构成,投资收益金额对上市公司的盈利水平有正向拉动作用。分析这些公司投资收益对净利润的贡献度,共有国恒铁路、通化金马、大连国际等 106 家公司投资收益占净利润的比例达到五成以上,春兰股份、国恒铁路、焦作万方等多家公司投资收益金额占净利润的比例更是高达 100% 以上。根据公司半年报,春兰股份上半年实现投资收益 1 807.63 万元,而公司上半年净利润仅有 162 万元,投资收益占净利润的比例高达 111%,是投资收益占净利润比例最高的公司;世荣兆业上半年投资收益 2 863 万元,占净利润的比例为 147.72%,与 2017 年同期相比,投资收益金额增长了近 12 倍。不过,投资收益是一把"双刃剑",在为上市公司盈利增彩的同时,也拖累了部分公司的业绩,数据显示,共有 192 家公司上半年出现了投资净损失,不同程度地拉低了公司的净利润。

请以小组为单位讨论以下问题:

(1)查阅案例资料中所提到的上市公司对外投资的业务类型,分析总结该投资业务的会计核算原理。

(2)分析上述公司利润表中"投资收益"的主要来源。

(3)在编制财务报表时,公司应遵守哪些职业操守?

【项目训练】

训练目的:学生通过本项目的训练,对金融资产项目有一个比较系统的认识,熟悉其账务处理程序,据以达到熟练地掌握对外投资的确认、计量、记录等会计技能的目的。

训练形式:以学生自主完成为主,教师适当指导。

训练课时:课外 2 课时。

训练资料:甬江公司发生以下经济业务:

1. 甬江公司 2018 年 1 月 25 日,以每股 1.30 元购进新华公司股票 200 万股,作为交易性金融资产核算;6 月 30 日,该股票市价为每股 1.10 元;11 月 2 日,以每股 1.40 元的价格全部出售该股票。

2. 甬江公司有关购入、持有和出售三峡公司发行的不可赎回债券的资料如下:

(1)2017 年 1 月 1 日,甬江公司支付价款 1 100 万元(含交易费用),从活跃市场购入三峡公司当日发行的面值为 1 000 万元、5 年期的不可赎回债券。该债券票面年利率为 10%,利息按单利计算,到期一次还本付息,实际年利率为 6.4%。当日,甬江公司将其划分为以摊余成本计量的金融资产,按年确认投资收益。2017 年 12 月 31 日,该债券未发生减值迹象。

(2)2018 年 1 月 1 日,该债券市价总额为 1 200 万元。当日,为筹集生产线扩建所需资金,公司出售债券的 80%,将扣除手续费后的款项 955 万元存入银行。

3. 甬江公司发生下列金融资产业务:

(1)2017 年 5 月 12 日购入万象公司股票 40 000 股,指定为以公允价值计量且其变动计入其他综合收益的金融资产,购买价每股 8.00 元,另支付交易手续费 3 000 元。款项已存入证券公司投资款支行。

(2)2017 年 12 月 31 日,万象公司股票每股收盘价 8.50 元。

(3)2018 年 3 月 18 日,出售持有的万象公司股票 10 000 股,收到款项 90 000 元,存入证券公司投资款账户。

训练要求:

根据甬江公司所发生的上述经济业务进行相关金融资产业务的确认、计量并据以编制会计分录。

在线自测题

第六章

长期股权投资

■■■ 学习目标

通过本章的学习,要求学生了解长期股权投资的概念;理解取得长期股权投资的企业与被投资企业的关系以及长期股权投资减值的核算;掌握长期股权投资取得的核算以及长期股权投资核算的成本法、权益法、成本法与权益法的转换。

■■■ 关键知识点

取得长期股权投资的企业与被投资企业的关系,长期股权投资取得的核算,长期股权投资核算的成本法、权益法及成本法与权益法的转换。

■■■ 案例导入

2015年7月,WK上市公司(简称WK公司)入股NB地方性商业银行(简称NB银行),持有NB银行8%的股份,成为NB银行的第三大股东。因对NB银行不构成共同控制也不能施加重大影响,故将其划分为金融资产,按金融工具准则核算。

由于NB银行为非上市公司,WK公司持有的该项金融资产的公允价值难以合理确定,因此WK公司只能按初始投资成本对其进行计量。

近年来,WK公司所处行业不景气,业绩下滑严重,而NB银行盈利状况非常好,但由于WK公司将该项投资作为金融资产核算,故每年仅能按其所获得的现金股利确认投资收益。

为了实现利润"扮靓"报表,WK公司管理层决定于2017年年初对NB银行进行增资,将其持股比例提升至15%,由于NB银行的持股比例较为分散,因此WK公司一跃成为NB银行的第一大股东,并向NB银行委派了1名董事,参与NB银行董事会运作。

据此,WK公司认定其参与了NB银行的经营决策,对NB银行的财务和经营决策具有重大影响,从而将相关股权投资由金融资产转为长期股权投资并采用权益法核算。

在改按权益法核算上述股权投资后,虽然NB银行在2017年的净利润增长率为6%,但WK公司在2017年因该项股权投资而确认的投资收益达到1.5亿元,而2016年WK公司因该项股权投资确认的投资收益为5 000万元,即2017年WK公司确认的投资收益同比增长了300%,从而大大提升了WK公司的盈利水平。

思考:

1.WK公司将其对NB银行的股权投资由金融资产转为权益法核算的长期股权投资时,应如何进行会计处理?

2.为什么经过这一转换后,WK公司对该项股权投资确认的投资收益会有如此大幅度的提升?

3.在注册会计师审计财务报表时,为什么说发现问题的职业敏感性和判断力是其很重要的专业素养?

第一节　长期股权投资概述

在线视频 6-1

长期股权投资,是指投资方对被投资单位实施控制、共同控制或施加重大影响的权益性投资。在确定长期股权投资的日常会计处理和报表列报方法时,应重点考虑投资企业和被投资企业的关系。根据投资企业对被投资企业的影响程度,投资企业和被投资企业的关系可以分为以下几种类型。

一、控制

企业持有的能够对被投资单位实施控制的权益性投资,即对子公司投资。控制,是指有权决定一个企业的财务和经营政策,并能据以从该企业的经营活动中获取利益。控制包括以下两种情形:一是投资企业拥有被投资单位 50% 以上的表决权资本。这种情形具体又包括:投资企业直接拥有被投资单位 50% 以上的表决权资本;投资企业间接拥有被投资单位 50% 以上的表决权资本;投资企业直接和间接拥有被投资单位 50% 以上的表决权资本。二是投资企业虽未拥有被投资单位半数以上的表决权资本,但通过其他方式可以对被投资单位实施有效控制。这种情形具体又包括:通过与其他投资者的协议,投资企业拥有被投资单位 50% 以上的表决权;根据章程或协议,投资企业有权控制被投资单位的财务和经营政策;投资企业有权任免被投资单位董事会等类似权力机构的多数成员;投资企业在被投资单位董事会或类似权力机构会议上有半数以上投票权。投资企业能够对被投资单位实施控制的,被投资单位为其子公司。

二、共同控制

企业持有的能够与其他合营方一同对被投资单位实施共同控制的权益性投资,即对合营企业投资。共同控制,是指按合同约定对某项经济活动所共有的控制,并且该安排的相关活动必须经过分享控制权的参与方一致同意后才能决策。例如,由两个以上企业共同投资设立一个实体,投资各方持股比例相同,任何一方均不能单独控制该实体的重要财务和经营决策,而须由投资各方共同决定。投资企业与其他方对被投资单位实施共同控制的,被投资单位为其合营企业。

三、重大影响

企业持有的能够对被投资单位施加重大影响的权益性投资,即对联营企业投资。重大影响,是指对一个企业的财务和经营政策有参与决策的权力,但并不能够控制或者与其他方一起共同控制这些政策的制定。在通常情况下,当投资企业拥有被投资单位 20% 或以上表决权资本,但尚未形成控制或共同控制时,可以认为对被投资单位具有重大影响。但在有些情况下,虽然投资企业拥有被投资单位的表决权资本不足 20% ,但如果存在对被投资单位权力机构或经营管理机构派有人员、参与被投资单位经营政策的制定、互相交换管理人员、技术资料为被投资单位所依赖等情况时,也可以认为对被投资单位具有重大影响。投资企业能够对被投资单位施加重大影响的,被投资单位为其联营企业。

除上述情况以外,企业持有的其他权益性投资,应当按照金融工具确认和计量准则的规定,划分为以公允价值计量且其变动计入当期损益的金融资产或其他权益工具投资。

第二节　长期股权投资的初始计量

长期股权投资在取得时,应按初始投资成本入账。长期股权投资的初始投资成本,应分别形成控股合并和不形成控股合并两种情况。但是,无论企业以何种方式取得长期股权投资,实际支付的价款或对价中包含的已宣告但尚未领取的现金股利或利润,都应作为应收项目单独入账,不构成取得长期股权投资的成本。

企业应设置"长期股权投资"科目,在初始计量时,核算企业持有的长期股权投资初始成本并按被投资单位进行明细核算。

一、形成控股合并的长期股权投资

控股合并,是指合并方(或购买方,下同)通过企业合并交易或事项取得对被合并方(或被购买方,下同)的控制权,企业合并后能够通过所取得的股权等主导被合并方的生产经营决策,并自被合并方的生产经营活动中获益,被合并方在企业合并后仍维持其独立法人资格继续经营。

在线视频 6-2

对于形成控股合并的长期股权投资,初始投资成本的确定应区分控股合并的类型,按同一控制下控股合并和非同一控制下控股合并分别确定长期股权投资的初始投资成本。

(一)形成同一控制下控股合并的长期股权投资

参与合并的企业在合并前后均受一方或相同的多方最终控制且该控制并非暂时性的,为同一控制下的企业合并。同一控制下的企业合并,在合并日取得对其他参与合并企业控制权的一方为合并方,参与合并的其他企业为被合并方。

1.合并方以支付现金、转让非现金资产或承担债务方式作为合并对价

同一控制下的企业合并,合并方以支付现金、转让非现金资产或承担债务方式作为合并对价的,应当在合并日按照取得被合并方所有者权益在最终控制方合并财务报表中的账面价值的份额作为长期股权投资的初始投资成本。长期股权投资初始投资成本与支付的现金、转让的非现金资产以及所承担债务账面价值之间的差额,应当调整资本公积,资本公积不足冲减的,调整留存收益。

合并方应在合并日按取得被合并方所有者权益在最终控制方合并财务报表中的账面价值的份额,借记"长期股权投资"科目,按支付的合并对价的账面价值,贷记有关资产等科目,按其贷方差额,贷记"资本公积——资本溢价或股本溢价"科目。如为借方差额,应借记"资本公积——资本溢价或股本溢价"科目,资本公积(资本溢价或股本溢价)不足冲减的,应依次借记"盈余公积""利润分配——未分配利润"科目。

2. 合并方以发行权益性证券作为合并对价

同一控制下的企业合并,合并方以发行权益性证券作为合并对价的,应当在合并日按照取得被合并方所有者权益在最终控制方合并财务报表中的账面价值的份额作为长期股权投资的初始投资成本,按照发行股份的面值总额作为股本。长期股权投资初始投资成本与所发行股份面值总额之间的差额,应当调整资本公积,资本公积不足冲减的,调整留存收益。合并方为进行企业合并发行的权益性证券发生的手续费、佣金等费用,应当抵减权益性证券溢价收入,溢价收入不足冲减的,冲减留存收益。

合并方应在合并日按取得被合并方所有者权益在最终控制方合并财务报表中的账面价值的份额,借记"长期股权投资"科目,按享有被投资单位已宣告但尚未发放的现金股利或利润,借记"应收股利"科目,按发行股份的面值总额,贷记"股本"科目,按支付的权益性证券发行费用,贷记"银行存款"等科目,按其贷方差额,贷记"资本公积——资本溢价或股本溢价"科目。如为借方差额,应借记"资本公积——资本溢价或股本溢价"科目,资本公积(资本溢价或股本溢价)不足冲减的,应依次借记"盈余公积""利润分配——未分配利润"科目。

合并方为进行企业合并发生的各项直接相关费用,包括支付的审计费用、评估费用、法律服务费用等,应当于发生时计入当期损益,根据直接相关费用的价款借记"管理费用"科目,根据可以抵扣的增值税借记"应交税费——应交增值税(进项税额)"等科目,根据支付的全部款项贷记"银行存款"等科目。

知识拓展 6-1

【例 6-1】 甬江公司和富安公司为同一母公司所控制的两个子公司。2018 年 2 月 20 日,甬江公司和富安公司达成合并协议,约定甬江公司以固定资产和银行存款作为合并对价,取得富安公司 80% 的股权。甬江公司投出固定资产的账面原价为 2 800 万元,已计提折旧 800 万元;投出银行存款 2 500 万元。2018 年 3 月 1 日,甬江公司实际取得对富安公司的控制权。当日,富安公司在最终控制方合并财务报表中的所有者权益总额账面价值为 5 000 万元;甬江公司"资本公积——股本溢价"科目余额 480 万元。

在本例中,甬江公司和富安公司在合并前后均受同一母公司控制,通过合并,甬江公司取得了对富安公司的控制权。因此,该合并为同一控制下的企业合并,甬江公司为合并方,富安公司为被合并方,合并日为 2018 年 3 月 1 日。甬江公司在合并日的会计处理如下。

(1)转销参与合并的固定资产账面价值。

借:固定资产清理	20 000 000
累计折旧	8 000 000
贷:固定资产	28 000 000

(2)确认长期股权投资。

初始投资成本=5 000×80% = 4 000(万元)

借:长期股权投资——富安公司	40 000 000
资本公积——股本溢价	4 800 000
盈余公积	200 000
贷:固定资产清理	20 000 000
银行存款	25 000 000

【例 6-2】 甬江公司和汉威公司为同一母公司所控制的两个子公司。根据甬江公司和汉威公司达成的合并协议,2018 年 4 月 1 日,甬江公司以增发的权益性证券作为合并对价,

取得汉威公司 100% 的股权。甬江公司增发的权益性证券为每股面值 1 元的普通股股票,共增发 3 000 万股,支付手续费及佣金等发行费用 70 万元,其中包含增值税额 3.96 万元。2018 年 4 月 1 日,甬江公司实际取得对汉威公司的控制权,当日汉威公司所有者权益在最终控制方合并财务报表中的账面价值总额为 5 000 万元。其账务处理如下。

　　初始投资成本＝5 000×100% ＝ 5 000(万元)

　　(1)借:长期股权投资——汉威公司　　　　　　　　　　　　　　　50 000 000
　　　　贷:股本　　　　　　　　　　　　　　　　　　　　　　　　　　　30 000 000
　　　　　　资本公积——股本溢价　　　　　　　　　　　　　　　　　20 000 000
　　(2)借:资本公积——股本溢价　　　　　　　　　　　　　　　　　660 400
　　　　　　应交税费——应交增值税(进项税额)　　　　　　　　　　39 600
　　　　贷:银行存款　　　　　　　　　　　　　　　　　　　　　　　　700 000

(二)形成非同一控制下控股合并的长期股权投资

　　参与合并的各方在合并前后不受同一方或相同的多方最终控制的,为非同一控制下的企业合并。非同一控制下的企业合并,在购买日取得对其他参与合并企业控制权的一方为购买方,参与合并的其他企业为被购买方。

在线视频 6 3

　　非同一控制下的企业合并,购买方应将企业合并作为一项购买交易,合理确定合并成本,作为长期股权投资的初始投资成本。合并成本应当区别下列情况确定:①一次交换交易实现的企业合并,合并成本为购买方在购买日为取得对被购买方的控制权而付出的资产、发生或承担的负债、发行的权益性证券的公允价值之和;②通过多次交换交易分步实现的企业合并,合并成本为每一单项交易成本之和。购买方发生的审计、法律服务、评估咨询等中介费用以及其他直接相关费用,应当于发生时计入当期管理费用。

　　购买方作为合并对价付出的资产为固定资产、无形资产的,付出资产公允价值与其账面价值的差额,记入资产处置损益。付出的资产为存货的,应当作为销售处理,以其公允价值确认收入,同时结转相应的成本,涉及增值税的,还应进行相应的处理。

　　购买方应在购买日按确定的企业合并成本,借记"长期股权投资"科目,按享有被投资单位已宣告但尚未发放的现金股利或利润,借记"应收股利"科目,按支付合并对价的账面价值,贷记有关资产等科目,按其差额,贷记或借记"资产处置损益"等科目;购买方为进行企业合并发生的各项直接相关费用,包括支付的审计费用、评估费用、法律服务费用等,应当于发生时计入当期损益,根据直接相关费用的价款借记"管理费用"科目,根据可以抵扣的增值税借记"应交税费——应交增值税(进项税额)"等科目,根据支付的全部款项贷记"银行存款"等科目。

　　【例 6-3】 甬江公司和正泰公司为两个互不关联的独立企业,合并之前不存在任何投资关系。2018 年 1 月 10 日,甬江公司和正泰公司达成合并协议,约定甬江公司以固定资产和银行存款作为合并对价,取得正泰公司 70% 的股权。甬江公司投出固定资产的账面原价为 6 500 万元,已计提折旧为 700 万元,发生固定资产清理费用 5 万元,未计提固定资产减值准备,经评估,固定资产的公允价值为 6 000 万元;投出银行存款的金额为 1 200 万元。2018 年 2 月 1 日,甬江公司实际取得对正泰公司的控制权。在甬江公司和正泰公司的合并中,甬江公司以银行存款支付审计费用、评估费用、法律服务费用等共计 60 万元,其中包含增值税额

3.4 万元。

在上例中,甬江公司和正泰公司为两个独立企业,在合并前后均不受同一方或相同的多方最终控制,通过合并,甬江公司取得了对正泰公司的控制权。因此,该合并为非同一控制下的企业合并,甬江公司为购买方,正泰公司为被购买方,购买日为 2018 年 2 月 1 日。甬江公司在购买日的会计处理如下。

(1)转销参与合并的固定资产账面价值:

借:固定资产清理	58 000 000
累计折旧	7 000 000
贷:固定资产	65 000 000

(2)支付清理费用:

借:固定资产清理	50 000
贷:银行存款	50 000

(3)确认长期股权投资初始成本:

企业合并成本＝6 000＋1 200＝7 200(万元)

资产增值收益＝6 000－5 800－5＝195(万元)

借:长期股权投资——正泰公司	72 000 000
贷:固定资产清理	58 050 000
银行存款	12 000 000
资产处置损益	1 950 000

(4)支付相关费用:

借:管理费用	566 000
应交税费——应交增值税(进项税额)	34 000
贷:银行存款	600 000

【例 6-4】 甬江公司和宝德公司为两个互不关联的独立企业,合并之前不存在任何投资关系。2018 年 6 月 5 日,甬江公司和宝德公司达成合并协议,约定甬江公司以库存商品以及发行的权益性证券作为合并对价,取得宝德公司 80% 的股权。甬江公司投出库存商品的账面价值为 1 200 万元,公允价值为 1 500 万元,增值税额为 240 万元;增发的权益性证券为每股面值 1 元的普通股股票,共增发 1 000 万股,每股公允价值 3.50 元,发生手续费及佣金等发行费用 50 万元。其账务处理如下。

企业合并成本＝1 500＋240＋1 000×3.50＝5 240(万元)

股本溢价＝1 000×3.50－1 000－50＝2 450(万元)

借:长期股权投资——宝德公司	52 400 000
贷:主营业务收入	15 000 000
应交税费——应交增值税(销项税额)	2 400 000
股本	10 000 000
资本公积——股本溢价	24 500 000
银行存款	500 000
借:主营业务成本	12 000 000
贷:库存商品	12 000 000

二、不形成控股合并的长期股权投资

除控股合并形成的长期股权投资外,企业还可以通过支付现金、发行权益性证券、投资者投入、非货币性资产交换、债务重组等非企业合并方式取得长期股权投资。企业应当根据不同的取得方式,分别确定长期股权投资的初始成本,作为入账的依据。

(一)以支付现金取得的长期股权投资

以支付现金取得的长期股权投资,应当按照实际支付的购买价款作为初始投资成本。初始投资成本包括与取得长期股权投资直接相关的费用、税金及其他必要支出。企业支付现金取得长期股权投资时,按照确定的初始投资成本,借记"长期股权投资"科目,按享有被投资单位已宣告但尚未发放的现金股利或利润,借记"应收股利"科目,按照实际支付的买价及手续费、税金等,贷记"银行存款"等科目。

【例6-5】 甬江公司以支付现金的方式取得新宁公司10%的股权作为长期股权投资,实际支付的购买价款(包括相关税费)为520万元。股票购买价款中包含甬江公司应享有的新宁公司已宣告但尚未发放的现金股利30万元。其账务处理如下。

(1)购入股票时:

初始投资成本＝520－30＝490(万元)

借:长期股权投资——新宁公司	4 900 000
应收股利	300 000
贷:银行存款	5 200 000

(2)收到现金股利时:

借:银行存款	300 000
贷:应收股利	300 000

(二)以发行权益性证券取得的长期股权投资

以发行权益性证券取得的长期股权投资,应当按照发行权益性证券的公允价值作为初始投资成本。与发行权益性证券有关的手续费、佣金及其他直接相关支出,不构成长期股权投资的初始成本。该部分费用应当抵减权益性证券的溢价收入,溢价收入不足冲减的,应冲减盈余公积和未分配利润。

企业发行权益性证券取得长期股权投资时,按照确定的初始投资成本,借记"长期股权投资"科目,按享有被投资单位已宣告但尚未发放的现金股利或利润,借记"应收股利"科目,按照权益性证券的面值,贷记"股本"科目,按照权益性证券的公允价值与其面值之间的差额,贷记"资本公积——股本溢价"科目。发行权益性证券所支付的直接相关费用,借记"资本公积——股本溢价"科目,贷记"银行存款"等科目。

【例6-6】 甬江公司和佳豪公司达成协议,约定甬江公司以增发的权益性证券作为对价向佳豪公司投资,取得佳豪公司30%的股权。甬江公司增发的权益性证券为每股面值1元的普通股股票,共增发350万股,每股发行价格3元,发生手续费及佣金等直接相关费用10万元,其中包含增值税额0.57万元。其账务处理如下:

初始投资成本350×3＝1 050(万元)

(1)借:长期股权投资——佳豪公司	10 500 000

贷:股本	3 500 000
资本公积——股本溢价	7 000 000
(2)借:资本公积——股本溢价	94 300
应交税费——应交增值税(进项税额)	5 700
贷:银行存款	100 000

(三)投资者投入的长期股权投资

投资者投入的长期股权投资,是指投资者将其持有的对第三方的投资作为出资投入企业形成的长期股权投资。投资者投入的长期股权投资,应当按照投资合同或协议约定的价值作为初始投资成本,但合同或协议约定价值不公允的除外。投资者在合同或协议中约定的价值如果不公允,应当按照取得长期股权投资的公允价值作为其初始投资成本。

收到投资者投入的长期股权投资时,按照确定的初始投资成本,借记"长期股权投资"科目,按享有被投资单位已宣告但尚未发放的现金股利或利润,借记"应收股利"科目,按照投资者出资占实收资本(或股本)的份额,贷记"实收资本"或"股本"科目,按其差额,贷记"资本公积"科目。

【例6-7】 甬江公司的乙股东以其持有的鼎汉公司每股面值1元的普通股股票200万股作为资本金投入企业,投资协议约定的股权投资价值为600万元,可折换甬江公司每股面值1元的普通股股票160万股。其账务处理如下:

借:长期股权投资——鼎汉公司	6 000 000
贷:股本——乙股东	1 600 000
资本公积	4 400 000

在线视频 6-4

第三节 长期股权投资的后续计量

长期股权投资在持有期间,根据投资企业对被投资单位的影响程度进行划分,应当分别采用成本法及权益法进行核算。

一、长期股权投资的成本法

成本法,是指长期股权投资的价值通常按初始投资成本计量,除追加或收回投资外,一般不对长期股权投资的账面价值进行调整的一种会计处理方法。

(一)成本法的适用范围

投资企业能够对被投资单位实施控制的长期股权投资,即对子公司的投资,应当采用成本法核算。

(二)成本法的基本核算

在采用成本法进行核算时应注意以下几点:①初始投资或追加投资时,按照初始投资或追加投资时的成本增加长期股权投资的账面价值;②被投资单位宣告分派现金股利或利润时,投资企业按应享有的部分确认为当期投资收益,不管有关利润分配是属于对取得投资前还是取得投资后被投资单位实现净利润的分配;③被投资单位宣告分派股票股利,投资企业只做备忘记录;被投资单位未分派股利,投资企业不做任何会计处理。长期股权投资采用成本法核算时,应按被投资单位宣告发放的现金股利或利润中属于本企业享有的部分,借记"应收股利"科目,贷记"投资收益"科目。

【例6-8】　2018年1月20日,甬江公司以2 000万元取得东升公司60%的股权,能够对东升公司实施控制。2018年3月25日,东升公司宣告2017年度股利分配方案,并于4月20日发放,甬江公司按其持股比例可取得150万元。其账务处理如下:

(1)2018年1月20日,甬江公司取得东升公司股权时:

借:长期股权投资——东升公司　　　　　　　　　　　　　20 000 000
　　贷:银行存款　　　　　　　　　　　　　　　　　　　　　20 000 000

(2)2018年3月25日,东升公司宣告分派现金股利:

借:应收股利　　　　　　　　　　　　　　　　　　　　　　1 500 000
　　贷:投资收益　　　　　　　　　　　　　　　　　　　　　1 500 000

(3)2018年4月20日,收到现金股利:

借:银行存款　　　　　　　　　　　　　　　　　　　　　　1 500 000
　　贷:应收股利　　　　　　　　　　　　　　　　　　　　　1 500 000

二、长期股权投资的权益法

权益法,是指长期股权投资最初以投资成本计量,以后则要根据投资企业应享有被投资单位所有者权益份额的变动对长期股权投资的账面价值进行相应调整的一种会计处理方法。

在线视频6-5

(一)权益法的适用范围

投资企业对被投资单位具有重大影响或共同控制的长期股权投资,即对联营企业投资及对合营企业投资,应当采用权益法核算。

(二)权益法的基本核算

采用权益法核算,在"长期股权投资"科目下除按被投资单位进行明细核算外,还应当设置"投资成本""损益调整""其他综合收益""其他权益变动"明细科目,分别反映长期股权投资的初始投资成本以及因被投资单位所有者权益发生增减变动而对长期股权投资账面价值进行调整的金额。其中,"投资成本",反映长期股权投资的初始投资成本,以及在长期股权投资的初始投资成本小于投资时应享有被投资单位可辨认净资产公允价值份额的情况下,按其差额调整初始投资成本后形成的新的投资成本;"损益调整",反映投资企业应享有或应分担的被投资单位实现的净损益的份额,以及被投资单位分派的现金股利或利润中投资企业应获得的份额;"其他综合收益",反映被投资单位确认其他综合收益及其变动,投资企业应享有或承担的份额;"其他权益变动",反映被投资单位除净损益、分配利润以及确认其他综合收益以外所有者权益的其他变动中,投资企业应享有或承担的份额。

1.初始投资成本的调整

投资企业取得对联营企业或合营企业的投资以后,对于取得投资时初始投资成本与应享有被投资单位可辨认净资产公允价值份额之间的差额,应区别情况处理:

(1)初始投资成本大于取得投资时应享有被投资单位可辨认净资产公允价值份额的,该部分差额是投资企业在取得投资过程中通过作价体现出的与所取得股权份额相对应的商誉及被投资单位不符合确认条件的资产价值,这种情况下不要求对长期股权投资的成本进行调整。

(2)初始投资成本小于取得投资时应享有被投资单位可辨认净资产公允价值份额的,两者之间的差额体现为双方在交易作价过程中转让方的让步,该部分经济利益流入应作为收益处理,计入取得投资当期的营业外收入,同时调整长期股权投资的账面价值。

知识拓展6-2

【例6-9】 2018年1月1日,甬江公司以每股3.50元的价格购入西山公司股票1 600万股作为长期股权投资,并支付交易税费6万元,增值税额0.36万元。该股份占西山公司普通股股份的30%,甬江公司采用权益法核算。

①假定投资当时,西山公司可辨认净资产公允价值为15 000万元。

初始投资成本＝1 600×3.50＋6＝5 606(万元)

应享有西山公司可辨认净资产公允价值份额＝15 000×30%＝4 500(万元)

由于长期股权投资的初始投资成本大于投资时应享有西山公司可辨认净资产公允价值的份额,因此,不调整长期股权投资的初始投资成本。

甬江公司应做如下会计处理:

借:长期股权投资——西山公司(投资成本)   56 060 000
　　应交税费——应交增值税(进项税额)   3 600
　　　贷:银行存款   56 063 600

②假定投资当时,西山公司可辨认净资产公允价值为20 000万元。

应享有西山公司可辨认净资产公允价值的份额＝20 000×30%＝6 000(万元)

由于长期股权投资的初始投资成本小于投资时应享有西山公司可辨认净资产公允价值的份额,因此,应按其差额调整长期股权投资的初始投资成本,同时计入当期营业外收入。

甬江公司还应做如下会计处理:

初始投资成本调整额＝6 000－5 606＝394(万元)

借:长期股权投资——西山公司(投资成本)   3 940 000
　　　贷:营业外收入   3 940 000

2.投资损益的确认

投资企业取得长期股权投资后,应当按照被投资单位实现的净利润或发生的净亏损中,投资企业应享有或应分担的份额确认投资损益,同时相应调整长期股权投资的账面价值。即按照被投资单位实现的净利润中投资企业应享有的份额,借记"长期股权投资"科目,贷记"投资收益"科目;或按照被投资单位发生的净亏损中投资企业应分担的份额,借记"投资收益"科目,贷记"长期股权投资"科目。

在确认应享有或应分担被投资单位的净利润或净亏损时,在被投资单位账面净利润的基础上,应考虑以下因素的影响进行适当调整:

(1)被投资单位采用的会计政策及会计期间与投资企业不一致的,应按投资企业的会计政策及会计期间对被投资单位的财务报表进行调整,在此基础上确定被投资单位的损益。

(2)投资企业在确认投资损益时,应当以取得投资时被投资单位各项可辨认资产等的公允价值为基础,对被投资单位的净利润进行调整后加以确定。例如,以取得投资时被投资单位固定资产、无形资产的公允价值为基础计提的折旧额或摊销额,相对于被投资单位已计提的折旧额、摊销额之间存在差额的,应按其差额对被投资单位净损益进行调整,并按调整后的净损益和持股比例计算确认投资损益。在进行有关调整时,应当考虑具有重要性的项目。

存在下列情况之一的,可以按照被投资单位的账面净损益与持股比例计算确认投资损益,但应当在会计报表附注中说明这一事实及其原因:无法可靠确定投资时被投资单位各项可辨认资产等的公允价值;投资时被投资单位可辨认资产等的公允价值与其账面价值之间的差额较小;其他原因导致无法对被投资单位净损益进行调整。

【例 6-10】 甬江公司于 2018 年 1 月 10 日购入吉利公司 30% 的股份,购买价款为 2 200 万元,并自取得投资之日起派人参与吉利公司的生产经营决策,取得投资当日,吉利公司可辨认净资产公允价值为 6 000 万元,除表 6-1 所列项目外,吉利公司其他资产、负债的公允价值与账面价值相同。

表 6-1 吉利公司有关资产账面价值与公允价值 单位:万元

项目	账面价值	已提折旧或摊销	公允价值	吉利公司预计使用年限	甬江公司取得投资后剩余使用年限
存货	500		700		
固定资产	1 200	240	1 600	20	16
无形资产	700	140	800	10	8
小计	2 400	380	3 100		

假定吉利公司于 2018 年实现净利润 600 万元,其中在甬江公司取得投资时的账面存货有 80% 对外出售。甬江公司与吉利公司的会计年度及采用的会计政策相同。固定资产、无形资产均按直线法提取折旧或摊销,预计净残值均为零。假定甬江公司、吉利公司间未发生任何内部交易。

甬江公司在确定其应享有的投资收益时,应在吉利公司实现净利润的基础上,根据取得投资时吉利公司有关资产的账面价值与其公允价值差额的影响进行调整(假定不考虑所得税影响):

存货账面价值与公允价值的差额应调减的利润＝(700－500)×80%＝160(万元)

固定资产公允价值与账面价值差额应调整增加的折旧额＝1 600/16－1 200/20＝40(万元)

无形资产公允价值与账面价值差额应调整增加的摊销额＝800/8－700/10＝30(万元)

调整后的净利润＝600－160－40－30＝370(万元)

甬江公司应享有份额＝370×30%＝111(万元)

确认投资收益的账务处理如下:

借:长期股权投资——吉利公司(损益调整)　　　　　　　　　　1 110 000

　　贷:投资收益　　　　　　　　　　　　　　　　　　　　　　1 110 000

(3)在确认投资损益时,除考虑公允价值的调整外,对于投资企业与其联营企业及合营企业之间发生的未实现的内部交易(即有关资产未向外部独立第三方出售)应予抵销,即投资企业与联营企业及合营企业之间发生的未实现的内部交易损益按照持股比例计算归属于投资企业的部分应当予以抵销,在此基础上确认投资损益。投资企业与被投资单位发生的内部交易损失,按照《企业会计准则第 8 号——资产减值》等规定属于资产减值损失的,应当全额确认。

该未实现内部交易损益的抵销既包括顺流交易也包括逆流交易。其中,顺流交易是指投资企业向其联营企业或合营企业出售资产,逆流交易是指联营企业或合营企业向投资企业出售资产。当该未实现内部交易损益体现在投资企业或其联营企业、合营企业持有资产的账面价值中时,相关的损益在计算确认投资损益时应予以抵销。

【例6-11】 甬江公司于2018年1月取得优乐公司20%有表决权的股份,能够对优乐公司施加重大影响。假定甬江公司取得该项投资时,优乐公司各项可辨认资产、负债的公允价值与其账面价值相同。2018年8月,优乐公司将其成本为600万元的某商品以1 000万元的价格出售给甬江公司,甬江公司将取得的商品作为存货。至2018年资产负债表日,甬江公司仍未对外出售该存货。优乐公司2018年实现净利润为3 200万元。假定不考虑所得税因素。

甬江公司在确定其享有的投资损益时,应在优乐公司实现净利润的基础上,对甬江公司与优乐公司发生的未实现内部交易损益应予抵销:

调整后的净利润＝3 200－(1 000－600)＝2 800(万元)

甬江公司应享有份额＝2 800×20%＝560(万元)

确认认投资收益的账务处理如下:

借:长期股权投资——吉利公司(损益调整)   5 600 000

    贷:投资收益   5 600 000

3.取得股利或利润的处理

被投资单位宣告分派现金股利或利润时,投资企业按应分得的部分,相应减少长期股权投资的账面价值,借记"应收股利"科目,贷记"长期股权投资——(损益调整)"科目;被投资单位分派股票股利时,投资企业不进行账务处理,但应在备查簿中登记增加的股份。

【例6-12】 沿用【例6-9】,甬江公司按照西山公司的账面净损益与持股比例计算确认投资损益。

(1)2018年度,西山公司报告净利润1 500万元;2019年3月10日,西山公司宣告2018年度利润分配方案,每股分派现金股利0.10元。

应确认投资收益＝1 500×30%＝450(万元)

借:长期股权投资——西山公司(损益调整)   4 500 000

    贷:投资收益   4 500 000

应收现金股利＝1 600×0.10＝160(万元)

借:应收股利   1 600 000

    贷:长期股权投资——西山公司(损益调整)   1 600 000

(2)2019年度,西山公司报告净利润1 250万元;2020年4月15日,西山公司宣告2019年度利润分配方案,每股派送股票股利0.30股。

应确认投资收益＝1 250×30%＝375(万元)

借:长期股权投资——西山公司(损益调整)   3 750 000

    贷:投资收益   3 750 000

在备查簿中登记增加的股份。

股票股利＝1 600×0.30＝480(万股)

持有股票总数＝1 600＋480＝2 080(万股)

(3)2020年度,西山公司报告净亏损600万元,用以前年度留存收益弥补亏损后,于

2021年4月5日,宣告2020年度利润分配方案,每股分派现金股利0.10元。

应确认投资损失＝600×30％＝180(万元)

借:投资收益 1 800 000
　　贷:长期股权投资——西山公司(损益调整) 1 800 000

应收现金股利＝2 080×0.10＝208(万元)

借:应收股利 2 080 000
　　贷:长期股权投资——西山公司(损益调整) 2 080 000

4.超额亏损的确认

需要注意的是,在被投资单位发生亏损、投资企业按持股比例确认应分担的亏损份额时,应当以长期股权投资的账面价值以及其他实质上构成对被投资单位净投资的长期权益减记至零为限,投资企业负有承担额外损失义务的除外。其中,实质上构成对被投资单位净投资的长期权益,通常是指长期性的应收项目,例如,投资企业对被投资单位的某项长期债权,如果没有明确的清收计划,且在可预见的未来期间不准备收回,则实质上构成对被投资单位的净投资。

在确认应分担被投资单位发生的亏损时,应当按照以下顺序进行处理:首先,冲减长期股权投资的账面价值,应借记"投资收益"科目,贷记"长期股权投资(损益调整)"科目。其次,长期股权投资的账面价值不足以冲减的,应当以其他实质上构成对被投资单位净投资的长期权益账面价值为限继续确认投资损失,冲减长期应收项目等的账面价值,应借记"投资收益"科目,贷记"长期应收款"科目。最后,经过上述处理,按照投资合同或协议约定企业仍承担额外义务的,应按预计承担的义务确认预计负债,计入当期投资损失,应借记"投资收益"科目,贷记"预计负债"科目。经上述情况仍未确认应分担被投资单位的损失,应先在账外备查登记。在确认了有关的投资损失后,被投资单位于以后期间实现盈利的,应按以上相反顺序分别减记备查簿记录已确认的预计负债、恢复其他长期权益及长期股权投资的账面价值,同时确认投资收益,按顺序分别借记"预计负债""长期应收款""长期股权投资"科目,贷记"投资收益"科目。

【例6-13】 甬江公司持有海利公司40％的股份,采用权益法核算。由于海利公司持续亏损,甬江公司在确认了2013年度的投资损失以后,该项股权投资的账面价值已减至500万元,其中,"长期股权投资——成本"科目借方余额2 400万元,"长期股权投资——损益调整"科目贷方余额1 900万元。甬江公司未对该项股权投资计提减值准备。除了对海利公司的长期股权投资外,甬江公司还有一笔金额为300万元的应收海利公司长期债权,该项债权没有明确的清收计划,且在可预见的未来期间不准备收回。2014年度海利公司继续亏损,当年亏损额为1 500万元;2015年度海利公司仍然亏损,当年亏损额为800万元;2016年度海利公司经过资产重组,经营情况好转,当年取得净收益200万元;2017年度海利公司经营情况进一步好转,当年取得净收益600万元;2018年海利公司取得净收益1 200万元。

(1)确认应分担的2014年度亏损份额。

应分担的亏损份额＝1 500×40％＝600(万元)

由于应分担的亏损份额大于该项长期股权投资的账面价值,因此,甬江公司应以该项长期股权投资的账面价值减记至零为限确认投资损失,剩余应分担的亏损份额100万元,应继续冲减实质上构成对被投资单位净投资的长期应收款,并确认投资损失。甬江公司确认当

年投资损失的会计处理如下:

借:投资收益 5 000 000
　贷:长期股权投资——海利公司(损益调整) 5 000 000
借:投资收益 1 000 000
　贷:长期应收款——海利公司 1 000 000

(2)确认应分担的 2015 年度亏损份额。

应分担的亏损份额=800×40%=320(万元)

由于应分担的亏损份额大于尚未冲减的长期应收款账面余额,因此,甬江公司不能再按应分担的亏损份额确认当年的投资损失,而只能以长期应收款账面余额 200 万元为限确认当年的投资损失,其余 120 万元未确认的亏损分担额应在备查登记簿中做备忘记录,留待以后年度海利公司取得收益后抵销。甬江公司确认当年投资损失的会计处理如下:

借:投资收益 2 000 000
　贷:长期应收款——海利公司 2 000 000

(3)确认应享有的 2016 年度收益份额。

应享有的收益份额=200×40% = 80(万元)

由于甬江公司以前年度未确认的亏损分担额为 120 万元,而当年应享有的收益份额不足以抵销该未确认的亏损分担额,因此,不能按当年应享有的收益分享额恢复长期应收款及长期股权投资的账面价值。甬江公司当年不做正式的会计处理,但应在备查登记簿中记录已抵销的未确认亏损分担额 80 万元以及尚未抵销的未确认亏损分担额 40 万元。

(4)确认应享有的 2017 年度收益份额。

应享有的收益份额=600×40% = 240(万元)

由于当年应享有的收益份额超过了以前年度尚未抵销的未确认亏损分担额,因此,应在备查登记簿中记录对以前年度尚未抵销的未确认亏损分担额 40 万元的抵销,并按超过部分首先恢复长期应收款的账面价值。

应恢复的长期应收款账面价值=240-40=200(万元)

借:长期应收款——海利公司 2 000 000
　贷:投资收益 2 000 000

(5)确认应享有的 2018 年度收益份额。

应享有的收益份额=1 200×40% = 480(万元)

由于当年应享有的收益份额超过了尚未恢复的长期应收款账面价值,因此,在完全恢复了长期应收款的账面价值后,应按超过部分继续恢复长期股权投资的账面价值。

应恢复的长期股权投资账面价值=480-100=380(万元)

借:长期应收款——海利公司 1 000 000
　贷:投资收益 1 000 000
借:长期股权投资——海利公司(损益调整) 3 800 000
　贷:投资收益 3 800 000

5.其他综合收益的处理

投资企业对于被投资单位的其他综合收益,在持股比例不变的情况下,按照持股比例计算的应享有或承担的部分,调整长期股权投资的账面价值,同时增加或减少其他综合收益。

【例6-14】 甬江公司持有雅阁公司30％的股份,采用权益法核算。2017年12月31日,雅阁公司持有的一项成本为1 500万元的以公允价值计量且其变动计入其他综合收益的金融资产,公允价值升至2 000万元。雅阁公司按公允价值超过成本的差额500万元调增该项金融资产的账面价值,并计入其他综合收益。其账务处理如下:

应享有的其他综合收益份额＝500×30％＝150(万元)

借:长期股权投资——雅阁公司(其他综合收益)   1 500 000

   贷:其他综合收益   1 500 000

6.被投资单位除净损益以外所有者权益的其他变动

采用权益法核算时,投资企业对于被投资单位除净损益、其他综合收益以及利润分配以外所有者权益的其他变动,如被投资单位接受其他股东的资本性投入、被投资单位发行可分离交易的可转换债券中包含的权益成分、以权益结算的股份支付等,应按照持股比例计算的应归属于本企业的部分,相应调整长期股权投资的账面价值,同时增加或减少资本公积(其他资本公积)。

第四节 长期股权投资核算方法的转换及处置

长期股权投资在持有期间,因各方面情况的变化,可能导致其核算需要由一种方法转换为另外的方法。

一、长期股权投资核算方法的转换

(一)公允价值计量转为权益法的核算

投资方对原持有的被投资单位的股权不具有控制、共同控制或重大影响,按照金融工具确认和计量准则进行会计处理的,因追加投资等原因导致持股比例增加,使其能够对被投资单位实施共同控制或重大影响而转按权益法核算的,应在转换日,按照原股权的公允价值加上为取得新增投资而应支付对价的公允价值,作为改按权益法核算的初始投资成本。在此基础上,比较初始投资成本与获得被投资单位共同控制或重大影响时应享有被投资单位可辨认净资产公允价值份额之间的差额,前者大于后者的,不调整长期股权投资的账面价值;前者小于后者的,调整长期股权投资的账面价值,并计入当期营业外收入。

同时,对原股权投资在转换日的公允价值与账面价值之间的差额,以及原股权投资在转换前的累计公允价值变动应区分如下情况分别进行处理:

(1)原股权投资为以公允价值计量且其变动计入当期损益的金融资产的,应当将其在转换日的公允价值与账面价值之间的差额计入投资收益。

(2)原股权投资为指定的以公允价值计量且其变动计入其他综合收益的非交易性权益工具投资的,应当将其在转换日的公允价值与账面价值之间的差额计入留存收益,同时将转换前因公允价值变动而确认的其他综合收益转入留存收益。

【例6-15】 甬江公司2018年到2019年与股权投资有关的业务资料如下:

(1)2018年1月5日,甬江公司以银行存款500万元自宝洁公司处取得太阳公司10％

的股权,取得这部分股权投资后,甬江公司对太阳公司不具有重大影响,甬江公司根据其管理该项金融资产的业务模式,将该项金融资产指定为以公允价值计量且其变动计入其他综合收益的金融资产。2018年年末,该项金融资产的公允价值为800万元。

(2)2019年2月1日,甬江公司又以银行存款2 000万元自恒源公司处取得太阳公司20%的股权,相关手续于当日办理完成。取得该部分股权后,按照太阳公司章程的规定,甬江公司能够对太阳公司施加重大影响。

当日,太阳公司可辨认净资产公允价值总额为12 000万元,甬江公司原持有的太阳公司10%的股权投资在增资日的公允价值为1 100万元。

不考虑其他因素,在取得20%的股权后,甬江公司对太阳公司的持股比例为30%,能对太阳公司施加重大影响。对太阳公司长期股权投资应由公允价值计量改为按照权益法核算。甬江公司账务处理如下。

①2018年1月5日:

借:其他权益工具投资——成本 500
　　贷:银行存款 500

②2018年12月31日:

借:其他权益工具投资——公允价值变动 300
　　贷:其他综合收益 300

③2019年2月1日:

初始投资成本=1 100+2 000=3 100(万元)

借:长期股权投资——投资成本 3 100
　　贷:其他权益工具投资——成本 500
　　　　　　　　　　　　——公允价值变动 300
　　　　盈余公积 30
　　　　利润分配——未分配利润 270
　　　　银行存款 2 000

④将原持有的其他权益工具投资确认的其他综合收益300万元转入留存收益:

借:其他综合收益 300
　　贷:盈余公积 30
　　　　利润分配——未分配利润 270

⑤甬江公司该项长期股权投资的初始投资成本为3 100万元,小于应享有的太阳公司可辨认净资产公允价值的份额3 600万元(12 000×30%),甬江公司应按两者的差额调整长期股权投资的成本并计入营业外收入。

借:长期股权投资——投资成本 500
　　贷:营业外收入 500

(二)公允价值计量或权益法转为成本法的核算

公允价值计量或权益法转为成本法,是指投资方原持有的对被投资单位不具有控制、共同控制或重大影响的按照金融工具确认和计量准则进行会计处理的权益性投资,或者原持有对联营企业、合营企业的长期股权投资,因追加投资等原因,能够对被投资单位实施控制的,即通过多次交换交易,分步取得股权并最终形成非同一控制的企业合并或同一控制下的企业合并。

1.公允价值计量转为成本法的核算

非同一控制下,原作为金融资产核算的股权投资转换为采用成本法核算的对子公司投资的,应当将原股权投资的公允价值加上新增投资成本(公允价值)之和,作为改按成本法核算的初始投资成本。

对于原股权投资在转换日的公允价值与账面价值之间的差额,以及原股权投资在转换前的累计公允价值变动,应区分如下情况分别进行处理:

(1)原股权投资为以公允价值计量且其变动计入当期损益的金融资产的,应当将其在转换日的公允价值与账面价值之间的差额计入投资收益,同时将转换前因累计公允价值变动而确认的公允价值变动损益转入投资收益。

(2)原股权投资为指定为以公允价值计量且其变动计入其他综合收益的非交易性权益工具投资的,应当将其在转换日的公允价值与账面价值之间的差额计入留存收益,同时将转换前因公允价值变动而确认的其他综合收益转入留存收益。

2.权益法转为成本法的核算

非同一控制下,因投资方追加投资等原因导致对联营企业或合资企业的投资转变为对子公司投资的,应当将原持有的股权投资账面价值加上新增投资成本之和,作为改按成本法核算的初始投资成本。

原股权投资采用权益法核算期间所确认的相关其他综合收益应当在处置该项投资时采用与被投资单位直接处置相关资产或负债相同的基础进行会计处理。被投资单位除因净损益、其他综合收益和利润分配以外的其他所有者权益变动而确认的所有者权益(资本公积),应当在处置该项投资时相应地转入处置期间的当期损益。

(三)权益法转为公允价值计量的核算

投资方原持有的被投资单位的股权投资对其具有共同控制或重大影响,因部分处置等原因导致持股比例下降,不能再对被投资单位实施共同控制或重大影响的,应于失去共同控制或重大影响时,改按金融工具确认和计量准则的规定对剩余股权进行会计处理。

剩余股权改按公允价值计量时,其公允价值与其原账面价值之间的差额计入当期损益。同时,原采用权益法核算的相关其他综合收益应当在终止采用权益法核算时,采用与被投资单位直接处置相关资产或负债相同的基础进行会计处理;因被投资单位除净损益、其他综合收益和利润分配以外的其他所有者权益变动而确认的所有者权益,应当在终止采用权益法时全部转入当期损益。

(四)成本法转为公允价值计量的核算

投资方原持有被投资单位的股份使得其能够对被投资单位实施控制,因部分处置等原因导致持股比例下降,不能再对被投资单位实施控制、共同控制或重大影响的,应于失去控制或重大影响时,改按金融工具确认和计量准则的规定对剩余股权进行会计处理,于丧失控制权日将剩余股权按公允价值重新计量,其公允价值与账面价值的差额计入当期损益。

(五)成本法转为权益法的核算

因处置投资导致对被投资单位的影响能力由控制转为具有重大影响或者与其他投资方

一起实施共同控制的情况下,首先应按处置或收回投资的比例结转应终止确认的长期股权投资成本。之后,进行如下处理:

（1）比较剩余的长期股权投资成本与按照剩余持股比例计算原投资时应享有被投资单位可辨认净资产公允价值的份额,属于投资作价中体现的商誉部分,不调整长期股权投资的账面价值;属于投资成本小于原投资时应享有被投资单位可辨认净资产公允价值份额的,在调整长期股权投资成本的同时,应调整留存收益。

（2）对于原取得投资后至因处置投资转变为权益法核算之间被投资单位实现净损益中应享有的份额,应当调整长期股权投资的账面价值,同时对于原取得投资时至处置投资当期期初被投资单位实现的净损益(扣除已发放及已宣告发放的现金股利和利润)中应享有的份额,调整留存收益,对于处置投资当期期初至处置投资之日被投资单位实现的净损益中享有的份额,调整当期损益;其他原因导致的其他综合收益或被投资单位所有者权益变动中应享有的份额,在调整长期股权投资账面价值的同时,应当计入"其他综合收益""资本公积——其他资本公积"。

长期股权投资自成本法转为权益法后,未来期间应当按照准则规定计算确认应享有被投资单位实现的净损益及所有者权益其他变动的份额。

【例6-16】 甬江公司原持有红日公司60%的股权,其账面余额为6 000万元,未计提减值准备。2018年1月6日,甬江公司将其持有的对红日公司长期股权投资中的1/3出售给某企业,出售取得价款3 600万元,当日被投资单位可辨认净资产公允价值总额为16 000万元。甬江公司原取得红日公司60%股权时,红日公司可辨认净资产公允价值总额为9 000万元(假定公允价值与账面价值相同)。自甬江公司取得对红日公司长期股权投资后至部分处置投资前,红日公司实现净利润5 000万元。假定红日公司一直未进行利润分配。除所实现净损益外,红日公司未发生涉及其他综合收易的交易或事项,但有公司股东给予公司捐赠2 000万元。本例中甬江公司按净利润的10%提取盈余公积。

在出售20%的股权后,甬江公司对红日公司的持股比例为40%,在被投资单位董事会中派有代表,但不能对红日公司生产经营决策实施控制。对红日公司长期股权投资应由成本法改为按照权益法核算。甬江公司账务处理如下。

①确认长期股权投资处置损益:

借:银行存款 36 000 000
　　贷:长期股权投资——红日公司 20 000 000
　　　　投资收益 16 000 000

②调整长期股权投资账面价值:

剩余长期股权投资的账面价值为4 000万元,与原投资时应享有被投资单位可辨认净资产公允价值份额之间的差额400万元(4 000 －9 000×40%)为商誉,该部分商誉的价值不需要对长期股权投资的成本进行调整。

处置投资以后按照持股比例计算享有被投资单位自购买日至处置投资日期间实现的净损益为2 000万元(5 000×40%),应调整增加长期股权投资的账面价值,同时调整留存收益。除实现净损益外其他原因导致的可辨认净资产公允价值的变动800(2 000×40%)万元外,应当调整增加长期股权投资的账面余额,同时计入资本公积(其他资本公积)。企业应进行以下账务处理:

借:长期股权投资——红日公司(损益调整)　　　　　　　　　　　20 000 000

　　　　　　　　——红日公司(其他权益变动)　　　　　　　　 8 000 000

　　贷:资本公积——其他资本公积　　　　　　　　　　　　　　 8 000 000

　　　盈余公积　　　　　　　　　　　　　　　　　　　　　　 2 000 000

　　　利润分配——未分配利润　　　　　　　　　　　　　　　 18 000 000

因追加投资原因导致原持有的对联营企业或合营企业的投资转变为对子公司投资的,长期股权投资账面价值的调整应当按照长期股权投资初始计量的有关规定处理。

二、长期股权投资的处置

企业持有长期股权投资的过程中,出于各方面的考虑,决定将所持有的对被投资单位的股权全部或部分对外出售时,应相应结转与所售股权相对应的长期股权投资的账面价值,出售的价款与处置长期股权投资账面价值之间的差额,应确认为处置损益。

采用权益法核算的长期股权投资,原记入其他综合收益或资本公积中的金额,在处置时亦应进行结转,将与所出售股权相对应的部分在处置时自其他综合收益或资本公积转入当期损益。

【例6-17】　甬江公司对持有的飞翔公司股份采用权益法核算。2018年4月5日,甬江公司将持有的飞翔公司股份全部转让,收到转让价款4 500万元。转让日,该项股权投资的账面价值为3 650万元,其中,成本2 200万元,损益调整(借方)1 200万元,其他权益变动(借方)250万元。其账务处理如下。

(1)确认转让损益:

转让损益＝4 500－3 650＝850(万元)

借:银行存款　　　　　　　　　　　　　　　　　　　　　　　45 000 000

　　贷:长期股权投资——飞翔公司(投资成本)　　　　　　　　22 000 000

　　　　　　　　——飞翔公司(损益调整)　　　　　　　　　 12 000 000

　　　　　　　　——飞翔公司(其他权益变动)　　　　　　　　 2 500 000

　　　投资收益　　　　　　　　　　　　　　　　　　　　　　 8500 000

(2)同时,将原计入资本公积的部分转入当期损益:

借:资本公积——其他资本公积　　　　　　　　　　　　　　　 2 500 000

　　贷:投资收益　　　　　　　　　　　　　　　　　　　　　 2 500 000

【问题讨论】

1.长期股权投资的初始投资成本是如何确定的? 如何理解长期股权投资在投资时所形成的股权投资差额?

2.成本法和权益法分别在何种情况下采用? 比较两种方法在核算方面的异同。

【案例分析】

2016年上半年,A股的并购重组市场仍旧延续了上一年的火热。截至2016年6月底,

A 股总计有超过 200 家上市公司发布了并购重组公告,在这些交易方案中,不乏顺丰控股借壳鼎泰新材、万达院线收购万达影视、美的集团跨境收购库卡集团这些数额巨大、同时又极具代表性的并购案例。全球并购市场除中国以外都处于下滑趋势,只有中国一枝独秀。

6 月 30 日,美的集团以 5 亿美元的价格,完成了对东芝家电业务主体"东芝生活电器株式会社"80.10% 的股权的收购。

同样是家电业,6 月初,青岛海尔向美国 GE 公司支付了 55.80 亿美元,用以收购其家电业务资产,进一步奠定了海尔在全球白色家电第一品牌的地位。

相比于美的集团和青岛海尔,中小板公司艾派克的跨国并购单子显然更大一些,公司联合大盟投资和君联资本以 40.44 亿美元的价格,收购了国际知名品牌打印机及软件公司利盟国际 100% 的股份。相比于艾派克上一年 20.50 亿元的收入,此次收购的利盟国际 2015 年营业收入折合人民币 230.60 亿元,而在此次收购中,艾派克除了借助于投资基金的帮助之外,还获得了两家国有商业银行的并购贷款支持。

相比于上述这几家实体企业的跨国并购,在 2016 年年初以 35 亿美元买下美国传奇影业公司的万达集团,很快就将这笔收购的资金压力分散到将近 30 家战略投资者。随后在 4 月份,万达集团将这一资产协同公司旗下的影视公司一同打包,注入旗下万达院线,估值达到 372 亿元,也创出了国内最大的一笔文化资产收购。

请以小组为单位讨论以下问题:

(1)查阅案例资料中所提到的上市公司并购(长期股权投资)的业务类型,并说明如何确定初始投资成本?

(2)根据查阅的资料,指出上市公司长期股权投资业务后续计量的核算方法。比较两种核算方法的特点。

(3)在公司复杂合并业务过程中,财务人员需具备哪些专业品质?

【项目训练】

训练目的:学生通过本项目的训练,对长期股权投资项目有一个比较系统的认识,熟悉其账务处理程序,据以达到熟练地掌握长期股权投资的确认、计量、记录等会计技能的目的。

训练形式:以学生自主完成为主,教师适当指导。

训练课时:课外 2 课时。

训练资料:甬江公司有关长期股权投资的业务如下:

(1)2015 年 1 月 3 日,以每股 10 元的价格购入华胜公司的股票 300 万股,每股价格中包含有 0.20 元的已宣告分派的现金股利,另支付相关税费 20 万元。甬江公司购入的股票占华胜公司发行在外股份的 30%,并准备长期持有,且能够对华胜公司的财务和经营政策施加重大影响。

(2)2015 年 1 月 3 日,华胜公司所有者权益账面价值为 12 000 万元,账面价值等于公允价值。

(3)2015 年 1 月 25 日,甬江公司收到华胜公司分来的购买该股票时已宣告分派的现金股利。

(4)2015 年度,甬江公司实现净利润 1 500 万元,宣告不分配现金股利,但同时宣告分配股票股利,每10股送2股。

(5)2016年度,甬江公司发生净亏损200万元。

(6)2016年,华胜公司因投资以公允价值计量且其变动计入其他综合收益的金融资产,发生公允价值变动,而导致其他综合收益增加100万元。

(7)2017年1月15日,为稳定公司股价,华胜公司宣告分派现金股利,每股0.10元。

(8)2017年3月4日,甬江公司收到华胜公司的现金股利。

(9)2017年6月2日,甬江公司将持有的华胜公司股票的40%售出,每股售价12元,款项已由银行收妥,不考虑其他相关税费。出售上述股权后,甬江公司对华胜公司不再具有重大影响,将其所持华胜公司剩余股权指定为以公允价值计量且其变动计入其他综合收的金融资产,公允价值为每股12元。

在线自测题

训练要求:

根据甬江公司所发生的上述业务进行相关长期股权投资业务的确认、计量并据以编制会计分录。

第七章

固定资产

■■■ 学习目标

通过本章的学习,要求学生了解固定资产的概念及其特征,掌握固定资产的入账价值的确定;掌握固定资产取得、折旧、后续支出以及处置的账务处理方法;熟悉固定资产处置的基本流程。

■■■ 关键知识点

固定资产,应计折旧额,累计折旧,账面价值,加速折旧法,固定资产处置,固定资产减值。

■■■ 案例导入

金城集团固定资产后续支出

金城集团有限公司成立于 1949 年,隶属于中国航空工业集团公司。主营业务为机电液压、轻型动力、车辆、国际、生产服务五大产业。"金城"品牌是"中国驰名商标",品牌价值 32.42 亿元。近年来,金城集团公司不断加大对固定资产的投资力度,对设备生产线进行技术改造及技术革新,并定期对设备生产线进行全面检修,对生产用房屋及建筑物进行修缮,提高了设备的使用性能和装备水平,并延长了使用寿命。

假设,金城集团公司决定从 2020 年 1 月 1 日起调整固定资产折旧年限,具体调整方案如下:房屋建筑物折旧年限由 25～30 年增加至 40～45 年;机器设备折旧年限由 10～13 年增加至 12～22 年;运输工具折旧年限由 6～8 年增加至 10～15 年;其他固定资产折旧年限由 3～10 年增加至 8～22 年。

思考:

1.金城集团公司对其固定资产进行改造、修理和修缮,应如何进行会计处理?

2.金城集团公司能否变更其固定资产折旧年限? 如能变更,应如何进行会计处理?

第一节 固定资产概述

一、固定资产的定义和特征

固定资产,是指同时具有下列特征的有形资产:①为生产商品、提供劳务、出租或经营管理而持有的;②使用寿命超过一个会计年度。其中,使用寿命,是指企业使用固定资产的预计期间,或者该固定资产所能生产产品或提供劳务的数量。

从固定资产的定义可以看出,固定资产主要有以下三个特征:

第一,持有目的。固定资产为了生产商品、提供劳务、出租或经营管理而持有,不是直接用于出售。出租是指以经营租赁方式出租的机器设备等。该特征将固定资产与存货等流动资产区分开来。

第二,使用寿命。固定资产使用寿命超过一个会计年度。该特征使固定资产明显区别于流动资产。

第三,实物形态。固定资产必须是有形资产。该特征将固定资产与无形资产区别开来。

二、固定资产的确认条件

一项资产只有在符合固定资产定义的同时满足固定资产的确认条件,才能被确认为固定资产。固定资产的确认条件为:

(1)与该固定资产有关的经济利益很可能流入企业。一般情况下,如果企业对某项固定资产拥有所有权,则表明与该固定资产有关的经济利益很可能流入企业。特殊情况下,某项固定资产的所有权虽然不属于企业,但是,企业能够控制与该项固定资产有关的经济利益流入企业。实务中,主要是通过判断与该固定资产所有权相关的风险和报酬是否转移到了企业来确定。

(2)该固定资产的成本能够可靠地计量。成本能够可靠地计量是资产确认的一项基本条件,固定资产也不例外,如果企业能够合理估计出固定资产的成本,则视同固定资产的成本能够可靠地计量。

三、固定资产的分类

企业固定资产的种类繁多,为了正确地进行固定资产核算,应按不同标准对固定资产进行分类。

(一)按经济用途分类

固定资产按经济用途分类,可以分为生产经营用固定资产和非生产经营用固定资产。

(1)生产经营用固定资产是指直接参加生产经营过程或直接服务于生产经营过程的各种房屋及建筑物、机器设备、运输设备、动力传导设备、工具器具和管理用具等。

(2)非生产经营用固定资产是指生活福利部门等非生产经营部门使用的房屋、器具以及职工住宅、食堂等。

(二)按使用情况分类

固定资产按使用情况分类,可以分为使用中的固定资产、未使用的固定资产和不需要用的固定资产。

(1)使用中的固定资产是指正在使用的各种固定资产,包括由于季节性经营或大修理等原因暂停使用的固定资产,出租给其他单位、内部替换使用的固定资产。

知识拓展 7-1

(2)未使用的固定资产是指尚未投入使用或经营任务变更停止使用的各种固定资产。

(3)不需要用的固定资产是指多余或不适合、需要调配处理的各种固定资产。

固定资产按使用情况进行分类,可以提供固定资产使用状况的信息。企业管理者可以根据这些信息了解固定资产的使用效率,加强暂时闲置固定资产的管理,及时处置持有待售固定资产,提高固定资产的使用效率。

(三)综合分类

在实际工作中,企业的固定资产是按照各种情况综合分类的,共分为七类。

(1)生产经营用固定资产;

(2)非生产经营用固定资产;

(3)租出固定资产,指的是经营出租的固定资产;

(4)不需用固定资产;

(5)未使用固定资产;

(6)土地,指过去已经估价单独入账的土地。因征地而支付的补偿费,应计入与土地有关的房屋、建筑物的价值内,不单独作为土地入账。

(7)租入固定资产,指企业除短期租赁和低价值资产租赁租入的固定资产,在租赁期内,应视同自有固定资产进行管理。

第二节 固定资产的初始计量

一、固定资产的初始计量原则

固定资产应当按照成本进行初始计量。

固定资产的成本,是指企业购建某项固定资产达到预定可使用状态前所发生的一切合理、必要的支出。这些支出包括直接发生的价款、相关税费、运杂费、包装费和安装成本等,也包括间接发生的,如应承担的借款利息、外币借款折算差额以及应分摊的其他间接费用。

二、外购固定资产的初始计量

企业外购固定资产的成本,包括购买价款、相关税费、使固定资产达到预定可使用状态前所发生的可归属于该项资产的运输费、装卸费、安装费和专业人员服务费等。其中,相关税费不包括可以从销项税额中抵扣的增值税进项税额。对于小规模纳税人,购入固定资产发生的增值税进项税额应计入固定资产成本。

在线视频 7-1

(一)购入不需要安装的固定资产

企业购入不需要安装的固定资产,应按照实际支付的购买价款、相关税费以及使固定资产达到预定可使用状态前所发生的可归属于该项资产的运输费、装卸费和专业人员服务费等,借记"固定资产"账户,根据可抵扣的增值税进项税额,借记"应交税费——应交增值税(进项税额)"账户,贷记"银行存款"等账户。

【例 7-1】 甬江公司为增值税一般纳税人,2020 年 5 月 10 日,购入一台不需要安装即可投入使用的设备,取得增值税专用发票上注明的价款为 30 000 元,增值税额为 3 900 元;另支付包装费并取得增值税专用发票,发票上注明的包装费为 700 元,税率为 6%,增值税额为 42 元,款项以银行存款支付。甬江公司应编制如下会计分录。

(1)计算固定资产成本:

固定资产成本=买价+包装费=30 000+700=30 700(元)

(2)编制购入固定资产的会计分录:

借:固定资产   30 700

   应交税费——应交增值税(进项税额)   3 942

   贷:银行存款   34 642

(二)购入需要安装的固定资产

企业购入需要安装的固定资产,只有在安装调试后达到设计要求或合同规定的标准时,才达到预定可使用状态。此种情况下,企业应该设置"在建工程"科目以归集该类固定资产发生的成本,待其安装完毕达到预定可使用状态时,再将其成本从"在建工程"科目转入"固定资产"科目。

【例7-2】 2020年5月15日,甬江公司用银行存款购入一台需要安装的设备,取得增值税专用发票上注明的价款为200 000元,增值税额为26 000元;另支付安装费并取得增值税专用发票,发票上注明的安装费为40 000元,税率为9%,增值税额为3 600元。甬江公司公司应编制如下会计分录。

(1)购入进行安装时:

借:在建工程   200 000

   应交税费——应交增值税(进项税额)   26 000

   贷:银行存款   226 000

(2)支付安装费时:

借:在建工程   40 000

   应交税费——应交增值税(进项税额)   3 600

   贷:银行存款   43 600

(3)设备安装完毕交付使用时:

该设备的成本=200 000+40 000=240 000(元)

借:固定资产   240 000

   贷:在建工程   240 000

(三)以一笔款项同时购入多项没有单独标价的固定资产

企业以一笔款项购入多项没有单独标价的固定资产的,应当按照各项固定资产的公允价值比例对总成本进行分配,分别确定各项固定资产的成本。如果以一笔款项购入的多项资产中除固定资产之外还包括其他资产,也应按类似的方法予以处理。

【例7-3】 2020年5月5日,甬江公司向乙公司一次购入3台不同类型的生产设备A、B和C。该批设备的不含税总价为1 000万元,增值税进项税额为130万元,另支付保险费140万元,装卸费60万元,全部以银行转账支付;假定A、B和C设备分别满足固定资产确认条件,公允价值分别为400万元、600万元和500万元。

假定不考虑其他相关税费,甬江公司的相关会计处理为:

该批固定资产的入账成本总额$=10\,000\,000+1\,400\,000+600\,000=12\,000\,000$(元)

A设备的成本$=12\,000\,000\times\dfrac{4\,000\,000}{4\,000\,000+6\,000\,000+5\,000\,000}=3\,200\,000$(元)

B设备的成本$=12\,000\,000\times\dfrac{6\,000\,000}{4\,000\,000+6\,000\,000+5\,000\,000}=4\,800\,000$(元)

$$C\ 设备的成本=12\ 000\ 000\times\frac{5\ 000\ 000}{4\ 000\ 000+6\ 000\ 000+5\ 000\ 000}=4\ 000\ 000(元)$$

借:固定资产——A 设备	3 200 000
——B 设备	4 800 000
——C 设备	4 000 000
应交税费——应交增值税(进项税额)	1 300 000
贷:银行存款	13 300 000

【例 7-4】 甬江公司为增值税小规模纳税人,2020 年 5 月 10 日用银行存款购入一台需要安装的设备,增值税专用发票上注明的价款为 100 000 元,增值税额为 13 000 元,支付安装费 20 000 元,增值税额为 1 800 元。甬江公司应编制如下会计分录。

(1)购入需要安装的设备:

借:在建工程	113 000
贷:银行存款	113 000

(2)支付安装费时:

借:在建工程	21 800
贷:银行存款	21 800

(3)设备安装完毕交付使用时:

该设备的成本=113 000+21 800=134 800(元)

借:固定资产	134 800
贷:在建工程	134 800

(四)超过正常信用条件延期支付款项购买固定资产

企业购买固定资产的价款超过正常信用条件延期支付,实质上具有融资性质,固定资产的成本以购买价款的现值为基础确定,所付的购买价款总额与购买价款现值之间的差额,应当作为未确认融资费用处理,并采用实际利率法进行摊销。该融资费用摊销额实质为借款费用,因此如果符合借款费用资本化条件,则相关融资费用摊销额应当计入固定资产成本,不符合资本化条件的,则应当在信用期间内计入当期损益(财务费用)。

【例 7-5】 2020 年 1 月 1 日,甬江公司与 B 公司签订一项购货合同,甬江公司从 B 公司购入一台需要安装的特大型设备。合同约定,甬江公司采用分期付款方式支付价款。该设备价款共计 8 000 000 元,在 2020 年 1 月 1 日至 2024 年 12 月 31 日的 5 年内每年支付 1 600 000 元,每年的付款日期均为当年的 12 月 31 日,且付款时取得增值税专用发票。

2020 年 1 月 1 日,设备如期运抵甬江公司并开始安装,发生运杂费和相关税费 400 000 元,已用银行存款付讫。2020 年 12 月 31 日,设备达到预定可使用状态,发生安装费 200 000 元,已用银行存款付讫。假定甬江公司为增值税一般纳税人,上述业务适用的增值税率为 13%,适用的折现率为 10%。

假定不考虑其他因素,甬江公司的相关会计处理如下。

(1)2020 年 1 月 1 日购入该设备时:

甬江公司购买该项设备的价款现值=1 600 000×(P/A,10%,5)

=1 600 000×3.79079=6 065 264(元)

借:在建工程	6 065 264

未确认融资费用		1 934 736	
贷:长期应付款			8 000 000
借:在建工程		400 000	
贷:银行存款			400 000

(2)分期摊销未确认融资费用,如表7-1所示。

表7-1　未确认融资费用分摊表　　　　　单位:元

日期	分期付款额	确定的融资费用	应付本金减少额	应付本金余额
(1)	(2)	(3)=上期(5)×10%	(4)=(2)-(3)	(5)=上期(5)-(4)
2020年1月1日				6 065 264.00
2020年12月31日	1 600 000	606 526.40	993 473.60	5 071 790.40
2020年12月31日	1 600 000	507 179.04	1 092 820.96	3 978 969.44
2020年12月31日	1 600 000	397 896.94	1 202 103.06	2 776 866.38
2020年12月31日	1 600 000	277 686.64	1 322 313.36	1 454 553.02
2020年12月31日	1 600 000	145 446.98*	1 454 553.02	0
合计	8 000 000	1 934 736.00	6 065 264.00	0

注:145 446.98*表示尾数调整。

(3)2020年1月1日至2020年12月31日为设备的安装期间,该期间内未确认融资费用的分摊额符合借款费用资本化条件,应计入固定资产成本。

2020年12月31日的相关会计分录为:

借:在建工程	606 526.40	
贷:未确认融资费用		606 526.40
借:长期应付款	1 600 000	
应交税费——应交增值税(进项税额)	208 000	
贷:银行存款		1 808 000
借:在建工程	200 000	
贷:银行存款		200 000

2020年12月31日安装完毕:

该项固定资产的入账成本=6 065 264+400 000+606 526.40+200 000

$$=7\ 271\ 790.40(元)$$

借:固定资产	7 271 790.40	
贷:在建工程		7 271 790.40

(4)2021年1月1日至2024年12月31日,该设备已经达到预定可使用状态,未确认融资费用的分摊额不再符合资本化条件,应计入当期损益。

2021年应摊销的未确认融资费用=[(8 000 000-1 600 000)-(1 934 736-606 526.40)]×10%

$$=507\ 179.04(元)$$

借:财务费用   507 179.04

  贷:未确认融资费用   507 179.04

借:长期应付款   1 600 000

  应交税费——应交增值税(进项税额)   208 000

  贷:银行存款   1 808 000

以后期间的账务处理与 2021 年 12 月 31 日类似,此处略。

三、自行建造的固定资产

自行建造的固定资产,其成本由建造该项资产达到预定可使用状态前所发生的必要支出构成,包括工程用物资成本、人工成本、交纳的相关税费、应予资本化的借款费用以及应分摊的间接费用等。企业自行建造固定资产包括自营方式建造和出包方式建造两种。

(一)自营方式建造固定资产

企业以自营方式建造固定资产,是指企业自行组织工程物资采购、自行组织施工人员从事工程施工完成固定资产建造,其成本应当按照实际发生的材料、人工、机械施工费等计量。

企业为建造固定资产准备的各种物资,包括工程用材料、尚未安装的设备以及为生产准备的工具等,通过"工程物资"科目进行核算。工程物资应当按照实际支付的买价、运输费、保险费、装卸费以及相关的税费作为实际成本进行核算;建造固定资产领用的工程物资、原材料或库存商品,应按照其实际成本转入在建工程成本;自营建造工程所应负担的职工薪酬、辅助生产部门为之提供的水、电、运输等劳务,以及其他必要支出等计入所建工程的成本;符合资本化条件的借款费用也要计入所建工程的成本。

企业以自营方式建造固定资产,达到预定可使用状态时,从"在建工程"科目转入"固定资产"科目。所建造的固定资产已达到预定可使用状态,但尚未办理竣工结算的,应当自达到预定可使用状态之日起,根据工程预算、造价,或者工程实际成本等,按暂估价值转入固定资产,并按有关计提折旧的规定,计提折旧。待办理竣工决算手续后再调整原来的暂估价值,但不需要调整原已计提的折旧额。

【例 7-6】 甬江公司为增值税一般纳税人。2020 年 1 月 1 日,甬江公司开始以自营方式建造一栋厂房,相关资料如下:

(1)2020 年 1 月 1 日,为建造该厂房购入工程物资一批,价款为 500 000 元,支付的增值税进项税额为 65 000 元,款项以银行存款支付。

(2)2020 年 1 月 5 日,领用工程物资 400 000 元(不含增值税)。

(3)2020 年 2 月 15 日,领用生产用原材料一批,成本为 60 000 元,未计提存货跌价准备。

(4)工程建造期间,共计提工程人员工资 90 000 元。

(5)2020 年 6 月底,该工程达到预定可使用状态,但尚未办理竣工决算手续。

(6)甬江公司在 2020 年 6 月底将剩余工程物资转为该公司的生产用原材料。

(7)2020 年 8 月初,该项工程完成竣工决算,其实际成本为 600 000 元,经查该实际成本与暂估入账成本的差额为应付工程人员工资所致。

不考虑其他因素,甬江公司的相关会计处理如下。

(1)购入为工程准备的物资:

借:工程物资 500 000

  应交税费——应交增值税(进项税额) 65 000

  贷:银行存款 565 000

(2)工程领用物资:

借:在建工程——厂房 400 000

  贷:工程物资 400 000

(3)工程领用原材料:

借:在建工程——厂房 60 000

  贷:原材料 60 000

(4)计提工程人员工资:

借:在建工程——厂房 90 000

  贷:应付职工薪酬 90 000

(5)6月底,工程达到预定可使用状态,尚未办理竣工决算手续,固定资产应按暂估价值入账:

借:固定资产——厂房 550 000

  贷:在建工程——厂房 550 000

(6)剩余工程物资转作存货:

借:原材料 100 000

  贷:工程物资 100 000

(7)8月中旬,按竣工决算实际成本调整固定资产成本:

借:固定资产——厂房 50 000

  贷:应付职工薪酬 50 000

(二)出包方式建造固定资产

企业以出包方式建造固定资产,其成本由建造该项固定资产达到预定可使用状态前所发生的必要支出构成,包括发生的建筑工程支出、安装工程支出,以及需分摊计入的待摊支出。待摊支出是指在建设期间发生的、不能直接计入某项固定资产价值,而应由所建造的固定资产共同负担的相关费用,包括为建造工程发生的管理费,可行性研究费,临时设施费,公证费,监理费,应负担的税金,符合资本化条件的借款费用,建设期间发生的工程物资盘亏、报废和毁损净损失,以及负荷联合试车费等。

知识拓展 7-2

在出包方式下,"在建工程"科目主要是企业与建造承包商办理工程价款的结算科目,企业支付给建造承包商的工程价款,作为工程成本通过"在建工程"科目核算。企业应按合理估计的工程进度和合同规定结算的进度款,借记"在建工程"科目,贷记"银行存款"等科目。工程完成时,按合同规定补付的工程款,借记"在建工程"科目,贷记"银行存款"等科目。

对于建造过程中需分摊计入各单项固定资产成本的待摊支出,应按下列公式进行分摊:

$$待摊支出分摊率 = \frac{累计发生的待摊支出}{建筑工程支出 + 安装工程支出} \times 100\%$$

$$某单项工程应分摊的待摊支出 = \left(该单项工程的建筑工程支出 + 该单项工程的安装工程支出\right) \times 待摊支出分摊率$$

【例 7-7】 甬江公司为增值税一般纳税人,2020 年 7 月 1 日,将一幢厂房的建造工程出包给丙公司(增值税一般纳税人)承建,按合理估计的发包工程进度和合同规定向丙公司结算进度款,并取得丙公司开具的增值税专用发票,发票上注明的工程款为 600 000 元,税率为 9%,增值税额为 54 000 元。

2021 年 7 月 1 日,工程完工后,收到丙公司有关工程结算单据和增值税专用发票,补付工程款 400 000 元,税率 9%,增值税额 36 000 元。工程完工达到预定可使用状态。

(1)向丙公司结算进度款时:

借:在建工程 600 000
　　应交税费——应交增值税(进项税额) 54 000
　　贷:银行存款 654 000

(2)补付工程款时:

借:在建工程 400 000
　　应交税费——应交增值税(进项税额) 36 000
　　贷:银行存款 436 000

(3)工程完工并达到预定可使用状态时:

借:固定资产 1 000 000
　　贷:在建工程 1 000 000

【例 7-8】 2020 年 1 月初,甬江公司为扩大生产规模,决定新建一处生产设施。该生产设施包括一栋厂房和一条生产线两个单项工程。甬江公司将该工程出包给 B 施工单位建造,双方签订的合同约定:B 施工单位负责为甬江公司建造该生产设施所需厂房,并负责对厂房内的生产线进行安装,厂房造价为 150 万元,增值税额为 13.5 万元,生产线安装费用为 50 万元,增值税额为 4.5 万元。有关资料如下:

(1)2020 年 1 月 10 日,甬江公司向 B 施工单位预付厂房工程款 90 万元。

(2)2020 年 2 月 5 日,甬江公司购入上述生产线所用设备,价款为 600 万元,增值税额为 78 万元;甬江公司在将该设备运回途中共发生运输费 20 万元,增值税额为 1.8 万元。相关款项均已支付。

(3)2020 年 2 月 10 日,该项工程发生的工程管理费、征地费、临时设施费、公证费、监理费等共计 25 万元,均以银行存款支付。假定不考虑上述费用的增值税因素。

(4)2020 年 2 月 16 日,甬江公司将 2 月 5 日购回的生产线设备交付 B 施工单位进行安装。

(5)2020 年 3 月 15 日,厂房、生产线达到预定可使用状态,并交付使用。甬江公司与 B 施工单位结算全部工程款项,差额已以银行存款支付。

不考虑其他因素,甬江公司的相关会计处理如下。

(1)2020 年 1 月 10 日,预付厂房工程款 90 万元:

借:预付账款 900 000
　　贷:银行存款 900 000

(2)2020 年 2 月 5 日,购入生产线所需设备:

借:工程物资 6 200 000
　　应交税费——应交增值税(进项税额) 798 000
　　贷:银行存款 6 998 000

（3）2020 年 2 月 10 日,发生相关待摊支出:

借:在建工程——待摊支出 250 000

贷:银行存款 250 000

（4）2020 年 2 月 16 日,将生产线设备交付 B 施工单位进行安装:

借:在建工程——安装工程——生产线 6 200 000

贷:工程物资 6 200 000

（5）2020 年 3 月 15 日,结算工程款项:

借:在建工程——建筑工程——厂房 1 500 000

　　　　　　——安装工程——生产线 500 000

应交税费——应交增值税(进项税额)(135 000＋45 000) 180 000

贷:银行存款 1 280 000

预付账款 900 000

对待摊支出进行分摊:

$$\text{厂房应分配的待摊支出} = 250\,000 \times \frac{1\,500\,000}{1\,500\,000+6\,200\,000+500\,000} = 45\,732(\text{元})$$

$$\text{生产线应分配的待摊支出} = 250\,000 \times \frac{6\,700\,000}{1\,500\,000+6\,200\,000+500\,000} = 204\,268(\text{元})$$

借:在建工程——建筑工程——厂房 45 732

　　　　　　——安装工程——生产线 204 268

贷:在建工程——待摊支出 250 000

借:固定资产——厂房 1 545 732

　　　　　——生产线 6 904 268

贷:在建工程——建筑工程——厂房(1 500 000＋45 732) 1 545 732

　　　　　　——安装工程——生产线(6 200 000＋500 000＋204 268) 6 904 268

四、投资者投入的固定资产

企业接受投资者投入固定资产的,在办理了固定资产移交手续之后,应按投资合同或协议约定的价值加上应支付的相关税费计作固定资产的入账价值,但合同或协议约定价值不公允的除外。

【例 7-9】 2020 年 5 月 1 日,甬江公司接受乙公司投入的设备一台,投入单位的账面原价为 700 000 元,双方确认的价值为 500 000 元(假设合同约定的价格公允),收到增值税专用发票,发票上注明的税款为 65 000 元。

接受投资时,根据有关原始凭证,编制如下会计分录:

借:固定资产 500 000

应交税费——应交增值税(进项税额) 65 000

贷:实收资本 565 000

五、接受捐赠取得的固定资产

《企业会计准则第 4 号——固定资产》规定:接受捐赠的固定资产,按以下规定确定其入账价值：

(1)捐赠方提供了有关凭据的，按凭据上标明的金额加上应当支付的相关税费，作为入账价值。

(2)捐赠方没有提供有关凭据的，按以下顺序确定其入账价值：

①同类或类似固定资产存在活跃市场的，按同类或类似固定资产的市场价格估计的金额，加上应当支付的相关税费，作为入账价值。

②同类或类似固定资产不存在活跃市场的，按接受捐赠的固定资产的预计未来现金流量现值，作为入账价值。

如接受捐赠的是旧的固定资产，按依据上述方法确定的新固定资产价值，减去按该项资产的新旧程度估计的价值损耗后的余额，作为入账价值。

六、盘盈的固定资产

如果同类或者类似固定资产存在活跃市场的，按照同类或类似固定资产的市场价格(重置成本)，减去按该项固定资产的新旧程度估计的价值损耗后的余额，作为入账价值；如果同类或类似固定资产不存在活跃市场的，按该项固定资产的预计未来现金流量的现值，作为入账价值。

对于盘盈的固定资产，作为前期差错处理，在按管理权限报经批准处理前应先通过"以前年度损益调整"科目核算。

七、其他方式取得的固定资产

以其他方式取得固定资产时，比如通过租赁、非货币性资产交换、债务重组方式取得的固定资产，应分别按照租赁、非货币性资产交换、债务重组等准则规定进行核算。具体内容见后续课程"高级财务会计"。

八、存在弃置费用的固定资产

特殊行业的特定固定资产，对其进行初始计量时，还应当考虑弃置费用。弃置费用通常是指根据国家法律和行政法规、国际公约等规定，企业因承担环境保护和生态恢复等义务而确定的支出，如油气资产、核电站核设施等的弃置和恢复环境义务。对此，企业应当将弃置费用的现值计入相关固定资产的成本，同时确认相应的预计负债。在固定资产的使用寿命内，按照预计负债的摊余成本和实际利率计算确定的利息费用，应当在发生时计入财务费用。一般工商企业的固定资产发生的报废清理费用不属于弃置费用，应当在发生时作为固定资产处置费用处理。

第三节 固定资产的后续计量

一、固定资产折旧

固定资产在其长期使用过程中，虽然其实物形态基本保持不变，但其价值会逐渐损耗。

固定资产的折旧,就是指固定资产在使用过程中逐渐损耗而转移到商品或费用中去的那部分价值。

企业对固定资产计提折旧,是指在固定资产使用寿命内,按照确定的方法对应计折旧额进行系统分摊。其中,应计折旧额是指应当计提折旧的固定资产的原价扣除其预计净残值后的金额;已计提减值准备的固定资产,还应当扣除已计提的固定资产减值准备累计金额。预计净残值是指假定固定资产预计使用寿命已满并处于使用寿命终了时的预期状态,企业目前从该项资产处置中获得的扣除预计处置费用后的金额。

在线视频 7-2

企业应当根据固定资产的性质和使用情况,合理确定固定资产的使用寿命和预计净残值。固定资产的使用寿命、预计净残值一经确定,不得随意变更。

(一)固定资产折旧范围

确定固定资产的折旧范围是计提折旧的前提。固定资产的折旧范围包括空间范围和时间范围两个方面。

1.固定资产折旧的空间范围

从计提固定资产折旧的空间范围来讲,除已提足折旧仍继续使用的固定资产和单独计价入账的土地外,企业应对所有的固定资产计提折旧。

固定资产提足折旧后,不论能否继续使用,均不再计提折旧。提前报废的固定资产也不再补提折旧。

季节性停用的固定资产、因大修理而停用的固定资产、暂时闲置的固定资产,均应当计提折旧。处于更新改造过程停止使用的固定资产,应将其账面价值转入在建工程,不再计提折旧。更新改造项目达到预定可使用状态转为固定资产后,再按照重新确定的折旧方法和该项固定资产尚可使用年限计提折旧。

2.固定资产折旧的时间范围

从计提固定资产折旧的时间范围来讲,企业应当按月对固定资产计提折旧。会计实务中,每月计提的固定资产折旧额以月初应提折旧的固定资产为基础计算,即当月增加的固定资产,当月不计提折旧,从下月开始计提折旧;当月减少的固定资产,当月仍然计提折旧,从下月开始停止计提折旧。

知识拓展 7-3

(二)固定资产折旧的计算方法

企业应当根据与固定资产有关的经济利益的预期实现方式,合理选择折旧方法。固定资产折旧方法包括年限平均法、工作量法、双倍余额递减法和年数总和法等。固定资产的折旧方法一经确定,不得随意变更。

1.年限平均法

年限平均法,是指将固定资产的应计折旧额均衡地分摊到固定资产预计使用寿命内的一种方法。在这种折旧方法下,每期的固定资产折旧额均相等,因此又称直线法。其计算公式如下:

$$年折旧率 = \frac{1 - 预计净残值率}{预计使用寿命} \times 100\%$$

月折旧率 = 年折旧率 ÷ 12

月折旧额 = 固定资产原价 × 月折旧率

【例7-10】 甬江公司于2019年12月24日购入一台生产设备,入账价值为50 000元,预计使用年限为5年,预计净残值率为5%,采用直线法计提折旧。

该项固定资产应从2020年1月开始计提折旧。不考虑其他因素,该项设备的折旧额计算如下:

$$年折旧率 = \frac{1-5\%}{5} \times 100\% = 19\%$$

该项固定资产每年的折旧额 = 50 000 × 19% = 9 500(元)

2. 工作量法

工作量法,是指根据实际工作量计算每期应提折旧额的方法。其计算公式如下:

$$单位工作量折旧额 = 固定资产原价 \times \frac{1-预计净残值率}{预计总工作量}$$

某项固定资产月折旧额 = 该项固定资产当月工作量 × 单位工作量折旧额

【例7-11】 沿用【例7-10】,假定该项设备采用工作量法计提折旧,预计其总共可以为甬江公司生产20万件A产品。2020年,甬江公司用该项设备总共生产了3万件A产品。其他条件不变。

不考虑其他因素,该项设备的折旧额计算如下:

$$单位产量折旧率 = 50 000 \times \frac{1-5\%}{200 000} = 0.24(元/件)$$

2020年应计提的折旧额 = 30 000 × 0.24 = 7 200(元)

3. 双倍余额递减法

双倍余额递减法,是指在不考虑固定资产预计净残值的情况下,根据每期期初固定资产原价减去累计折旧后的金额和双倍的直线法折旧率计算固定资产折旧的一种方法。采用这种方法计算折旧额时,由于每年年初固定资产净值没有扣除预计净残值,因此在计算固定资产折旧额时,应在其折旧年限到期前两年内,将固定资产净值扣除预计净残值后的余额平均摊销。其计算公式如下:

$$年折旧率 = \frac{2}{预计使用寿命(年)} \times 100\%$$

月折旧率 = 年折旧率 ÷ 12

月折旧额 = (固定资产原价 − 累计折旧) × 月折旧率

【例7-12】 沿用【例7-10】,假定该项设备采用双倍余额递减法计提折旧,其他条件不变,年折旧额的计算如表7-2所示。

表7-2 折旧额计算表(双倍余额递减法) 单位:元

年份	年折旧率	年折旧额	累计折旧	固定资产账面价值(净值)
				50 000
1	40%	20 000	20 000	30 000
2	40%	12 000	32 000	18 000
3	40%	7 200	39 200	10 800
4	—	4 150	43 350	6 650
5	—	4 150	50 000	2 500

不考虑其他因素,该项设备的折旧额计算如下:

$$年折旧率 = \frac{2}{5} \times 100\% = 40\%$$

2020 年应计提的折旧额 $= 50\,000 \times 40\% = 20\,000(元)$

2021 年应计提的折旧额 $= (50\,000 - 20\,000) \times 40\% = 12\,000(元)$

2022 年应计提的折旧额 $= (50\,000 - 20\,000 - 12\,000) \times 40\% = 7\,200(元)$

从 2023 年起,将固定资产净值扣除预计净残值后的余额进行平均摊销,因此:

2023 年和 2024 年每年应计提的折旧额 $= (50\,000 - 20\,000 - 12\,000 - 7\,200 - 50\,000 \times 5\%) \div 2 = 4\,150(元)$

4. 年数总和法

年数总和法,是指将固定资产的原价减去预计净残值后的余额,乘以一个以固定资产尚可使用寿命为分子,以预计使用寿命逐年数字之和为分母的逐年递减的分数计算每年的折旧额的方法。其计算公式如下:

$$年折旧率 = \frac{尚可使用寿命}{预计使用寿命的年数总和} \times 100\%$$

$$月折旧率 = 年折旧率 \div 12$$

$$月折旧额 = (固定资产原价 - 预计净残值) \times 月折旧率$$

【例 7-13】 沿用【例 7-10】,假定该项设备采用年数总和法计提折旧,其他条件不变,年折旧额的计算如表 7-3 所示。

表 7-3 折旧额计算表(年数总和法) 单位:元

年份	应计折旧额	年折旧率	年折旧额	累计折旧
1	$50\,000 - 25\,00 = 47\,500$	5/15	15 833.33	15 833.33
2	47 500	4/15	12 666.67	28 500
3	47 500	3/15	9 500	38 000
4	47 500	2/15	6 333.33	44 333.33
5	47 500	1/15	3 166.67*	47 500

注:3 166.67* 表示尾数调整。

不考虑其他因素,该项设备的折旧额计算如下:

$$2020 年的年折旧率 = \frac{5}{1+2+3+4+5}$$

2020 年的年折旧额 $= 50\,000 \times (1 - 5\%) \times 5/15 = 15\,833.33(元)$

$$2021 年的年折旧率 = \frac{4}{1+2+3+4+5}$$

2021 年的年折旧额 $= 50\,000 \times (1 - 5\%) \times 4/15 = 12\,666.67(元)$

以此类推,最后一年防止尾差,要用倒挤法计算。

(三)固定资产折旧的账务处理

企业计提的固定资产折旧,应当根据用途计入相关资产的成本或者当期损益。其一般会计处理如下:

借:在建工程(在建工程使用的固定资产)

　　制造费用(生产车间使用)

　　管理费用(行政管理部门使用、闲置的固定资产)

　　销售费用(销售部门使用)

　　其他业务成本(经营出租)

　　研发支出(研发使用)

　　贷:累计折旧

【例 7-14】　甬江公司 2019 年 10 月的固定资产折旧额计算如表 7-4 所示。

表 7-4　固定资产折旧额计算表

2019 年 10 月

单位:元

使用部门	固定资产类别	上月折旧额	上月增加固定资产		上月减少固定资产		本月应提折旧额
			原价	应提折旧额	原价	应提折旧额	
车间	厂房	5 000					5 000
	机器设备	25 000	100 000	600			25 600
	合计	30 000					30 600
管理部门	房屋建筑物	1 000					1 000
	运输工具	2 000					2 000
	合计	3 000					3 000

根据表 7-4 中的固定资产折旧额,编制如下会计分录:

借:制造费用　　　　　　　　　　　　　　　　　　　　　　　　　　30 600

　　管理费用　　　　　　　　　　　　　　　　　　　　　　　　　　3 000

　　贷:累计折旧　　　　　　　　　　　　　　　　　　　　　　　　33 600

(四)固定资产使用寿命、预计净残值和折旧方法的复核

企业至少应当于每年年度终了,对固定资产的使用寿命、预计净残值和折旧方法进行复核。

在固定资产使用过程中,如有确凿证据表明固定资产使用寿命预计数与原先估计数有差异的,应当调整固定资产使用寿命;固定资产预计净残值预计数与原先估计数有差异的,应当调整预计净残值;与固定资产有关的经济利益预期消耗方式发生重大变化的,企业也应相应改变固定资产折旧方法。

固定资产使用寿命、预计净残值和折旧方法的改变,应当按照会计估计变更的有关规定,采用未来适用法进行处理。

二、固定资产的后续支出

固定资产的后续支出,是指固定资产经初始计量并入账后发生的与固定资产相关的支出。固定资产的后续支出主要包括改建、扩建或者改良等更新改造支出、修理费用等。固定资产的后续支出按照是否符合固定资产确认条件分为资本化后续支出和费用化后续支出。

在线视频 7-3

(一)资本化的后续支出

固定资产发生可资本化的后续支出时,企业一般应将该固定资产的原价、已计提的累计折旧和减值准备转销,将固定资产账面价值转入在建工程,并停止计提折旧。发生的可资本化的后续支出,通过"在建工程"科目核算。在固定资产发生的后续支出完工并达到预定可使用状态时,再从在建工程转为固定资产,并按重新确定的使用寿命、预计净残值和折旧方法计提折旧。

在这一过程中,可能涉及替换原固定资产的某组成部分。比如将某飞机上的旧发动机拆除,重新安装一个新发动机。在这种情况下,当发生的后续支出符合固定资产确认条件时,应将其计入固定资产成本,同时将被替换部分的账面价值扣除,以免造成对固定资产成本的重复计算。

【例 7-15】 2011 年 12 月份,甬江公司购入一架飞机总计花费 80 000 000 元(含发动机),发动机当时的购价为 5 000 000 元,甬江公司未将发动机单独作为一项固定资产进行核算。2020 年 6 月末,甬江公司开辟新航线,航程增加。为延长飞机的空中飞行时间,公司决定更换一部性能更为先进的发动机。公司以银行存款购入新发动机一台,增值税专用发票上注明的购买价为 7 000 000 元,增值税额为 910 000 元;另支付安装费用并取得增值税专用发票,发票上注明的安装费为 100 000 元,税率为 9%,增值税额为 9 000 元。假定飞机的年折旧率为 3%,不考虑预计净残值的影响,替换下的老发动机报废且无残值收入。甬江公司应编制如下会计分录:

(1)2020 年 6 月末飞机的累计折旧金额为:80 000 000×3%×8.5=20 400 000(元),将固定资产转入在建工程。

借:在建工程	59 600 000
累计折旧	20 400 000
贷:固定资产	80 000 000

(2)购入并安装新发动机:

借:工程物资	7 000 000
应交税费——应交增值税(进项税额)	910 000
贷:银行存款	7 910 000
借:在建工程	7 000 000
贷:工程物资	7 000 000

(3)支付安装费用:

借:在建工程	100 000
应交税费——应交增值税(进项税额)	9 000
贷:银行存款	109 000

(4)2020 年 6 月末老发动机的账面价值为:5 000 000-5 000 000×3%×8.5=3 725 000(元),终止确认老发动机的账面价值。

借:营业外支出——非流动资产处置损失	3 725 000
贷:在建工程	3 725 000

(5)新发动机安装完毕,投入使用,固定资产的入账价值为:59 600 000+7 000 000+

100 000−3 725 000＝62 975 000(元)。

借:固定资产   62 975 000

    贷:在建工程   62 975 000

(二)费用化的后续支出

为了维护固定资产的正常运转和使用,充分发挥其使用效能,企业会对固定资产进行必要的维护。固定资产的日常维护支出通常不满足固定资产的确认条件,应在发生时直接计入当期损益。其中,行政管理部门等发生的固定资产修理费用等后续支出,计入管理费用;企业专设销售机构的,其发生的与专设销售机构相关的固定资产修理费用等后续支出,计入销售费用。

【例 7-16】 2020 年 6 月 1 日,甬江公司对生产车间使用的设备进行日常修理,发生维修费并取得增值税专用发票,发票上注明的修理费为 20 000 元,税率为 13%,增值税额为 2 600 元。

借:管理费用   20 000

    应交税费——应交增值税(进项税额)   2 600

    贷:银行存款   22 600

第四节　固定资产的处置

一、固定资产的终止确认条件

按照固定资产准则的规定,固定资产满足下列条件之一的,应当予以终止确认。

(一)该固定资产处于处置状态

处于处置状态的固定资产不再用于生产商品、提供劳务、出租或经营管理,因此不再符合固定资产的定义,应予终止确认。

(二)该固定资产预期通过使用或处置不能产生经济利益

固定资产的确认条件之一是“与该固定资产有关的经济利益很可能流入企业”,如果一项固定资产预期通过使用或处置不能产生经济利益,就不再符合固定资产的定义和确认条件,应予终止确认。

二、固定资产处置的会计处理

固定资产处置包括固定资产的出售、转让、报废或毁损、对外投资、非货币性资产交换、债务重组等。固定资产处置一般通过“固定资产清理”科目进行核算。其账务处理一般分为以下几个步骤:

在线视频 7-4

(1)固定资产转入清理。固定资产转入清理时,按固定资产账面价值,借记“固定资产清理”账户,按已计提的累计折旧,借记“累计折旧”账户,按已计提的减值准备,借记“固定资产减值准备”账户,按固定资产账面余额,贷记“固定资产”账户。

(2)发生的清理费用。固定资产清理过程中发生的有关费用以及应支付的相关税费,借记“固定资产清理”“应交税费——应交增值税(进项税额)”账户,贷记“银行存款”等账户。

（3）出售收入和残料等的处理。企业收回出售的固定资产的价款、残料价值和变价收入等,应冲减清理支出。按实际收到的出售价款以及残料变价收入等,借记"银行存款""原材料"等账户,贷记"固定资产清理""应交税费——应交增值税(销项税额)"账户。

（4）保险赔偿的处理。企业取得的赔款也视为清理过程中的一项收入,借记"其他应收款"等账户,贷记"固定资产清理""应交税费——应交增值税(销项税额)"账户,在计算清理净损益时也应一并考虑。

（5）清理净损益的处理。固定资产清理完成后,如属于固定资产的出售、转让,则应将"固定资产清理"科目的余额转入"资产处置损益"等科目;如属于固定资产的报废、毁损,则应将"固定资产清理"科目的余额转入营业外收支。

【例7-17】　甬江公司为增值税一般纳税人。2019年年末,甬江公司将一台生产设备出售给乙公司。该设备原价为2 000 000元,累计已计提折旧1 200 000元。处置过程中,取得收入1 000 000元,开出增值税专用发票,增值税额为130 000元,发生清理费用30 000元。款项均以银行存款收付。不考虑其他因素,甬江公司的有关账务处理如下。

（1）将出售的生产设备转入清理时:

借:固定资产清理		800 000
累计折旧		1 200 000
贷:固定资产		2 000 000

（2）收到出售生产设备的价款和税款时:

借:银行存款		1 130 000
贷:固定资产清理		1 000 000
应交税费——应交增值税(销项税额)		130 000

（3）支付清理费用时:

借:固定资产清理		30 000
贷:银行存款		30 000

（4）结转出售生产设备实现的利得时:

借:固定资产清理		170 000
贷:资产处置损益		170 000

【例7-18】　甬江公司2020年年初,因遭受台风袭击毁损一座仓库,该仓库原价4 000 000元,已计提折旧1 000 000元,未计提减值准备,其残料估计价值50 000元,残料已办理入库,发生清理费用并取得增值税专用发票,发票上注明的装卸费为20 000元,增值税额为1 800元,全部款项以银行存款支付。收到保险公司赔款1 500 000元,存入银行,假设不考虑其他相关税费。甬江公司应编制如下会计分录。

（1）将毁损的仓库转入清理时:

借:固定资产清理		3 000 000
累计折旧		1 000 000
贷:固定资产		4 000 000

（2）残料入库时:

借:原材料		50 000
贷:固定资产清理		50 000

（3）支付清理费用时：

借：固定资产清理 20 000

应交税费——应交增值税（进项税额） 1 800

贷：库存现金 21 800

（4）确定并收到保险公司理赔款项时：

借：其他应收款 1 500 000

贷：固定资产清理 1 500 000

借：银行存款 1 500 000

贷：其他应收款 1 500 000

（5）结转毁损固定资产发生的损失时：

借：营业外支出——非常损失 1 470 000

贷：固定资产清理 1 470 000

第五节　固定资产的清查

一、固定资产的清查

企业应定期或者至少于每年年末对固定资产进行清查盘点。在固定资产清查过程中，如果发现盘盈、盘亏的固定资产，应填制固定资产盘盈盘亏报告表。清查固定资产的损溢，应及时查明原因，并按照规定程序报批处理。

在线视频 7-5

（一）固定资产盘盈

根据《企业会计准则第 4 号——固定资产》及其应用指南的有关规定，固定资产盘盈应作为前期差错①记入"以前年度损益调整"账户。盘盈的固定资产，应按重置成本作为入账价值，借记"固定资产"科目，贷记"以前年度损益调整"科目；由于以前年度损益调整而增加的所得税费用，借记"以前年度损益调整"科目，贷记"应交税费——应交所得税"科目；将以前年度损益调整科目余额转入留存收益时，借记"以前年度损益调整"科目，贷记"盈余公积""利润分配——未分配利润"科目。

【例 7-19】 甬江公司于 2020 年 6 月 30 日对公司全部的固定资产进行清查，盘盈一台机器设备，该设备同类商品市场价格为 60 000 元，估计折旧额为 50 000 元，公司所得税率为25%。按净利润的 10%计提法定盈余公积。

（1）盘盈设备时，根据有关原始凭证，编制如下会计分录：

借：固定资产 10 000

---

① 之所以准则将固定资产盘盈作为前期差错进行会计处理，是因为这些资产尤其是固定资产出现由于企业无法控制的因素而造成盘盈的可能性极小，甚至是不可能的。这些资产如果出现盘盈，必定是企业自身"主观"原因所造成的，或者说以前会计期间少计或漏计这些资产等会计差错而形成的。新准则通过以前年度损益调整，调整未分配利润，使企业的报表更加透明，这样也能在一定程度上降低人为调整利润的可能性。

贷:以前年度损益调整　　　　　　　　　　　　　　　　　　　10 000

(2)调整所得税时,根据有关原始凭证,编制如下会计分录:

借:以前年度损益调整　　　　　　　　　　　　　　　　　　　2 500

　　贷:应交税费——应交所得税　　　　　　　　　　　　　　　2 500

(注:以前年度损益调整增加了公司以往年度的净利润,税法上也将资产盘盈作为应税收入,会计操作上与税法的规定一致,所以要交纳所得税)

(3)结转以前年度损益调整时,编制如下会计分录:

借:以前年度损益调整　　　　　　　　　　　　　　　　　　　7 500

　　贷:利润分配——未分配利润　　　　　　　　　　　　　　　6 750

　　　　盈余公积——法定盈余公积　　　　　　　　　　　　　　750

(二)固定资产盘亏

固定资产盘亏造成的损失,应当计入当期损益。企业在财产清查中盘亏的固定资产,按盘亏固定资产的账面价值,借记"待处理财产损溢——待处理固定资产损溢"科目;按已计提的累计折旧,借记"累计折旧"科目;按已计提的减值准备,借记"固定资产减值准备"科目;按固定资产原价,贷记"固定资产"科目。按管理权限报经批准后,将可收回的保险赔偿或过失人赔偿,借记"其他应收款"科目;按应计入营业外支出的金额,借记"营业外支出——盘亏损失"科目,贷记"待处理财产损溢——待处理固定资产损溢"科目。

【例7-20】　2019年年木,甬江公司对其固定资产进行清查时,盘亏一台生产设备。该设备原价为200 000元(进项税额为26 000元),已计提折旧100 000元,并已计提减值准备10 000元。经查,该设备丢失的原因在于保管员失职。经批准,由保管员赔偿20 000元。

不考虑其他因素,甬江公司的有关账务处理如下。

(1)发现设备丢失时:

借:待处理财产损溢——待处理固定资产损溢　　　　　　　　　90 000

　　累计折旧　　　　　　　　　　　　　　　　　　　　　　　100 000

　　固定资产减值准备　　　　　　　　　　　　　　　　　　　10 000

　　贷:固定资产　　　　　　　　　　　　　　　　　　　　　200 000

(2)转出不可抵扣的进项税额时:

借:待处理财产损溢　　　　　　　　　　　　　　　　　　　　13 000

　　贷:应交税费——应交增值税(进项税额转出)　　　　　　　13 000

(3)报经批准后:

借:其他应收款　　　　　　　　　　　　　　　　　　　　　　20 000

　　营业外支出——盘亏损失　　　　　　　　　　　　　　　　96 000

　　贷:待处理财产损溢——待处理固定资产损溢　　　　　　　116 000

【问题讨论】

1.固定资产的取得方式有哪些? 如何确定自行建造的固定资产成本?

2.影响固定资产折旧的因素有哪些?

3.什么是固定资产折旧?计提折旧的方法有哪些?

4.你如何认识和评价平均年限法和加速折旧法?

5.如何进行固定资产处置的会计处理?

6.固定资产减值准备如何确认?如何进行账务处理?

【项目训练】

训练目的:学生通过本项目的训练,对固定资产从取得到处置有一个系统的认识,掌握会计核算方法,达到灵活运用准则解决固定资产会计实务的目的。

训练形式:以学生自主完成为主,教师适当指导。

训练课时:课外2课时。

训练资料:甬江公司为增值税一般纳税人,其作为固定资产核算的不动产和动产适用的增值税率分别为9％和13％。2019年甬江公司发生的与固定资产相关的业务资料如下:

(1)4月20日,甬江公司外购一栋写字楼作为办公场所使用,当日收到的增值税专用发票上注明的价款为4 000万元,增值税额为360万元,款项以银行存款支付。

(2)5月12日,甬江公司决定采用出包方式新建一项生产设施,该生产设施包括一栋厂房和一条生产线两个单项工程。5月15日,甬江公司购入相关生产线设备,价款为600万元,增值税额为78万元,途中保险费为50万元(假定不考虑保险费的增值税因素),款项已支付。9月30日,厂房主体建筑工程完工,甬江公司与承包商(一般纳税人)办理工程款项结算200万元(不含增值税),并以银行存款支付。10月1日,甬江公司将相关生产线设备运抵现场,交付承包商安装。12月20日,相关生产线设备安装完毕,甬江公司与承包商办理安装工程款项结算80万元(不含增值税),并以银行存款支付。12月31日,厂房、生产线达到预定可使用状态,并交付使用。

(3)2019年10月,甬江公司对其中一台生产设备进行改良,改良过程中发生相关支出共计80万元(含更换的一个主要部件的成本),估计能使设备延长使用寿命3年。根据2019年10月末的账面记录,该设备的原账面价值为200万元,已计提折旧80万元,已计提减值准备30万元。被更换的旧部件的账面原值为50万元。

(4)2019年12月1日,甬江公司购入一台生产设备,价款为800万元,增值税额为104万元,运杂费4万元(假定不考虑运费作为增值税进项税额抵扣的因素),购入后立即投入安装。安装过程中领用工程物资100万元,领用原材料的实际成本为16万元,产生安装人员薪酬20万元。为达到正常运转发生测试费52万元,外聘专业人员服务费8万元,员工培训费70万元。安装完毕投入使用,该设备预计使用5年,预计净残值为20万元。2019年12月31日,该生产设备安装完毕达到预定可使用状态。

(5)12月10日,甬江公司以银行存款购入一台需要自行安装的生产设备,取得的增值税专用发票上注明的价款为495万元,增值税额为64.35万元,甬江公司当日进行设备安装,安装过程中产生安装人员薪酬5万元,2019年12月31日安装完毕并达到预定可使用状态交付使用。

甬江公司预计该设备可使用10年,预计净残值为20万元,采用双倍余额递减法计提折旧;所得税纳税申报时,该设备在其预计使用寿命内每年允许税前扣除的金额为 48 万元,该设备取得时的成本与计税基础一致。

2022 年 12 月 31 日,该设备出现减值迹象,经减值测试,其可收回金额为 250 万元。甬江公司对该设备计提减值准备后,预计该设备尚可使用 5 年,预计净残值为 10 万元,仍采用双倍余额递减法计提折旧。

2023 年 12 月 31 日,甲公司出售该设备,开具的增值税专用发票上注明的价款为 100 万元,增值税额为 13 万元,款项当日收讫并存入银行,甬江公司另以银行存款支付清理费用 1 万元(不考虑清理费用的增值税)。

在线自测题

训练要求:

编制上述各笔业务的会计分录。

第八章

无形资产

■■■ 学习目标

通过本章的学习,要求学生了解无形资产的概念及判定标准;理解研究与开发支出的确认条件;掌握无形资产初始计量的核算;熟练掌握无形资产摊销、出售、出租的核算;熟悉无形资产的报废。

■■■ 关键知识点

无形资产,研究阶段,开发阶段,摊销,减值测试。

■■■ 案例导入

"加多宝""王老吉"商标之争[①]

"中国每卖出的10罐凉茶就有7罐加多宝"。相信不少人对加多宝并不陌生。市场是加多宝打下来的,而王老吉却一直不服,加多宝和王老吉争斗了5年,就在2019年8月16日终于有了结果。对于加多宝和王老吉,大家都知道这两家企业不仅在市场上为红白罐的包装争得面红耳赤,更是在法庭上为商标"大打出手"。

2014年,广州医药集团有限公司(简称广药集团)向广东省高级人民法院提起诉讼,要求加多宝赔偿自2010年5月至2012年5月商标造成的经济损失10亿元。到了2015年,广药集团再次申请变更赔偿金额,从10亿元变更为29.3亿元。这些年,加多宝和广药集团之间的"恩怨"就没停歇过,两家忙于掐架,到了2018年7月27日,争执多年的纠纷终于有了结果,经一审判决,广东省高级人民法院判决加多宝赔偿广药集团共计损失14.41亿元。然而,对于这样的结果,不仅加多宝无法接受,就是广药集团王老吉也无法接受,双方又再次上诉至最高院。于是,加多宝和王老吉的恩怨又发回广东省高级人民法院重审。然后在8月16日,这场互相打了5年的官司终于尘埃落定。根据白云山发布的公告来看,最终判决结果是加多宝赔偿广药集团共计100万元。不过,最高人民法院也对加多宝做出了相应的处罚。要求加多宝不能再发布"中国每卖出的10罐凉茶就有7罐加多宝"的广告,同时停止使用"全国销量领先的红罐凉茶——加多宝"广告词的产品包装。

商标是商品的符号。随着商标在经济发展中的作用日益重要,在市场竞争中的地位日益提高,它已成为企业生存发展的基础,成为企业的灵魂。企业注册的商标除了可以自己使用外,还可通过转让、许可、继承、投资等方式来实现其价值。广药集团正是将自己注册申请的"王老吉"商标授权许可香港鸿道集团使用来实现其价值。但是,在签订商标许可使用合同时,许可方和被许可方都应从长远考虑商标的价值,注意保护自己的商业利益。

通过以上对"王老吉"商标纠纷事件进行多角度的法律剖析,我们充分认识到,企业应注

---

① 案例来源:根据"加多宝""王老吉"商标之争尘埃落定,赔偿缩水至100万元,http://www.sohu.com/a/334968792_100132513编写。

重保护自己的商标权、专利权等这些具有战略价值的无形资产。企业应注意通过申请专利来保护企业产品的包装设计。

思考：

1. 除商标外，无形资产还包括哪些内容？

2. 无形资产的取得方式有哪些？

3. 不同取得方式下，无形资产应如何进行账务处理？

4. 在大众创业、万众创新的背景下，如何发扬工匠精神，打造科技自强民族企业？

第一节　无形资产的确认和初始计量

一、无形资产的内容和特征

(一)无形资产内容

无形资产，是指企业拥有或者控制的没有实物形态的可辨认的非货币性资产，通常包括专利权、非专利技术、商标权、著作权、特许权、土地使用权等。

在线视频 8-1

1.专利权

专利权是指国家专利主管机关依法授予发明创造专利申请人对其发明创造在法定期限内所享有的专有权利，包括发明专利权、实用新型专利权和外观设计专利权。

2.非专利技术

非专利技术也称专有技术，是指不为外界所知，在生产经营活动中已采用了的，不享有法律保护的，可以带来经济效益的各种技术和诀窍。非专利技术一般包括工业专有技术、商业贸易专有技术、管理专有技术等。非专利技术因为未经法定机关按法律程序批准和认可，所以不受法律保护。

3.商标权

商标是用来辨认特定商品或劳务的标记，商标权是指专门在某类指定的商品或产品上使用特定的名称或图案的权利。经商标局核准注册的商标为注册商标，包括商品商标、服务商标和计提商标、证明商标。

知识拓展 8-1

4.著作权

著作权是指作者对其创作的文学、科学和艺术作品依法享有的某些特殊权利。著作权包括作品署名权、发表权、修改权和保护作品完整权，还包括复制权、发行权、出租权、展览权、表演权、放映权、广播权、信息网络传播权、摄制权、改编权、翻译权、汇编权以及应当由著作权人享有的其他权利。

5.特许权

特许权又称经营特许权、专营权，是指企业在某一地区经营或销售某种特定商品的权利或是一家企业接受另一家企业使用其商标、商号、技术秘密等的权利，特许权通常有两种形式：一种是由政府机构授权，准许企业使用或在一定地区享有经营某种业务的特权，如水、电、邮电通信等专营权、烟草专卖权等;另一种是指企业间依照签订的合同有限期或无限期使用另一家企业的某些权利,如连锁店、分店使用总店的名称等。

6.土地使用权

土地使用权是指国家准许某企业在一定期间内对国有土地享有开发、利用、经营的权利。

(二)无形资产特征

1.由企业拥有或者控制并能为其带来未来经济利益的资源

无形资产作为一项资产,具有一般资产的本质特征,即由企业拥有或者控制并预期能为其带来经济利益。而客户关系、人力资源等,由于企业无法控制其带来的经济利益,因此不符合无形资产的定义,不能将其确认为无形资产。

2.无形资产不具有实物形态

无形资产通常表现为某种权利、某项技术或是某种获取超额利润的综合能力,不具有实物形态,比如,土地使用权、非专利技术等。需要指出的是,某些无形资产的存在有赖于实物载体,比如,计算机软件需要存储在介质中,但这并不改变无形资产本身不具有实物形态的特性。

3.无形资产具有可辨认性

作为无形资产核算的资产必须是能够区别于其他资产,是可单独辨认的,如企业持有的专利权、非专利技术,商标权、土地使用权、特许权等。满足下列条件之一的,应当认定为其具有可辨认性:

(1)能够从企业中分离或者划分出来,并单独用于出售或转让等,而不需要同时处置在同一获利活动中的其他资产,表明无形资产可辨认。

(2)源自合同性权利或其他法定权利,无论这些权利是否可以从企业或其他权利和义务中转移或者分离。如一方通过与另一方签订特许权合同而获得的特许使用权、通过法律程序申请获得的商标权和专利权等。

4.无形资产属于非货币性资产

非货币性资产是指除企业持有的货币资金和将以固定或可确定的金额收取的资产以外的其他资产。无形资产在持有过程中为企业未来带来经济利益的情况不确定,不属于以固定或可确定的金额收取的资产,属于非货币性资产。

二、无形资产的确认条件

无形资产应当在符合定义的前提下,同时满足以下两个确认条件时,才能予以确认。

(一)与该无形资产有关的经济利益很可能流入企业

作为无形资产确认的项目,必须满足其所产生的经济利益很可能流入企业这一条件。通常情况下,无形资产产生的未来经济利益可能包括在销售商品、提供劳务的收入当中,或者企业使用该项无形资产而减少或节约了的成本当中,或者体现在获得的其他利益当中。

知识拓展8-2

(二)该无形资产的成本能够可靠地计量

成本能够可靠地计量是确认资产的一项基本条件,对于无形资产而言,这个条件显得更为重要。例如,企业内部产生的品牌、报刊名、刊头、客户名单和实质上类似项目的支出,由于不能与整个业务开发成本区分开来,成本无法可靠地计量,不应确认为无形资产。

三、无形资产的初始计量

无形资产通常按照实际成本进行初始计量,即以取得无形资产并使之达到预定用途而发生的全部支出作为无形资产的成本。对于不同来源取得的无形资产,其成本构成不尽相同。

(一)外购无形资产的成本

外购无形资产的成本,包括购买价款、相关税费以及直接归属于使该项资产达到预定用途所发生的其他支出。其中,直接归属于使该项资产达到预定用途所发生的其他支出包括使无形资产达到预定用途所发生的专业服务费用、测试无形资产是否能够正常发挥作用的费用等,但不包括为引入新产品进行宣传所产生的广告费、管理费用以及其他间接费用,也不包括在无形资产已经达到预定用途以后发生的费用。

【例8-1】 甬江公司为增值税一般纳税人,2×19年2月5日,甬江公司以106万元(含增值税6万元)的价格购入一项商标权。为推广该商标权,甬江公司产生广告宣传费用2万元,上述款项均以银行存款支付。其账务处理如下:

借:无形资产——商标权　　　　　　　　　　　　　　　　　　　1 000 000
　　应交税费——应交增值税(进项税)　　　　　　　　　　　　　　 60 000
　　　贷:银行存款　　　　　　　　　　　　　　　　　　　　　　　1 060 000

购买无形资产的价款超过正常信用条件延期支付,实质上具有融资性质的,无形资产的成本应以购买价款的现值为基础确定。实际支付的价款与购买价款的现值之间的差额作为未确认融资费用,在付款期间内采用实际利率法进行摊销,摊销金额除满足借款费用资本化条件应当计入无形资产成本外,均应当在信用期间内确认为财务费用,计入当期损益。

【例8-2】 2×19年1月1日,甬江公司从乙公司购买一项商标权,由于甬江公司资金周转比较紧张,经与乙公司协议采用分期付款方式支付款项。合同规定,该项商标权总计1 000万元,每年年末付款200万元,5年付清。假定银行同期贷款利率为5%。为了简化核算,假定不考虑其他有关税费(已知5年期5%利率,其年金现值系数为4.3295)。甬江公司的账务处理如下:

无形资产现值＝200×4.3295＝865.90(万元)

未确认的融资费用＝1 000－865.90＝134.10(万元)

借:无形资产——商标权　　　　　　　　　　　　　　　　　　　8 659 000
　　未确认融资费用　　　　　　　　　　　　　　　　　　　　　 1 341 000
　　　贷:长期应付款　　　　　　　　　　　　　　　　　　　　　10 000 000

各年未确认融资费用的摊销可计算如下:

第1年(2×19年)未确认融资费用摊销额＝(1 000－134.10)×5%＝43.30(万元)

第2年(2×20年)未确认融资费用摊销额＝[(1 000－200)－(134.10－43.30)]×5%
　　　　　　　　　　　　　　　　　　＝35.46(万元)

第3年(2×21年)未确认融资费用摊销额＝[(1 000－200－200)－(134.10－43.30－

$$35.46)]×5\%＝27.23(万元)$$

第4年(2×22年)未确认融资费用摊销额＝[(1 000－200－200－200)－(134.10－43.30－

$$35.46－27.23)]×5\%＝18.59(万元)$$

第5年(2×23年)未确认融资费用摊销额＝134.10－43.30－35.46－27.23－18.59

$$＝9.52(万元)$$

(1)2×19年年底付款时：

借:长期应付款	2 000 000
贷:银行存款	2 000 000
借:财务费用	433 000
贷:未确认融资费用	433 000

(2)2×20年年底付款时：

借:长期应付款	2 000 000
贷:银行存款	2 000 000
借:财务费用	354 600
贷:未确认融资费用	354 600

(3)2×21年年底付款时：

借:长期应付款	2 000 000
贷:银行存款	2 000 000
借:财务费用	272 300
贷:未确认融资费用	272 300

(4)2×22年年底付款时：

借:长期应付款	2 000 000
贷:银行存款	2 000 000
借:财务费用	185 900
贷:未确认融资费用	185 900

(5)2×23年年底付款时：

借:长期应付款	2 000 000
贷:银行存款	2 000 000
借:财务费用	95 200
贷:未确认融资费用	95 200

(二)投资者投入无形资产的成本

投资者投入无形资产的成本,应当按照投资合同或协议约定的价值确定,但合同或协议约定价值不公允的,应按无形资产的公允价值入账。

【例8-3】 甬江公司因业务发展的需要接受M公司以一项专利权向企业进行的投资。根据投资双方签订的投资合同,此项专利权价值280 000元,折合为公司的股票50 000股,每股面值1元。其账务处理如下:

借:无形资产——专利权	280 000
贷:股本	50 000

资本公积——股本溢价 230 000

(三)通过非货币性资产交换和债务重组取得无形资产的成本

非货币性资产交换、债务重组取得的无形资产的成本,应分别按照《企业会计准则第7号——非货币性资产交换》《企业会计准则第12号——债务重组》处理。

(四)土地使用权的处理

企业取得的土地使用权,通常应当按照取得时所支付的价款及相关税费确认为无形资产。但属于投资性房地产的土地使用权,应当按投资性房地产进行会计处理。

土地使用权用于自行开发建造厂房等地上建筑物时,土地使用权的账面价值不与地上建筑物合并计算其成本,而仍作为无形资产进行核算,土地使用权与地上建筑物分别进行摊销和计提折旧。但下列情况除外:

(1)房地产开发企业取得的土地使用权用于建造对外出售的房屋建筑物,相关的土地使用权应当计入所建造的房屋建筑物成本。

(2)企业外购房屋建筑物所支付的价款中包括土地使用权和建筑物价值的,应当对实际支付的价款按照合理的方法(例如,公允价值相对比例)在土地使用权与地上建筑物之间进行分配;如果确实无法在土地使用权与地上建筑物之间进行合理分配的,应当全部作为固定资产,按照固定资产确认和计量的原则进行会计处理。

企业改变土地使用权的用途,停止自用土地使用权而用于赚取租金或资本增值时,应将其转为投资性房地产。

第二节 内部研究开发支出的确认和计量

对于企业自行进行的研究开发项目,应当区分研究阶段与开发阶段分别进行核算。在实际工作中,关于研究与开发阶段的具体划分,企业应当根据自身实际情况以及相关信息加以判断。

一、研究与开发阶段的区分

(一)研究阶段

研究,是指为获取并理解新的科学或技术知识等进行的独创性的有计划的调查。研究活动的例子包括:意在获取知识而进行的活动;研究成果或其他知识的应用研究、评价和最终选择;材料、设备、产品、工序、系统或服务替代品的研究;新的或经改进的材料、设备、产品、工序、系统或服务的可能替代品的配制、设计、评价和最终选择等。研究阶段基本上是探索性的,是为进一步的开发活动进行资料

在线视频 8-2

及相关方面的准备,已经进行的研究活动将来是否会转入开发、开发后是否会形成无形资产等均具有较大的不确定性。在这一阶段一般不会形成阶段性成果。

(二)开发阶段

开发,是指在进行商业性生产或使用前,将研究成果或其他知识应用于某项计划或设

计,以生产出新的或具有实质性改进的材料、装置、产品等。相对于研究阶段而言,开发阶段应当是已完成研究阶段的工作,在很大程度上具备了形成一项新产品或新技术的基本条件。

二、研究与开发阶段支出的确认

(一)研究阶段支出的确认

考虑到研究阶段的探索性及其成果的不确定性,企业无法证明其能够带来未来经济利益的无形资产的存在,因此,对于企业内部研究开发项目,研究阶段的支出,应当在发生时全部费用化,计入当期损益(管理费用)。

(二)开发阶段支出的确认

考虑到进入开发阶段的研发项目往往形成成果的可能性较大,因此,如果企业能够证明开发阶段的支出符合无形资产的定义及相关确认条件,则可将其确认为无形资产。具体来讲,对于企业内部研究开发项目,开发阶段的支出同时满足下列条件的才能资本化,计入无形资产成本,否则应当计入当期损益(管理费用)。

(1)完成该无形资产以使其能够使用或出售在技术上具有可行性。

(2)管理层具有完成该无形资产并使用或出售的意图。

(3)无形资产产生经济利益的方式,包括能够证明运用该无形资产生产的产品存在市场或无形资产自身存在市场;无形资产将在内部使用的,应当证明其有用性。

知识拓展 8-3

(4)企业有足够的技术、财务资源和其他资源支持,以完成该无形资产的开发,并有能力使用或出售该无形资产。

(5)归属于该无形资产开发阶段的支出能够可靠地计量。

(三)无法区分研究阶段和开发阶段的支出确认

无法区分研究阶段和开发阶段的支出确认,应当在发生时费用化,计入当期损益(管理费用)。

三、内部开发的无形资产的计量

内部开发活动形成的无形资产,其成本由可直接归属于该无形资产的创造、生产并使该无形资产能够以管理层预定的方式运作的所有必要支出组成。可直接归属的成本包括:开发该无形资产时耗费的材料、劳务成本、注册费,在开发该无形资产过程中使用的其他专利权和特许权的摊销,按照借款费用的处理原则可以资本化的利息支出等。

在开发无形资产过程中发生的、除上述可直接归属于无形资产开发活动之外的其他销售费用、管理费用等间接费用,无形资产达到预定用途前发生的可辨认的无效和初始运作损失,为运行该无形资产发生的培训支出等,不构成无形资产的开发成本。值得强调的是,内部开发无形资产的成本仅包括在满足资本化条件的时点至无形资产达到预定用途前发生的支出总和,对于同一项无形资产在开发过程中达到资本化条件之前已经费用化计入当期损益的支出不再进行调整。

四、内部研究开发费用的会计处理

企业自行开发无形资产发生的研发支出,不满足资本化条件的,借记"研发支出——费用化支出"科目,满足资本化条件的,借记"研发支出——资本化支出"科目,贷记"原材料""银行存款""应付职工薪酬"等科目。

研究开发项目达到预定用途形成无形资产的,应按"研发支出——资本化支出"科目的余额,借记"无形资产"科目,贷记"研发支出——资本化支出"科目。期末,应将不符合资本化条件的研发支出转入当期管理费用,借记"管理费用"科目,贷记"研发支出——费用化支出"科目;将符合资本化条件但尚未完成的开发费用继续保留在"研发支出"科目中,待开发项目达到预定用途形成无形资产时,再将其发生的实际成本转入无形资产。外购或以其他方式取得的、正在研发过程中应予资本化的项目,应按确定的金额,借记"研发支出——资本化支出"科目,贷记"银行存款"等科目。以后发生的研发支出,应当比照上述原则进行会计处理。

【例8-4】 2×19年1月1日,甬江公司的董事会批准研发某项新型技术,该公司董事会认为,研发该项目具有可靠的技术和财务等资源的支持,并且一旦研发成功将降低该公司的生产成本。2×20年1月31日,该项新型技术研发成功并已经达到预定用途。研发过程中所发生的直接相关的必要支出情况如下:

(1)2×19年度发生材料费用9 000 000元,人工费用4 500 000元,计提专用设备折旧750 000元,以银行存款支付其他费用3 000 000元,总计17 250 000元,其中,符合资本化条件的支出为7 500 000元。

(2)2×20年1月31日前发生材料费用800 000元,人工费用500 000元,计提专用设备折旧50 000元,其他费用20 000元,总计1 370 000元。

本例中,甬江公司经董事会批准研发某项新型技术,并认为完成该项新型技术无论从技术上,还是财务等方面都能够得到可靠的资源支持,一旦研发成功将降低公司的生产成本,并且有确凿证据予以支持。因此,符合条件的开发费用可以资本化。此外,甬江公司在开发该项新型技术时,累计发生了18 620 000元的研究与开发支出,其中符合资本化条件的开发支出为8 870 000元,符合"归属于该无形资产开发阶段的支出能够可靠地计量"的条件。

甬江公司的账务处理如下。

(1)2×19年度发生研发支出:

借:研发支出——××技术——费用化支出		9 750 000
——资本化支出		7 500 000
贷:原材料		9 000 000
应付职工薪酬		4 500 000
累计折旧		750 000
银行存款		3 000 000

(2)2×19年12月31日,将不符合资本化条件的研发支出转入当期管理费用:

借:管理费用——研究费用	9 750 000
贷:研发支出——××技术——费用化支出	9 750 000

(3)2×20年1月发生研发支出:

借:研发支出——××技术——资本化支出	1 370 000

贷:原材料	800 000
应付职工薪酬	500 000
累计折旧	50 000
银行存款	20 000

(4)2×20年1月31日,该项新型技术已经达到预定用途:

借:无形资产——××技术	8 870 000
贷:研发支出——××技术——资本化支出	8 870 000

第三节　无形资产的后续计量

一、无形资产使用寿命的确定

在线视频 8-3

无形资产的后续计量以其使用寿命为基础。企业应当于取得无形资产时分析判断其使用寿命。无形资产的使用寿命是有限的,应当估计该使用寿命的年限或者构成使用寿命的产量等类似计量单位数量;无法预见无形资产为企业未来带来经济利益期限的,应当视为使用寿命不确定的无形资产。

(一)估计无形资产使用寿命应考虑的因素

无形资产的使用寿命包括法定寿命和经济寿命两个方面:有些无形资产的使用寿命受法律、规章或合同的限制,称为法定寿命;经济寿命则是指无形资产可以为企业带来经济利益的年限。在估计无形资产的使用寿命时,应当综合考虑各方面相关因素的影响,其中通常应当考虑的因素有:

(1)运用该无形资产生产的产品通常的寿命周期、可获得的类似资产使用寿命的信息。

(2)技术、工艺等方面现阶段的情况及对未来发展趋势的估计。

(3)以该无形资产生产的产品或提供的服务的市场需求情况。

(4)现在或潜在的竞争者预期将采取的行动。

(5)为维持该无形资产产生未来经济利益能力的预期维护支出,以及企业预计支付有关支出的能力。

(6)对该无形资产的控制期限,以及对该资产使用的相关法律规定或类似限制,如特许使用期、租赁期等。

(7)与企业持有的其他资产使用寿命的关联性等。

(二)无形资产使用寿命的确定

(1)源自合同性权利或其他法定权利取得的无形资产,其使用寿命通常不应超过合同性权利或其他法定权利的期限。例如,企业以支付土地出让金方式取得一块土地50年的使用权,如果企业准备持续持有,在50年期间内没有计划出售,该项土地使用权预期为企业带来未来经济利益的期间为50年。

(2)没有明确的合同或法律规定无形资产的使用寿命的,企业应当综合各方面因素判断,例如,聘请相关专家进行论证、与同行业的情况进行比较以及参考企业的历史经验等,来确定无形资产为企业带来未来经济利益的期限。

（3）企业经过上述努力仍无法合理确定无形资产为企业带来经济利益期限的，才能将其作为使用寿命不确定的无形资产。

（三）无形资产使用寿命的复核

企业至少应当于每年年度终了，对使用寿命有限的无形资产的使用寿命进行复核。如果有证据表明无形资产的使用寿命与以前估计不同，应当改变其摊销期限，并按照会计估计变更进行处理。例如，企业使用的某项专利权，原预计使用寿命为 10 年，使用至第 3 年年末时，该企业计划再使用 2 年即不再使用，为此，在第 3 年年末，企业应当变更该项无形资产的使用寿命，并作为会计估计变更进行处理。

二、使用寿命有限的无形资产摊销

使用寿命有限的无形资产，应以成本减去累计摊销额和累计减值损失后的余额进行后续计量。无形资产的减值参见本书"资产减值"的相关内容。这里仅重点介绍使用寿命有限的无形资产摊销的处理。使用寿命有限的无形资产，应在其预计的使用寿命内采用系统、合理的方法对应摊销金额进行摊销。

（一）应摊销金额

无形资产的应摊销金额，是指其成本扣除预计残值后的金额。已计提减值准备的无形资产，还应扣除已计提的无形资产减值准备累计金额。无形资产的残值一般为零，但下列情况除外：

（1）有第三方承诺在无形资产使用寿命结束时购买该无形资产。

（2）可以根据活跃市场得到预计残值信息，并且该市场在无形资产使用寿命结束时很可能存在。无形资产的残值意味着，在其经济寿命结束之前，企业预计将会处置该无形资产，并且从该处置中获得利益。

（二）摊销期和摊销方法

无形资产的摊销期自其可供使用（即其达到预定用途）时起至终止确认时止。

企业选择的无形资产摊销方法，应根据与无形资产有关的经济利益的预期消耗方式做出决定，并一致地运用于不同会计期间。具体摊销方法有多种，包括直线法、产量法等。例如，受技术陈旧因素影响较大的专利权和专有技术等无形资产，可采用类似固定资产加速折旧的方法进行摊销；有特定产量限制的特许经营权或专利权，应采用产量法进行摊销。无法可靠确定其预期消耗方式的，应当采用直线法进行摊销。

企业至少应当于每年年度终了，对使用寿命有限的无形资产的使用寿命及摊销方法进行复核，如果有证据表明无形资产的使用寿命及摊销方法与以前估计不同的，应当改变其摊销年限和摊销方法，并按照会计估计变更进行会计处理。

（三）使用寿命有限的无形资产摊销的会计处理

无形资产的摊销金额一般应当计入当期损益，但如果某项无形资产是专门用于生产某种产品或其他资产的，其所包含的经济利益是通过转入所生产的产品或其他资产中实现的，则该无形资产的摊销金额应当计入相关资产的成本。例如，一项专门用于生产某种产品的专利技术,其摊销金额应构成所生产产品成本的一部分,计入制造该产品的制造费用。

【例8-5】 2×19年1月1日,甬江公司从外单位购得一项新专利技术用于产品生产,支付价款75 000 000元,款项已支付。该项专利技术法律保护期间为15年,公司预计运用该专利生产的产品在未来10年内会为公司带来经济利益。假定这项无形资产的净残值为0,按年采用直线法摊销。

本例中,甬江公司外购的专利技术的预计使用期限(10年)短于法律保护期间(15年),则应当按照企业预计使用期限确定其使用寿命,同时这也就表明该项专利技术是使用寿命有限的无形资产,且该项无形资产用于产品生产,因此,应当将其摊销金额计入相关产品的成本。

甬江公司的账务处理如下。

(1)取得无形资产时:

借:无形资产——专利权 75 000 000

　　贷:银行存款 75 000 000

(2)按年摊销时:

借:制造费用——专利权摊销 7 500 000

　　贷:累计摊销 7 500 000

2×21年1月1日,就上述专利技术,第三方向甬江公司承诺在3年内以其最初取得时公允价值的60%购买该专利技术,从公司管理层目前的持有计划来看,准备在3年内将其出售给第三方。为此,甬江公司应当在2×21年变更该项专利技术的估计使用寿命为3年,变更净残值为45 000 000元(75 000 000×60%),并按会计估计变更进行处理。2×21年该项无形资产的摊销金额为5 000 000元[(75 000 000−7 500 000×2−45 000 000)÷3]。

甬江公司2×21年对该项专利技术按年摊销的账务处理为:

借:制造费用——专利权摊销 5 000 000

　　贷:累计摊销 5 000 000

三、使用寿命不确定的无形资产减值测试

根据可获得的相关信息判断,有确凿证据表明无法合理估计其使用寿命的无形资产,才能作为使用寿命不确定的无形资产。对于使用寿命不确定的无形资产,在持有期间内不需要进行摊销,但应当至少在每个会计期末按照《企业会计准则第8号——资产减值》的有关规定进行减值测试。如经减值测试表明已发生减值,则需要计提相应的减值准备,具体账务处理为,借记"资产减值损失"科目,贷记"无形资产减值准备"科目。

【例8-6】 2×19年1月1日,甬江公司自行研发的某项非专利技术已经达到预定可使用状态,累计研究支出为800 000元,累计开发支出为2 500 000元(其中,符合资本化条件的支出为2 000 000元)。有关调查表明,根据产品生命周期、市场竞争等方面情况的综合判断,该非专利技术将在不确定的期间内为企业带来经济利益。由此,该非专利技术可视为使用寿命不确定的无形资产,在持有期间内不需要进行摊销。

2×20年年底,甬江公司对该项非专利技术按照资产减值的相关原则进行减值测试,经测试表明其已发生减值。2×20年年底,该非专利技术的可收回金额为1 800 000元。

甬江公司的账务处理如下。

(1)2×19 年 1 月 1 日,非专利技术达到预定用途:

借:无形资产——非专利技术　　　　　　　　　　　　　　　2 000 000

　　贷:研发支出——资本化支出　　　　　　　　　　　　　　　　　　2 000 000

(2)2×20 年 12 月 31 日,非专利技术发生减值:

借:资产减值损失——非专利技术　　　　　　　　　　　　　　200 000

　　贷:无形资产减值准备——非专利技术　　　　　　　　　　　　　　200 000

第四节　无形资产的处置和报废的核算

无形资产的处置,主要是指无形资产对外出租、出售、捐赠,或者是无法为企业带来未来经济利益时,应予转销并终止确认。

一、无形资产出租

企业让渡无形资产使用权并收取租金,在满足收入确认条件的情况下,应确认相关的收入和费用。出租无形资产取得租金收入时,借记"银行存款"等科目,贷记"其他业务收入"等科目;摊销出租无形资产的成本和发生与转让有关的各种费用支出时,借记"其他业务成本""税金及附加"等科目,贷记"累计摊销""应交税费"等科目。

在线视频 8-4

【例 8-7】 2×19 年 1 月 1 日,甬江公司将某商标权出租给乙公司使用,租期为 4 年,每年收取不含税租金 150 000 元。甬江公司为一般纳税人,应交纳的增值税为 9 000 元(适用的增值税率为 6%)。在出租期间内甬江公司不再使用该商标权。该商标权系甬江公司 2×18 年 1 月 1 日购入的,初始入账价值为 1 800 000 元,预计使用年限为 15 年,采用直线法按年摊销。

甬江公司的账务处理如下。

(1)每年取得租金:

借:银行存款　　　　　　　　　　　　　　　　　　　　　　159 000

　　贷:其他业务收入——出租商标权　　　　　　　　　　　　　　　150 000

　　　　应交税费——应交增值税(销项税额)　　　　　　　　　　　　　9 000

(2)按年对该商标权进行摊销:

借:其他业务成本——商标权摊销　　　　　　　　　　　　　　120 000

　　贷:累计摊销　　　　　　　　　　　　　　　　　　　　　　　　120 000

二、无形资产出售

企业出售无形资产,表明企业放弃该无形资产的所有权,应将所取得的价款与该无形资产账面价值的差额作为资产处置利得或损失,计入当期损益。但值得注意的是,企业出售无形资产确认其利得的时点,应按照收入确认中的相关原则进行确定。出售无形资产时,应按实际收到的金额等,借记"银行存款"等科目;按已计提的累计摊销额,借记"累计摊销"科目;原已计提减值准备的,借记"无形资产减值准备"科目;按应支付的相关税费及其他费用,贷记"应交税费""银行存款"等科目;按其账面余额,贷记"无形资产"科目;按其差额,贷记或借记"资产处置损益"科目。

【例 8-8】 甬江公司为增值税一般纳税人,出售一项商标权,所得的不含税价款为 1 200 000 元,应交纳的增值税为 72 000 元(适用的增值税率为 6%,不考虑其他税费)。该商标权成本为 3 000 000 元,出售时已摊销金额为 1 800 000 元,已计提的减值准备为300 000元。

甬江公司的账务处理为:

借:银行存款		1 272 000
累计摊销		1 800 000
无形资产减值准备		300 000
贷:无形资产——商标权		3 000 000
应交税费——应交增值税(销项税额)		72 000
资产处置损益		300 000

三、无形资产报废

如果无形资产预期不能为企业未来带来经济利益,例如,某无形资产已被其他新技术所替代或超过法律保护期,不能再为企业带来经济利益的,则不再符合无形资产的定义,应将其报废并予以转销,其账面价值转入当期损益。

【例 8-9】 甬江公司原拥有一项非专利技术,采用直线法进行摊销,预计使用期限为 10 年。现该项非专利技术已被内部研发成功的新技术所替代,并且根据市场调查,用该项非专利技术生产的产品已没有市场,预期不能再为企业带来任何经济利益,故应当予以转销。转销时,该项非专利技术的成本为 9 000 000 元,已摊销 6 年,累计计提减值准备为 2 400 000 元,该项非专利技术的残值为 0。假定不考虑其他相关因素。

甬江企业的账务处理为:

借:累计摊销		5 400 000
无形资产减值准备——非专利技术		2 400 000
营业外支出——处置非流动资产损失		1 200 000
贷:无形资产——非专利技术		9 000 000

【问题讨论】

1. 无形资产有哪些基本特征?应符合哪些确认条件?

2. 无形资产的入账价值如何确定?

3. 无形资产研发支出的具体含义是什么?应如何进行账务处理?

4. 估计无形资产的使用寿命时应考虑哪些因素?无形资产的摊销和处置如何进行账务处理?

5. 研发支出企业在会计处理上有很大的选择空间,会计人员如何秉持职业操守,降低主观随意风险?

【项目训练】

训练目的:学生通过本项目的训练,对无形资产项目有一个比较系统的认识,熟悉其账务处理程序,据以达到熟练地掌握无形资产的确认、计量、记录等会计技能的目的。

训练形式:以学生自主完成为主,教师适当指导。

训练课时:课外 2 课时。

训练资料:甬江公司为增值税一般纳税人,2016 年 1 月 1 日,甬江公司从乙公司购入一项专门用于生产新产品 A 产品的无形资产,由于甬江公司资金周转比较困难,经与乙公司协商采用分期付款方式支付款项,该无形资产合同规定总价款为 2 000 万元,从 2016 年起每年年末支付 500 万元,分 4 次支付。假定银行同期贷款年利率为 5%,未确认融资费用采用实际利率法摊销。购入该无形资产支付增值税 120 万元及其他相关税费 27 万元;为使该无形资产达到预定用途,支付专业服务费用 100 万元;为引入 A 产品进行宣传,支付广告费用 50 万元。2016 年 1 月 2 日无形资产达到预定用途。该无形资产的法律保护期限为 15 年,甬江公司预计其使用寿命为 10 年,同日得到丙公司承诺 4 年后按 900 万元的价格购买该无形资产,甬江公司管理层计划在 4 年后将其出售给丙公司。甬江公司鉴于该无形资产为企业各年带来的经济利益比较均衡,所以采用直线法对其进行摊销。

2017 年 12 月 31 日,该无形资产出现减值迹象,经测试,预计其未来现金流量的现值为 1 200 万元,公允价值减去处置费用后的净额为 1 180 万元。假设该无形资产减值后,原预计使用年限、摊销方法和残值均不变。

2020 年 1 月 2 日,甬江公司将上述无形资产出售给丙公司,售价为 848 万元(含增值税 48 万元),收到款项已存入银行。

已知:$(P/A,5\%,4)=3.5460$。

训练要求:

(1)计算无形资产取得时的入账价值。

(2)编制 2016 年取得无形资产相关的会计分录。

(3)编制 2016 年支付分期款项及摊销未确认融资费用、无形资产摊销的会计分录。

(4)编制 2017 年支付分期款项及摊销未确认融资费用、无形资产摊销、计提减值准备的会计分录。

(5)编制 2018 年支付分期款项及摊销未确认融资费用、无形资产摊销的会计分录。

(6)编制 2019 年支付分期款项及摊销未确认融资费用、无形资产摊销的会计分录。

在线自测题

(7)编制 2020 年 1 月 2 日出售该无形资产的会计分录。

第九章

投资性房地产

■■■ 学习目标

通过本章学习,要求学生理解投资性房地产的定义、特征和分类,掌握投资性房地产的取得、后续计量、后续支出、转换和处置的核算。

■■■ 关键知识点

投资性房地产,成本计量模式,公允价值计量模式,投资性房地产的转换。

■■■ 案例导入

数据显示,多家上市公司在公告中称,《企业会计准则第 3 号——投资性房地产》准许企业对投资性房地产的后续计量模式可以选择采用成本计量模式,也可以选择采用公允价值计量模式,由成本计量模式转为公允价值计量模式的,作为会计政策变更处理。2014 年年初财政部印发了《企业会计准则第 39 号——公允价值计量》,对公允价值计量做了更详细的解释和规定,使企业能够更准确地理解和运用公允价值计量,避免企业进行会计利润操纵。目前大部分上市房企仍采用成本法计量,投资工具不健全、投资收益计量工具落后是中国市场中最制约房地产发展的问题,这也限制了公允价值计量在投资性房地产中的运用,截至 2018 年年底,共有 3540 家左右的上市公司,但应用公允价值计量模式的公司不过百家,随着中国资本市场的发展,公允价值计量模式的采用呈上升趋势。

供销大集集团股份有限公司 2017 年 7 月 2 日的公告称,公司将投资性房地产的后续计量方法由成本计量模式变更为公允价值计量模式。变更原因为:随着公司的发展,公司所持的投资性房地产价值不断提升,公允价值计量模式比成本计量模式更能动态地反映投资性房地产的公允价值。

思考:

1.企业投资性房地产、固定资产以及无形资产三种资产如何区分?

2.企业持有投资性房地产的意图何在?

3.投资性房地产的后续计量模式与固定资产、无形资产有什么不同?

第一节 投资性房地产的特征和范围

一、投资性房地产的定义及特征

投资性房地产是指为赚取租金或资本增值,或者两者兼有而持有的房地产,它具有高风险、高收益的特征。其特征如下所述。

在线视频 9-1

(一)投资性房地产业务是一种经营性活动

投资性房地产的主要形式是出租建筑物、出租土地使用权,这实质上属于一种让渡资产使用权的行为。房地产租金就是让渡资产使用权取得的使用费收入,是企业为完成其经营目标所从事的经营性活动以及与之相关的其他活动形成的经济利益总流入。投资性房地产的另一种形式是持有并准备增值后转让的土地使用权,尽管其增值收益通常与市场供求、经济发展等因素有关,但目的是为了增值后转让以赚取增值收益,也是企业为完成其经营目标所从事的经营性活动以及与之相关的其他活动形成的经济利益总流入。

(二)投资性房地产区别于作为生产经营场所的房地产和用于销售的房地产

企业持有的房地产除了用作自身管理、生产经营活动场所和对外销售之外,出现了将房地产用于赚取租金或增值收益的活动,甚至是个别企业的主营业务。这就需要将投资性房地产单独作为一项资产核算和反映,与自用的厂房、办公楼等房地产和作为存货(已建完工的商品房)的房地产加以区别,从而更加清晰地反映企业所持有房地产的构成情况和盈利能力。

(三)投资性房地产有两种后续计量模式

企业通常应当采用成本计量模式对投资性房地产进行后续计量,只有在满足特定条件的情况下,即有确凿证据表明其所有的投资性房地产的公允价值能够持续可靠地取得,也可以采用公允价值计量模式进行后续计量。也就是说,投资性房地产准则适当引入公允价值计量模式,在满足特定条件的情况下,可以对投资性房地产采用公允价值计量模式进行后续计量,但是,同一企业只能采用一种模式对所有投资性房地产进行后续计量,不能同时采用两种计量模式。

二、投资性房地产的范围

根据投资性房地产准则的规定,投资性房地产的范围限定为已出租的土地使用权、持有并准备增值后转让的土地使用权、已出租的建筑物。

(一)已出租的土地使用权

已出租的土地使用权,是指企业通过出让或转让方式取得的、以经营租赁方式出租的土地使用权。企业取得的土地使用权通常包括在一级市场上以交纳土地出让金的方式取得的土地使用权,也包括在二级市场上接受其他单位转让的土地使用权。例如,甲公司与乙公司签署了土地使用权租赁协议,甲公司以年租金720万元租赁使用乙公司拥有的40万平方米的土地使用权。那么,自租赁协议约定的租赁期开始日起,这项土地使用权属于乙公司的投资性房地产。对于以经营租赁方式租入土地使用权再转租给其他单位的,不能确认为投资性房地产。

(二)持有并准备增值后转让的土地使用权

持有并准备增值后转让的土地使用权,是指企业取得的、准备增值后转让的土地使用权。这类土地使用权很可能给企业带来资本增值收益,符合投资性房地产的定义。例如,企业发生转产或厂址搬迁,部分土地使用权停止自用,管理层决定继续持有这部分土地使用权,待其增值后转让以赚取增值收益。按照国家有关规定认定的闲置土地,不属于持有并准备增值后转让的土地使用权,也就不属于投资性房地产。

知识拓展 9-1

(三)已出租的建筑物

已出租的建筑物是指企业拥有产权的、以经营租赁方式出租的建筑物,包括自行建造或开发活动完成后用于出租的建筑物。企业在判断和确认已出租的建筑物时,应当把握以下要点。

(1)用于出租的建筑物是指企业拥有产权的建筑物。企业以经营租赁方式租入再转租的建筑物不属于投资性房地产。例如,甲企业与乙企业签订了一项经营租赁合同,乙企业将其持有产权的一栋办公楼出租给甲企业,为期5年。甲企业一开始将该办公楼改装后用于自行经营餐馆。2年后,由于连续亏损,甲企业将餐馆转租给丙公司,以赚取租金差价。这种情况下,对于甲企业而言,该栋楼不属于其投资性房地产。对于乙企业而言,则属于其投资性房地产。

(2)已出租的建筑物是企业已经与其他方签订了租赁协议,约定以经营租赁方式出租的建筑物。自租赁协议规定的租赁期开始日起,经营出租的建筑物才属于已出租的建筑物。企业计划用于出租但尚未出租的建筑物,不属于已出租的建筑物。例如,甲企业在当地房地产交易中心通过竞拍取得一块土地的使用权。甲企业按照合同规定对这块土地进行了开发,并在这块土地上建造了一栋商场,拟用于整体出租,但尚未找到合适的承租人。本例中,这栋商场不属于投资性房地产。直到甲企业与承租人签订经营租赁合同,自租赁期开始日起,这栋商场才能转换为投资性房地产;同时,相应的土地使用权(无形资产)也应当转换为投资性房地产。

(3)企业将建筑物出租,按租赁协议向承租人提供的相关辅助服务在整个协议中不重大的,应当将该建筑物确认为投资性房地产。例如,企业将其办公楼出租,同时向承租人提供维护、保安等日常辅助服务,企业应当将其确认为投资性房地产。

三、不属于投资性房地产的项目

(一)自用房地产

自用房地产是指为生产商品、提供劳务或者经营管理而持有的房地产,如企业生产经营用的厂房和办公楼属于固定资产,企业生产经营用的土地使用权属于无形资产。自用房地产的特征在于服务于企业自身的生产经营,其价值会随着房地产的使用而逐渐转移到企业的产品或服务中去,通过销售商品或提供服务为企业带来经济利益,在产生现金流量的过程中与企业持有的其他资产密切相关。

例如,企业出租给本企业职工居住的宿舍,虽然也收取租金,但间接为企业自身的生产经营服务,因此具有自用房地产的性质。又如,企业拥有并自行经营的旅馆饭店,旅馆饭店的经营者在向顾客提供住宿服务的同时,还提供餐饮、娱乐等其他服务,其经营目的主要是通过向客户提供服务取得服务收入,因此,企业自行经营的旅馆饭店是企业的经营场所,应当属于自用房地产。

(二)作为存货的房地产

作为存货的房地产通常是指房地产开发企业在正常经营过程中销售的或为销售而正在开发的商品房和土地。这部分房地产属于房地产开发企业的存货,其生产、销售构成企业的主营业务活动,产生的现金流量也与企业的其他资产密切相关。因此,具有存货性质的房地产不属于投资性房地产。

从事房地产经营开发的企业依法取得的、用于开发后出售的土地使用权,属于房地产开发企业的存货,即使房地产开发企业决定待增值后再转让其开发的土地,也不得将其确认为投资性房地产。

实务中,存在某项房地产部分自用或作为存货出售、部分用于赚取租金或资本增值的情形。如某项投资性房地产不同用途的部分能够单独计量和出售的,应当分别确认为固定资产(或无形资产、存货)和投资性房地产。例如,甲开发商建造了一栋商住两用楼盘,一层出租给一家大型超市,已签订经营租赁合同;其余楼层均为普通住宅,正在公开销售中。这种情况下,如果一层商铺能够单独计量和出售,应当确认为甲企业的投资性房地产,其余楼层为甲企业的存货,即开发产品。投资性房地产准则着重解决了投资性房地产的后续计量问题,即采用成本计量模式还是公允价值计量模式。

知识拓展 9-2

第二节　投资性房地产的确认和初始计量

一、投资性房地产的确认条件和初始计量

按照《企业会计准则第 3 号——投资性房地产》的规定,投资性房地产,首先应当符合投资性房地产的定义,其次要同时满足投资性房地产的两个确认条件:其一,与该资产相关的经济利益很可能流入企业;其二,该投资性房地产的成本能够可靠地计量。

在线视频 9-2

对于已出租的土地使用权、已出租的建筑物,其作为投资性房地产的确认时点为租赁期开始日,即土地使用权、建筑物进入出租状态、开始赚取租金的日期。对持有并准备增值后转让的土地使用权,其作为投资性房地产的确认时点为企业将自用土地使用权停止自用,准备增值后转让的日期。投资性房地产应当按照取得成本进行初始计量。

(一)外购的投资性房地产的确认与初始计量

对于企业外购的房地产,只有在购入房地产的同时开始对外出租(自租赁期开始日起,下同)或用于资本增值,才能称之为外购的投资性房地产。外购投资性房地产的成本,包括购买价款、相关税费和可直接归属于该资产的其他支出。

在采用成本计量模式下,外购的土地使用权和建筑物,按照取得时的实际成本进行初始计量,借记"投资性房地产"科目,贷记"银行存款"等科目。取得时的实际成本包括购买价款、相关税费和可直接归属于该资产的其他支出。

在采用公允价值计量模式下,企业应当在"投资性房地产"科目下设置"成本"和"公允价值变动"两个明细科目,按照外购的土地使用权和建筑物发生的实际成本,记入"投资性房地产——成本"科目。

【例 9-1】　甬江公司于 2020 年 1 月 1 日支付 1 000 万元价款和 9 万元相关税费购入了 800 平方米的商业用房,当日出租给乙公司,适用的增值税率为 9%,甬江公司采用公允价值计量模式。甬江公司购入投资性房地产的账务处理如下:

借:投资性房地产——成本　　　　　　　　　　　　　　10 000 000
　　应交税费——应收增值税(进项税额)　　　　　　　　　90 000
　　贷:银行存款　　　　　　　　　　　　　　　　　　10 090 000

若企业购入房地产,自用一段时间之后再改为出租或用于资本增值的,应当先将外购的房地产确认为固定资产或无形资产,自租赁期开始日或用于资本增值之日开始,才能从固定资产或无形资产转换为投资性房地产。

【例9-2】 甬江公司于2020年1月1日支付2 000万元土地出让金和180万元增值税取得一块土地使用权,使用年限50年,准备筹建办公楼。甬江公司购入土地使用权的账务处理是:

借:无形资产——土地使用权　　　　　　　　　　　　20 000 000
　　应交税费——应交增值税(进项税额)　　　　　　　　1 800 000
　　贷:银行存款　　　　　　　　　　　　　　　　　　21 800 000

2020年年末摊销土地使用权:

借:管理费用　　　　　　　　　　　　　　　　　　　　400 000
　　贷:累计摊销(20 000 000÷50)　　　　　　　　　　　　400 000

2021年1月1日,该土地使用权出租,甬江公司将无形资产转入投资性房地产,采用成本计量模式:

借:投资性房地产　　　　　　　　　　　　　　　　　20 000 000
　　累计摊销　　　　　　　　　　　　　　　　　　　　400 000
　　贷:无形资产——土地使用权　　　　　　　　　　　　20 000 000
　　　　投资性房地产累计摊销　　　　　　　　　　　　　400 000

(二)自行建造的投资性房地产的确认与初始计量

知识拓展9-3

企业自行建造(或开发,下同)的房地产,只有在自行建造或开发活动完成(即达到预定可使用状态)的同时开始对外出租或用于资本增值,才能将自行建造的房地产确认为投资性房地产。自行建造投资性房地产的成本,由建造该项房地产达到预定可使用状态前发生的必要支出构成,包括土地开发费、建筑安装成本、应予以资本化的借款费用、支付的其他费用和分摊的间接费用等。建造过程中发生的非正常性损失直接计入当期损益,不计入建造成本。

企业自行建造的房地产达到预定可使用状态后一段时间才对外出租或用于资本增值的,应当先将自行建造的房地产确认为固定资产或无形资产,自租赁期开始日或用于资本增值之日开始,从固定资产或无形资产转换为投资性房地产。

二、与投资性房地产有关的后续支出

(一)资本化的后续支出

与投资性房地产有关的后续支出,满足投资性房地产确认条件的应当计入投资性房地产成本。例如,企业为了提高投资性房地产的使用效能,往往需要对投资性房地产进行改建、扩建而使其更加坚固耐用,或者通过装修而改善其室内装潢,改扩建或装修支出满足确认条件的,应当将其资本化。

【例9-3】 2020年2月,甬江公司与乙企业的一项厂房经营租赁合同即将到期,该厂房按照成本计量模式进行后续计量,原价为3 000万元,已计提折旧900万元。为了提高厂房的租金收入,甬江公司决定在租赁期满后对厂房进行改扩建,并与丙企业签订了经营租赁合同,约定自改扩建完工时将厂房出租给丙企业。2月15日,与乙企业的租赁合同到期,厂房随即进入改扩建工程。12月25日,厂房改扩建工程完工,共发生支出400万元,即日按照租赁合同出租给丙企业。

本例中,改扩建支出属于资本化的后续支出,应当记入投资性房地产的成本。

甬江公司的账务处理如下:

(1)2020年2月15日,投资性房地产转入改扩建工程:

借:在建工程 21 000 000
  投资性房地产累计折旧 9 000 000
  贷:投资性房地产——厂房 30 000 000

(2)2020年2月15日至12月25日:

借:在建工程 4 000 000
  贷:银行存款等 4 000 000

(3)2020年12月25日,改扩建工程完工:

借:投资性房地产——厂房 25 000 000
  贷:在建工程 25 000 000

【例9-4】 2020年3月,甬江公司与乙企业的一项厂房经营租赁合同即将到期。为了提高厂房的租金收入,甬江公司决定在租赁期满后对厂房进行改扩建,并与丙企业签订了经营租赁合同,约定自改扩建完工时将厂房出租给丙企业。3月10日,与乙企业的租赁合同到期,厂房随即进入改扩建工程。11月20日,厂房改扩建工程完工,共发生支出180万元,即日按照租赁合同出租给丙企业。3月10日厂房账面余额为1 600万元,其中成本1 000万元,累计公允价值变动600万元。假设甬江公司对投资性房地产采用公允价值计量模式。

本例中,改扩建支出属于资本化的后续支出,应当记入投资性房地产的成本。

甬江公司的账务处理如下。

(1)2020年3月10日,投资性房地产转入改扩建工程:

借:在建工程 16 000 000
  贷:投资性房地产——成本 10 000 000
      ——公允价值变动 6 000 000

(2)2020年3月10日至11月20日:

借:在建工程 1 800 000
  贷:银行存款 1 800 000

(3)2020年1月10日,改扩建工程完工:

借:投资性房地产——成本 17 800 000
  贷:在建工程 17 800 000

(二)费用化的后续支出

与投资性房地产有关的后续支出,不满足投资性房地产确认条件的应当在发生时计入当期损益。例如企业对投资性房地产进行日常维护所发生的支出。

【例9-5】 甬江公司对其某项投资性房地产进行日常维修,发生维修支出1.5万元,增值税额为1350元。本例中,日常维修支出属于费用化的后续支出,应当计入当期损益。

甬江公司的账务处理如下:

借:其他业务成本 15 000
  应交税费——应交增值税(进项税额) 1 350
  贷:银行存款 16 350

第三节　投资性房地产的后续计量

一般情况下,投资性房地产在后续计量时,有两种计量模式可供选择:成本计量模式,公允价值计量模式。但是,同一企业只能采用一种计量模式对所有投资性房地产进行后续计量,不得同时采用两种计量模式。

一、采用成本计量模式进行后续计量的投资性房地产

在成本计量模式下,应当按照固定资产或无形资产的有关规定,对投资性房地产进行后续计量,计提折旧或摊销。企业按期(月)对投资性房地产计提折旧或进行摊销,借记"其他业务成本"科目,贷记"投资性房地产累计折旧(摊销)"科目。取得的租金收入,借记"银行存款"等科目,贷记"其他业务收入"等科目。

在线视频9-3

在成本计量模式下,投资性房地产存在减值迹象的,还应当按照资产减值的有关规定进行处理。即采用成本计量模式计量的投资性房地产发生减值的,可以单独设置"投资性房地产减值准备"科目,比照"固定资产减值准备"等科目进行处理。

【例9-6】 2020年1月8日甬江公司将一栋办公楼出租给立达公司使用,已确认为投资性房地产,采用成本计量模式进行后续计量。假设该栋办公楼的成本为1800万元,按照直线法计提折旧,使用寿命为20年,预计净残值为零。按照经营租赁合同约定,乙企业每月支付甲企业租金8万元,增值税额0.72万元。甬江公司的账务处理如下:

(1)计提折旧

每月计提折旧1800÷20÷12=7.5(万元)。

借:其他业务成本 75 000
  贷:投资性房地产累计折旧 75 000

(2)确认租金

借:银行存款 87 200
  贷:其他业务收入 80 000
    应交税费——应交增值税(销项税额) 7 200

二、采用公允价值计量模式进行后续计量的投资性房地产

(一)投资性房地产采用公允价值计量模式的前提条件

企业只有存在确凿证据表明其公允价值能够持续可靠取得的,才允许采用公允价值计量模式。企业一旦选择公允价值计量模式,就应当对其所有投资性房地产采用公允价值计量模式进行后续计量。采用公允价值计量模式计量投资性房地产,应当同时满足以下两个条件:①投资性房地产所在地有活跃的房地产交易市场。所在地,通常是指投资性房地产所在的城市。对于大中城市,应当为投资性房地产所在的城区;②企业能够从房地产交易市场上取得同类或类似房地产的市场价格及其他相关信息,从而对投资性房地产的公允价值做出科学合理的估计。这两个条件必须同时具备,缺一不可。

企业可以参照活跃市场上同类或类似房地产的现行市场价格(市场公开报价)来确定投资性房地产的公允价值;无法取得同类或类似房地产现行市场价格的,可以参照活跃市场上同类或类似房地产的最近交易价格,并考虑交易情况、交易日期、所在区域等因素予以确定。

同类或类似的房地产,对建筑物而言,是指所处地理位置和地理环境相同、性质相同、结构类型相同或相近、新旧程度相同或相近、可使用状况相同或相近的建筑物;对土地使用权而言,是指同一城区、同一位置区域、所处地理环境相同或相近、可使用状况相同或相近的土地。

(二)采用公允价值计量模式进行后续计量的会计处理

采用公允价值计量模式计量的投资性房地产,应当按照取得时的成本进行初始计量。其实际成本的确定与外购或自行建造的采用成本计量模式计量的投资性房地产一致。企业应当在"投资性房地产"科目下设置"成本"和"公允价值变动"两个明细科目,外购或自行建造时发生的实际成本,记入"投资性房地产(成本)"科目。

企业采用公允价值计量模式进行后续计量的,不对投资性房地产计提折旧或进行摊销,应当以资产负债表日投资性房地产的公允价值为基础调整其账面价值,公允价值与原账面价值之间的差额计入当期损益(公允价值变动损益)。即,资产负债表日投资性房地产的公允价值高于其账面余额的差额,借记"投资性房地产——公允价值变动"科目,贷记"公允价值变动损益"科目;公允价值低于其账面余额的差额做相反的会计分录。

【例9-7】 2020年8月,甬江公司与立达公司签订租赁协议,约定将甬江公司开发的一栋精装修的写字楼于开发完成的同时开始租赁给立达公司使用,租赁期为10年。当年10月1日,该写字楼开发完成并开始起租,写字楼的造价为8 000万元。2020年12月31日,该写字楼的公允价值为8 500万元。假设甬江公司对投资性房地产采用公允价值计量模式计量。

甬江公司的账务处理如下。

(1)2020年10月1日,甲公司开发完成写字楼并出租:

借:投资性房地产——成本　　　　　　　　　　　　　　80 000 000
　　贷:开发成本　　　　　　　　　　　　　　　　　　　　　　80 000 000

(2)2020年12月31日,按照公允价值为基础调整其账面价值,公允价值与原账面价值之间的差额计入当期损益:

借:投资性房地产——公允价值变动　　　　　　　　　　5 000 000
　　贷:公允价值变动损益　　　　　　　　　　　　　　　　　5 000 000　知识拓展9-4

三、投资性房地产后续计量模式的变更

为保证会计信息的可比性,企业对投资性房地产的计量模式一经确定,不得随意变更。只有在房地产市场比较成熟、能够满足采用公允价值计量模式条件的情况下,才允许企业对投资性房地产从成本计量模式计量变更为公允价值计量模式计量。但是,同一企业只能采用一种计量模式对所有投资性房地产进行后续计量,不得同时采用两种计量模式。成本计量模式转为公允价值计量模式的,应当作为会计政策变更处理,并按计量模式变更时公允价值与账面价值的差额调整期初留存收益。已采用公允价值计量模式计量的投资性房地产,不得从公允价值计量模式转为成本计量模式。

企业变更投资性房地产计量模式时,应当按照计量模式变更日投资性房地产的公允价值,借记"投资性房地产(成本)"科目,按照已计提的折旧或摊销,借记"投资性房地产累计折旧(摊销)"科目,原已计提减值准备的,借记"投资性房地产减值准备"科目,按照差额,贷记"利润分配——未分配利润""盈余公积"等科目。

【例 9-8】 甬江公司将一栋写字楼租赁给立达公司使用,并一直采用成本计量模式进行后续计量。2020 年 1 月 1 日,甲企业认为,出租给立达公司使用的写字楼,其所在地的房地产交易市场比较成熟,具备了采用公允价值计量模式计量的条件,决定对该项投资性房地产从成本计量模式转换为公允价值计量模式计量。该写字楼的原造价为 90 000 000 元,已计提折旧 2 700 000 元,账面价值为 87 300 000 元。2020 年 1 月 1 日,该写字楼的公允价值为 95 000 000元。

假设甬江公司按净利润的 10% 计提盈余公积。

甬江公司的账务处理如下:

借:投资性房地产——××写字楼(成本)　　　　　　　　　　95 000 000

　　投资性房地产累计折旧(摊销)　　　　　　　　　　　　　 2 700 000

　　贷:投资性房地产——××写字楼　　　　　　　　　　　90 000 000

　　　　利润分配——未分配利润　　　　　　　　　　　　　 6 930 000

　　　　盈余公积　　　　　　　　　　　　　　　　　　　　 770 000

第四节　投资性房地产的转换和处置

一、投资性房地产的转换

(一)投资性房地产的转换形式及转换日

投资性房地产的转换,是因投资性房地产用途发生改变而对房地产进行的重新分类。企业有确凿证据表明房地产的用途发生改变,且满足下列条件之一的,应当将投资性房地产转换为其他资产或者将其他资产转换为投资性房地产。

在线视频 9-4

(1)投资性房地产开始自用,即将投资性房地产转为自用房地产。在此种情况下,转换

日为房地产达到自用状态,企业开始将其用于生产商品、提供劳务或者经营管理的日期。

(2)作为存货的房地产,改为出租。通常是指房地产开发企业将其持有的开发产品以经营租赁的方式出租,存货相应地转换为投资性房地产。在此种情况下,转换日为房地产的租赁期开始日。租赁期开始日,是指承租人有权行使其使用租赁资产权利的日期。

(3)自用建筑物停止自用,改为出租。即企业将原本用于生产商品、提供劳务或者经营管理的房地产改用于出租,固定资产或土地使用权相应地转换为投资性房地产。在此种情况下,转换日为租赁期开始日。

(4)自用土地使用权停止自用,改用于赚取租金或资本增值。即企业将原本用于生产商品、提供劳务或者经营管理的土地使用权改用于赚取租金或资本增值,该土地使用权相应地转换为投资性房地产。在此种情况下,转换日为自用土地使用权停止自用后,确定用于赚取租金或资本增值的日期。

(二)投资性房地产转换为非投资性房地产

(1)采用成本计量模式进行后续计量的投资性房地产转换为自用房地产

企业将原本用于赚取租金或资本增值的房地产改用于生产商品、提供劳务或者经营管理,投资性房地产相应地转换为固定资产或无形资产。例如,企业将出租的厂房收回,并用于生产本企业的产品。在此种情况下,转换日为房地产达到自用状态,企业开始将房地产用于生产商品、提供劳务或者经营管理的日期。

企业将投资性房地产转换为自用房地产时,应当按该项投资性房地产在转换日的账面余额、累计折旧、减值准备等,分别转入"固定资产""累计折旧""固定资产减值准备"等科目;按投资性房地产的账面余额,借记"固定资产"或"无形资产"科目,贷记"投资性房地产"科目;按已计提的折旧或摊销,借记"投资性房地产累计折旧(摊销)"科目,贷记"累计折旧"或"累计摊销"科目;原已计提减值准备的,借记"投资性房地产减值准备"科目,贷记"固定资产减值准备"或"无形资产减值准备"科目。

【例9-9】 2020年8月1日,甬江公司将出租在外的厂房收回,开始用于本企业生产商品。该项房地产在转换前采用成本计量模式,其账面价值为2 800万元。其中,原价5 000万元,累计已提折旧2 200万元。

甬江公司的账务处理如下:

借:固定资产　　　　　　　　　　　　　　　　　　　　　　　　　　50 000 000

　　投资性房地产累计折旧(摊销)　　　　　　　　　　　　　　　22 000 000

　　贷:投资性房地产——厂房　　　　　　　　　　　　　　　　　　50 000 000

　　　　累计折旧　　　　　　　　　　　　　　　　　　　　　　　22 000 000

(2)采用公允价值计量模式进行后续计量的投资性房地产转换为自用房地产

企业将采用公允价值计量模式计量的投资性房地产转换为自用房地产时,应当以其转换当日的公允价值作为自用房地产的账面价值,公允价值与原账面价值的差额计入当期损益。

转换日,按该项投资性房地产的公允价值,借记"固定资产"或"无形资产"科目,按该项投资性房地产的成本,贷记"投资性房地产——成本"科目;按该项投资性房地产的累计公允价值变动,贷记或借记"投资性房地产——公允价值变动"科目;按其差额,贷记或借记"公允价值变动损益"科目。

【例9-10】 2020年10月15日，甫江公司因租赁期满，将出租的写字楼收回，准备作为办公楼用于本企业的行政管理。2020年12月1日，该写字楼正式开始自用，相应由投资性房地产转换为自用房地产，当日的公允价值为4 800万元。该项房地产在转换前采用公允价值计量模式，原账面价值为4 750万元。其中，成本为4 500万元，公允价值变动为增值250万元。

甫江公司的账务处理如下：

借：固定资产   48 000 000

 贷：投资性房地产——成本   45 000 000

     ——公允价值变动   2 500 000

  公允价值变动损益   500 000

（3）采用成本计量模式进行后续计量的投资性房地产转换为存货

房地产开发企业将用于经营出租的房地产重新开发用于对外销售时，从投资性房地产转换为存货。这种情况下，转换日为租赁期届满，企业董事会或类似机构做出书面决议明确表明将其重新开发用于对外销售的日期。

企业将投资性房地产转换为存货时，应当按照该房地产在转换日的账面价值，借记"开发产品"科目，按照已计提的折旧或摊销，借记"投资性房地产累计折旧（摊销）"科目，原已计提减值准备的，借记"投资性房地产减值准备"科目，按其账面余额，贷记"投资性房地产"科目。

（4）采用公允价值计量模式进行后续计量的投资性房地产转换为存货

企业将采用公允价值计量模式计量的投资性房地产转换为存货时，应当以转换当日的公允价值作为存货的账面价值，公允价值与原账面价值的差额计入当期损益。

转换日，按该项投资性房地产的公允价值，借记"开发产品"科目，按该项投资性房地产的成本，贷记"投资性房地产——成本"科目；按该投资性房地产的累计公允价值变动，贷记或借记"投资性房地产——公允价值变动"科目；按其差额，贷记或借记"公允价值变动损益"科目。

（三）非投资性房地产转换为投资性房地产

1. 采用成本计量模式对非投资性房地产转换为投资性房地产

（1）自用房地产转换为投资性房地产

企业将原本用于生产商品、提供劳务或者经营管理的房地产改用于出租，应于租赁期开始日，将相应的固定资产或无形资产转换为投资性房地产。

在线视频9-5

企业将自用土地使用权或建筑物转换为以成本计量模式计量的投资性房地产时，应当按该项建筑物或土地使用权在转换日的原价、累计折旧、减值准备等，分别转入"投资性房地产""投资性房地产累计折旧（摊销）""投资性房地产减值准备"科目，按其账面余额，借记"投资性房地产"科目，贷记"固定资产"或"无形资产"科目，按已计提的折旧或摊销，借记"累计折旧"或"累计摊销"科目，贷记"投资性房地产累计折旧（摊销）"科目，原已计提减值准备的，借记"固定资产减值准备"或"无形资产减值准备"科目，贷记"投资性房地产减值准备"科目。

【例9-11】 甫江公司拥有一栋办公楼，用于本企业总部办公。2020年3月10日，甲企业与乙企业签订了经营租赁协议,将这栋办公楼整体出租给乙企业使用,租赁期开始日为2020 年 4 月 15 日,为期 5 年。2020 年 4 月 15 日,这栋办公楼的账面余额 55 000 万元,已计提折旧 300 万元。

甬江公司的账务处理如下:

借:投资性房地产——写字楼　　　　　　　　　　　　　　　　　　　 550 000 000

累计折旧　　　　　　　　　　　　　　　　　　　　　　　　　　 3 000 000

贷:固定资产　　　　　　　　　　　　　　　　　　　　　　　　　 550 000 000

投资性房地产累计折旧　　　　　　　　　　　　　　　　　　　 3 000 000

（2）作为存货的房地产转换为投资性房地产

作为存货的房地产转换为投资性房地产,通常是指房地产开发企业将其持有的开发产品以经营租赁的方式出租,存货相应地转换为投资性房地产。这种情况下,转换日为房地产的租赁期开始日。租赁期开始日是指承租人有权行使其使用租赁资产权利的日期。

企业将作为存货的房地产转换为采用成本计量模式计量的投资性房地产时,应当按该项存货在转换日的账面价值,借记“投资性房地产”科目;原已计提跌价准备的,借记“存货跌价准备”科目,按其账面价值,贷记“开发产品”等科目。

【例 9-12】 2020 年 3 月 10 日,甬江公司与乙企业签订了租赁协议,将其开发的一栋写字楼整体出租给乙企业使用,租赁期开始日为 2018 年 4 月 15 日。2020 年 4 月 15 日,该写字楼的账面余额为 6 800 万元,未计提存货跌价准备,转换后采用成本计量模式。

甬江公司 2020 年 4 月 15 日的账务处理如下:

借:投资性房地产——××写字楼　　　　　　　　　　　　　　　　　 68 000 000

贷:开发产品　　　　　　　　　　　　　　　　　　　　　　　　　 68 000 000

2.采用公允价值计量模式对非投资性房地产转换为投资性房地产

（1）自用房地产转换为投资性房地产

企业将自用房地产转换为采用公允价值计量模式计量的投资性房地产时,应当按该项土地使用权或建筑物在转换日的公允价值,借记“投资性房地产（成本）”科目;按已计提的累计摊销或累计折旧,借记“累计摊销”或“累计折旧”科目;原已计提减值准备的,借记“无形资产减值准备”“固定资产减值准备”科目;按其账面余额,贷记“固定资产”或“无形资产”科目。同时,转换日的公允价值小于账面价值的,按其差额,借记“公允价值变动损益”科目;转换日的公允价值大于账面价值的,按其差额,贷记“其他综合收益”科目。待该项投资性房地产处置时,因转换计入其他综合收益的部分应抵减当期的其他业务成本,借记“其他综合收益”科目,贷记“其他业务成本”科目。

【例 9-13】 2020 年 6 月,甬江公司打算搬迁至新建办公楼,由于原办公楼处于商业繁华地段,甬江公司准备将其出租,以赚取租金收入。2020 年 10 月,甬江公司完成了搬迁工作,原办公楼停止自用。2020 年 12 月,甬江公司与乙企业签订了租赁协议,将其原办公楼租赁给乙企业使用,租赁期开始日为 2021 年 1 月 1 日,租赁期限为 3 年。2021 年 1 月 1 日,该办公楼的公允价值为 35 000 万元,其原价为 5 亿元,已提折旧14 250万元;假设甬江公司对投资性房地产采用公允价值计量模式计量。甬江公司的账务处理如下:

甬江公司应当于租赁期开始日（2021 年 1 月 1 日）将自用房地产转换为投资性房地产。

借:投资性房地产——成本　　　　　　　　　　　　　　　　　　　　 350 000 000

公允价值变动损益	7 500 000
累计折旧	142 500 000
贷：固定资产	500 000 000

（2）作为存货的房地产转换为投资性房地产

企业将作为存货的房地产转换为采用公允价值计量模式的投资性房地产时，应当按该项房地产在转换日的公允价值，借记"投资性房地产（成本）"科目；原已计提跌价准备的，借记"存货跌价准备"科目；按其账面余额，贷记"开发产品"等科目。同时，转换日的公允价值小于账面价值的，按其差额，借记"公允价值变动损益"科目；转换日的公允价值大于账面价值的，按其差额，贷记"其他综合收益"科目。待该项投资性房地产处置时，因转换计入资本公积的部分应转入当期损益。

【例9-14】 2020年3月10日，甬江公司与乙企业签订了租赁协议，将其开发的一栋写字楼整体出租给乙企业使用，租赁期开始日为2020年4月15日。2020年4月15日，该写字楼的账面余额6 800万元，公允价值6 900万元。2020年12月31日，该项投资性房地产的公允价值为7 000万元。甬江公司的账务处理如下：

①2020年4月15日

借：投资性房地产——××写字楼（成本）	69 000 000
贷：开发产品	68 000 000
其他综合收益	1 000 000

知识拓展9-5

②2020年12月31日

借：投资性房地产——××写字楼（公允价值变动）	1 000 000
贷：公允价值变动损益	1 000 000

二、投资性房地产的处置

当投资性房地产被处置，或者永久退出使用却不能从其处置中取得经济利益时，应当终止确认该投资性房地产。

企业可以通过对外出售或转让的方式处置投资性房地产，取得投资收益。对于那些由于使用而不断磨损直到最终报废，或者由于遭受自然灾害等非正常损失发生毁损的投资性房地产应当及时进行清理。此外，企业因其他原因，如非货币性交易等而减少投资性房地产也属于投资性房地产的处置。企业出售、转让、报废投资性房地产或者发生投资性房地产毁损，应当将处置收入扣除其账面价值和相关税费后的金额计入当期损益。

（一）采用成本计量模式计量的投资性房地产的处置

处置采用成本计量模式计量的投资性房地产时，应当按实际收到的金额，借记"银行存款"等科目，贷记"其他业务收入"等科目；按该项投资性房地产的账面价值，借记"其他业务成本"科目；按其账面余额，贷记"投资性房地产"科目；按已计提的折旧或摊销，借记"投资性房地产累计折旧（摊销）"科目；原已计提减值准备的，借记"投资性房地产减值准备"科目。

【例9-15】 甬江公司为了满足市场需求，扩大再生产，将生产车间从市中心搬迁到郊区。2017年3月，管理层决定，将原厂区陈旧厂房拆除平整后，持有已备增值后转让。土地使用权的账面价值余额为3 000万元，已计提摊销900万元，剩余使用年限40年，按照直线法摊销,不考虑残值。2020 年 3 月,甬江公司将原厂区出售,取得转让收入 4 000 万元。增值税率为 9%。

甬江公司的账务处理如下。

(1)转换日:

借:投资性房地产——土地使用权　　　　　　　　　　　　　　　　　30 000 000

　　累计摊销　　　　　　　　　　　　　　　　　　　　　　　　　　9 000 000

　　贷:无形资产——土地使用权　　　　　　　　　　　　　　　　　　30 000 000

　　　　投资性房地产累计摊销　　　　　　　　　　　　　　　　　　　9 000 000

(2)计提摊销(假设按年):

借:其他业务成本　　　　　　　　　　　　　　　　　　　　　　　　525 000

　　贷:投资性房地产累计摊销　　　　　　　　　　　　　　　　　　　525 000

(3)出售时:

借:银行存款　　　　　　　　　　　　　　　　　　　　　　　　　43 600 000

　　贷:其他业务收入　　　　　　　　　　　　　　　　　　　　　　40 000 000

　　　　应交税费——应交增值税(销项税额)　　　　　　　　　　　　3 600 000

借:其他业务成本　　　　　　　　　　　　　　　　　　　　　　　19 425 000

　　投资性房地产累计摊销　　　　　　　　　　　　　　　　　　　10 575 000

　　贷:投资性房地产——土地使用权　　　　　　　　　　　　　　　30 000 000

(二)采用公允价值计量模式计量的投资性房地产的处置

处置采用公允价值计量模式计量的投资性房地产时,应当按实际收到的金额,借记"银行存款"等科目,贷记"其他业务收入"科目;按该项投资性房地产的账面余额,借记"其他业务成本"科目;按其成本,贷记"投资性房地产——成本"科目;按其累计公允价值变动,贷记或借记"投资性房地产——公允价值变动"科目。同时结转投资性房地产累计公允价值变动。若存在原转换日计入其他综合收益的金额,也一并结转。

【例 9-16】　2020 年 3 月 10 日,甬江公司与乙企业签订了租赁协议,将其开发的一栋写字楼出租给乙企业使用,租赁期开始日为 2020 年 4 月 15 日。2020 年 4 月 15 日,该写字楼的账面余额 45 000 万元,公允价值为 47 000 万元。2020 年 12 月 31 日,该项投资性房地产的公允价值为 48 000 万元。2021 年 6 月租赁期届满,企业收回该项投资性房地产,并以 55 000万元出售,出售款项已收讫。假设甲企业采用公允价值计量模式,增值税率为 9%。

甬江公司的账务处理如下。

(1)2020 年 4 月 15 日,存货转换为投资性房地产:

借:投资性房地产——成本　　　　　　　　　　　　　　　　　　470 000 000

　　贷:开发产品　　　　　　　　　　　　　　　　　　　　　　450 000 000

　　　　其他综合收益　　　　　　　　　　　　　　　　　　　　20 000 000

(2)2020 年 12 月 31 日,公允价值变动:

借:投资性房地产——公允价值变动　　　　　　　　　　　　　　10 000 000

　　贷:公允价值变动损益　　　　　　　　　　　　　　　　　　　10 000 000

(3)2021 年 6 月,收回并出售投资性房地产:

借：银行存款 599 500 000
   贷：其他业务收入 550 000 000
      应交税费——应交增值税（销项税额） 49 500 000
借：其他业务成本 480 000 000
   贷：投资性房地产——成本 470 000 000
           ——公允价值变动 10 000 000
同时，将转换时原计入其他综合收益的部分转入其他业务成本：
借：其他综合收益 20 000 000
   贷：其他业务成本 20 000 000

【问题讨论】

1. 请思考怎样区分投资性房地产与固定资产？
2. 在不同计量模式下投资性房地产的账务处理有何特点？
3. 为什么对投资性房地产不能同时采用公允价值计量和成本计量两种后续计量模式？
4. 目前上市公司投资性房地产采用公允价值计量模式的现状如何？为什么？

【项目训练】

训练目的：学生通过本项目的训练，对投资性房地产有一个比较系统的认识，熟悉其账务处理程序，据以达到熟练地掌握投资性资产的确认、计量、记录等会计技能的目的。

训练形式：以学生自主完成为主，教师适当指导。

训练课时：课外2课时。

训练资料：甲股份有限公司（简称甲公司）为非房地产开发企业，发生的有关投资性房地产的资料如下：

(1)甲公司将所持有的原作为固定资产核算的写字楼经营租赁给乙公司，租赁期为1年，年租金为300万元，租金于年末结清。租赁期开始日为2020年1月1日。租赁期间，由甲公司提供该写字楼的日常维护。该写字楼的原造价为3 000万元，使用寿命30年，采用年限平均法计提折旧，预计净残值为0，已使用10年，出租后，折旧方法、使用寿命、预计净残值均未发生变化。甲公司对投资性房地产采用成本计量模式进行后续计量。

(2)2020年12月，该写字楼发生减值迹象，经减值测试，其可收回金额为1 600万元；2019年共发生日常维护费用40万元，均以银行存款支付；收到乙公司支付的租金并存入银行。

(3)2021年1月1日，甲公司决定于当日开始对该写字楼进行重新装修，装修完成后将继续用于出租。

(4)2021年4月20日，甲公司与丙公司签订租赁合同，约定自2021年7月1日起将写字楼出租给丙公司，租赁期为2年，年租金为500万元，租金每半年支付一次。

(5)2021年6月30日，该写字楼重新装修完成，共发生符合资本化条件的支出200万元,均以银行存款支付。装修完成后甲公司发现当地的房地产市场比较成熟、公允价值能够持续可靠取得,于是将该写字楼的后续计量模式由成本计量模式转变为公允价值计量模式,当日的公允价值为 2 500 万元。

(6)2021 年 12 月 31 日,该投资性房地产的公允价值为 2 700 万元。

(7)假定不考虑所得税等其他因素,甲公司按净利润的 10% 计提盈余公积。

训练要求:

(1)编制 2020 年 1 月 1 日甲公司出租写字楼的相关会计分录。

(2)编制 2020 年 12 月 31 日该投资性房地产的相关会计分录。

(3)编制 2021 年 1 月 1 日该投资性房地产的相关会计分录。

(4)编制 2021 年 6 月 30 日该投资性房地产后续计量模式发生变更相关的会计分录。

(5)编制 2021 年 12 月 31 日该投资性房地产的相关会计分录。

在线自测题

第十章

资产减值

■■■ **学习目标**

通过本章的学习,要求学生熟悉资产减值及其范围;掌握资产可收回金额和资产减值损失的确定及其会计处理;掌握资产组的认定和资产组减值损失的确定和分摊的处理;了解总部资产减值损失的确定及其会计处理;了解商誉减值的确定及其会计处理。

■■■ **关键知识点**

资产减值范围,可收回金额,资产组,总部资产,商誉减值。

■■■ **案例导入**

上海医药(601607,SH;02607,HK)成立于1994年1月,主营业务包括医药工业、分销与零售三大板块。2019年年度报告显示,上海医药计提减值损失,信用减值损失中,应收账款减值损失为1.60亿元、其他应收款减值损失为4766.79万元。资产减值损失中,存货跌价损失为2.92亿元。此外,由于近几年的连续高溢价并购,公司商誉不断攀升。2016—2018年,公司商誉分别为58.48亿元、66.07亿元和113.45亿元。至2019年,上海医药继上年计提6.32亿元商誉减值损失后,再次计提7.05亿元商誉减值,减少了公司4.78亿元净利润。截至报告期末,其商誉为107.90亿元,占净资产比重为25.90%。

2020年3月21日,上海医药第七届董事会第九次会议审议通过商誉减值公告如下:公司管理层根据《企业会计准则》《资产评估基本准则》以及《以财务报告为目的的评估指南》等相关规定,结合公司当期实际经营情况,以东洲评估对各资产组可回收价值的测算结果为基础,秉着谨慎性原则对公司收购Vitaco Holdings Limited(简称Vitaco)、甘肃信谊天森药业有限公司(简称甘肃天森)以及Big Global Limited(简称Big Global)形成的上述三个资产组商誉计提减值准备,金额合计人民币70 476.16万元。

思考:

1.上海医药的上述资产减值哪些适用《企业会计准则第8号——资产减值》?

2.什么叫资产组,资产组商誉减值如何确定?

第一节　资产减值概述

一、资产减值的概念及范围

资产减值,是指资产的可收回金额低于其账面价值。本章所说的资产,除了特别规定外,包括单项资产和资产组。其中,资产组是指企业可以认定的最小资产组合,其产生的现金流入应当基本上独立于其他资产或者资产组产生的现金流入。企业所有资产在发生减值时,原则上都应当及时加以确认和计量。但由于有关资产特性不同,其减值会计处理也有所差别，因而适应的具体准则不尽相同。

本章所称"资产减值"中的"资产"主要是指企业的非流动资产，具体包括：

(1)对子公司、联营企业和合营企业的长期股权投资；

(2)采用成本计量模式进行后续计量的投资性房地产；

(3)固定资产；

(4)生产性生物资产；

(5)无形资产；

(6)商誉；

(7)探明石油天然气矿区权益及相关设施。

存货的减值适用《企业会计准则第1号——存货》、消耗性生物资产的减值适用《企业会计准则第5号——生物资产》、递延所得税资产的减值适用《企业会计准则第18号——所得税》、金融资产的减值适用《企业会计准则第22号——金融工具确认和计量》，未探明石油天然气矿区权益的减值，适用《企业会计准则第27号——石油天然气开采》，这些资产减值的会计处理不在本章的讨论范围之内。

二、资产可能发生减值的迹象

除因企业合并所形成的商誉、使用寿命不确定的无形资产和尚未达到预定可使用状态的无形资产外，资产存在减值迹象是资产需要进行减值测试的必要前提。

因企业合并所形成的商誉和使用寿命不确定的无形资产，无论是否存在减值迹象，至少应当每年进行减值测试。对于尚未达到可使用状态的无形资产，因其价值通常具有较大的不确定性，也至少应当每年进行减值测试。

企业在资产负债表日应当判断资产是否存在可能发生减值的迹象，主要可从外部信息来源和内部信息来源两方面加以判断。

从企业外部信息来源看，以下情况均属于资产可能发生减值的迹象，企业需要据此估计资产的可收回金额，确定是否需要确认减值损失：

(1)资产的市价在当期大幅度下跌，其跌幅明显高于因时间的推移或者正常使用而预计的下跌；

(2)企业经营所处的经济、技术或者法律等环境以及资产所处的市场在当期或者将在近期发生重大变化，从而对企业产生不利影响；

(3)市场利率或者其他市场投资报酬率在当期已经提高，从而影响企业计算资产未来现金流量现值的折现率，导致资产可收回金额大幅度降低；

(4)企业所有者权益(净资产)的账面价值远高于其市值等。

从企业内部信息来源看，以下情况均属于资产可能发生减值的迹象，企业需要据此估计资产的可收回金额，确定是否需要确认减值损失：

(1)有证据表明资产已经陈旧过时或者其实体已经损坏；

(2)资产已经或者将被闲置、终止使用或者计划提前处置；

(3)企业内部报告的证据表明资产的经济绩效已经低于或者将低于预期，如资产所创造的净现金流量或者实现的营业利润远远低于原来的预算或者预计金额、资产发生的营业损失远远高于原来的预算或者预计金额、资产在建造或收购时所需的现金支出远远高于最初的预算、资产在经营或者维护中所需的现金支出远远高于最初的预算等。

三、资产减值的测试

资产减值测试实际是企业财务会计人员合理估计资产的可收回金额的过程。

资产的可收回金额,应当根据资产的公允价值减去处置费用后的净额与资产预计未来现金流量的现值两者之间较高者确定。因此,估计资产的可收回金额,通常需要同时估计该资产的公允价值减去处置费用后的净额和资产预计未来现金流量的现值。但是在下列情况下,可以有例外或者做特殊考虑:

(1)资产的公允价值减去处置费用后的净额与资产预计未来现金流量的现值,只要有一项超过了资产的账面价值,就表明资产没有发生减值,不需要再估计另一项金额。

(2)如果没有确凿证据或者理由表明,资产预计未来现金流量现值显著高于其公允价值减去处置费用后的净额,可以将资产的公允价值减去处置费用后的净额视为资产的可收回金额。

(3)以前报告期间的计算结果表明,资产可收回金额显著高于其账面价值,之后又没有发生消除这一差异的交易或者事项的,资产负债表日可以不重新估计该资产的可收回金额。

(4)以前报告期间的计算与分析表明,资产可收回金额相对于某种减值迹象反应不敏感,在本报告期间又发生了该减值迹象的,可以不因该减值迹象的出现而重新估计该资产的可收回金额。比如,当期市场利率或市场投资报酬率上升,对计算资产未来现金流量现值采用的折现率影响不大的,可以不重新估计资产的可收回金额。

知识拓展 10-1

第二节　资产可收回金额的计量和减值损失的确定

在估计资产可收回金额时,原则上应当以单项资产为基础,如果企业难以对单项资产的可收回金额进行估计的,应当以该资产所属的资产组为基础确定资产组的可收回金额。

一、资产的公允价值减去处置费用后净额的确定

资产的公允价值减去处置费用后的净额,通常反映的是资产如果被出售或者处置时可以收回的净现金流入。其中,资产的公允价值是指市场参与者在计量日发生的有序交易中,出售一项资产所能收到的价格;处置费用是指可以直接归属于资产处置的增量成本,包括与资产处置有关的法律费用、相关税费、搬运费以及为使资产达到可销售状态所发生的直接费用等,但是财务费用和所得税费用等不包括在内。

在线视频 10-1

企业确定资产的公允价值减去处置费用后的净额时,应当优先根据公平交易中销售协议价格减去可直接归属于该资产处置费用的金额确定。

不存在销售协议但存在资产活跃市场的,应当按照该资产的市场价格减去处置费用后的金额确定。资产的市场价格通常应当根据资产的买方出价确定。

在不存在销售协议和资产活跃市场的情况下,应当以可获取的最佳信息为基础,估计资产的公允价值减去处置费用后的净额,即可以参考同行业类似资产的最近交易价格或者结果进行估计。

企业按照上述方法仍然无法可靠估计资产的公允价值减去处置费用后的净额的,应当以该资产预计未来现金流量的现值作为其可收回金额。

二、资产预计未来现金流量现值的确定

资产预计未来现金流量的现值,应当按照资产在持续使用过程中和最终处置时所产生的预计未来现金流量,选择恰当的折现率对其进行折现后的金额加以确定。因此,预计资产未来现金流量的现值,应当综合考虑资产的预计未来现金流量、使用寿命和折现率等因素。其中,资产使用寿命的预计与《企业会计准则第 4 号——固定资产》《企业会计准则第 6 号——无形资产》等规定的使用寿命预计方法相同。以下重点阐述资产未来现金流量和折现率的预计方法。

在线视频 10-2

(一)资产未来现金流量的预计

1.预计资产未来现金流量的基础

预计资产未来现金流量时,企业管理层应当在合理的有依据的基础上对资产剩余使用寿命内整个经济状况进行最佳估计,并将资产预计未来现金流量的估计,建立在经企业管理层批准的最近财务预算或者预测数据的基础上。

建立在预算或者预测基础上的预计现金流量最多涵盖 5 年,企业管理层如能证明更长的期间是合理的,可以涵盖更长的期间。

在对预算或者预测期之后年份的现金流量进行预计时,所使用的增长率除了企业能够证明更高的增长率是合理的之外,不应当超过企业经营的产品、市场、所处的行业或者所在国家或地区的长期平均增长率,或者该资产所处市场的长期平均增长率。

2.预计资产未来现金流量所包括的内容

(1)资产持续使用过程中预计产生的现金流入。

(2)为实现资产持续使用过程中产生的现金流入所必需的预计现金流出(包括为使资产达到预定可使用状态所发生的现金流出)。该现金流出应当是可直接归属于或者可通过合理和一致的基础分配到资产中的现金流出。

对于在建工程、开发过程中的无形资产等,企业在预计其未来现金流量时,就应当包括预期为使该类资产达到预定可使用(或者可销售)状态而发生的全部现金流出数。

(3)资产使用寿命结束时,处置资产所收到或者支付的净现金流量。该现金流量应当是在公平交易中,熟悉情况的交易双方自愿进行交易时,企业预期可从资产的处置中获取或者支付的、减去预计处置费用后的金额。

【例 10-1】 2019 年 1 月 1 日,甬江公司开始自行研发一项新技术。截至 2019 年 12 月 31 日,该研发项目所发生的符合资本化条件的开发支出的账面价值为 2 400 万元,预计至研发成功并达到预定用途尚需投入 500 万元。

该项目此前未计提减值准备,但市场上已出现了与其相类似的项目。甬江公司在 2019 年年末对该项目进行减值测试时发现:扣除继续开发所需投入因素,预计未来现金流量的现

值为 2 200 万元;未扣除继续开发所需投入因素,预计未来现金流量的现值为 2 500 万元。

不考虑其他因素,则甬江公司该项正处在开发过程中的无形资产的未来现金流量现值应为 2 200 万元。

【例 10-2】 甬江公司管理层 2019 年年末批准的财务预算中与 W 产品生产线预计未来现金流量有关的资料如表 10-1 所示(有关现金流量均发生于年末,各年末不存在与 W 产品相关的存货,收入、支出均不含增值税)。

表 10-1　产品生产线预计未来现金流量　　　　　　单位:万元

项　目	2020 年	2021 年	2022 年
W 产品的销售收入	1 000	900	800
上年销售 W 产品产生的应收账款本年收回	0	50	80
本年销售 W 产品产生的应收账款将于下年收回	50	80	0
以现金支付购买生产 W 产品的材料款	500	450	400
以现金支付职工薪酬	200	190	150
其他现金支出	120	110	90
处置生产线净现金流入			50

根据上述资料,计算甬江公司各年度的净现金流量。

甬江公司会计处理如下:

(1)2019 年净现金流量=(1 000-50)-500-200-120=130(万元);

(2)2020 年净现金流量=(900+50-80)-450-190-110=120(万元);

(3)2021 年净现金流量=(800+80)-400-150-90+50=290(万元)。

3. 预计资产未来现金流量需注意的几个问题

(1)预计资产未来现金流量,应当以资产的当前状况为基础,不应当包括与将来可能会发生的、尚未做出承诺的重组事项或者与资产改良有关的预计未来现金流量。

为了维持资产正常运转或者资产正常产出水平而发生的必要的支出或者属于资产维护的支出,应当在预计资产未来现金流量时将其考虑在内。

企业已经承诺重组的,在确定资产的未来现金流量的现值时,预计的未来现金流入和流出数,应当反映重组所能节约的费用和由重组所带来的其他利益,以及因重组而产生的估计未来现金流出数。其中,重组所能节约的费用和由重组所带来的其他利益,通常应当根据企业管理层批准的最近财务预算或者预测数据进行估计;因重组而产生的估计未来现金流出数应当根据《企业会计准则第 13 号——或有事项》所确认的因重组产生的预计负债金额进行估计。

(2)预计资产的未来现金流量不应当包括筹资活动产生的现金流入或者流出以及与所得税收付有关的现金流量。

(3)企业预计资产未来现金流量和折现率时,应当在一致的基础上考虑因一般通货膨胀而导致的物价上涨等因素的影响。如果折现率考虑了这一影响因素,预计资产未来现金流量也应当考虑这一影响因素;如果折现率没有考虑这一影响因素,预计资产未来现金流量也不应当考虑这一影响因素。总之,在考虑通货膨胀影响因素问题上,预计资产未来现金流量和确定折现率,应当保持一致。

(4)存在内部转移价格的,为了如实估计资产的可收回金额,企业不应当以内部转移价格为基础预计资产未来现金流量,而应当采用在公平交易中企业管理层能够达成的最佳未来价格估计数进行估计。

【例10-3】 2019年12月31日,甬江公司一台原价为1 000万元、已计提折旧420万元、已计提减值准备40万元的固定资产出现减值迹象。经减值测试,其未来税前和税后净现金流量的现值分别为500万元和420万元,公允价值减去处置费用后的净额为480万元。不考虑其他因素。

本例中,2019年12月31日,甬江公司该项固定资产账面价值=1 000-420-40=540(万元)。可收回金额按照预计未来现金流量现值和公允价值减去处置费用后的净额孰高确认,因预计资产未来现金流量不应当包括与所得税收付有关的现金流量,所以甬江公司该资产的预计未来现金流量现值为500万元,故可收回金额为500万元,固定资产的账面价值大于可收回金额,甬江公司应计提减值准备=540-500=40(万元)。

4.预计资产未来现金流量的方法

预计资产未来现金流量的方法有两种,分别是传统法和期望现金流量法。传统法下使用的是单一的未来每期预计现金流量和单一的折现率计算资产未来现金流量的现值。而期望现金流量法下,资产未来现金流量应当根据每期现金流量期望值进行预计,每期现金流量期望值按照各种可能情况下的现金流量乘以相应的发生概率加总计算。如果某项资产未来现金流量的影响因素较多,不确定性较大,此时采用期望现金流量法可能会更为合理。

【例10-4】 2019年12月31日,甬江公司持有的一项A设备出现减值迹象,在对其进行减值测试的过程中,甬江公司采用期望现金流量法估算其未来现金流量。其中,2020年现金流量的相关预测如下:

(1)2020年市场行情好的可能性为20%,产生的现金流量为100万元;

(2)2020年市场行情一般的可能性为70%,产生的现金流量为80万元;

(3)2020年市场行情差的可能性为10%,产生的现金流量为50万元。

假定不考虑其他因素,则期望现金流量法下,甬江公司应按照各种可能情况下的现金流量乘以相应的发生概率加总计算A设备在2020年的预计现金流量,即A设备在2020年的预计现金流量=100×20%+80×70%+50×10%=81(万元)。

如果是采用传统法,则应选择最有可能产生的现金流量进行预测,即传统法下A设备在2020年的预计现金流量为80万元。

(二)折现率的预计

计算资产未来现金流量现值时使用的折现率应当是反映当前市场货币时间价值和资产特定风险的税前利率。该折现率是企业在购置或者投资资产时所要求的必要报酬率。预计资产未来现金流量时,如果企业已经对资产特定风险的影响做了调整,估计折现率时不需要考虑这些特定风险;如果用于估计折现率的基础是所得税后的,应当将其调整为所得税前的折现率,以便与资产未来现金流量的估计基础相一致。

企业确定折现率时,通常应当以该资产的市场利率为依据。如果该资产的市场利率无法从市场获得,可以使用替代利率估计折现率。在估计替代利率时,企业应当充分考虑资产剩余使用寿命期间的货币时间价值和其他相关因素,如资产未来现金流量金额及其时间的预计离散程度、资产内在不确定性的定价等。如果预计资产未来现金流量时已经对这些因素做了有关调整,在确定折现率时应当予以剔除。

企业在估计资产未来现金流量现值时,通常应当使用单一的折现率。但是,如果资产未来现金流量的现值对未来不同期间的风险差异或者利率的期限结构反应敏感,企业应当在未来不同期间采用不同的折现率。

(三)资产未来现金流量现值的确定

企业将该资产的预计未来现金流量按照预计折现率在预计期限内予以折现后,即可确定该资产未来现金流量的现值。计算公式如下:

$$资产未来现金流量的现值 = \sum \frac{第\,n\,年预计资产未来现金流量}{(1 + 折现率)^n}$$

【例 10-5】 2019 年年末,甬江公司发现其用于生产 A 产品的一项固定资产出现减值迹象,于 2019 年 12 月 31 日对该项固定资产进行减值测试,相关资料如下:

(1)该固定资产的原价为 6 000 万元,预计使用年限为 10 年,采用直线法计提折旧。截至 2019 年年末,已使用 7 年,账面价值为 1 800 万元。甬江公司经批准的财务预算中该固定资产预计未来现金流量有关的资料如表 10-2 所示。

表 10-2　生产 A 产品的固定资产预计未来现金流量的有关资料　　　　单位:万元

项　目	2020 年	2021 年	2022 年
A 产品的销售收入	2 000	6 000	4 000
上年销售 A 产品产生的应收账款本年收回	200	500	300
本年销售 A 产品产生的应收账款将于下年收回	500	300	400
以现金支付购买生产 A 产品的材料款	1 200	1 700	2 000
以现金支付薪酬	80	100	80
支付的设备维修支出	70	40	50
以现金支付设备改良支出	—	500	—
利息支出	20	20	20
其他现金支出	30	20	40

(2)甬江公司计划在 2021 年对该固定资产进行技术改造。因此,2021 年、2022 年的财务预算是考虑了改良影响后所预计的现金流量。如果不考虑改良因素,甬江公司的财务预算以上年预算数据为基础、按照稳定的 5% 的递减增长率计算得出(为简化核算,按上年预算数据的 5% 递减调整时,只需调整销售收入和购买材料涉及的现金流量两项,其余项目直接按上述已知数计算)。假定有关现金流量均发生于年末,收入、支出均不含增值税。

(3)该固定资产的公允价值减去处置费用后的净额为 1 300 万元。

(4)复利现值系数如表 10-3 所示。

表 10-3　复利现值系数表

项　目	1 年	2 年	3 年
6％的复利现值系数	0.9434	0.8900	0.8396

不考虑其他因素,甬江公司的相关账务处理如下。

(1)2019 年 12 月 31 日,预计该项固定资产未来三年的现金流量净额:

$$\text{预计 2020 年现金流量净额}=2\,000+200-500-1\,200-80-70-30=320(\text{万元})$$

$$\text{预计 2021 年现金流量净额}=2\,000\times95\%+500-300-1\,200\times95\%-100-40-20=800(\text{万元})$$

$$\text{预计 2022 年现金流量净额}=2\,000\times95\%\times95\%+300-400-1\,200\times95\%\times95\%-80-50-40$$
$$=452(\text{万元})$$

(2)2019 年 12 月 31 日:

$$\text{预计未来现金流量现值}=320\times0.9434+800\times0.8900+452\times0.8396$$
$$=1\,393.39(\text{万元})$$

(四)外币未来现金流量及其现值的确定

预计资产的未来现金流量如果涉及外币,企业应当按照下列顺序确定资产未来现金流量的现值。

首先,应当以该资产所产生的未来现金流量的结算货币为基础预计其未来现金流量,并按照该货币适用的折现率计算资产预计未来现金流量的现值。

其次,将该外币现值按照计算资产未来现金流量现值当日的即期汇率进行折算,从而折算成按照记账本位币表示的资产未来现金流量的现值。

最后,在该现值的基础上,将其与资产公允价值减去处置费用后的净额相比较,确定其可收回金额,再根据可收回金额与资产账面价值相比较,确定是否需要确认减值损失以及确认多少减值损失。

三、资产减值损失的确定及其账务处理

企业应按资产的可收回金额低于账面价值的差额确认资产减值损失,同时计提相应的资产减值准备。

相关账务处理为借记"资产减值损失"科目,贷记"固定资产减值准备""无形资产减值准备""商誉减值准备""长期股权投资减值准备"等科目。

资产减值损失一经确认,在以后会计期间不得转回。资产报废、出售、对外投资、以非货币性资产交换方式换出、通过债务重组抵偿债务等符合资产终止确认条件的,企业应当将相关资产减值准备予以转销。

【例 10-6】 沿用【例 10-5】,根据甬江公司该项固定资产减值测试的结果,在 2019 年年末,该项固定资产的未来现金流量现值为 1 393.39 万元,公允价值减去处置费用后的净额为1 300万元,所以可收回金额为 1 393.39 万元,而该项固定资产的账面价值为 1 800 万元。

账面价值大于可收回金额,说明该项固定资产发生了减值,应计提固定资产减值准备 406.61 万元,并确认相应的资产减值损失。甬江公司的相关账务处理如下:

借:资产减值损失　　　　　　　　　　　　　　　　　　　　4 060 100

　　贷:固定资产减值准备　　　　　　　　　　　　　　　　　　　　4 060 100

第三节　资产组减值的处理

在企业难以对单项资产的可收回金额进行估计的情况下,应当以该资产所属的资产组为基础确定资产组的可收回金额,并据此判断是否需要计提资产减值准备以及应当计提多少资产减值准备。

一、资产组的认定

资产组,是指企业可以认定的最小资产组合,其产生的现金流入应当基本上独立于其他资产或资产组产生的现金流入。资产组应当由与创造现金流入相关的资产构成。

在线视频 10-3　　资产组能否独立产生现金流入是认定资产组的最关键因素。认定资产组时,应当以资产组产生的主要现金流入是否独立于其他资产或者资产组的现金流入为依据。同时,在认定资产组时,应当考虑企业管理层管理生产经营活动的方式(如是按照生产线、业务种类还是按照地区或者区域等)和对资产的持续使用或者处置的决策方式等。

企业在认定资产组时,如果几项资产组合生产的产品(或者其他产出)存在活跃市场,即使部分或者所有这些产品(或者其他产出)均供内部使用,也表明这几项资产的组合能够独立产生现金流入,在符合其他相关条件的情况下,应当将这些资产的组合认定为资产组。

资产组一经确定,各个会计期间应当保持一致,不得随意变更。如需变更,企业管理层应当证明该变更是合理的,并应当在附注中做出说明。

二、资产组可收回金额和账面价值的确定

资产组的可收回金额应当按照该资产组的公允价值减去处置费用后的净额与其预计未来现金流量的现值两者之间较高者确定。

资产组的账面价值包括可直接归属于资产组与可以合理和一致地分摊至资产组的资产账面价值,通常不应当包括已确认负债的账面价值,但如不考虑该负债金额就无法确定资产组可收回金额的除外。

资产组在处置时如要求购买者承担一项负债(如环境恢复负债等)、该负债金额已经确认并计入相关资产账面价值,而且企业只能取得包括上述资产和负债在内的单一公允价值减去处置费用后的净额的,为了比较资产组的账面价值和可收回金额,在确定资产组的账面价值及其预计未来现金流量的现值时,应当将已确认的负债金额从中扣除。

【例 10-7】　甬江公司在某地建有一条剧毒农药产品生产线。根据有关规定,公司在该生产线使用寿命结束时,负有对该生产线附近土地进行无毒化处理的义务。因此,甬江公司在该

条生产线建成时,确认了一项金额为 9 000 000 元的预计负债,并将其计入了生产线成本。

2019 年 12 月 31 日,该条生产线出现减值迹象,因此甬江公司对该生产线进行了减值测试。考虑到生产线的现金流量状况,整条生产线被认定为一个资产组。该资产组在 2019 年年末的账面价值为 28 000 000 元(包括确认的土地无毒化处理的预计负债)。

甬江公司如果在 2019 年 12 月 31 日对外出售该条生产线(资产组),买方愿意出价 14 200 000 元(包括土地无毒化处理成本,即已经扣减这一成本因素),预计处置费用为 200 000 元,则该生产线的公允价值减去处置费用后的净额为 14 000 000 元。甬江公司估计生产线的未来现金流量现值为 22 000 000,该未来现金流量现值没有考虑弃置费用将产生的现金流出因素。

不考虑其他因素,则甬江公司在对该条生产线进行减值测试的过程中,首先应将该生产线的公允价值减去处置费用后的净额与未来现金流量现值进行比较,选择两者中的较高者作为可收回金额。该资产组的公允价值减去处置费用后的净额为 14 000 000 元,该金额已经考虑了弃置费用。为了使公允价值减去处置费用后的净额与未来现金流量现值的比较基础一致,该资产组的预计未来现金流量现值也应该考虑弃置费用因素对现金流量的影响。弃置费用属于现金流出,该资产组的预计未来现金流量现值在考虑了弃置费用后为 13 000 000 元(22 000 000−9 000 000)。因此,该资产组的可收回金额为 14 000 000 元。

而该资产组的账面价值在扣除了已确认的恢复原貌预计负债后的金额为 17 000 000 元(28 000 000−9 000 000)。该资产组的可收回金额小于其账面价值,表明其已发生减值,应确认资产减值损失。

三、资产组减值测试

在对某项资产组进行减值测试时,如果该资产组的可收回金额低于其账面价值,企业应当按照差额确认相应的减值损失。减值损失金额应当按照下列顺序进行分摊:

(1)抵减分摊至资产组中商誉的账面价值;

在线视频 10-4

(2)根据资产组中除商誉之外的其他各项资产的账面价值所占比重,按比例抵减其他各项资产的账面价值。

抵减后的各资产的账面价值不得低于以下三者之中最高者:该资产的公允价值减去处置费用后的净额(如可确定的)、该资产预计未来现金流量的现值(如可确定的)和零。因此导致的未能分摊的减值损失金额,应当按照相关资产组中其他各项资产的账面价值所占比重继续进行分摊。

【例 10-8】 甬江公司主要从事智能穿戴设备的生产和销售,该公司拥有一条电子手环生产线,该生产线由 A、B、C 三台设备构成,成本分别为 1 200 000 元、1 800 000 元和 3 000 000 元。使用年限均为 10 年,预计净残值为 0,采用年限平均法计提折旧。A、B、C 三台设备均无法单独产生现金流量,但整条生产线构成完整的产销单元。

2019 年,该生产线生产的电子手环有替代产品上市,导致甬江公司电子手环的销量锐减,该生产线可能发生了减值,因此,甬江公司在 2019 年 12 月 31 日对该生产线进行减值测试。假定至 2019 年 12 月 31 日,甬江公司整条生产线已经使用 5 年,预计尚可使用 5 年,以前年度未计提固定资产减值准备,因此,A、B、C 三台设备在 2018 年 12 月 31 日的账面价值分别为 600 000 元、900 000 元和 1 500 000 元。

甬江公司估计 A 设备在 2019 年 12 月 31 日的公允价值减去处置费用后的净额为 450 000 元,B 设备和 C 设备都无法合理估计其公允价值减去处置费用后的净额以及未来现金流量的现值。

甬江公司在估计整条生产线未来 5 年的现金流量及其恰当的折现率后,得到该生产线预计未来现金流量现值为 1 800 000 元。由于无法合理估计整条生产线的公允价值减去处置费用后的净额,甬江公司以该生产线预计未来现金流量现值作为其可收回金额。

不考虑其他因素,甬江公司在 2019 年 12 月 31 日进行减值测试的相关处理如下:

2019 年 12 月 31 日,该生产线的资产减值损失＝3 000 000－1 800 000＝1 200 000 元,甬江公司应将该减值损失分摊到构成生产线的 A、B、C 三台设备中。由于 A 设备的公允价值减去处置费用后的净额为 450 000 元,因此,A 设备分摊减值损失后的账面价值不应低于450 000 元。具体分摊过程见表 10-4。

表 10-4　资产组减值损失分摊表　　　　　　　　　　单位:元

	A 设备	B 设备	C 设备	整条生产线(资产组)
账面价值	600 000	900 000	1 500 000	3 000 000
可收回金额				1 800 000
减值损失				1 200 000
减值损失分摊比例	20.0%	30.0%	50.0%	
分摊减值损失	150 000*	360 000	600 000	1 110 000
分摊后账面价值	450 000	540 000	900 000	
尚未分摊的减值损失				90 000
二次分摊比例		37.5%	62.5%	
二次分摊减值损失		33 750	56 250	90 000
二次分摊后应确认减值损失总额		393 750	656 250	
二次分摊后账面价值		506 250	843 750	

注:150 000* 表示按照分摊比例,A 设备应当分摊减值损失 240 000 元(1 200 000×20%),但由于 A 设备的公允价值减去处置费用后的净额为 450 000 元,因此 A 设备最多只能确认减值损失 150 000 元(600 000－450 000),未能分摊的减值损失 90 000 元(240 000－150 000)应当在 B 设备和 C 设备之间进行再分摊。

甬江公司应编制的相关会计分录如下:

借:资产减值损失——A 设备　　　　　　　　　　　　　　　　150 000
　　　　　　　　——B 设备　　　　　　　　　　　　　　　　393 750
　　　　　　　　——C 设备　　　　　　　　　　　　　　　　656 250
　　贷:固定资产减值准备——A 设备　　　　　　　　　　　　150 000
　　　　　　　　　　　　——B 设备　　　　　　　　　　　　393 750
　　　　　　　　　　　　——C 设备　　　　　　　　　　　　656 250

四、总部资产减值测试

企业总部资产包括企业集团或其事业部的办公楼、电子数据处理设备、研发中心等。总部资产的显著特征是难以脱离其他资产或者资产组产生独立的现金流入,而且其账面价值难以完全归属于某一资产组。因此,总部资产通常难以单独进行减值测试,需要结合其他相关资产组或者资产组组合进行。资产组组合,是指由若干个资产组组成的最小资产组组合,它包括资产组或者资产组组合,以及按合理方法分摊的总部资产部分。

在线视频 10-5

在资产负债表日,如果有迹象表明某项总部资产可能发生减值的,企业应当计算确定该总部资产所归属的资产组或者资产组组合的可收回金额,然后将其与相应的账面价值相比较,据以判断是否需要确认减值损失。

有关总部资产减值的测试及相关会计处理请参考在线视频资料学习,本书不再详细讲述。

第四节　商誉减值的处理

一、商誉减值测试的基本要求

对于企业合并形成的商誉,企业至少应当在每年年度终了对其进行减值测试。由于商誉难以独立产生现金流量,因此商誉应当结合与其相关的资产组(或者资产组组合)进行减值测试。为此,企业应当自购买日起将商誉的账面价值按照合理的方法分摊至与之相关的资产组;难以分摊至相关的资产组的,应当将商誉分摊至相关的资产组组合。在将商誉的账面价值分摊至相关的资产组组合时,应当按照各资产组的公允价值占相关资产组公允价值总额的比例进行分摊。公允价值难以可靠计量的,按照各资产组的账面价值占相关资产组账面价值总额的比例进行分摊。

二、商誉减值的测试及其账务处理

企业在对包含商誉在内的相关资产组进行减值测试的相关步骤如下:

(1)判断不包含商誉的资产组是否存在减值迹象,如果不包含商誉的资产组存在减值迹象,先对不包含商誉的资产组进行减值测试,确认相应的减值损失。

(2)对包含商誉的资产组进行减值测试,比较包含商誉的相关资产组的账面价值与其可收回金额,前者大于后者的差额,即为包含商誉的资产组的减值损失。

(3)对包含商誉的资产组的减值损失按如下顺序进行分摊:首先抵减分摊至资产组中商誉的账面价值,再根据资产组中除商誉之外的其他各项资产的账面价值所占比重,按比例抵减其他各项资产的账面价值。

需要注意的是,企业在合并财务报表上对商誉进行减值测试时,由于相关资产组的可收回金额的预计包括了归属于少数股东权益的商誉价值部分,为使减值测试建立在一致的基础上,企业应当调整资产组的账面价值,将归属于少数股东权益的商誉包括在内,然后根据调整后的资产组账面价值与其可收回金额进行比较,以确定资产组(包含商誉)是否发生了减值。

上述资产组如果发生了减值,企业应当首先抵减商誉的账面价值。但是,由于根据上述方法计算的商誉减值损失包括了应由少数股东权益承担的部分,而少数股东权益拥有的商誉价值及其减值损失均不在合并财务报表中反映,合并财务报表只反映归属于母公司的商誉减值损失,因此,应当将商誉减值损失在可归属于母公司和少数股东权益部分之间按比例进行分摊,以确认归属于母公司的商誉减值损失,并将其反映在合并财务报表中。

【例 10-9】 2020 年 1 月 1 日,甬江公司以银行存款 54 000 000 元作为对价取得了乙公司 60% 的股权。在该项企业合并发生前,甬江公司和乙公司不具有关联方关系。

2020 年 1 月 1 日,乙公司的可辨认资产的公允价值为 65 000 000 元,假定乙公司没有负债和或有负债,且其所有资产被认定为一个资产组。

甬江公司在 2020 年 1 月 1 日确认的合并商誉为 15 000 000 元(54 000 000－65 000 000 ×60%)。

2020 年年末,甬江公司在合并财务报表工作底稿上对该合并商誉进行减值测试时,确定该资产组的可收回金额为 30 000 000 元,可辨认净资产的账面价值为 32 000 000 元。

不考虑其他因素,甬江公司在合并财务报表工作底稿上进行减值测试的相关会计处理如下:

归属于少数股东权益的商誉价值＝(54 000 000÷60%－65 000 000)×40%
＝10 000 000(元)

包含全部商誉的资产组的账面价值＝32 000 000＋15 000 000＋10 000 000
＝57 000 000(元)

应确认的资产减值损失＝57 000 000－30 000 000＝27 000 000(元)

相关资产减值损失(27 000 000 元)首先应当冲减商誉账面价值(25 000 000 元),剩余部分(2 000 000 元)应确认为可辨认资产(如固定资产等)的减值损失。

由于合并财务报表只反映了母公司享有的商誉,因此合并财务报表工作底稿上应当确认的商誉减值损失为 15 000 000 元(25 000 000×60%),应当确认的其他资产(假定为固定资产)减值损失为 2 000 000 元,账务处理如下:

借:资产减值损失——商誉		15 000 000
——固定资产		2 000 000
贷:商誉——商誉减值准备		15 000 000
固定资产——固定资产减值准备		2 000 000

知识拓展 10-2

【问题讨论】

1.何为资产减值?哪些资产需要考虑减值损失?

2.为什么要取固定资产的公允价值减去处置费用后的净额与资产预计未来现金流量的

现值取其高的为可收回金额？

3.什么是资产组？如何确定资产组减值损失？

4.如何确定商誉资产减值损失？

【项目训练】

训练目的：学生通过本项目的训练，对资产减值的可收回金额确定、资产组减值、总部资产、商誉减值有一个系统的认识，掌握会计核算方法，达到灵活运用《企业会计准则第 8 号——资产减值》解决实务中减值业务的目的。

训练形式：以学生自主完成为主，教师适当指导。

训练课时：课外 2 课时。

训练资料：甬江公司 2019 年发生与资产减值的相关业务如下：

(1)2018 年 12 月 31 日，甬江公司发现其持有的一台生产设备存在减值迹象，遂对其进行减值测试。当日，该设备的原价为 15 000 万元，已累计计提折旧 6 000 万元，公允价值为 8 200 万元，直接归属于该设备的处置费用为 200 万元。该设备尚可使用 3 年，预计其在未来 2 年内产生的现金流量分别为 4 000 万元和 3 000 万元，第 3 年产生的现金流量以及使用寿命结束时处置形成的现金流量合计为 2 000 万元；在考虑相关因素的基础上，甬江公司认定该设备适用的折现率为 3%。其中，$(P/F, 3\%, 1) = 0.97087$，$(P/F, 3\%, 2) = 0.94260$，$(P/F, 3\%, 3) = 0.91514$。

(2)甬江公司拥有一条用于生产某型卫浴产品的生产线，该生产线由 A、B、C 三台设备组成，这三台设备均无法单独产生现金流量，但整条生产线可构成完整的产销单位。2018 年，该生产线所产卫浴产品的替代产品上市，致使甬江公司该型卫浴产品销量锐减，因此，甬江公司于 2018 年年末对该条生产线进行减值测试。

2018 年年末，A 设备的账面价值为 60 万元，B 设备的账面价值为 40 万元，C 设备的账面价值为 100 万元。A 设备的公允价值减去处置费用后的净额为 50 万元，B 设备和 C 设备都无法合理估计其公允价值减去处置费用后的净额以及未来现金流量的现值。整条生产线预计尚可使用 5 年，预计未来现金流量现值为 120 万元。

(3) 2018 年 1 月 1 日，甬江公司通过非同一控制下的企业合并方式取得乙公司 60% 的股权，初始投资成本为 3 300 万元。当日，乙公司可辨认净资产的公允价值为 5 000 万元（假定乙公司不存在负债）。

由于社会各界的环境保护意识越来越强，属于重污染行业的乙公司经营效益持续大幅下滑。2020 年年末，乙公司可辨认净资产按照购买日公允价值持续计算的金额为 5 300 万元，甬江公司估计包括商誉在内的乙公司资产组的可收回金额为 5 500 万元。假定乙公司可辨认资产单独进行减值测试时不存在减值。

(4)甬江公司系增值税一般纳税人，2019 年至 2022 年与固定资产业务相关的资料如下：

资料一：2019 年 12 月 5 日，甬江公司以银行存款购入一套不需安装的大型生产设备，取得的增值税专用发票上注明的价款为 5 000 万元，增值税额为 650 万元。

资料二：2019 年 12 月 31 日，该设备投入使用，预计使用年限为 5 年，净残值为 50 万元，采用年数总和法按年计提折旧。

资料三：2021年12月31日，该设备出现减值迹象。预计未来现金流量的现值为1 500万元，公允价值减去处置费用后的净额为1 800万元。甬江公司对该设备计提减值准备后，根据新获得的信息预计其剩余使用年限仍为3年，净残值为30万元，仍采用年数总和法按年计提折旧。

资料四：2022年12月31日，甬江公司售出该设备，开具的增值税专用发票上注明的价款为900万元，增值税额为117万元，款项已收存银行，另以银行存款支付清理费用2万元。

假定不考虑其他因素。

训练要求：

(1)根据第(1)笔业务，分别确定甬江公司该设备的账面价值和可收回金额，判断该设备是否存在减值，并编制相关会计分录。

(2)根据第(2)笔业务中的有关资料，要求：

①判断甬江公司该生产线中的A、B、C三台设备是否构成一个资产组，并说明理由。

②分别确定A、B、C三台设备应计提的资产减值损失，并编制相关会计分录。

(3)根据第(3)笔业务，计算甬江公司在2020年合并财务报表中应对上述商誉计提的资产减值损失。

(4)根据第(4)笔业务中的有关资料，要求：

①编制甬江公司2019年12月5日购入该设备的会计分录。

②分别计算甬江公司2020年度和2021年度对该设备应计提的折旧金额。

③计算甬江公司2021年12月31日对该设备计提减值准备的金额，并编制相关会计分录。

④计算甬江公司2022年度对该设备应计提的折旧金额，并编制相关会计分录。

在线自测题

⑤编制甬江公司2022年12月31日处置该设备的会计分录。

负 债

■■■ 学习目标

通过本章的学习,要求学生理解负债的定义及内容;掌握各项流动负债确认和计量的基本理论和方法;掌握各项非流动负债确认和计量的基本理论和方法。

■■■ 关键知识点

短期借款的核算;应付款项的核算;应付职工薪酬的核算;应交增值税、消费税的核算;长期借款、应付债券和借款费用资本化的账务处理。

■■■ 案例导入

20×9年6月19日,A公司与中国建设银行签署《战略合作协议》,双方一致同意建立长期战略合作关系。根据协议,在未来几年,中国建设银行将为A公司提供意向性授信额度人民币200亿元。20×5年8月,A公司与中国建设银行签署的《战略合作协议》中注明中国建设银行将为A公司提供授信额度人民币500亿元。从以上数据来看,A公司获得的授信额度相当充裕。中国建设银行先后两次总计给A公司700亿元授信额度,A公司近100亿元的募集资金存在中国建设银行专项账户,中国建设银行为30亿元"08MG1"债券连带保证责任担保……而当银行渠道融资受限时,20×7年A公司依靠大股东B公司拿到44.2亿元的融资额度。B公司信托40亿元借款额度用完后,20×8年5月,A公司再次拿到B公司105.9亿元的融资额度。尽管A公司一直宣称财务非常安全,但必须要看到,A公司对控股子公司和联营公司的担保余额,从20×6年年末的32.13亿元上升到20×8年中期的144.27亿元,占净资产的比重从7.26%提升至27.24%。另外,还必须看到,20×8年至20×9年,A公司的到期长期借款198.5亿元,占长期借款的80%;59亿元的公司债券也将于20×9后到期,偿债压力将会束缚A公司的进一步融资。

A公司的长期借款主要来源于银行借款和其他借款,其中包括以存货作为抵押的抵押借款和以A公司持有的子公司的股权及收益权作为质押的质押借款。借款数额最多的全部为信托借款,合同利率均在11%以上。从上述案例中我们可以看出中国建设银行对A公司长期的资助反映了长期借款在一个企业筹资中的关键性。

高负债预埋的金融风险巨大,在我国直接融资有待发展的情况下,目前贷款融资仍然是企业的主要负债项目,而一旦企业高负债受宏观经济影响不能为继,或者企业高负债"雪球"滚动不下去,资金链条就会断裂,金融风险立马就会暴露。因此,企业应未雨绸缪,加强内部对负债的管控,密切关注高负债可能造成的风险,采取措施提前予以化解。

思考:

1.请对案例中企业负债的来源渠道及形成原因进行分析,并思考该如何做出相应的会计处理。

2.企业各项负债会计的岗位职责是什么?

3.在公司高层筹资或负债时,需具备哪些财商素养?

第一节　负债及其分类

一、负债的含义和特征

负债是指企业过去的交易或者事项形成的,预期会导致经济利益流出企业的现时义务。该定义包含着负债的三个基本特征:

(1)负债由过去的交易或者事项形成。过去的交易或事项是指在过去发生并已经完成的经济业务,那些预期在将来要发生的交易或者事项所产生的债务则不能作为一项负债,例如,企业已经向银行借入了 100 万元,则企业就有偿还借款的义务。而企业制定的近期的借款计划,由于该事项尚未发生,则目前该计划可能形成的负债不成立。

(2)负债是企业承担的现时义务。所谓现时义务,是指企业在现行条件下已经承担的义务。未来发生的交易或者事项形成的义务,不属于现时义务,不应当确认为负债。这意味着负债是企业必须履行的经济责任,由于合同、协议或有关法律法规的约束,大多数负债都有确切的债权人及到期日(债权人及到期日不确定的,也可以进行合理估计),到期必须偿还,一般不能无条件取消。

(3)负债的清偿会导致企业未来经济利益的流出。负债需要在将来通过转移资产或提供劳务等形式予以偿还,是经济利益流出企业的表现。即使在企业不能以支付资产或提供劳务方式解除债务时,也可通过举新债以偿还旧债或将负债转化为所有者权益的方式等处理。举新债还旧债只是债务的延期,最终还是需要支付资产或提供劳务来清偿;而负债转化为所有者权益,如乙企业将对甲企业的 80 万元负债转为实收资本(股本),而甲企业将债权转为对乙企业的投资,以后乙企业将以新增资产偿还负债。由此可见,只要企业履行偿还义务,就会导致经济利益流出企业。

二、负债的确认和分类

(一)负债的确认

将一项现时义务确认为负债,除应符合负债的定义外,还要同时满足两个条件:

第一,与该义务有关的经济利益很可能流出企业;

第二,未来流出的经济利益的金额能够可靠地计量。

(二)负债的分类

1.按偿还期长短分类

负债按偿还期长短可分为流动负债和非流动负债两种。

(1)流动负债

流动负债是指将在一年或者超过一年的一个营业周期内偿还的债务。

按产生的原因,流动负债又可分为四类:①借贷形成的流动负债。如从银行或其他金融机构借入的短期借款。②结算过程中产生的流动负债。如企业购入商品已到货,在货款尚未支付前形成一笔待结算的应付款。③权责发生制下调整费用形成的负债。如应付利息。④利润分配产生的流动负债。如宣告股利时形成的应付股利等。具体包括短期借款、应付票据、预收账款、应交税费、应付职工薪酬、预计负债、应付利息、应付股利、其他应付款等。

（2）非流动负债

非流动负债是指偿还期在一年或者超过一年的一个营业周期以上的债务,具有偿还期长、金额大的特点。举借非流动负债的主要目的是为了购置固定资产、扩建厂房或购入土地使用权等,以扩大生产经营规模,满足其长期占用大量资金的需要。这些需要仅仅依靠企业现有的经营资金是远远不够的,如果等到企业内部达到足够的资金积累,再进行投资,那么,企业可能已错失良机。因此,举借长期负债是企业解决长期资金需求问题的途径之一。

非流动负债按筹措方式划分,可分为长期借款、应付债券、长期应付款三种;按计息方式划分,可分为分次付息一次还本、分次偿还本息、债务到期时一次偿还本息三种;按有无担保方式划分,可分为信用长期负债和担保长期负债两种。

2.按偿还方式分类

负债按偿还方式不同可分为货币性负债和非货币性负债。货币性负债是指企业以货币偿还的债务,如应交税费、应付利息等;非货币性负债是指企业以实物资产或提供劳务偿还的债务,如预售货款。这种分类便于安排现金流量。

第二节　流动负债

一、短期借款的核算

短期借款是指企业从银行或其他金融机构借入的期限在一年以下(含一年)的各种借款。

当企业由于季节性生产、到期偿还债务或经营资金出现暂时周转困难等原因导致资金不足时,为了满足正常经营需要而向银行或其他金融机构申请 在线视频 11-1 贷款。企业借入款项时,应签订借款合同,注明借款金额、借款利率和还款时间。因此,短期借款的核算内容包括本金和利息两部分;而按借款程序,短期借款的核算则可分为短期借款的取得、短期借款的利息费用、短期借款的偿还三个部分。

取得短期借款时,应按借款本金数额,借记"银行存款"科目,贷记"短期借款"科目。"短期借款"科目应按债权人及借款种类等设置明细账。

企业取得短期借款而发生的利息应确认为费用,作为财务费用处理,计入当期损益。银行或其他金融机构一般按季度在季末结算借款利息,每季度的前两个月不支付利息。当企业按月核算利息时,借记"财务费用"科目,贷记"应付利息"科目;支付利息时,按已计息部分,借记"应付利息"科目,按尚未计息部分,借记"财务费用"科目,贷记"银行存款"科目。当企业不需要按月核算利息时,若短期借款的借款期跨会计年度,则在资产负债表日,按借款日到资产负债表日尚未支付的利息金额,借记"财务费用"科目,贷记"应付利息"科目;待支付利息时,按资产负债表日已计息部分,借记"应付利息"科目,按资产负债表日至到期日的利息金额,借记"财务费用"科目,贷记"银行存款"科目。

【例 11-1】 甬江公司 2017 年 9 月 1 日从银行取得 80 000 元借款,期限为 6 个月,年利率为 6%,到期一次还本付息。账务处理如下。

(1)借款发生时:

| 借:银行存款 | 80 000 | |
| 贷:短期借款 | | 80 000 |

(2)当年 12 月 31 日时,计算尚未支付的利息:

尚未支付的利息＝80 000×6%×4/12＝1 600

| 借:财务费用 | 1 600 | |
| 贷:应付利息 | | 1 600 |

(3)到期还本付息:

借:短期借款	80 000	
财务费用	800	
应付利息	1 600	
贷:银行存款		82 400

二、应付及预收款项的核算

(一)应付账款

应付账款是企业在正常经营过程中因购买材料、商品或接受劳务时,未及时付款而产生的债务,一般需要在一年以内偿付,属于流动负债。

在线视频 11-2

应付账款是由于购货时间与支付货款时间不同而形成的负债。应付账款登记入账的时间,原则上应为所购物品产权转移之日,但实务中,应付账款应在结算凭证(发票)取得时入账,入账金额按发票价格确定。企业确认应付账款时,应借记有关科目,贷记"应付账款"科目;偿付应付账款时,借记"应付账款"科目,贷记"银行存款"等科目。

如果购货时企业有可能利用现金折扣条件得到价格上的优惠,则计量应付账款的入账金额一般有总价法和净价法两种会计处理方法。

由于我国采用总价法处理,故本教材只介绍总价法。总价法的特点是购进的货物和应付账款均按结算凭证中的价格入账。需要注意的是计算现金折扣时一般以商品销售价款作为依据。

【例 11-2】 甬江公司向乙企业赊购材料一批,增值税专用发票上注明的材料买价为10 000元,增值税为 1 300 元,共计 11 300 元,材料已验收入库,现金折扣条件为:2/10,N/30。则其有关会计处理如下。

材料验收入库时:

借:原材料	10 000	
应交税费——应交增值税(进项税额)	1 300	
贷:应付账款——乙企业		11 300

如果 10 天内付款,获得现金折扣:

| 借:应付账款——乙企业 | 11 300 | |
| 贷:银行存款 | | 11 100 |

财务费用	200

如果 10 天以后付款,丧失现金折扣:

借:应付账款——乙企业	11 300
贷:银行存款	11 300

　　总价法的长处在于符合稳健性要求,这是因为它使资产负债表上反映的负债金额较高,而且如果购货企业在折扣期内付款,则获得的现金折扣可冲减财务费用,结果使企业得到一定的理财收益。

(二)应付票据

　　应付票据是由出票人出票、委托付款人在指定日期无条件支付特定的金额给收款人或者持票人的票据。应付票据通常是由于赊购商品、材料而形成的,设置"应付票据"科目专门核算。

　　1.票据签发时的账务处理

　　企业开出商业汇票或以承兑商业汇票抵付货款、应付账款时,借记"材料采购""库存商品""应付账款""应交税费——应交增值税(进项税额)"等科目,贷记"应付票据"科目。企业向银行申请承兑汇票支付的手续费,应计入财务费用。

　　2.商业汇票到期的账务处理

　　当商业汇票到期时,可能会出现有能力支付票据款和无力支付票据款两种情况。

　　(1)有能力支付票据款。企业支付票据款时,借记"应付票据"科目,贷记"银行存款"科目。

　　(2)无力支付票据款。按应付票据票面价值,借记"应付票据"科目,贷记"应付账款"(商业承兑汇票)或"短期借款"(银行承兑汇票)科目。

　　【例 11-3】　甬江公司 2017 年 11 月 1 日购入价值为 60 000 元的商品,增值税为 7 800元,同时出具一张期限为三个月的银行承兑汇票一张。企业应做如下会计处理。

　　(1)2017 年 11 月 1 日购入商品时:

借:库存商品	60 000
应交税费——应交增值税(进项税)	7 800
贷:应付票据	67 800

　　(2)2018 年 2 月 1 日到期付款时:

借:应付票据	67 800
贷:银行存款	67 800

　　(3)2018 年 2 月 1 日票据到期无力付款时:

借:应付票据	67 800
贷:短期借款	67 800

(三)预收账款

　　1.预收账款的概念

　　预收账款是指企业按照合同规定预收的款项。

　　2.预收款项的账务处理

　　企业应设置"预收账款"科目,核算预收账款的取得、偿付等情况。该科目贷方登记发生的预收账款金额,借方登记企业冲销的预收账款金额;期末贷方余额,反映企业预收的款项,如为借方余额,反映企业尚未转销的款项。本科目一般应按照客户设置明细科目进行明细核算。

(1)取得预售账款

借:银行存款/库存现金

  贷:预收账款

    应交税费——应交增值税(销项税额)

(2)偿付预收账款

①按照实现的收入:

借:预收账款

  贷:主营业务收入/其他业务收入

结转成本:

借:主营业务成本

  贷:库存商品

②企业收到购货单位补付的款项:

借:银行存款

  贷:预收账款

③向购货单位退回其多付的款项时:

借:预收账款

  贷:银行存款

预收账款情况不多的,也可不设"预收账款"科目,将预收的款项直接记入"应收账款"科目的贷方。

【例 11-4】 甲公司为增值税一般纳税人,出租有形动产适用的增值税率为 13%。2020年 7 月 1 日,甲公司与乙公司签订经营租赁(非主营业务)吊车合同,向乙公司出租吊车三台,期限为 6 个月,三台吊车租金(含税)共计 67 800 元。合同约定,合同签订日预付租金(含税)22 600 元,合同到期结清全部租金余款。合同签订日,甲公司收到租金并存入银行,开具的增值税专用发票注明租金 20 000 元、增值税额 2 600 元。租赁期满日,甲公司收到租金余款及相应的增值税。甲公司应做如下会计处理。

(1)收到乙公司预付租金:

借:银行存款   22 600

  贷:预收账款——乙公司   20 000

    应交税费——应交增值税(销项税额) 2 600

(2)每月末确认租金收入:

每月租金收入=[67 800÷(1+13%)]÷6=10 000(元)

借:预收账款——乙公司   10 000

  贷:其他业务收入   10 000

(3)租赁期满收到租金余款及增值税税款:

借:银行存款   45 200

  贷:预收账款——乙公司   40 000

    应交税费——应交增值税(销项税额) 5 200

第十一章 负债

三、应交税费的核算

企业在一定时期内取得的营业收入和实现的利润,要按照规定向国家税务机关交纳各种税金,主要包括增值税、消费税、营业税、城市维护建设税、土地增值税、房产税、车船使用税、资源税、印花税等。其中绝大多数税金需要预先估计或经税务部门核定应纳数额,这些应交的税金在尚未交纳之前构成了企业的一种流动负债。在会计实务中设置"应交税费"科目来核算应交而未交的各种税金,并按税种分设相应的明细科目。

(一)应交增值税的确认与计量

增值税是对我国境内销售货物、应税劳务或服务、无形资产或不动产,以及进口货物的单位和个人的增值部分征收的一种税。增值税的纳税人分为一般纳税人和小规模纳税人。下面分别说明一般纳税人和小规模纳税人的增值税核算。

1.一般纳税人应纳增值税

(1)应纳增值税的计算。一般纳税人实行比率税率,适用的增值税率分为:基本税率13%、9%、6%和零税率。具体规定如下:

在线视频 11-3

①销售或进口除②之外的货物,提供加工、修理修配劳务或有形资产租赁服务,税率为13%。

②销售或进口基本生活必需品,包括粮食、食用植物油、食用油、食用盐、自来水、天然气、农药、化肥、书刊、电子出版物、音像制品等商品;提供交通运输、邮政、基础电信、建筑、不动产租赁服务,销售不动产,转让土地使用权,税率为9%。

③提供金融服务(银行、保险、证券、期货、基金等)、生活服务(餐饮、娱乐、房屋中介、旅游、美容美发、酒店住宿、快递等)、现代服务(研发和技术、信息技术、文化创意、物流辅助、鉴证咨询等),税率为6%。

④境内和个人发生的跨境应税行为,税率为零。

增值税的计税方法,包括一般计税方法和简易计税方法。一般纳税人发生应税行为适用一般计税方法计税。

一般计税方法的应纳税额,是指当期销项税额抵扣当期进项税额后的余额。应纳税额的计算公式:

应纳税额＝当期销项税额－当期进项税额

当期销项税额小于当期进项税额,不足抵扣时,其不足部分可以结转下期继续抵扣。

(2)会计科目及专栏设置。为了核算企业增值税的发生、抵扣、交纳等情况,增值税一般纳税人应当在"应交税费"科目下设置"应交增值税""未交增值税""预交增值税""待抵扣进项税额""待认证进项税额""待转销项税额""简易计税""转让金融产品应交增值税""代扣代缴增值税"等明细科目进行核算。

①"应交增值税"明细科目,增值税一般纳税人应在"应交增值税"明细账内设置"进项税额""销项税额抵减""已交税金""转出未交增值税""减免税款""出口抵减内销产品应纳税额""销项税额""进项税额转出""转出多交增值税""出口退税"等专栏。其中,"进项税额"专栏,记录一般纳税人购进货物、应税劳务、服务、无形资产或不动产而支付或负担的、准予从当期销项税额中抵扣的增值税额;"已交税金"专栏,启示一般纳税人当月已交纳的应交增值

税额;"转出未交增值税"和"转出多交增值税"专栏,分别记录一般纳税人月度终了转出当月应交未交或多交的增值税额;"销项税额"专栏,记录一般纳税人销售货物、应税劳务、服务、无形资产或不动产应收取的增值税额;"进项税额转出"专栏,记录一般纳税人购进货物、应税劳务、服务、无形资产或不动产等发生非正常损失以及其他原因而不应从销项税额中抵扣、按规定转出的进项税额。

②"未交增值税"明细科目,核算一般纳税人月度终了从"应交增值税"或"预交增值税"明细科目转入当月应交未交、多交或预交的增值税额,以及当月交纳以前期间未交的增值税额。

③"预交增值税"明细科目,核算一般纳税人转让不动产、提供不动产经营租赁服务、提供建筑服务、采用预收款项方式销售自行开发的房地产项目等,以及其他按现行增值税制度规定应预交的增值税额。

④"待抵扣进项税额"明细科目,核算一般纳税人已取得增值税扣税凭证并经税务机关认证,按照现行增值税制度规定准予以后期间从销项税额中抵扣的进项税额。

⑤"待认证进项税额"明细科目,核算一般纳税人由于未经税务机关认证而不得从当期销项税额中抵扣的进项税额。

⑥"待转销项税额"明细科目,核算一般纳税人销售货物、应税劳务、服务、无形资产或不动产、已确认相关收入(或利润)但尚未发生增值税纳税义务而需于以后期间确认为销项税额的增值税额。

⑦"简易计税"明细科目,核算一般纳税人采用简易计税方法发生的增值税计提、扣减、预交、交纳等业务。

⑧"转让金融资产应交增值税"明细科目,核算增值税纳税人转让金融商品发生的增值税额。

⑨"代扣代缴增值税"明细科目,核算纳税人购进在境内未设经营机构的境外单位或个人在境内的应税行为代扣代交的增值税。

(3)主要账务处理。以下主要对"应交增值税"明细科目中的"进项税额""销项税额""进项税额转出""转出未交增值税""转出多交增值税"和"已交税金"专栏进行说明。

在线视频 11-4　　①取得资产或接受劳务等业务的账务处理

·采购等业务进项税额允许抵扣的账务处理。一般纳税人购进货物、加工修理修配劳务、服务、无形资产或不动产,按应计入相关成本费用或资产的金额,借记"在途物资"或"原材料""库存商品""生产成本""无形资产""固定资产""管理费用"等科目,按当月已认证的可抵扣的增值税额,借记"应交税费——应交增值税(进项税额)"科目,按应付或实付金额,贷记"应付账款""应付票据""银行存款"等科目。发生退货的,如原增值税专用发票已做认证,应根据税务机关开具的红字增值税专用发票做相反的会计分录。

【例 11-5】　甬江公司为一般纳税人,其购入一批原材料,增值税专用发票上注明的原材料价款为 5 000 000 元,增值税额为 650 000 元,货款已经支付(假如该企业材料采用实际成本进行核算)。用银行存款支付运输公司的运输费用 5 000 元。增值税额 450 元。材料已经到达并验收入库,则甬江公司应做如下会计处理:

进项税额＝650 000＋450＝650 450(元)

材料成本＝5 000 000＋5 000＝5 005 000(元)

借:原材料 5 005 000

　　应交税费——应交增值税(进项税额) 650 450

　　贷:银行存款 5 655 450

【例 11-6】 甬江公司为一般纳税人,其生产车间委托外单位修理机器设备,增值税专用发票上注明的修理费用为 20 000 元,增值税额为 2 600 元,款项已用银行存款支付。甬江公司账务处理如下:

借:管理费用 20 000

　　应交税费——应交增值税(进项税额) 2 600

　　贷:银行存款 22 600

• 货物等已验收入库但尚未取得增值税扣税凭证的账务处理。一般纳税人购进的货物等已到达并验收入库,但尚未收到增值税扣税凭证并未付款的,应在月末按货物清单或相关合同协议上的价格暂估入账,不需要将增值税的进项税额暂估入账。下月月初,用红字冲销原暂估入账金额,待取得相关增值税扣税凭证并经认证后,按应计入相关成本费用或资产的金额,借记"原材料""库存商品""固定资产""无形资产"等科目,按可抵扣的增值税额,借记"应交税费——应交增值税(进项税额)"科目,按应付金额,贷记"应付账款"等科目。

②销售等业务的账务处理

• 销售业务的账务处理。一般纳税人销售货物、加工修理修配劳务、服务、无形资产或不动产,按应收或已收的金额,借记"应收账款""应收票据""银行存款"等科目;按取得的收入金额,贷记"主营业务收入""其他业务收入""固定资产清理""工程结算"等科目,按现行增值税制度规定计算的销项税额,贷记"应交税费——应交增值税(销项税额)"科目。发生销售退回的,应根据按规定开具的红字增值税专用发票做相反的会计分录。

【例 11-7】 甬江公司为外单位代加工电脑桌 500 个,每个收取加工费 80 元,加工完成,增值税专用发票上注明的价款为 40 000 元,增值税额为 5 200 元,款项已收到并存入银行。甬江公司会计处理如下:

借:银行存款 45 200

　　贷:主营业务收入 40 000

　　　　应交税费——应交增值税(销项税额) 5 200

• 视同销售的账务处理。企业发生税法上视同销售的行为,应当按照企业会计准则有关规定进行相应的会计处理,并按照现行增值税制度规定计算的销项税额,借记"应付职工薪酬""利润分配""营业外支出"等科目,贷记"应交税费——应交增值税(销项税额)"科目。

知识拓展 11-1

【例 11-8】 甬江公司将自己生产的产品无偿捐赠给乙公司,该批产品的成本为 150 000 元,计税价格为 260 000 元。甬江公司会计处理如下:

销项税额＝260 000×13％＝33 800(元)

借:营业外支出 183 800

　　贷:库存商品 150 000

　　　　应交税费——应交增值税(销项税额) 33 800

③进项税额抵扣情况发生改变的账务处理

因发生非正常损失或改变用途等,原已计入进项税额,待抵扣进项税额或待认证进项税

额,但按现行增值税制度规定不得从销项税额中抵扣的,借记"待处理财产损溢""应付职工薪酬""固定资产""无形资产"等科目,贷记"应交税费——应交增值税(进项税额转出)""应交税费——待抵扣进项税额"或"应交税费——待认证进项税额"科目。

知识拓展 11-2

【例 11-9】 甬江公司所属的职工宿舍维修领用原材料 6 000 元,购入原材料时支付的增值税额为 780 元。甬江公司会计处理如下:

借:应付职工薪酬——非货币性福利   6 780

  贷:原材料   6 000

    应交税费——应交增值税(进项税额转出)   780

④月末转出未交增值税和多交增值税的账务处理

月度终了,企业应将当月应交未交或多交的增值税自"应交增值税"明细科目转入"未交增值税"明细科目。对于当月应交未交的增值税,借记"应交税费——应交增值税(转出未交增值税)"科目,贷记"应交税费——未交增值税"科目;对于当月多交的增值税,借记"应交税费——未交增值税"科目,贷记"应交税费——应交增值税(转出多交增值税)"科目。

⑤交纳增值税的账务处理

• 交纳当月应交增值税的账务处理。企业当月交纳当月的增值税,借记"应交税费——应交增值税(已交税金)"科目,贷记"银行存款"科目。

【例 11-10】 甬江公司 2019 年 5 月"应交税费——应交增值税"账户各专栏的记录为:进项税额 141 万元,销项税额 340 万元,进项税额转出 20 万元。用银行存款交纳本期的增值税。甬江公司会计处理如下:

应交增值税＝340－141＋20＝219(万元)

借:应交税费——应交增值税(已交税金)   2 190 000

  贷:银行存款   2 190 000

• 交纳以前期间未交增值税的账务处理。企业交纳以前期间未交的增值税,借记"应交税费——未交增值税"科目,贷记"银行存款"科目。

2.小规模纳税人应纳增值税

小规模纳税企业具有以下特点:

(1)小规模纳税企业购买货物、无形资产或不动产,接受服务时,按照所支付的全部价款计入相关成本费用或资产,不论是否取得增值税专用发票,进项税额均不得抵扣。

在线视频 11-5

(2)小规模纳税企业销售货物、无形资产或不动产,提供服务时,只能开具普通发票,不能开具增值税专用发票,销售额通常含增值税。

(3)小规模纳税企业发生应税行为适用简易计税方法计税,按照不含税销售额和征收率计算确定。小规模纳税企业的征收率一般为 3%。计算公式如下:

应纳税额＝不含税销售额×3%

不含税销售额＝含税销售额÷(1＋3%)

小规模纳税企业只需在"应交税费"科目下设置"应交增值税"明细科目,不需要在"应交增值税"明细科目中设置专栏。"应交税费——应交增值税"科目贷方登记应交纳的增值税,借方登记已交纳的增值税;期末贷方余额反映尚未交纳的增值税,借方余额反映多交纳的增值税。

小规模纳税企业购买货物、无形资产或不动产,接受应税劳务和应税服务时,取得增值税专用发票上注明的增值税应计入相关成本费用或资产,不通过"应交税费——应交增值税"科目核算。借记"材料采购""在途物资"等科目,贷记"银行存款"等科目。销售货物、无形资产或不动产,提供应税劳务和应税服务时,按全部价款,借记"银行存款"等科目,按不含税的销售额,贷记"主营业务收入"等科目,按应纳增值税额,贷记"应交税费——应交增值税"科目。交纳增值税,应借记"应交税费——应交增值税"科目,贷记"银行存款"科目。

【例 11-11】 假定甬江公司核定为小规模纳税企业。本期购入原材料,按照增值税专用发票上记载的原材料成本为 500 000 元,支付的增值税额为 65 000 元,企业开出、承兑商业汇票,材料尚未收到。该企业本期销售产品,含税价格为 800 000 元,货款尚未收到,根据上述经济业务,企业应做如下会计处理。

(1)购进材料时:

借:在途物资   565 000

　　贷:应付票据   565 000

(2)销售产品时:

不含税价格=800 000÷(1+3%)=776 699(元)

应交增值税=776 699×3%=23 301(元)

借:应收账款   800 000

　　贷:主营业务收入   776 699

　　　　应交税费——应交增值税   23 301

(二)应交消费税的确认与计量

消费税是指在我国境内生产、委托加工和进口应税消费品的单位和个人,按其流转额交纳的一种税。消费税有从价定率和从量定额两种征收方法。采取从价定率方法征收的消费税,以不含增值税的销售额为税基,按照税法规定的税率计算,即企业的销售收入包含增值税的,应将其换算为不含增值税的销售额。采取从量定额计征的消费税,按税法确定的企业应税消费品的数量和单位应税消费品应交纳的消费税计算确定。

在线视频 11-6

企业应在"应交税费"科目下设置"应交消费税"明细科目,核算应交消费税的发生、交纳情况。该科目贷方登记应交纳的消费税,借方登记已交纳的消费税;期末贷方余额反映尚未交纳的消费税,借方余额反映多交纳的消费税。

1.销售应税消费品

【例 11-12】 甬江公司本期销售高档化妆品一批,含增值税销售收入339 000元,该产品适用的增值税率为13%,消费税率为15%。产品已经发出,款项尚未收到。该企业的会计处理如下:

应税消费品销售额=339 000÷(1+13%)=300 000(元)

应纳消费税额=300 000×15%= 45 000(元)

借:应收账款   339 000

　　贷:主营业务收入   300 000

　　　　应交税费——应交增值税(销项税额)   39 000

借：税金及附加   45 000

  贷：应交税费——应交消费税   45 000

2.自产自用应税消费品

企业将生产的应税消费品用于在建工程等非应税项目时，按规定应交纳的消费税，借记"在建工程"等科目，贷记"应交税费——应交消费税"科目。

【例11-13】甬江公司在建工程领用自产柴油成本为50 000元，应纳消费税6 000元。不考虑其他相关税费，该企业的会计处理如下：

借：在建工程   56 000

  贷：库存商品   50 000

    应交税费——应交消费税   6 000

3.委托加工应税消费品

企业如有应交消费税的委托加工物资，一般应由受托方代收代交税款。委托加工物资收回后，直接用于销售的，应将受托方代收代交的消费税计入委托加工物资的成本，借记"委托加工物资"等科目，贷记"应付账款""银行存款"等科目；委托加工物资收回后用于连续生产应税消费品，按规定准予抵扣的，应按已由受托方代收代交的消费税，借记"应交税费——应交消费税"科目，贷记"应付账款""银行存款"等科目，待用委托加工的应税消费品生产出应纳消费税的产品销售时，再交纳消费税。

4.进口应税消费品

企业进口应税物资在进口环节应交的消费税，计入该项物资的成本，借记"原材料""固定资产"等科目，贷记"银行存款"科目。

（三）应交企业所得税的确认与计量

在线视频11-7

企业的生产、经营所得和其他所得，依照《中华人民共和国企业所得税法》的规定需要交纳所得税。企业应设置"应交税费——应交所得税"科目进行相应的核算。企业按照一定税率计算的应纳所得税额，借记"所得税费用"科目，贷记"应交税费——应交所得税"科目。

（四）其他应交税费的确认与计量

1.房产税、土地使用税、车船使用税

房产税是指以我国境内的房产为征税对象，按照房产的评估值或房产租金收入向产权所有人征收的一种税。土地使用税是对城市、县城、建制镇和工矿区范围内使用土地的单位和个人开征的一种税，以纳税人实际占用的土地面积为计税依据，依照规定税额计算征收，其目的是为了调节土地级差收入，提高土地使用效益，加强土地管理。车船使用税由拥有并且使用车船的单位和个人交纳，车船使用税按照适用税额计算交纳。

企业按规定计算应交的房产税、土地使用税、车船使用税时，借记"税加及附加"科目，贷记"应交税费——应交房产税（或土地使用税、车船使用税）"科目；交纳时，借记"应交税费——应交房产税（或土地使用税、车船使用税）"科目，贷记"银行存款"科目。

2.土地增值税

土地增值税是对有偿转让国有土地使用权、地上建筑物及其附着物的单位、个人，就其转让房地产所取得的增值额而征收的一种税。

根据企业对房地产核算方法的不同，企业应交土地增值税的账务处理也有所区别：企业转让的土地使用权连同地上建筑特及其附着物一并在“固定资产”科目核算的，转让时应交的土地增值税，借记“固定资产清理”科目，贷记“应交税费——应交土地增值税”科目；土地使用权在“无形资产”科目核算的，按实际收到的金额，借记“银行存款”“累计摊销”“无形资产减值准备”科目，按应交的土地增值税，贷记“应交税费——应交土地增值税”科目，同时冲销土地使用权的账面价值，贷记“无形资产”科目，按其差额，借记或贷记“资产处置损益”科目；房地产开发经营企业销售房地产应交纳的土地增值税，借记“税金及附加”科目，贷记“应交税费——应交土地增值税”科目。交纳土地增值税时，借记“应交税费——应交土地增值税”科目，贷记“银行存款”科目。

【例 11-14】 甬江公司对外转让一栋厂房，根据税法规定计算的应交土地增值税为25 000元。该企业的会计处理如下。

(1)计算应交土地增值税：

借：固定资产清理　　25 000

　　贷：应交税费——应交土地增值税　　25 000

(2)用银行存款交纳土地增值税：

借：应交税费——应交土地增值税　　25 000

　　贷：银行存款　　25 000

3.城市维护建设税和教育费附加

城市维护建设税和教育费附加都是附加税，按流转税(增值税、消费税)的一定比例计算交纳。企业计算应交的城市维护建设税、教育费附加时，借记“税金及附加”，贷记“应交税费——应交城市维护建设税(或教育费附加)”科目。

四、应付职工薪酬的核算

(一)职工薪酬的内容

职工薪酬，是指企业为获得职工提供的服务或解除劳动关系而给予各种形式的报酬或补偿。职工薪酬包括短期薪酬、离职后福利、辞退福利和其他长期职工薪酬。

在线视频 11-8

1.短期薪酬

短期薪酬，是指企业在职工提供相关服务的年度报告期间结束后 12 个月内需要全部予以支付的职工薪酬，因解除与职工的劳动关系给予的补偿除外。短期薪酬具体包括：职工工资、奖金、津贴和补贴，职工福利费，医疗保险费、工伤保险费和生育保险费等社会保险费，住房公积金，工会经费和职工教育经费，短期带薪缺勤，短期利润分享计划，非货币性福利以及其他短期薪酬。

(1)职工工资、奖金、津贴和补贴，是指构成工资总额的计时工资、计件工资，支付给职工的超额劳动报酬和增收节支的劳动报酬，为了补偿职工特殊或额外的劳动消耗和因其他特殊原因支付给职工的津贴，以及为了保证职工工资水平不受物价影响支付给职工的物价补贴等。

(2)职工福利费，主要是尚未实行医疗统筹企业的职工的医疗费用、因公负伤赴外地就医的路费、职工生活困难补助，以及按照国家规定开支的其他职工福利支出。

（3）医疗保险费、工伤保险费和生育保险费等社会保险费，是指企业按照国务院、各地方政府规定的基准和比例，向社会保险经办机构交纳的相关保险费。

（4）住房公积金，是指企业按照国家规定的基准和比例，向住房公积金管理机构缴存的长期住房储蓄。

（5）工会经费和教育职工经费，是指企业为了改善职工文化生活、为职工学习先进技术和提高文化水平和业务素质，用于开展工会活动和职工教育活动及职业技能培训等的相关支出。

（6）短期带薪缺勤，是指企业支付工资或提供补偿的职工缺勤，包括年休假、病假、短期伤残、婚假、产假、丧假、探亲假等。

（7）利润分享计划，是指企业因职工提供服务而与职工达成的基于利润或其他经营成果提供薪酬的协议。

（8）非货币性福利，是指企业以自己生产的产品或外购的商品发放给职工作为福利、提供给职工无偿使用自己拥有的资产或租赁资产供职工无偿使用。如提供给企业高级管理人员居住的住房等，免费为职工提供诸如医疗保健的服务或向职工提供企业支付了一定补贴的商品或服务等，包括以低于成本的价格向职工出售住房等。

2. 离职后福利

离职后福利，是指企业为获得职工提供的服务而在职工退休或与企业解除劳动关系后，提供的各种形式的报酬和福利，短期薪酬和辞退福利除外。

3. 辞退福利

辞退福利，是指企业在职工劳动合同到期之前解除与职工的劳动关系，或者为鼓励职工自愿接受裁减而给予职工的补偿。

4. 其他长期职工福利

其他长期职工福利是指除短期薪酬、离职后福利、辞退福利之外所有的职工薪酬，包括长期带薪缺勤、长期残疾福利、长期利润分享计划等。

（二）职工薪酬的确认和计量

1. 职工薪酬的确认原则

企业应当在职工为其提供服务的会计期间，将实际发生的短期薪酬确认为负债，并根据职工提供服务的受益对象，分别按下列情况处理：

（1）应由生产产品、提供劳务负担的职工薪酬，计入产品成本或劳务成本。生产产品、提供劳务中的直接生产人员和直接提供劳务人员发生的职工薪酬，计入生产或劳动成本，但非正常消耗的直接生产人员和直接提供劳务人员的职工薪酬，应当在发生时确认为当期损益。

（2）应由在建工程、无形资产负担的职工薪酬，计入建造固定资产或无形资产成本。自行建造固定资产和自行研究开发无形资产过程中发生的职工薪酬，能否计入固定资产或无形资产成本，取决于相关资产的成本确定原则。如企业在研究阶段发生的职工薪酬不能计入自行开发无形资产的成本，在开发阶段发生的职工薪酬，符合无形资产资本化条件的，应当计入自行开发无形资产的成本。

（3）上述两项之外的其他职工薪酬，应当计入当期损益，除直接生产人员、直接提供劳务人员、符合准则规定条件的建造固定资产人员、开发无形资产人员以外的职工，包括公司总部管理人员、董事会成员、监事会成员等相关人员的职工薪酬，因难以确定直接对应的受益对象,均应当在发生时计入当期损益。

2.职工薪酬的计量标准

企业发生的职工福利费,应当在发生时根据实际发生额计入当期损益或相关资产成本。职工福利费为非货币性福利的,应当按照公允价值计量。

企业为职工交纳的医疗保险费、工伤保险费、生育保险费等社会保险费和住房公积金,以及按规定提取的工会经费和职工教育经费,应当在职工为其提供服务的会计期间,根据规定的计得基础和计提比例计算确定相应的职工薪酬金额,并确认相应负债,计入当期损益或相关资产成本。

带薪缺勤分为累积带薪缺勤和非累积带薪缺勤。企业应当在职工提供服务从而增加了其未来享有的带薪缺勤权利时,确认与累积带薪缺勤相关的职工薪酬,并以累积未行使权利而增加的预期支付金额计量。企业应当在职工实际发生缺勤的会计期间确认与非累积带薪缺勤相关的职工薪酬。累积带薪缺勤,是指带薪缺勤权利可以结转下期的带薪缺勤,本期尚未用完的带薪缺勤权利可以在未来期间使用。非累积带薪缺勤,是指带薪缺勤权利不能结转下期的带薪缺勤,本期尚未用完的带薪缺勤权利将予以取消,并且职工离开企业时也无权获得现金支付。

(三)应付职工薪酬的账务处理

1.发生职工薪酬

(1)货币性职工薪酬。企业应设置"应付职工薪酬"科目。核算职工薪酬的发生和结算情况。本科目可按"工资""职工福利""社会保险费""住房公积金""工会经费""职工教育经费""非货币性福利"等进行明细核算。

对于货币性薪酬,企业一般应当根据职工提供服务情况和职工货币薪酬 在线视频 11-9
的标准,计算应计入职工薪酬的金额,按照受益对象计入相关成本或当期费用,借记"生产成本""制造费用""管理费用"等科目,贷记"应付职工薪酬"科目。

【例 11-15】甬江公司 2019 年 6 月应付工资总额为 2 000 万元,其中:生产部门直接生产人员工资 1 000 万元;生产部门管理人员工资 200 万元;公司管理部门人员工资 360 万元;公司专设产品销售机构人员工资 100 万元;建造厂房人员工资 220 万元;内部开发存货管理系统人员工资 120 万元。

根据所在地政府规定,公司分别按职工工资总额的 8%、10.5% 计提医疗保险费和住房公积金,并交纳给当地社会保险经办机构和住房公积金管理机构。公司内设医务室,根据 2018 年实际发生的职工福利费情况,公司预计 2019 年应承担的职工福利费义务金额为职工工资总额的 2%,职工福利的受益对象为上述所有人员。公司分别按照职工工资总额的 2% 和 8% 计得工会经费和职工教育经费。假定公司存货管理系统已处于开发阶段,且符合《企业会计准则第 6 号——无形资产》资本化为无形资产的条件。相关的账务处理如下:

应计入生产成本的职工薪酬金额 = 1 000 + 1 000 × (8% + 10.5% + 2% + 2% + 8%)

= 1 305(万元)

应计入制造费用的职工薪酬金额 = 200 + 200 × (8% + 10.5% + 2% + 2% + 8%)

= 261(万元)

应计入管理费用的职工薪酬金额 = 360 + 360 × (8% + 10.5% + 2% + 2% + 8%)

$$=469.8(万元)$$

应计入销售费用的职工薪酬金额$=100+100×(8\%+10.5\%+2\%+2\%+8\%)$
$$=130.5(万元)$$

应计入在建工程成本的职工薪酬金额$=220+220×(8\%+10.5\%+2\%+2\%+8\%)$
$$=287.1(万元)$$

应计入无形资产成本的职工薪酬金额$=120+120×(8\%+10.5\%+2\%+2\%+8\%)$
$$=156.6(万元)$$

公司分配工资、职工福利费、医疗保险费、住房公积金、工会经费和职工教育经费等职工薪酬的会计分录如下:

借:生产成本	13 050 000
制造费用	2 610 000
管理费用	4 698 000
销售费用	1 305 000
在建工程	2 871 000
研发支出——资本化支出	1 566 000
贷:应付职工薪酬——工资	20 000 000
——职工福利	400 000
——社会保险费	1 600 000
——住房公积金	2 100 000
——工会经费	400 000
——职工教育经费	1 600 000

(2)非货币性职工薪酬。企业向职工提供的非货币性职工薪酬,应区分以下情况分别处理:

①以自产产品或外购商品发放给职工作为福利。企业以其生产的产品作为非货币性福利提供给职工的,应按该产品的公允价值和相关税费,计量应计入成本费用的职工薪酬金额。相关收入及其成本的确认计量和相关税费的处理,与正常商品销售相同。以外购商品作为非货币性福利的,应按商品的公允价值和相关税费,计量应计入成本费用的职工薪酬金额。

【例 11-16】 甬江公司是一家空调生产企业,生产工人 900 人,厂部管理人员 100 人。公司以其生产成本为 1 500 元的空调和外购高压锅作为福利发放给职工。该型号空调的售价为每台 2 500 元,高压锅增值税专用发票上注明每个不含税价为 300 元,增值税率为 13%。相关账务处理如下:

(1)公司决定发放空调时:

空调售价总额$=2\ 500×900+2\ 500×100=2\ 250\ 000+250\ 000=2\ 500\ 000(元)$

空调销项税额$=2\ 500×900×13\%+2\ 500×100×13\%=292\ 500+32\ 500$
$$=325\ 000(元)$$

公司决定发放福利时:

借:生产成本	2 542 500
管理费用	282 500
贷:应付职工薪酬——非货币性福利	2 825 000

(2)公司决定发放高压锅时:

高压锅售价总额＝300×900＋300×100＝270 000＋30 000＝300 000(元)

高压锅进项税额＝300×900×13％＋300×100×13％＝35 100＋3 900＝39 000(元)

公司决定发放福利时：

借：生产成本	305 100
管理费用	33 900
贷：应付职工薪酬——非货币性福利	339 000

②将拥有的房屋等资产无偿提供给职工使用,或租赁住房等资产供职工无偿使用。企业将拥有的房屋等资产无偿提供给职工使用的,应当根据受益对象,将住房每期应计提的折旧计入相关资产成本或费用,同时确认应付职工薪酬。租赁住房等资产供职工无偿使用的,应当根据受益对象,将每期应付的租金计入相关资产成本或费用,并确认应付职工薪酬。难以认定受益对象的,应直接计入当期损益,并确认应付职工薪酬。

【例 11-17】 甬江公司为总部各部门经理级别以上职工提供汽车免费使用,同时为副总裁级别以上高级管理人员每人租赁一套住房。该公司总部共有部门经理级别以上职工 25 名,每人提供一辆桑塔纳汽车免费使用,假定每辆桑塔纳汽车每月计提折旧 500 元;该公司共有副总裁级别以上高级管理人员 5 名,公司为其每人租赁一套面积为 100 平方米带有家具和电器的公寓,月租金为每套 4 000 元。甬江公司每月的账务处理如下：

借：管理费用	32 500
贷：应付职工薪酬　　非货币性福利	32 500

2.发放职工薪酬

(1)货币性职工薪酬。发放货币性职工薪酬时,借记"应付职工薪酬"科目,分别按实发的工资等金额,贷记"银行存款"或"库存现金"科目;按规定交纳的社会保险费等,贷记"银行存款"科目;按从应付职工薪酬中扣还的代垫款,贷记"其他应收款"科目;按代扣的个人所得税,贷记"应交税费——应交个人所得税"科目。

【例 11-18】 沿用【例 11-15】,甬江公司发放 2019 年 6 月工资,代扣职工房租 40 万元,代扣个人所得税 100 万元,实付工资 1 850 万元。甬江公司每月的账务处理如下：

借：应付职工薪酬——工资	20 000 000
贷：银行存款	18 600 000
其他应收款——职工房租	400 000
应交税费——应交个人所得税	1 000 000

【例 11-19】 沿用【例 11-15】,甬江公司以银行存款交纳医疗保险费 160 万元,住房公积金 210 万元,支付工会经费 40 万元,职工教育经费 160 万元。甬江公司每月的账务处理如下：

借：应付职工薪酬——社会保险费	1 600 000
——住房公积金	2 100 000
——工会经费	400 000
——职工教育经费	1 600 000
贷：银行存款	5 700 000

(2)非货币性职工薪酬。企业发放非货币性职工薪酬时,应区分以下情况分别处理：

①企业以自产产品作为职工薪酬发放给职工时,应确认主营业务收入,借记"应付职工薪酬——非货币性福利"科目,贷记"主营业务收入"和"应交税费——应交增值税(销项税

额)"科目,同时结转相关成本;企业以外购商品作为职工薪酬发放给职工时,借记"应付职工薪酬——非货币性福利"科目,贷记"银行存款"科目。

【例 11-20】 沿用【例 11-16】,甬江公司以其生产成本为 1 500 元的空调和外购高压锅作为福利发放给职工。相关账务处理如下。

(1)实际发放空调时:

借:应付职工薪酬——非货币性福利 2 825 000
　贷:主营业务收入 2 500 000
　　应缴税费——应缴增值税(销项税额) 325 000
借:主营业务成本 1 500 000
　贷:库存商品 1 500 000

(2)购买并发放高压锅时:

借:应付职工薪酬——非货币性福利 339 000
　贷:银行存款 339 000

②企业将拥有的房屋等资产无偿提供给职工使用时,按计提的折旧,借记"应付职工薪酬——非货币性福利"科目,贷记"累计折旧"科目;租赁住房等资产供职工无偿使用,按支付的租金,借记"应付职工薪酬——非货币性福利"科目,贷记"银行存款"科目。

【例 11-21】 沿用【例 11-17】,甬江公司无偿提供给部门经理级别以上职工使用的汽车每月计提折旧,支付副总裁级别以上高级管理人员每人租赁一套住房的租金时,账务处理如下:

借:应付职工薪酬——非货币性福利 32 500
　贷:累计折旧 12 500
　　银行存款 20 000

五、应付股利的确认与计量

股利是公司对利润的一种分配结果。应付股利是股份公司经董事会通过宣告分配给股东但尚未支付的股利。自股利宣告日起,应付股利就成为公司对股东的一种负债,企业应设置"应付股利"科目来反映应付股利的形成和偿付。

在线视频 11-10　**【例 11-22】** 甬江公司于 2019 年 3 月 10 日宣告发放普通股现金股利 300万元,4 月 10 日发放现金股利。相关账务处理如下。

(1)3 月 10 日,宣告发放现金股利时:

借:利润分配——应付普通股股利 3 000 000
　贷:应付股利 3 000 000

(2)4 月 10 日,发放现金股利时:

借:应付股利 3 000 000
　贷:银行存款 3 000 000

六、其他应付款的确认与计量

其他应付款是指除应付账款、应付票据、预收账款、应付职工薪酬以外的应付或暂收款项,主要包括存入保证金、租入固定资产的租金、租入包装物的租金等。企业通常设置"其他应付款"科目核算企业应付、暂收其他单位或个人的款项。

第三节 长期负债

长期负债是指偿还期在一年或者超过一年的一个营业周期以上的债务,具有偿还期长、金额大的特点。企业举借长期负债的主要目的是购置设备、扩建厂房或购入土地使用权等,以扩大生产经营规模,满足其长期占用大量资金的需要。长期负债主要包括长期借款、应付债券、长期应付款等。

一、长期借款的确认与计量

长期借款是指企业从银行或其他金融机构借入的,偿还期在一年以上的各种款项。它一般用于固定资产购置、固定资产建造工程等方面。

企业应设置"长期借款"科目,核算长期借款的借入、归还等情况,并下设"本金""利息调整"等进行明细核算。企业取得长期借款时,应借记"银行存款"科目,贷记本科目;归还长期借款时,借记本科目,贷记"银行存款"科目。

对于长期借款的利息费用,应按照权责发生制,予以资本化或费用化,资本化的利息,借记"在建工程""制造费用""研发支出"等科目;费用化的利息,借记"财务费用"科目。对于一次还本付息的长期借款,计提的利息贷记"长期借款"科目;分期付息的长期借款,计提的利息贷记"应付利息"科目。

【例 11-23】 甬江公司为建造一栋厂房,2018 年 1 月 1 日借入期限为两年的专门借款 200 万元,已存入银行,利率为 9%,每年付息一次,期满一次还清本金。该厂房于 2019 年 8 月底完工达到可使用状态。其账务处理如下。

(1)借入资金:

借:银行存款	2 000 000
贷:长期借款	2 000 000

(2)2018 年年末计算利息=2 000 000×9%=180 000(元)

借:在建工程	180 000
贷:应付利息	180 000

(3)2018 年年末支付借款利息:

借:应付利息	180 000
贷:银行存款	180 000

(4)2019 年年末计提利息:

借:在建工程	120 000
财务费用	60 000
贷:应付利息	180 000

(5)2019 年年末支付利息:

借:应付利息	180 000
贷:银行存款	180 000

（6）到期还本时：

借：长期借款   2 000 000

 贷：银行存款   2 000 000

二、应付债券的确认与计量

（一）应付债券的定义和分类

1.应付债券的定义

企业应付债券是企业为筹措长期资金而按照法定程序发行的、承诺在规定期限内还本付息的一种有价证券。债券上载明面值、利率、付息日、期限等内容。因债券的期限超过了一年，所以属于长期负债。

2.应付债券的分类

企业发行的债券，可以按下列几种方式分类：

（1）按还本方式分类，可分为一次还本债券和分期还本债券

一次还本债券，即同期发行的全部债券的本金于到期日一次偿还的债券。分期还本债券，即同期发行的债券的本金在不同的到期日分次偿还的债券。

（2）按是否可转为股票分类，可分为可转换债券和不可转换债券

可转换债券，也称可调换债券，是指在债券发行时就规定债权人在某时间，按规定的价格和条件，可转换成发行企业的优先股或普通股的债券，又称可转换公司债券。不可转换债券，又称不可转换公司债券，是指债券发行时没有约定可在一定条件下转换成普通股这一特定条件的债券。

（二）应付债券的账务处理

对企业发行的债券需要设置"应付债券"科目进行核算，核算内容包括债券本金和利息。"应付债券"科目按"面值""利息调整""应计利息"进行明细核算。

1.发行债券

债券的发行价格有平价发行、溢价发行、折价发行三种情况。债券发行价格的高低受发债人的信用评级、债券期限、市场利率水平等因素影响。溢价或折价是发行债券企业在债券存续期间内对利息费用的一种调整。

无论按哪种价格发行债券，都应按实际收到的金额借记"银行存款"等科目，按债券票面价值贷记"应付债券——面值"科目，按实际收到的金额与票面价值之间的差额，贷记或借记"应付债券——利息调整"科目。

2.计提利息，确认利息费用

企业应在债券存续期间按期计提利息，计提的利息为债券的票面利息。债券的票面利息是债券发行人按面值和票面利率计算的（票面利息＝面值×票面利率）、定期支付给债券持有人的利息。在计提利息的同时应确认每期的利息费用。利息费用的计算采用实际利率法，其计算公式如下：

当期利息费用＝摊余成本（债券每期期初账面价值）×实际利率

溢价或折价应在债券存续期间进行摊销。每期摊销额及期初账面价值的计算公式如下：

溢价发行时：利息调整＝票面利息－当期利息费用

债券该期期初账面价值＝上期期初账面价值－利息调整

折价发行时:利息调整＝当期利息费用－票面利息

债券该期期初账面价值＝上期期初账面价值＋利息调整

企业发行的债券通常分为一次还本、分期付息或到期一次还本付息两种。资产负债表日,对于一次还本、分期付息的债券,企业应按实际利率计算确定的债券利息费用,借记"财务费用""在建工程""制造费用""研发支出"等科目,按票面利率计算确定的应付未付利息,贷记"应付利息"科目,按其差额借记或贷记"应付债券——利息调整"科目;对于到期一次还本付息的债券,应按实际利率计算确定的债券利息费用,借记"财务费用""在建工程""制造费用""研发支出"等科目,按票面利率计算确定的应付未付利息,贷记"应付债券——应计利息"科目,按其差额借记或贷记"应付债券——利息调整"科目。

3.偿还债券

采用一次还本、分期付息方式的,在每期支付利息时,借记"应付利息"科目,贷记"银行存款"科目;债券到期偿还本金并支付最后一期利息时,借记"应付债券——面值""在建工程""制造费用""研发支出""财务费用"等科目,贷记"银行存款"科目,按借贷双方之间的差额,借记或贷记"应付债券——利息调整"科目。采用一次还本付息方式的,企业应于债券到期支付债券本息时,借记"应付债券——面值、应计利息"科目,贷记"银行存款"科目。

【例 11-24】　甬江公司 2017 年 1 月 1 日,发行 3 年期、面值 1 000 万元、票面利率 15%、每年年末付息的一次到期还本债券。债券发行价格为 1 124.05 万元,实际利率 10%。债券已全部售出,不考虑发行费用,采用实际利率法确认利息费用。

(1)计算债券溢价:

债券溢价＝11 240 500－10 000 000＝1 240 500(元)

(2)计算确认利息费用:

采用实际利率法确认的利息费用如表 11-1 所示。

表 11-1　利息费用计算表　　　　　　　　　　　　　　　　　　单位:元

付息日期	应计利息	利息费用	利息调整	摊余成本
(1)	(2)＝面值×15%	(3)＝(5)×10%	(4)＝(2)－(3)	(5)
2017 年 1 月 1 日				11 240 500
2017 年 12 月 31 日	1 500 000	1 124 050	375 950	10 864 550
2018 年 12 月 31 日	1 500 000	1 086 455	413 545	10 451 005
2019 年 12 月 31 日	1 500 000	1 048 995	451 005	10 000 000

注:2019 年度属于最后一年,利息调整摊销额应采用倒挤的方法计算,所以应是＝1 240 500－375 950－413 545＝451 005(元)

(3)其账务处理如下。

①2017 年 1 月 1 日发行债券时:

借:银行存款　　　　　　　　　　　　　　　　　　　　　　11 240 500

　　贷:应付债券——面值　　　　　　　　　　　　　　　　　　10 000 000

　　　　　　　　——利息调整　　　　　　　　　　　　　　　　　1 240 500

②2017 年 12 月 31 日计算利息费用并支付利息时:

借：财务费用等 1 124 050

    应付债券——利息调整 375 950

      贷：应付利息 1 500 000

借：应付利息 1 500 000

      贷：银行存款 1 500 000

③2018年12月31日计算利息费用并支付利息时：

借：财务费用等 1 086 455

    应付债券——利息调整 413 545

      贷：应付利息 1 500 000

借：应付利息 1 500 000

      贷：银行存款 1 500 000

④2019年12月31日计算利息费用并偿还本金、支付利息时：

借：财务费用等 1 048 995

    应付债券——利息调整 451 005

    应付债券——面值 10 000 000

      贷：银行存款 11 500 000

(三)可转换公司债券

为了吸引投资者，发行企业允许公司债券持有者在将来一定日期后将其转换为普通股股票，这种债券称为可转换公司债券。我国发行可转换公司债券采取记名式无纸化发行方式，债券最短期限为3年，最长期限为5年。企业发行的可转换公司债券在"应付债券"科目下设置"可转换公司债券"明细科目核算。

企业发行的可转换公司债券，应当在初始确认时将其包含的负债成分和权益成分进行分拆，将负债成分确认为应付债券，将权益成分确认为其他权益工具。在进行分拆时，应当先对负债成分的未来现金流量进行折现，确定负债成分的初始确认金额；再按发行价格总额扣除负债成分初始确认金额后的金额，确定权益成分的初始确认金额。发行可转换公司债券发生的交易费用，应当在负债成分和权益成分之间按照各自的相对公允价值进行分摊。企业应按实际收到的款项，借记"银行存款"等科目；按可转换公司债券包含的负债成分面值，贷记"应付债券——可转换公司债券(面值)"科目；按权益成分的公允价值，贷记"其他权益工具"科目；按借贷双方之间的差额，借记或贷记"应付债券——可转换公司债券(利息调整)"科目。

【例11-25】 甬江公司经批准于2018年1月1日按面值发行5年期一次还本付息的可转换公司债券20 000万元，款项已收存银行，债券票面年利率6%、债券发行1年后可转换为普通股股票，初始转股价为每股10元，股票面值为每股1元。债券持有人若在当期付息前转换股票的，应按债券面值和应计利息之和除以转股价，计算转换的股份数。假定2019年1月1日债券持有人将持有的可转换公司债券全部转换为普通股股票，甬江公司发行可转换公司债券时二级市场上与之类似的没有附带转换权的债券市场利率为9%。甬江公司的账务处理如下。

(1)2018年1月1日发行可转换公司债券时：

借：银行存款 200 000 000

应付债券——可转换公司债券(利息调整)	23 343 600
贷:应付债券——可转换公司债券(面值)	200 000 000
其他权益工具	23 343 600

可转换公司债券负债成分的公允价值＝20 000×0.6499＋20 000×6%×3.8897

$$＝17 665.64(万元)$$

式中,0.6499和3.8897分别是复利现值系数和年金现值系数。

可转换公司债券权益成分的公允价值＝20 000－17 665.64＝2 334.36(万元)

(2)2018年12月31日确认利息费用时:

借:财务费用等	15 899 076
贷:应付债券——可转换公司债券(应计利息)	12 000 000
——可转换公司债券(利息调整)	3 899 076

(3)2019年12月31日债券持有人行使转换权时:

转换的股份数＝(20 000＋1 200)/10＝2 120(万股)

借:应付债券——可转换公司债券(面值)	200 000 000
——可转换公司债券(应计利息)	12 000 000
其他权益工具	23 343 600
贷:股本	21 200 000
应付债券——可转换公司债券(利息调整)	19 444 524
资本公积——股本溢价	194 699 076

三、长期应付款的确认与计量

长期应付款,是指企业除长期借款和应付债券以外的其他各种长期应付款,包括以分期付款方式购入固定资产、无形资产或存货等发生的应付款项等。企业应设置"长期应付款"科目进行核算。

企业购买资产有可能延期支付有关价款。如延期支付的购买价款超过正常信用条件,实质上具有融资性质的,所购资产的成本应当以延期支付购买价款的现值为基础确定。实际支付的价款与购买价款的现值之间的差额,应当在信用期间内采用实际利率法进行摊销,计入相关资产成本或当期损益。具体来说,企业购入的资产超过正常信用条件延期付款,实质上具有融资性质时,应按购买价款的现值,借记"固定资产""在建工程""无形资产""原材料"等科目;按应支付的价款总额,贷记"长期应付款"科目;按其差额,借记"未确认融资费用"科目。

第四节　借款费用

一、借款费用的定义与范围

(一)借款费用的定义

借款费用是指企业因借入资金所付出的代价,它包括借款利息费用(含借款折价或者溢价的摊销和相关辅助费用)以及因外币借款而发生的汇兑差额等。

1.因借款而发生的利息

因借款而发生的利息,包括企业向银行或者其他金融机构等借入资金发生的利息、发行公司债券发生的利息,以及为购建或者生产符合资本化条件的资产而发生的带息债务所承担的利息等。

2.因借款而发生的折价或溢价的摊销

因借款而发生的折价或溢价,主要是指发行债券等发生的折价或溢价。其实质是对债券票面利息的调整,即将债券票面利率调整为实际利率,属于借款费用的范畴。

3.因借款而发生的辅助费用

因借款而发生的辅助费用,是指企业在借款过程中发生的诸如手续费、佣金、印刷费等费用,由于这些费用是因安排借款而产生的,也属于借入资金所付出的代价,是借款费用的构成部分。

4.因外币借款而发生的汇兑差额

因外币借款而发生的汇兑差额,是指由于汇率变动导致市场汇率与账面汇率出现差异,从而对外币借款本金及其利息的记账本位币金额所产生的影响金额。由于汇率的变化往往和利率的变化相联动,它是企业外币借款所需承担的风险,因此,因外币借款相关汇率变化所导致的汇兑差额属于借款费用的有机组成部分。

对于企业发生的权益性融资费用,不应包括在借款费用中。例如,企业发行公司股票的佣金,由于发行公司股票属于公司权益性融资性质,所发生的佣金不属于借款费用范畴而应当冲减溢价。

(二)借款费用资本化的资产范围

符合资本化条件的资产,是指需要经过相当长时间的购建或生产活动才能达到预定可使用或者可销售状态的固定资产、投资性房地产、存货等资产。建造合同成本、确认为无形资产的开发支出等在符合条件的情况下,也可以认定为符合资本化条件的资产。

符合资本化条件的存货,主要包括房地产开发企业开发的用于对外出售的房地产开发产品、企业制造的用于对外出售的大型机械设备等,这类存货通常需要经过相当长时间的建造或者生产过程,才能达到预定可销售状态。其中,"相当长时间"应当是指为资产的构建或者生产所必要的时间,通常为一年以上(含一年)。如某公司借款用于建造期为两个月的简易厂房的建造,虽然该借款用于固定资产的建造,但由于该资产建造时间较短,不属于需要经过相当长时间的购建才能达到预定可使用状态的资产,因此,所发生的相关借款费用不应予以资本化计入在建工程成本,而应计入当期财务费用。

(三)借款的范围

借款包括专门借款和一般借款。专门借款是指为购建或者生产符合资本化条件的资产而专门借入的款项。专门借款通常应当有明确的用途,并在借款合同中标明。例如,某制造企业为了建造厂房向某银行专门贷款1亿元,某房地产开发企业为了开发某住宅小区向某银行专门贷款2亿元,某施工企业为了完成承接的某运动场馆建造合同向银行专门贷款0.5亿元等,均属于专门借款,其使用目的明确,而且其使用受到与银行签订的相关合同的限制。

一般借款是指除专门借款之外的借款,相对于专门借款,一般借款在借入时,其用途通常没有特指用于符合资本化条件的资产的购建或者生产。

二、借款费用的确认

借款费用的确认主要解决的是将每期发生的借款费用资本化计入相关资产的成本,还是将有关借款费用化计入当期损益的问题。

企业发生的借款费用,可直接归属于符合资本化条件的资产的购建或生产的,应予以资本化,计入相关资产成本;其他借款费用,应当在发生时根据其发生额确认为费用,计入当期损益。

企业只有发生在资本化期间内的有关借款费用,才允许资本化,资本化期间的确定是资本化借款费用确认和计量的重要前提。借款费用资本化期间,是指从借款费用开始资本化时点到停止资本化时点的期间,但不包括借款费用暂停资本化的期间。

(一)借款费用开始资本化

借款费用允许开始资本化必须同时满足三个条件,即资产支出已经发生、借款费用已经发生、为使资产达到预定可使用或者可销售状态所必要的购建或者生产活动已经开始。

1.资产支出已经发生

资产支出已经发生,是指企业已经发生了支付现金、转移非现金资产或者承担带息债务形式所发生的支出。其中,支付现金,是指用货币资金支付符合资本化条件的资产的购建或者生产支出。如某企业用现金或者银行存款购买为建造或者生产符合资本化条件的资产所需用材料、支付有关职工薪酬、向工程承包商支付工程进度款等。

转移非现金资产,是指企业将自己的非现金资产直接用于符合资本化条件的资产的购建或者生产。如某企业将自己生产的产品,包括自己生产的水泥、钢材等,用于符合资本化条件的资产的建造或者生产,企业同时还将自己生产的产品向其他企业换取用于符合资本化条件的资产的建造或者生产所需用工程物资的,这些产品成本均属于资产支出。

承担带息债务,是指企业为了购建或者生产符合资本化条件的资产所需用物资等而承担的带息应付款项(如带息应付票据)。企业以赊购方式购买这些物资所产生的债务可能带息,也可能不带息。如果企业赊购这些物资承担的是不带息债务,就不应当将购买价款计入资产支出,因为该债务在偿付前不需要承担利息,也没有占用借款资金。企业只有等到实际偿付债务,发生了资源流出时,才能将其作为资产支出。如果企业赊购物资承担的是带息债务,则企业要为这笔债务付出代价,支付利息,与企业向银行借入款项用以支付资产支出在性质上是一致的。所以,企业为购建或者生产符合资本化条件的资产而承担的带息债务应当作为资产支出,当该带息债务发生时,视同资产支出已经发生。

2.借款费用已经发生

借款费用已经发生,是指企业已经发生了因购建或者生产符合资本化条件的资产而专门借入款项的借款费用或者所占用的一般借款的借款费用。

3.为使资产达到预定可使用或者可销售状态所必要的购建或者生产活动已经开始

为使资产达到预定可使用或者可销售状态所必要的购建或者生产活动已经开始,是指符合资本化条件的资产的实体建造或者生产工作已经开始,例如,主体设备的安装、厂房的实际开工建造等。它不包括仅仅持有资产但没有发生为改变资产形态而进行的实质上的建造或者生产活动。

(二)借款费用暂停资本化

符合资本化条件的资产在购建或者生产过程中发生非正常中断,且中断时间连续超过 3 个月的,应当暂停借款费用的资本化。中断期间发生的借款费用应当确认为费用,计入当期损益,直至资产的购建或者生产活动重新开始。中断的原因必须是非正常中断,属于正常中断的,相关借款费用仍可资本化。

非正常中断,通常是由于企业管理决策上的原因或者其他不可预见的原因等所导致的中断,如企业因与施工方发生了质量纠纷,或者工程、生产用料没有及时供应,或者资金周转发生了困难,或者施工、生产发生了安全事故,或者发生了与资产购建、生产有关的劳动纠纷等原因,导致资产购建或者生产活动发生的中断。某些地区的工程在建造过程中,由于可预见的不可抗力因素(如雨季或冰冻季节等原因)导致施工出现停顿,则属于正常中断。

(三)借款费用停止资本化

购建或者生产符合资本化条件的资产达到预定可使用或者可销售状态时,借款费用应当停止资本化。在此之后发生的借款费用,应当在发生时根据其发生额确认为费用,计入当期损益。购建或者生产符合资本化条件的资产达到预定可使用或者可销售状态,可从下列几个方面进行判断:

(1)符合资本化条件的资产的实体建造(包括安装)或者生产工作已经全部完成或者实质上已经完成。

(2)所购建或者生产的符合资本化条件的资产与设计,与合同规定或者生产要求相符或者基本相符,即使有极个别与设计、合同规定或者生产要求不相符的地方,也不影响其正常使用或者销售。

(3)继续发生在所购建或者生产的符合资本化条件的资产上的支出金额很少或者几乎不再支出。

购建或者生产的资产如果分别建造、分别完工的,企业应当区别情况界定借款费用停止资本化的时点。

购建或者生产符合资本化条件的资产的各部分分别完工,且每部分在其他部分继续建造或者生产过程中可供使用或者可对外销售,且为使该部分资产达到预定可使用或者可销售状态所必要的购建或者生产活动实质上已经完成的,应当停止与该部分资产相关的借款费用的资本化,因为该部分资产已经达到了预定可使用或者可销售状态。

三、借款费用的计量

(一)借款利息费用的资本化金额的确定

在借款费用资本化期间内,每一会计期间的利息(包括折价或溢价的摊销和辅助费用,下同)资本化金额,应当按照下列规定确定:

(1)为购建或者生产符合资本化条件的资产而借入专门借款的,应当以专门借款当期实际发生的利息费用,减去将尚未动用的借款资金存入银行取得的利息收入或者进行暂时性投资取得的投资收益后的金额确定。

(2)为购建或者生产符合资本化条件的资产而占用了一般借款的,企业应当根据累计资产支出超过专门借款部分的资产支出加权平均数乘以所占用一般借款的资本化率,计算确定一般借款应予资本化的利息金额。资本化率应当根据一般借款加权平均利率计算确定。

【例 11-26】 甬江公司于 2018 年 1 月 1 日正式动工兴建一幢厂房,工期预计为 1 年零 6 个月,工程采用了出包方式,将分别在 2018 年 1 月 1 日支付 1 500 万元、2018 年 7 月 1 日支付 2 500 万元、2019 年 1 月 1 日支付 1 500 万元工程进度款。

为建造厂房于 2018 年 1 月 1 日专门借款 1 500 万元,借款期限为 2 年,年利率为 6%,除此之外,没有其他专门借款。

在厂房建造过程中占用了两笔一般借款,具体资料如下:

(1)期限为 2017 年 12 月 1 日至 2020 年 12 月 1 日的长期借款 1 000 万元,年利率为 6%,按年支付利息。

(2)发行公司债券 1 亿元,于 2015 年 1 月 1 日发行,期限为 5 年,年利率为 8%,按年支付利息。

本例中全年按 360 天计算,公司为建造该厂房支出金额具体如表 11-2 所示。

表 11-2　甬江公司为建设厂房的支出金额　　　　　　　　　　　　单位:万元

日期	每期资产支出金额	累计资产支出金额
2018 年 1 月 1 日	1 500	1 500
2018 年 7 月 1 日	2 500	4 000
2019 年 1 月 1 日	1 500	5 500
合计	5 500	11 000

甬江公司的账务处理如下。

(1)计算专门借款利息资本化金额:

2018 年专门借款利息资本化金额＝1 500×6%＝90(万元)

2019 年专门借款利息资本化金额＝1 500×6%×180/360＝45(万元)

(2)计算一般借款资本化金额:

在建造厂房过程中,自 2018 年 7 月 1 日起已经有 2 500 万元占用了一般借款,另外,2019 年 1 月 1 日支出的 1 500 万元也占用了一般借款,计算这两笔资产支出的加权平均数如下:

2018 年占用了一般借款的资产支出加权平均数＝2 500×180/360＝1 250(万元)

一般借款利息资本化率(年)＝(1 000×6%＋10 000×8%)/(1 000＋10 000)＝7.82%

2018 年应予资本化的一般借款利息金额＝1 250×7.82%＝97.75(万元)

2019 年占用了一般借款的资产支出加权平均数＝(2 500＋1 500)×180/360＝2 000(万元)

2019 年应予资本化的一般借款利息金额＝2 000×7.82%＝156.40(万元)

(3)根据上述计算结果,公司建造厂房应予资本化的利息金额如下:

2018 年利息资本化金额＝90＋97.75＝187.75(万元)

2019 年利息资本化金额＝45＋156.40＝201.40(万元)

(4)计算实际发生利息:

2018 年实际发生利息＝(1 500＋1 000)×6%＋10 000×8%＝950(万元)

2019 年 1 月 1 日至 6 月 30 日实际发生利息＝(1 500×6%＋1 000×6%＋10 000
　　　　　　　　　　　　　　　　　　×8%)×180/360＝475(万元)

(5)有关账务处理如下：

①2018 年 12 月 31 日：

借:在建工程	1 877 500
财务费用	7 622 500
贷:应付利息	9 500 000

②2019 年 6 月 30 日：

借:在建工程	2 014 000
财务费用	2 736 000
贷:应付利息	4 750 000

(二)外币专门借款汇兑差额资本化金额的确定

当企业为购建或者生产符合资本化条件的资产所借入的专门借款为外币借款的,由于企业取得外币借款日、使用外币借款日和会计结算日往往并不一致,而外汇汇率又在随时发生变化,因此,外币借款会产生汇兑差额。相应地,在借款费用资本化期间内,为购建固定资产而专门借入的外币借款所产生的汇兑差额,是购建固定资产的一项代价,应当予以资本化,计入固定资产成本。出于简化核算的考虑,借款费用准则规定,在资本化期间内,外币专门借款本金及其利息的汇兑差额,应当予以资本化,计入符合资本化条件的资产的成本。而除外币专门借款之外的其他外币借款本金及其利息所产生的汇兑差额应当作为财务费用,计入当期损益。

【问题讨论】

1.分析各种流动负债形成的原因。

2.企业以自己生产的产品和外购的商品作为非货币性福利时,应付职工薪酬账务处理有何不同?

3.采用长期债务方式筹集资金的渠道有哪些? 举借长期负债的优缺点有哪些?

4.应付债券溢价和折价的实质是什么? 对于溢价和折价在会计上应如何处理?

5.分析借款费用资本化还是费用化,对企业有何影响?

【案例分析】

长园集团股份有限公司向合格投资者公开发行面值总额不超过 12 亿元的公司债券。长园集团股份有限公司 2016 年公司债券(第一期)(简称本期债券)基础发行规模为 7 亿元,可超额配售不超过 5 亿元。发行人和主承销商将根据网下申购情况,决定是否行使超额配售选择权,即在基础发行规模 7 亿元的基础上,由主承销商在本期债券基础发行规模上追加不超过 5 亿元的发行额度。本期债券为 3 年期,票面年利率为 4.50%。本期债券面值 100元,按面值平价发行。还本付息方式:本期债券采用单利按年计息,不计复利;每年付息一次,到期一次还本,最后一期利息随本金一起支付。起息日:2016 年 3 月 4 日。募集资金用途:拟用于补充公司营运资金和调整公司债务结构(包括但不限于偿还银行贷款)。

请以小组为单位讨论以下问题：

(1)试根据上述资料进行债券发行、第一年计提债券利息、支付债券利息及该债券到期偿还本金的核算。

(2)试就上市公司发行债券与其他融资方式进行比较。

(3)企业债券的发行价格是如何计算的？溢价与折价的实质是什么？

(4)长园集团股份有限公司发行企业债券应具备的条件有哪些？

(5)长园集团股份有限公司发行企业债券应承担哪些社会责任？

【项目训练】

训练目的：学生通过本项目的训练，对负债有一个比较系统的认识，熟悉其账务处理程序，据以达到熟练地掌握负债的确认、计量、记录等会计技能的目的。

训练形式：以学生自完成为主，教师适当指导。

训练课时：课外 4 课时。

训练资料：甬江公司是生产音乐产品的企业，为增值税一般纳税人，适用的增值税率为 13%，所得税税率为 25%。在 2019 年度发生以下交易事项：

(1)1 月 1 日，从银行借入资金 50 万元用于购建一条生产线，年利率为 10%，期限为 2 年，每年年末支付利息，到期一次还本，该生产线 2019 年 6 月 30 日完工交付使用。

(2)3 月 18 日，从长城公司购入材料一批，材料价款 2 000 元，增值税率 13%，甬江公司开出一张期限为 3 个月的不带息银行承兑汇票，票面金额为 2 000 元，余款未支付，材料已验收入库。

(3)5 月 5 日，黄河公司预定 A 产品 100 件，价值为 50 000 元，已预付定金 1 000 元。

(4)5 月 20 日，向黄河公司交货，增值税率 13%，消费税率 10%。

(5)7 月 1 日，由于资金周转困难，从银行借入期限为 6 个月的借款 20 000 元，年利率为 6%，到期一次还本付息。

(6)7 月 31 日，结算本月应付职工工资共计 123 670 元，其中生产 MP5 的工人工资为 80 000 元，生产音乐八音盒的工人工资为 20 000 元，车间管理人员工资为 4 500 元，车间技术人员工资为 3 500 元，厂部管理人员的工资为 15 670 元，根据所在地政府规定，分别按工资总额的 10%、12%、2%、10.5%、2%和 1.5%计提医疗保险费、养老保险费、失业保险费、住房公积金、工会经费和职工教育经费。

(7)10 月 1 日，甬江公司以自己生产的产品 MP5 作为福利发放给职工，其中生产工人 50 件，车间管理人员与技术人员共 3 件，厂部管理人员 5 件。MP5 市场售价为每件 200 元，增值税率 13%。

(8)12 月 31 日，根据本年各项收入形成的增值税额为 30 000 元、消费税额为 15 000 元，结算本年度应交城建税及教育费附加。

训练要求：

根据甬江公司所发生的上述业务进行相关确认、计量并据以编制会计分录。

在线自测题

第十二章

所有者权益

■■■ 学习目标

通过本章的学习,要求学生理解所有者权益的含义及内容;掌握不同组织形式下投入资本的核算;掌握不同资本公积以及库存股的核算;掌握盈余公积和未分配利润的核算。

■■■ 关键知识点

实收资本,资本公积,其他综合收益,盈余公积,未分配利润。

■■■ 案例导入

中弘股份"高送转"股利政策案例

近几年我国上市公司股利分配过程中实施高比例的送股和转增股方式经常发生。根据数据统计,2008 年至 2018 年,10 年间进行送转股政策的上市公司中每 10 股送转 5 股以上的公司占半数以上,2015 年"高送转"比例为 85.52%,达到近 10 年"高送转"比例的顶峰,2016 年、2017 年和 2018 年的比例略有下降,分别为 76.02%、49.74%和 66.67%。在这其中也不乏进行非理性"高送转"行为的上市公司,虽然我国对非理性"高送转"的监管逐步趋严,但依旧存在概念炒股的现象,甚至有大股东伴随"高送转"进行减值套现,损害投资者利益事件的发生。

然而,2018 年 11 月 8 日,中弘股份由于股价连续 20 个交易日收盘价低于 1 元股票面值而导致退市,通过研究发现,该公司在最近八年进行了四次"高送转"行为:2011 年 10 股转增 8 股,2013 年 10 股转增 9 股,2015 年 10 股转增 6 股,2017 年 10 股转增 4 股,频繁进行的"高送转"为该公司股价不足 1 元而触发退市埋下了隐患,尤其是在 2017 年,中弘股份股价波动下降不足 3 元,该公司依旧强行"高送转",随后在 2018 年 11 月 23 日,沪深证券交易所正式发布了"高送转"信息披露指引,未来"高送转"的程度和比例将与公司业绩挂钩。由于送股和转股的实质是股东权益的内部调整,因此对公司的盈利能力等并没有重大影响,也不能使股东权益增加,如果只是一味地依赖"高送转",还会造成中弘股份这样的惨剧。

思考:

1. 企业所有者权益包含的内容有哪些?

2. 分析进行"高送转"股利分配的上市公司的动机。

3. 思考"高送转"行为对企业所有者权益会产生哪些影响?

4. 案例中炒股、大股东套现等行为违反了哪些职业道德?

所有者权益是指企业资产扣除负债后由所有者享有的剩余权益,即企业所有者对企业净资产的要求权。所有者权益根据其核算的内容和要求,可分为实收资本(或股本)、其他权益工具、资本公积、其他综合收益、盈余公积和未分配利润等部分。其中,盈余公积和未分配利润统称为留存收益。

第一节　实收资本

按照我国有关法律规定,投资者设立企业首先必须投入资本。实收资本是投资者投入资本形成法定资本的价值,所有者向企业投入的资本,在一般情况下无须偿还,可以长期使用。实收资本的构成比例,即投资者的出资比例或股东的股份比例,通常是确定所有者在企业所有者权益中所占的份额和参与企业财务经营决策的基础,也是企业进行利润分配或股利分配的依据,同时还是企业清算时确定所有者对净资产要求权的依据。

在线视频 12-1

一、实收资本确认与计量的基本要求

企业应当设置"实收资本"科目,核算企业接受投资者投入的实收资本,股份有限公司应将该科目改为"股本"。投资者可以用现金投资,也可以用现金以外的其他有形资产投资,符合国家规定比例的,还可以用无形资产投资。企业收到投资时,一般应做如下会计处理:收到投资人投入的现金,应在实际收到或者存入企业开户银行时,按实际收到的金额,借记"银行存款"科目,以实物资产投资的,应在办理实物产权转移手续时,借记有关资产科目,以无形资产投资的,应按照合同、协议或公司章程规定移交有关凭证时,借记"无形资产"科目,按投入资本在注册资本或股本中所占份额,贷记"实收资本"或"股本"科目,按其差额,贷记"资本公积——资本溢价"或"资本公积——股本溢价"等科目。

知识拓展 12-1

二、不同组织形式实收资本的核算

由于企业的组织形式不同,所有者实收资本的会计核算方法也有所不同。下面分别介绍不同组织形式的企业实收的资本核算。

(一)股份公司投入资本的核算

股份公司与其他企业比较,最显著的特点就是将企业的全部资本划分为等额股份,并通过发行股票的方式来筹集资本。股份公司设置"股本"总分类账户进行股票发行的会计核算,为了提供企业股份的构成情况,企业应该在"股本"总分类账户下,按普通股、优先股及股东单位或姓名设置明细分类账。此外,还可设置股本备查簿,详细记录企业核定的股本总额、股份总数及每股面值等情况。

企业的股本应该在核定的股本范围内通过发行股票取得。企业发行股票取得的收入与股本总额往往不一致。但需要强调的是,在发行有面值的股票时,无论发行价格与面值是否一致,记入"股本"总分类账户的金额总是按股票面值计算的股本,即股票的面值与股份总数的乘积。公司发行股票取得的收入大于股本总额,称为溢价发行;小于股本总额,称为折价发行;等于股本总额,称为面值发行。按照有关规定,我国不允许企业折价发行股票。因此,在采用溢价发行股票的情况下,企业应将按股票面值计算的部分记入"股本"总分类账户,其余部分在扣除发行手续费、佣金等发行费用后记入"资本公积"总分类账户。

【例 12-1】 甬江公司 2020 年 1 月 1 日按每股价格 1.5 元溢价发行普通股 500 000 股,该股票每股面值为 1 元。手续费按发行收入的 1% 支付。应做如下会计处理:

实收价款 = 1.5 × 500 000 - (1.5 × 500 000 × 1%) = 750 000 - 7 500 = 742 500(元)

普通股本 = 1 × 500 000 = 500 000(元)

股本溢价 = 742 500 - 500 000 = 242 500(元)

借:银行存款 742 500

  贷:股本——普通股 500 000

    资本公积——股本溢价 242 500

(二)一般企业投入资本的核算

一般企业是指除股份公司以外的企业,如国有企业、有限责任公司等。

在会计核算上,单独把国有独资有限责任公司作为一种类型,因为这类企业组建时所有者投入的资本全部作为实收资本入账,不发行股票,不会产生股票溢价发行收入,也不会在追加投资时,为维持一定的投资比例而产生资本公积。而其他类型的企业,所有者投入的资本不一定全部作为实收资本。

知识拓展 12-2

有限责任公司创立时,各投资者按照合同、协议或公司章程投入企业的资本,应全部记入"实收资本"账户,企业的实收资本应等于企业的注册资本。企业增资扩股时,如有新投资者加入,为了维护原有投资者的权益,新投资者的投资额,并不一定全部作为实收资本处理。新投资者交纳的出资额按约定比例计算的在注册资本中所占份额部分,应记入"实收资本"账户,大于部分应记入"资本公积"账户。

【例 12-2】 甬江公司由甲、乙、丙三位股东出资设立,设立时甲投入银行存款 200 000 元,乙投入厂房一幢,原价为 500 000 元,经评估确认其价值为 250 000 元,丙投入商标权一项,公允价值为 200 000 元。设立当时公司的注册资本为 600 000 元,甲、乙、丙各占 1/3。三年后,该企业留存收益为 200 000 元。这时,又有投资者丁愿意出 200 000 元,取得该公司 20% 的股份。

(1)公司设立时的会计处理如下:

借:银行存款 200 000

  固定资产——厂房 250 000

  无形资产——商标权 200 000

  贷:实收资本——甲投资者 200 000

      ——乙投资者 200 000

      ——丙投资者 200 000

    资本公积——资本溢价 50 000

(2)公司收到投资者丁投入资金时的会计处理如下:

设投资者丁投入资金中记入实收资本的金额为 x 元,则:

$$x/(600\,000+x)\times100\%=20\%$$

得到：$x=150\,000$（元）

同时得到公司增加的资本公积金额为：$200\,000-150\,000=50\,000$（元）

编制会计分录如下：

借：银行存款　　　　　　　　　　　　　　　　　　　　　　　　　200 000

　　贷：实收资本——丁投资者　　　　　　　　　　　　　　　　　　　150 000

　　　　资本公积——资本溢价　　　　　　　　　　　　　　　　　　　　50 000

三、投入资本的增减变动

一般情况下，企业的实收资本应相对固定不变，但在某些特定情况下，实收资本也可能发生增减变化。我国《企业法人登记管理条例》中规定，除国家另有规定外，企业的注册资本应当与实有资本相一致。该条例还规定，企业法人实有资本比原注册资本数额增加或减少超过20%时，应持资金证明或者验资证明，向原登记机关申请变更登记。这表明，企业的实收资本，一般情况下，不得随意增减，如要增减，应具备一定的条件。

(一)实收资本增加的核算

1.企业增加资本的一般途径

企业增加资本的一般途径有三条：一是将资本公积转为实收资本或者股本。会计上应借记"资本公积——资本溢价"或"资本公积—股本溢价"科目，贷记"实收资本"或"股本"科目。二是将盈余公积转为实收资本。会计上应借记"盈余公积"科目，贷记"实收资本"或"股本"科目。这里要注意的是，资本公积和盈余公积均属于所有者权益，转为实收资本或者股本时，企业如为独资企业的，核算比较简单，直接结转即可；如为股份有限公司或有限责任公司的，应按原投资者所持股份同比例增加各股东的股权。三是所有者（包括原企业所有者和新投资者）投入。企业接受投资者投入的资本，借记"银行存款""固定资产""无形资产""长期股权投资"等科目，贷记"实收资本"或"股本"等科目。

2.股份公司发放股票股利

股份公司以发放股票股利的方法实现增资。采用发放股票股利形式实现增资的，在发放股票股利时，股份公司应当按照实际发放的股票股利金额，借记"利润分配"账户，按实际发放股票的面值，贷记"股本"账户，其差额贷记"资本公积"账户。股份公司是按照股东原来持有的股数分配股票股利的，如股东所持股份按比例分配的股利不足1股时，应采用恰当的方法处理。例如，股东会决议按股票面值的10%发放股票股利时（假如新股发行价格及面额与原股相同），对于所持股票不足10股的股东，将会发生不能领取1股的情况。在这种情况下，有两种方法可供选择：一是将不足1股的股票股利改为现金股利，用现金支付；二是由股东相互转让，凑为整股。无论采用哪种方法，都将改变企业的股权结构。股东大会批准的利润分配方案中分配的股票股利，应在办理增资手续后，借记"利润分配"科目，贷记"股本"科目。

(二)实收资本减少的核算

企业实收资本减少的原因大体有两种：一是资本过剩；二是企业发生重大亏损需要减少实收资本。企业因资本过剩而减资，一般要发还股款。有限责任公司和一般企业发还投资的会计处理比较简单,按法定程序报经批准减少注册资本的,借记"实收资本"科目,贷记"库存现金""银行存款"等科目。

股份公司因减少注册资本而回购本公司股份的,应按实际支付的金额,借记"库存股"科目,贷记"银行存款"等科目。注销库存股时,应按股票面值和注销股数计算的股票面值总额,借记"股本"科目,按注销库存股的账面余额,贷记"库存股"科目,按其差额,冲减股票发行时原记入资本公积的溢价部分,借记"资本公积——股本溢价"科目,回购价格超过上述冲减"股本"及"资本公积——股本溢价"科目的部分,应依次借记"盈余公积""利润分配——未分配利润"等科目;如回购价格低于回购股份所对应的股本,所注销库存股的账面余额与所冲减股本的差额作为增加股本溢价处理,按回购股份所对应的股本面值,借记"股本"科目,按注销库存股的账面余额,贷记"库存股"科目,按其差额,贷记"资本公积——股本溢价"科目。

【例 12-3】 甬江公司 2020 年 12 月 31 目的股本为 80 000 000 股,面值为 1 元,资本公积(股本溢价)20 000 000 元,盈余公积 30 000 000 元。经股东大会批准,甬江公司以现金回购本公司股票 10 000 000 股并注销。假定甬江公司按每股 2 元回购股票,不考虑其他因素,甬江公司的会计处理如下。

(1)回购本公司股票时:

借:库存股 20 000 000

    贷:银行存款 20 000 000

(2)注销本公司股票时:

借:股本 10 000 000

    资本公积——股本溢价 10 000 000

    贷:库存股 20 000 000

假定甬江公司按每股 4 元回购股票,其他条件不变。请讨论甬江公司的会计处理如何进行?

第二节 资本公积和其他综合收益

一、资本公积的确认与计量

资本公积是企业收到投资者的超出其在企业注册资本(或股本)中所占份额的投资,以及直接计入所有者权益的利得和损失等。资本公积包括资本溢价(或股本溢价)和其他资本公积。

在线视频 12-2 资本溢价(或股本溢价)是企业收到投资者的超出其在企业注册资本(或股本)中所占份额的投资。形成资本溢价(或股本溢价)的原因有溢价发行股票、投资者超额缴入资本等。

直接计入所有者权益的利得和损失是指不应计入当期损益、会导致所有者权益发生增减变动的、与所有者投入资本或者向所有者分配利润无关的利得或者损失。

资本公积一般应当设置"资本溢价(或股本溢价)""其他资本公积"明细科目核算。

(一)资本溢价(或股本溢价)的会计处理

在公司创立时,出资者认缴的出资额全部记入"实收资本"科目。在企业重组并有新的投资者加入,为了维护原有投资者的权益,新加入的投资者的出资额并不一定全部作为实收资本处理。这是因为,在企业正常经营过程中投入的资金即使与企业创立时投入的资金在数量上一致,但其获利能力并不一致。企业创立时,从投入资金到取得投资回报,需要的时间长、风险大,在这个过程中资本利润率很低。而企业进行正常生产经营后,在正常情况下,资本利润率要高于企业初创阶段。因此,相同数量的投资,由于出资时间不同,其对企业的影响程度不同,由此而带给投资者的权力也不同,往往前者大于后者。所以,新加入的投资者要付出大于原有投资者的出资额,才能取得与原有投资者相同的投资比例。另外,原有投资者的投资不仅在质量上发生了变化,而且在数量上也可能发生变化,这是因为企业经营过程中实现的利润的另一部分留在企业,形成留存收益,而留存收益也属于投资者权益,但其未转入实收资本。新加入的投资者如与原有投资者共享这部分留存收益,也要求其付出大于原有投资者的出资额,才能取得与原有投资者相同的投资比例。投资者投入的资本中按其投资比例计算的出资额部分,应记入"实收资本"科目,超过部分应记入"资本公积——资本溢价"科目。

股份公司是以发行股票的方式筹集股本,股票是企业签发的证明股东按其所持股份享有权利和承担义务的书面证明。国家规定,实收股本总额应与注册资本相等。因此,为提供企业股本总额及其构成和注册资本等信息,在采用与股票面值相同的价格发行股票的情况下,企业发行股票取得的收入,应全部记入"股本"科目;在采用溢价发行股票的情况下,企业发行股票取得的收入,相当于股票面值部分记入"股本"科目,超出股票面值的溢价收入记入"资本公积——股本溢价"科目。这里要注意,委托证券商代理发行股票而支付的手续费、佣金等,应从溢价发行收入中扣除,企业应按扣除手续费、佣金后的数额记入"资本公积"科目。

(二)其他资本公积的会计处理

其他资本公积,是指除资本溢价(或股本溢价)项目以外所形成的资本公积,主要包括直接计入所有者权益的利得和损失。直接计入所有者权益的利得和损失主要由以下交易或事项引起。

1. 采用权益法核算的长期股权投资

长期股权投资采用权益法核算的,在持股比例不变的情况下,被投资单位除净损益以外所有者权益的其他变动,企业按持股比例计算应享有的份额,如果是利得,应当增加长期股权投资的账面价值,同时增加资本公积(其他资本公积);如果是损失,应当做相反的会计分录。当处置采用权益法核算的长期股权投资时,应当将原记入资本公积的相关金额转入投资收益。

2. 以权益结算的股份支付

以权益结算的股份支付换取职工或其他方提供服务的,应按照确定的金额,记入"管理费用"等科目,同时增加资本公积(其他资本公积)。在行权日,应按实际行权的权益工具数量计算确定的金额,借记"资本公积——其他资本公积"科目,按记入实收资本或股本的金额,贷记"实收资本"或"股本"科目,并将其差额记入"资本公积——资本溢价"或"资本公积——股本溢价"。

(三)资本公积转增资本的会计处理

按照《中华人民共和国公司法》的规定,法定公积金(资本公积和盈余公积)转为资本时,所留存的该项公积金不得少于转增前公司注册资本的 25%。经股东大会或类似机构决议,用资本公积转增资本时,应冲减资本公积,同时按照转增前的实收资本(或股本)的结构或比例,将转增的金额记入"实收资本"(或"股本")科目下各所有者的明细分类账。

二、其他综合收益的确认与计量及会计处理

其他综合收益,是指企业根据其他会计准则规定未在当期损益中确认的各项利得和损失,包括以后会计期间不能重分类进损益的其他综合收益和以后会计期间满足规定条件时将重分类进损益的其他综合收益两类。

(一)以后会计期间不能重分类进损益的其他综合收益的项目

以后会计期间不能重分类进损益的其他综合收益项目,主要包括重新计量设定受益计划净资产或净负债导致的变动,按照权益法核算因被投资单位重新计量设定受益计划净资产或净负债导致的权益变动,投资企业按持股比例计算确认的该部分其他综合收益项目,以及在初始确认时,企业可以将非交易性权益工具指定为以公允价值计量且其变动计入其他综合收益的金融资产,该指定后不得撤销,即当该类非交易性权益工具终止确认时原计入其他综合收益的公允价值变动损益不得重分类进损益。

(二)以后会计期间满足规定条件时将重分类进损益的其他综合收益项目

以后会计期间满足规定条件时将重分类进损益的其他综合收益项目,主要包括以下方面:

(1)符合金融工具准则规定,同时符合两个条件的金融资产应当分类为以公允价值计量且其变动计入其他综合收益:一是企业管理该金融资产的业务模式既以收取合同现金流量为目标又以出售该金融资产为目标;二是该金融资产的合同条款规定,在特定日期产生的现金流量,仅为对本金和以未偿付本金金额为基础的利息的支付。当该类金融资产终止确认时,之前计入其他综合收益的累计利得或损失应当从其他综合收益中转出,计入当期损益。

(2)按照金融工具准则规定,将以公允价值计量且其变动计入其他综合收益的债务工具投资重分类为以摊余成本计量的金融资产的,或重分类为以公允价值计量且其变动计入当期损益的金融资产的,按规定可以将原计入其他综合收益的利得或损失转入当期损益的部分。

(3)采用权益法核算的长期股权投资。采用权益法核算的长期股权投资,按照被投资单位实现其他综合收益以及持股比例计算应享有或分担的金额,调整长期股权投资的账面价值,同时增加或减少其他综合收益,其会计处理为借记"长期股权投资——其他综合收益"科目,贷记(或借记)"其他综合收益"科目,待该项股权投资处置时,将原计入其他综合收益的金额转为当期损益。

(4)存货或自用房地产转换为投资性房地产。企业将作为存货的房地产转换为采用公允价值计量模式的投资性房地产时,应当按该项房地产在转换日的公允价值,借记"投资性房地产——成本"科目,原已计提跌价准备的,借记"存货跌价准备"科目,按其账面余额,贷记"开发产品"等科目;同时,转换日的公允价值小于账面价值的,按其差额,借记"公允价值——

变动损益"科目,转换日的公允价值大于账面价值的,按其差额,贷记"其他综合收益"科目。

企业将自用的建筑物等转换为采用公允价值计量模式的投资性房地产时,应当按该项房地产在转换日的公允价值,借记"投资性房地产——成本"科目,原已计提减值准备的,借记"固定资产减值准备"科目,按已计提的累计折旧等,借记"累计折旧"等科目,按其账面余额,贷记"固定资产"等科目;同时,转换日的公允价值大于账面价值的,按其差额,贷记"其他综合收益"科目。

知识拓展 12-3

待该项投资性房地产处置时,因转换计入其他综合收益的部分应转入当期损益。

(5)现金流量套期工具产生的利得或损失中属于有效套期的部分。

第三节　留存收益

留存收益是指企业从历年实现的利润中提取或形成的留存于企业内部的积累,它来源于企业的生产经营活动所实现的利润,包括盈余公积和未分配利润。

一、盈余公积

(一)盈余公积的来源

盈余公积是指企业按照规定从净利润中提取的各种积累资金。公司制企业的盈余公积分为法定盈余公积和任意盈余公积。两者的区别就在于其各自计提的依据不同。前者以国家的法律或行政规章为依据提取;后者则由企业自行决定提取。

在线视频 12-3

根据《中华人民共和国公司法》等有关法规的规定,企业当年实现的净利润。一般应当按照如下顺序进行分配。

1. 提取法定公积金

公司制企业的法定公积金按照税后利润 10% 的比例提取(非公司制企业也可按照超过 10% 的比例提取),在计算提取法定盈余公积的基数时,不应包括企业年初未分配利润。公司法定公积金累计额为公司注册资本的 50% 以上时,可以不再提取法定公积金。公司的法定公积金不足以弥补以前年度亏损的,在提取法定公积金之前,应当先用当年利润弥补亏损。

2. 提取任意公积金

公司从税后利润中提取法定公积金后,经股东会或者股东大会决议,还可以从税后利润中提取任意公积金。非公司制企业经类似权力机构批准也可提取任意盈余公积。

3. 向投资者分配利润或股利

公司弥补亏损和提取公积金后所余税后利润,有限责任公司股东按照实缴的出资比例分取红利,但是,全体股东约定不按照出资比例分取红利的除外;股份有限公司按照股东持有的股份比例分配,但股份有限公司章程规定不按持股比例分配的除外。

股东会、股东大会或者董事会违反规定,在公司弥补亏损和提取法定公积金之前向股东分配利润的,股东必须将违反规定分配的利润退还公司。公司持有的本公司股份不得分配利润。

(二)盈余公积的用途

企业提取盈余公积主要可以用于以下几个方面。

1.弥补亏损

企业发生亏损时,应由企业自行弥补。弥补亏损的渠道主要有三条:一是用以后年度税前利润弥补。按照现行制度规定,企业发生亏损时,可以用以后五年内实现的税前利润弥补,即税前利润弥补亏损的期间为五年。二是用以后年度税后利润弥补。企业发生的亏损经过五年期间未弥补足额的,尚未弥补的亏损应用所得税后的利润弥补。三是以盈余公积弥补亏损。企业以提取的盈余公积弥补亏损时,应当由公司董事会提议,并经股东大会批准。

知识拓展12-4

2.转增资本

企业将盈余公积转增资本时,必须经股东大会决议批准。在实际将盈余公积转增资本时,要按股东原有持股比例结转。

企业提取的盈余公积,无论是用于弥补亏损,还是用于转增资本,只不过是在企业所有者权益内部做结构上的调整,比如企业以盈余公积弥补亏损时,实际是减少盈余公积留存的数额,以此抵补未弥补亏损的数额,并不引起企业所有者权益总额的变动;企业以盈余公积转增资本时,也只是减少盈余公积结存的数额,但同时增加企业实收资本或股本的数额,也并不引起所有者权益总额的变动。

3.扩大企业生产经营

盈余公积的用途,并不是指其实际占用形态,提取盈余公积也并不是单独将这部分资金从企业资金周转过程中抽出。企业盈余公积的结存数,实际只表现为企业所有者权益的组成部分,表明企业生产经营资金的一个来源而已。其形成的资金可能表现为一定的货币资金,也可能表现为一定的实物资产,如存货和固定资产等,随同企业的其他来源所形成的资金进行循环周转,用于企业的生产经营。

(三)盈余公积的确认和计量

为了反映盈余公积的形成及使用情况,企业应设置"盈余公积"科目。企业应当按"法定盈余公积""任意盈余公积"科目分别进行明细核算。外商投资企业还应按"储备基金""企业发展基金"科目分别进行明细核算。

企业提取盈余公积时,借记"利润分配——提取法定盈余公积""利润分配——提取任意盈余公积"科目,贷记"盈余公积——法定盈余公积""盈余公积—任意盈余公积"科目。

企业用盈余公积弥补亏损或转增资本时,借记"盈余公积",贷记"利润分配——盈余公积补亏""实收资本"或"股本"科目。经股东大会决议,用盈余公积派送新股,按派送新股计算的金额,借记"盈余公积"科目,按股票面值和派送新股总数计算的股票面值总额,贷记"股本"科目。

二、未分配利润

从数量上来讲,未分配利润是期初未分配利润,加上本期实现的净利润,减去提取的各种盈余公积和分出利润后的余额。未分配利润有两层含义:一是没有分给企业投资者,留待以后年度处理;二是未指定特定用途,可用于满足企业扩大生产经营活动的资金需要,也可用于弥补以后年度的亏损,还可以留待以后年度向投资者分配利润或股利。

在会计处理上,未分配利润是通过"利润分配"科目进行核算的,"利润分配"科目应当按"提取法定盈余公积""提取任意盈余公积""应付现金股利或利润""转作股本的股利""盈余公积补亏"和"未分配利润"等科目分别进行核算。

知识拓展 12-5

(一)分配股利或利润的会计处理

经股东大会或类似机构决议,分配给股东或投资者的现金股利或利润,借记"利润分配——应付现金股利或利润"科目,贷记"应付股利"科目。经股东大会或类似机构决议,分配给股东的股票股利,应在办理增资手续后,借记"利润分配——转作股本的股利"科目,贷记"股本"科目。

(二)弥补亏损的会计处理

企业在生产经营过程中既有可能实现盈利,也有可能发生亏损。企业在当年发生亏损的情况下,与实现利润的情况相同,应当将本年发生的亏损自"本年利润"科目,转入"利润分配——未分配利润"科目,借记"利润分配——未分配利润"科目,贷记"本年利润"科目,结转后"利润分配"科目的借方余额,即为未弥补亏损的数额。然后通过"利润分配"科目核算有关亏损的弥补情况。

由于未弥补亏损形成的时间长短不同等原因,以前年度未弥补亏损有的可以以当年实现的税前利润弥补,有的则须用税后利润弥补。以当年实现的利润弥补以前年度结转的未弥补亏损,不需要进行专门的账务处理。企业应将当年实现的利润自"本年利润"科目转入"利润分配——未分配利润"科目的贷方,其贷方发生额与"利润分配——未分配利润"的借方余额自然抵补。无论是以税前利润还是以税后利润弥补亏损,其会计处理方法均相同。但是,两者在计算交纳所得税时的处理是不同的。在以税前利润弥补亏损的情况下,其弥补的数额可以抵减当期企业应纳税所得额,而以税后利润弥补的数额,则不能作为纳税所得扣除处理。

【例 12-4】 甬江公司 2014 年发生亏损 70 000 元。2015 年,该企业实现利润 20 000 元。之后四年该企业每年均实现利润 10 000 元。2020 年年末,该企业的未分配利润明细账仍有借方余额 10 000 元。假定该企业第六年实现利润 20 000 元,适用的所得税率为 25%,当年应交纳的所得税为 5 000 元。该企业应编制如下会计分录。

(1)2014 年年末:

借:利润分配——未分配利润　　　　　　　　　　　　　　　　　　70 000

　　贷:本年利润　　　　　　　　　　　　　　　　　　　　　　　　　70 000

(2)2015 年年末:

借:本年利润　　　　　　　　　　　　　　　　　　　　　　　　　20 000

　　贷:利润分配——未分配利润　　　　　　　　　　　　　　　　　20 000

(3)之后四年,每年年末:

借:本年利润　　　　　　　　　　　　　　　　　　　　　　　　　10 000

　　贷:利润分配——未分配利润　　　　　　　　　　　　　　　　　10 000

按照税法规定,企业亏损经过五年期间未弥补足额的,未弥补亏损应用所得税税后利润弥补。因此,自 2020 年起,这部分未弥补亏损不能再用所得税税前利润弥补。

(4)2020 年年末：

计算应交所得税。

借：所得税费用   5 000

  贷：应交税费——应交所得税   5 000

借：本年利润   5 000

  贷：所得税费用   5 000

结转本年利润，弥补以前年度未弥补亏损。

借：本年利润   15 000

  贷：利润分配——未分配利润   15 000

（三）期末结转的会计处理

企业期末结转利润时，应将各损益类科目的余额转入"本年利润"科目，结平各损益类科目。结转后"本年利润"的贷方余额为当年实现的净利润，借方余额为当期发生的净亏损。年度终了，应将本年收入和支出相抵后结出的本年实现的净利润或净亏损，转入"利润分配——未分配利润"科目。同时，将"利润分配"科目所属的其他明细科目的余额，转入"未分配利润"明细科目。结转后，"未分配利润"明细科目的贷方余额，就是未分配利润的金额；如出现借方余额，则表示未弥补亏损的金额。"利润分配"科目所属的其他明细科目应无余额。

【例 12-5】 甬江公司的股本为 100 000 000 元，每股面值 1 元。2020 年年初未分配利润为贷方 80 000 000 元，2020 年实现净利润 50 000 000 元。

假定公司按照 2020 年实现净利润的 10% 提取法定盈余公积，5% 提取任意盈余公积，同时董事会决定拟向股东按每股 0.2 元派发现金股利，按每 10 股送 3 股的比例派发股票股利。2021 年 3 月 1 日，公司股东大会批准了向股东分派现金股利和股票股利的分配方案，并于 2021 年 3 月 15 日，公司以银行存款支付了全部现金股利，新增股本也已经办理完股权登记和相关增资手续。甬江公司的会计处理如下。

(1)2020 年度终了时，企业结转本年实现的净利润：

借：本年利润   50 000 000

  贷：利润分配——未分配利润   50 000 000

(2)提取法定盈余公积和任意盈余公积：

借：利润分配——提取法定盈余公积   5 000 000

     ——提取任意盈余公积   2 500 000

  贷：盈余公积——法定盈余公积   5 000 000

      ——任意盈余公积   2 500 000

(3)董事会决定拟向股东分派现金股利和股票股利：

经公司董事会批准的利润分配方案中拟分配的现金股利或股票股利，当年不需要进行会计处理，应当在附注中披露。

(4)结转"利润分配"的明细科目：

借：利润分配——未分配利润   7 500 000

  贷：利润分配——提取法定盈余公积   5 000 000

      ——提取任意盈余公积   2 500 000

甬江公司 2020 年年底"利润分配——未分配利润"科目的余额为:

80 000 000＋50 000 000－7 500 000＝122 500 000(元)

即贷方余额 122 500 000 元,反映企业的累计未分配利润为 122 500 000 元。

(5)2021 年 3 月 1 日根据公司股东大会或类似机构审议批准发放的现金股利:

100 000 000×0.2＝20 000 000(元)

| 借:利润分配——应付现金股利 | 20 000 000 | |
| 贷:应付股利 | | 20 000 000 |

2021 年 3 月 15 日,实际发放现金股利:

| 借:应付股利 | 20 000 000 | |
| 贷:银行存款 | | 20 000 000 |

(6)2021 年 3 月 15 日,公司办理完股权登记和相关增资手续:

100 000 000×1×30％＝30 000 000(元)

| 借:利润分配——转作股本的股利 | 30 000 000 | |
| 贷:股本 | | 30 000 000 |

【问题讨论】

1.简述企业的组织形式。

2.简述实收资本(股本)减少的原因。

3.简述留存收益的组成部分及其各自特点。

4.股票股利和现金股利的异同点是什么?

【项目训练】

训练目的:学生通过本项目的训练,对所有者权益项目有一个比较系统的认识,熟悉其账务处理程序,据以达到熟练地掌握所有者权益各项目的确认、计量、记录等会计技能的目的。

训练形式:以学生自主完成为主,教师适当指导。

训练课时:课外 2 课时。

训练资料:2020 年 1 月 1 日,宏泰股份有限公司所有者权益总额为 46 500 万元(其中股本总额为 10 000 万股,每股面值为 1 元;资本公积为 30 000 万元;盈余公积为 6 000 万元;未分配利润为 500 万元)。2020 年 5 月,经批准发行股票 100 万股,每股面值 1 元,发行价格为1.2 元。2020 年度实现净利润 400 万元。2021 年 4 月 1 日,公司股东大会批准了董事会的分配预案:按 2020 年度实现净利润的 10％提取法定盈余公积;以 2020 年 12 月 31 日的股本总额为基数,以资本公积(股本溢价)转增资本,每 10 股转增 4 股。同时股东大会决定分配现金股利 400 万元。

训练要求:

(1)根据以上业务编制有关会计分录。

(2)计算 2021 年 4 月份分配后的所有者权益各项目金额。

在线自测题

第十三章

收入、费用和利润

■■■ 学习目标

通过本章的学习,要求学生了解收入的概念及特征;掌握收入确认"五步法"模型的运用;掌握收入计量的会计处理方法;掌握期间费用的内容及其会计处理;掌握利润的组成、结算及分配的会计处理。

■■■ 关键知识点

五步法模型,履约义务,合同成本,合同负债,特定交易会计处理,递延收益,期间费用,暂时性差异,递延所得税,利润结转与分配。

■■■ 案例导入

2020 年 3 月 27 日,碧桂园控股有限公司(股票代码:02007,HK,简称碧桂园)发布"2019 年度年度报告",各项指标显示,该集团盈利持续增长,经营风格趋向稳健。同时,碧桂园期末现金余额接近 2 683.5 亿元,净借贷比率下降至 46.3% 的行业低位,落实"行稳致远"的发展策略。

碧桂园披露的业绩显示,集团于 2019 年全年实现总营业收入约为 4 859.1 亿元,同比增长 28.2%;毛利润 1 266.4 亿元,同比增长 23.6%;净利润约为 612 亿元,同比增长 26.1%;股东应占核心净利润约为 401.2 亿元,同比增长 17.6%;基本每股盈利为 1.85 元,同比增长 14.9%。2019 年,碧桂园连续第三年入选《财富》杂志世界 500 强企业,且排名较 2018 年攀升 176 位,至 177 位。

碧桂园 2017 年开始执行新收入准则,因执行新收入准则,"2017 年度年度报告"调增当年营业收入 287.7 亿元,调增当年净利润 79.8 亿元(归属母公司股东的净利润为 62.3 亿元)。而当年碧桂园全年的收入和利润分别为 267 亿元和 287.5 亿元。附注显示,碧桂园公司根据新收入准则条款,将全年 2 201.6 亿元的房产销售中的 608 亿元都按时段进行确认(占比 30.9%),使得利润被提前确认了 79.8 亿元(占比 27.8%)。

思考:

1. 收入确认按某一时点确认还是按某一时段确认?是按什么条件来划分的?

2. 碧桂园作为房地产企业按某一时段确认收入满足了哪些条件?

第一节 收入

一、收入的概念及分类

(一)收入的概念

收入,是指企业在日常活动中形成的、会导致所有者权益增加的、与所有者投入资本无关的经济利益的总流入。

日常活动,是指企业为完成其经营目标所从事的经常性活动以及与之相关的活动。工业企业销售产品、商业企业销售商品、商业银行对外贷款、保险公司签发保单、咨询公司提供咨询服务、软件开发企业为客户开发软件、安装公司提供安装服务、租赁公司出租资产等活动,均属于企业的日常活动,日常活动所形成的经济利益的流入应当确定为收入。

(二)收入的分类

1. 按企业从事日常活动的性质分类

按企业从事日常活动的性质分类,可将收入分为销售商品收入、提供劳务收入、让渡资产使用权收入、建造合同收入等。其中,销售商品收入是指企业通过销售商品实现的收入,如工业企业制造并销售产品、商业企业销售商品等实现的收入。提供劳务收入是指企业通过提供劳务实现的收入,如咨询公司提供咨询服务、软件开发企业为客户开发软件、安装公司提供安装服务等实现的收入。让渡资产使用权收入是指企业通过让渡资产使用权实现的收入,如商业银行对外贷款、租赁公司出租资产等实现的收入。建造合同收入是指企业承担建造合同所形成的收入。

2. 按企业经营业务的主次分类

按企业经营业务的主次分类,可将收入分为主营业务收入、其他业务收入。工业企业制造并销售产品、商业企业销售商品、保险公司签发保单、咨询公司提供咨询服务、软件开发企业为客户开发软件、安装公司提供安装服务、商业银行对外贷款、租赁公司出租资产等,均属于企业为完成其经营目标所从事的经常性活动,由此产生的经济利益的总流入构成主营业务收入,根据其性质的不同,分别通过"主营业务收入""利息收入""保费收入"等科目进行核算。对于工业企业转让无形资产使用权、出售不需用原材料等,属于与经常性活动相关的活动,由此产生的经济利益的总流入构成其他业务收入,应当通过"其他业务收入"科目进行核算。其他业务收入在企业营业收入中所占比重较小且不太稳定。

知识拓展 13-1

本章不涉及企业对外出租资产取得的租金、进行债权投资取得的利息、进行股权投资取得的现金股利、订立保险合同取得的保费收入等。

二、收入的确认和计量

企业应当在履行了合同中的履约义务,即在客户取得相关商品控制权时确认收入。取得相关商品控制权,是指能够主导该商品的使用并从中获得几乎全部的经济利益,也包括有能力阻止其他方主导该商品的使用并从中获得经济利益。企业在判断商品的控制权是否发生转移时,应当从客户的角度进行分析。取得商品控制权应同时包括以下三个要素:

(1)客户必须拥有现时权利,能够主导该商品的使用并从中获得几乎全部经济利益。如果客户只能在未来的某一期间主导该商品的使用并从中获益,则表明其尚未取得该商品的控制权。

(2)客户有能力主导该商品的使用。

(3)客户能够获得几乎全部的经济利益。商品的经济利益,是指该商品的潜在现金流量,既包括现金流入的增加,也包括现金流出的减少。

企业确认收入的方式应当反映其向客户转让商品或提供服务(简称转让商品)的模式,收入的金额应当反映企业因转让这些商品或提供这些服务而预期有权收取的对价金额,以如实反映企业的生产经营成果,核算企业实现的损益。

收入的确认和计量大致可分为五步:

第一步,识别与客户订立的合同;

第二步,识别合同中的单项履约义务,

第三步,确定交易价格;

知识拓展 13-2 第四步,将交易价格分摊至各项履约义务;

第五步,履行各单项履约义务时确认收入。

其中,第一步、第二步和第五步主要与收入的确认有关,第三步和第四步主要与收入的计量有关。

(一)识别与客户订立的合同

1.合同识别

收入准则所称合同,是指双方或多方之间订立的有法律约束力的权利义务的协议。合同包括书面形式、口头形式以及其他形式(如隐含于商业惯例或企业以往的习惯做法中等)。

在线视频 13-1 企业与客户之间的合同同时满足下列条件的,企业应当在客户取得相关商品控制权时确认收入:

(1)合同各方已批准该合同并承诺将履行各自义务。

(2)该合同明确了合同各方与所转让商品相关的权利和义务。

(3)该合同有明确的与所转让商品相关的支付条款。

(4)该合同具有商业实质,即履行该合同将改变企业未来现金流量的风险、时间分布或金额。没有商业实质的非货币性资产交换,无论何时均不应确认为收入。

(5)企业因向客户转让商品而有权取得的对价很可能收回。企业在评估其因向客户转让商品而有权取得的对价是否很可能收回时,仅应考虑客户到期时支付对价的能力和意图(即客户的信用风险)。当对价是可变对价时,由于企业可能会向客户提供价格折让,企业有权收取的对价金额可能会低于合同标价。企业向客户提供价格折让的,应当在估计交易价格时进行考虑。

对于不能同时满足上述五个条件的合同,企业只有在不再负有向客户转让商品的剩余义务(例如,合同已完成或取消),且已向客户收取的对价(包括全部或部分对价)无须退回时,才能将已收取的对价确认为收入;否则,应当将已收取的对价作为负债进行会计处理。其中,企业向客户收取无须退回的对价的,应当在已经将该部分对价所对应的商品的控制权转移给客户,并已不再向客户转让额外的商品且不再负有此类义务时,将该部分对价确认为收入;或者,在相关合同已经终止时,将该部分对价确认为收入。

【例13-1】 甬江公司与乙公司签订一项合同,向其销售一条生产线,合同价款为200万元。该生产线的成本为120万元,乙公司在合同开始日即取得了该生产线的控制权。根据合同约定,乙公司在合同开始日支付了10%的保证金20万元,并就剩余90%的价款与甬江公司签订了不附追索权的长期融资协议,如果乙公司违约,甬江公司可重新拥有该条生产线,即使收回的生产线不能涵盖所欠款项的总额,甬江公司也不能向乙公司索取进一步的赔偿。乙公司计划使用该生产线生产某型号的卫浴产品并在当地销售。在该地区,此类卫浴产品面临激烈的竞争,但乙公司缺乏该类卫浴产品的生产经营经验。

假定乙公司计划以该生产线所产卫浴产品的收益偿还甬江公司的欠款,除此之外并无其他的经济来源,乙公司也未对该笔欠款设定任何担保。

此种情况下,如果乙公司违约,甬江公司虽然可重新拥有该生产线,但即使收回的生产线不能涵盖所欠款项的总额,甬江公司也不能向乙公司索取进一步的赔偿。因此,甬江公司对乙公司还款的能力和意图存在疑虑,认为该合同不满足合同价款很可能收回的条件。甬江公司应当将收到的20万元确认为一项负债。

企业与客户之间的合同,在合同开始日即满足上述五项条件的,企业在后续期间无须对其进行重新评估,除非有迹象表明相关事实和情况发生重大变化。合同开始日,是指合同开始赋予合同各方具有法律约束力的权利和义务的日期,通常是指合同生效日。

2.合同合并

企业与同一客户(或该客户的关联方)同时订立或在相近时间内先后订立的两份或多份合同,在满足下列条件之一时,应当合并为一份合同进行会计处理:

(1)该两份或多份合同基于同一商业目的而订立并构成一揽子交易,如一份合同在不考虑另一份合同的对价的情况下将会发生亏损。

(2)该两份或多份合同中的一份合同的对价金额取决于其他合同的定价或履行情况,如一份合同发生违约,将会影响另一份合同的对价金额。

(3)该两份或多份合同中所承诺的商品(或每份合同中所承诺的部分商品)构成单项履约义务。两份或多份合同合并为一份合同进行会计处理的,仍然需要区分该一份合同中包含的各单项履约义务。

3.合同变更

合同变更,是指经合同各方同意对原合同范围或价格(或两者)做出的变更。企业应当区分下列三种情形对合同变更分别进行会计处理:

(1)合同变更部分作为单独合同。合同变更增加了可明确区分的商品及合同价款,且新增合同价款反映了新增商品单独售价的,应当将该合同变更作为一份单独的合同进行会计处理。判断新增合同价款是否反映了新增商品的单独售价时,应当考虑为反映该特定合同的具体情况而对新增商品价格所做的适当调整。

【例13-2】 2020年5月1日,甬江公司与乙公司(客户)签订销售合同,由甬江公司向乙公司销售其生产的100台A设备,合同约定,每台A设备的售价为5 000元,这些设备应在

3个月内交付完毕。

截至 2020 年 7 月 15 日,甬江公司已向乙公司交付 80 台 A 设备。当日,甬江公司和乙公司对该项合同进行了修订,修订后的合同要求甬江公司额外向乙公司再交付 20 台 A 设备,额外 20 台 A 设备的售价按照该型设备在 2020 年 7 月 15 日的市场价格(即每台 4 500 元)确定,该价格可以与原合同 A 设备的价格区别开来。

本例中,额外交付 20 台 A 设备的合同修订内容,事实上构成了一项关于未来产品的单独的合同,且该合同并不影响对现有合同的会计处理。企业应对原合同中的 100 台 A 设备,确认每台 5 000 元的销售收入;对新合同中的 20 台 A 设备,确认每台 4 500 元的销售收入。

(2)合同变更部分作为原合同终止及新合同订立。合同变更部分不能作为单独合同进行会计处理且在合同变更日已转让商品与未转让商品之间可明确区分的,应当视为原合同终止,同时,将原合同未履约部分与合同变更部分合并为新合同进行会计处理。

$$\text{新合同的交易价格} = \text{原合同交易价格中尚未确认为收入的部分(包括已从客户收取的金额)} + \text{合同变更中客户已承诺的对价金额}$$

【例 13-3】 沿用【例 13-2】,甬江公司与乙公司在 2020 年 7 月 15 日修订合同时新增销售的 20 台 A 设备的售价为每台 4 100 元(当日,该型设备的市场价格为每台 4 500 元)。同时,由于乙公司发现甬江公司已交付的 80 台 A 设备存在瑕疵,要求甬江公司对已交付的 A 设备提供每台 600 元的销售折让以弥补损失。经协商,双方同意将价格折让在销售新增的 20 台 A 设备的合同价款中进行抵减,金额为 48 000 元。上述价格均不包含增值税。

本例中,由于 48 000 元的折让金额与已经转让的 80 台 A 设备有关,因此应当将其作为已销售的 80 台 A 设备的销售价格的抵减,在该折让发生时冲减当期销售收入。对于合同变更新增的 20 台 A 设备,由于其售价不能反映该设备在合同变更时的单独售价,因此,该合同变更不能作为单独合同进行会计处理。由于尚未转让给客户的 A 设备(包括原合同中尚未交付的 20 台 A 设备以及新增的 20 台 A 设备)与已转让的 A 设备是可明确区分的,因此,甬江公司应当将该合同变更作为原合同终止,同时,将原合同的未履约部分与合同变更合并为新合同进行会计处理。该新合同中,拟转让的 A 设备为 40 台,其对价为 182 000 元(5 000×20＋4 100×20),新合同中的 40 台 A 设备中每台 A 设备应确认的收入为 4 550 元。

(3)合同变更部分作为原合同的组成部分。合同变更部分不能作为单独合同进行会计处理,且在合同变更日已转让商品与未转让商品之间不可明确区分的,应当将该合同变更部分作为原合同的组成部分,在合同变更日重新计算履约进度,并调整当期收入和相应成本等。

【例 13-4】 2019 年 1 月 2 日,甬江公司和客户签订了一项总金额为 4 000 万元的固定造价合同,在客户厂区内安装一套大型工业设施,预计合同总成本为 2 800 万元。假定该安装服务属于在某一时段内履行的履约义务,并根据累计发生的合同成本占合同预计成本的比例确定履约进度。截至 2019 年年末,甬江公司累计已发生成本 1 680 万元,履约进度为 60％(1 680/2 800)。因此,甬江公司在 2019 年确认收入 2 400 万元(4 000×60％)。2020 年年初,合同双方同意更改该工业设施的设计、安装图纸,该项安装合同的价格和预计总成本因此分别增加 800 万元和 480 万元。

在本例中,由于合同变更后拟提供的剩余服务与在合同变更日或之前已提供的服务不可明确区分(即该合同仍为单项履约义务),甬江公司应当将合同变更作为原合同的组成部分进行会计处理。合同变更后的交易价格为 4 800 万元(4 000＋800),甫江公司重新估计的履约进度为 51.2%[1 680/(2 800＋480)],甫江公司在合同变更日应额外确认收入 57.6 万元(4 800×51.2%－2 400)。

(二)识别合同中的单项履约义务

履约义务,是指合同中企业向客户转让可明确区分商品的承诺。合同开始日,企业应当对合同进行评估,识别该合同包含的各单项履约义务,并确定各单项履约义务是在某一时段内履行,还是在某一时点履行,然后,在履行了各单项履约义务时分别确认收入。

在线视频 13-2

企业应当将下列向客户转让商品的承诺作为单项履约义务:

(1)企业向客户转让可明确区分商品(或者商品或服务的组合)的承诺。

(2)企业向客户转让一系列实质相同且转让模式相同的、可明确区分商品的承诺。其中,转让模式相同是指每一项可明确区分商品均满足在某一时段内履行履约义务的条件,且采用相同方法确定其履约进度。例如,企业每天为客户提供保洁服务的长期劳务合同等,满足了企业向客户转让一系列实质相同且转让模式相同的、可明确区分商品的承诺。

企业向客户承诺的商品同时满足下列条件的,可作为可明确区分的商品:

(1)客户能够从该商品本身或者从该商品与其他易于获得的资源一起使用中受益的,即该商品本身是可明确区分的。当客户能够使用、消耗或以高于残值的价格出售商品,或者以能够产生经济利益的其他方式持有商品时,表明客户能够从该商品本身获益。

(2)企业向客户转让该商品的承诺与合同中其他承诺可单独区分的,即转让该商品的承诺在合同中是可明确区分的。企业确定了商品本身能够明确区分后,还应当在合同层面继续评估转让该商品的承诺是否与合同中的其他承诺可明确区分。

下列情形通常表明企业向客户转让该商品的承诺与合同中的其他承诺不可明确区分:

(1)企业需提供重大的服务以将该商品与合同中承诺的其他商品整合成合同约定的组合产出转让给客户。

【例 13-5】 甫江公司和客户签订了一项安装劳务合同,在客户厂区内安装一套大型工业设施。在为客户安装该套设施的过程中,甫江公司向客户提供的单项商品可能包括工程技术、场地清理、配套构件、各种辅助材料等,虽然这些单项商品本身都能够使客户获益,但是在该合同下,企业对客户承诺的是为其安装一套工业设施,而并非提供这些商品或服务等,甫江公司需提供重大的服务将这些商品或服务进行整合,以形成合同约定的一项组合产出(即工业设施)转让给客户。因此,该合同中的这些单项商品或服务彼此之间不能单独区分。

(2)该商品将对合同中承诺的其他商品予以重大修改或定制。如果某项商品将对合同中的其他商品做出重大修改或定制,实质上每一项商品都将被整合在一起(即作为投入)以生产合同约定的组合产出。

【例 13-6】 甫江公司向乙公司销售一套设备,并提供安装服务。在安装过程中不需要对其销售的该套设备进行定制化的重大修改,市场上有其他的供应商也可以提供此项安装服务。在这种情况下,安装服务并不会对该套设备产生重大影响。该设备与安装服务彼此之间不会产生重大的影响,也不具有高度关联性,表明两者在合同中彼此之间是可明确区分的。因此,该项合同包含两项履约义务,即销售设备和提供安装服务。

如果在安装过程中甬江公司需要对其销售的该套设备进行定制化的重大修改,那么即使市场上有其他的供应商也可以提供此项安装服务,甬江公司也不能将该安装服务作为单项履约义务,而应当将设备和安装服务合并作为单项履约义务。

(3)该商品与合同中承诺的其他商品具有高度关联性。也就是说,合同中承诺的每一单项商品均受到合同中其他商品的重大影响。合同中包含多项商品时,如果企业无法通过单独交付其中的某一单项商品而履行其合同承诺,可能表明合同中的这些商品会受到彼此的重大影响。

(三)确定交易价格

交易价格,是指企业因向客户转让商品而预期有权收取的对价金额。

企业代第三方收取的款项(如增值税)以及企业预期将退还给客户的款项,应当作为负债进行会计处理,不计入交易价格。合同标价并不一定代表交易价格,企业应当根据合同条款,并结合以往的习惯做法确定交易价格。在确定交易价格时,企业应当考虑可变对价、合同中存在的重大融资成分、非现金对价以及应付客户对价等因素的影响,并应当假定将按照现有合同的约定向客户转移商品,且该合同不会被取消、续约或变更。

(1)可变对价。合同可能会因折扣、价格折让、返利、退款、奖励积分、激励措施、业绩奖金、索赔等因素而存在可变对价,企业应当对计入交易价格的可变对价进行估计,按照期望值或最可能发生金额确定其最佳估计数。

在线视频 13-3

如果企业拥有大量具有类似特征的合同,并估计可能产生多个结果时,通常按照期望值估计可变对价金额。期望值是按照各种可能发生的对价金额及相关概率计算确定的金额。

当合同仅有两个可能结果时,通常按照最可能发生金额估计可变对价金额。最可能发生金额是一系列可能发生的对价金额中最可能发生的单一金额,即合同最可能产生的单一结果。

每一资产负债表日,企业应当重新估计应计入交易价格的可变对价金额。

【例 13-7】 2020 年 3 月 1 日,甬江公司与某客户签订了一项维修合同,合同约定由甬江公司为该客户维修一条大型生产线,合同价款为 50 万元,如果甬江公司不能在合同签订之日起的 30 天内维修完毕,则须向客户支付 5 万元罚款,该罚款将从合同价款中扣除。

甬江公司对该项合同结果的估计如下:维修工作按时完成的概率为 80%,维修工作延期完成的概率为 20%。

不考虑其他因素,甬江公司该合同的对价金额实际由两部分组成,即 50 万元的固定价格以及 5 万元的可变对价。由于该合同涉及两种可能结果,甬江公司应当按照最可能发生金额估计其有权获取的对价金额。因此,甬江公司估计的交易价格为 50 万元。

需要注意的是,企业按照期望值或最可能发生金额确定可变对价金额之后,包含可变对价的交易价格,应当不超过在相关不确定性消除时,累计已确认的收入极可能不会发生重大转回的金额。

其中,"极可能"是指其发生的概率应远高于"很可能(即可能性超过 50%)",但不要求达到"基本确定(即可能性超过 95%)"。这样规定的目的是避免一些不确定性因素的发生导致之前已经确认的收入发生转回。

(2)合同中存在重大融资成分。合同中存在重大融资成分的,企业应当按照假定客户在取得商品控制权时即以现金支付的应付金额(即现销价格)确定交易价格。企业在确定该重大融资成分的金额时,应使用将合同对价的名义金额折现为商品的现销价格的折现率。该折现率一经确定,不得因后续市场利率或客户信用风险等情况的变化而变更。企业确定的交易价格与合同承诺的对价金额之间的差额,应当在合同期间内采用实际利率法摊销。

在线视频 13-4

为简化实务操作,如果在合同开始日,企业预计客户取得商品控制权与客户支付价款间隔不超过一年的,可以不考虑合同中存在的重大融资成分。

【例 13-8】 2020 年 1 月 1 日,甬江公司与 B 公司签订一项购货合同,B 公司向甬江公司销售一台大型设备。合同约定,B 公司采用分期收款方式销售商品。该设备价款共计 8 000 000 元,在 2020 年至 2024 年的 5 年内每年支付 1 600 000 元,每年的付款日期分别为当年 12 月 31 日。

2020 年 1 月 1 日,商品已经发出,该大型设备的成本为 3 313 578 元。在现销方式下,该大型设备的销售价格为 6 065 264 元。假定收到货款时开出增值税专用发票。不考虑其他因素,甬江公司的相关会计处理如下。

①2020 年 1 月 1 日,甬江公司应确认的销售商品收入金额为 6 065 264 元。

根据下列公式:

未来 5 年收款额的现值＝现销方式下应收款项金额

可以得出:

$1\ 600\ 000 \times (P/A, r, 5) = 6\ 065\ 264$

可在多次测试的基础上,用插值法计算折现率:

$r = 10\%$

借:长期应收款 　　　　　　　　　　　　　　　　　　　　　9 040 000
　贷:主营业务收入 　　　　　　　　　　　　　　　　　　　6 065 264
　　未实现融资收益 　　　　　　　　　　　　　　　　　　1 934 736
　　应交税费——待转销项税额 　　　　　　　　　　　　　1 040 000
借:主营业务成本 　　　　　　　　　　　　　　　　　　　　3 313 578
　贷:库存商品 　　　　　　　　　　　　　　　　　　　　　3 313 578

②未实现融资收益分摊表如表 13-1 所示。

表 13-1　未实现融资收益分摊表　　　　　　　　　　　　　　　　单位:元

日期 (1)	分期收款额 (2)	确认的融资收益 (3)＝期初(5)×10%	应收本金减少额 (4)＝(2)-(3)	应收本金余额 (5)＝期初(5)-(4)
2×20 年 1 月 1 日				6 065 264.00
2×20 年 12 月 31 日	1 600 000	606 526.40	993 473.60	5 071 790.40
2×21 年 12 月 31 日	1 600 000	507 179.04	1 092 820.96	3 978 969.44
2×22 年 12 月 31 日	1 600 000	397 896.94	1 202 103.06	2 776 866.38

续表

日期 (1)	分期收款额 (2)	确认的融资收益 (3)=期初(5)×10%	应收本金减少额 (4)=(2)-(3)	应收本金余额 (5)=期初(5)-(4)
2×23 年 12 月 31 日	1 600 000	277 686.64	1 322 313.36	1 454 553.02
2×24 年 12 月 31 日	1 600 000	145 446.98*	1 454 553.02	0
合计	8 000 000	1 934 736.00	6 065 264.00	0

注:145 446.98* 表示含尾数调整,145 446.98=1 600 000-1 454 553.02。

③2020 年 12 月 31 日:

确认的融资收益=(8 000 000-1 934 736)×10%=606 526.40(元)

借:未实现融资收益	606 526.40	
贷:财务费用		606 526.40
借:银行存款	1 808 000	
应交税费——待转销项税额	208 000	
贷:长期应收款		1 808 000
应交税费——应交增值税(销项税额)		208 000

④2021 年 12 月 31 日:

确认的融资收益=[(8 000 000-1 600 000)-(1 934 736-606 526.40)]×10%
=507 179.04(元)

借:未实现融资收益	507 179.04	
贷:财务费用		507 179.04
借:银行存款	1 808 000	
应交税费——待转销项税额	208 000	
贷:长期应收款		1 808 000
应交税费——应交增值税(销项税额)		208 000

以后期间的账务处理与 2021 年 12 月 31 日的账务处理类似,此处略。

【例 13-9】 2019 年 12 月 31 日,甬江公司与 B 公司签订合同,向其销售一批产品。合同约定,该批产品将于 2 年之后交货。合同中包含两种可供选择的付款方式,即 B 公司可以在 2 年后交付产品时支付 1 102.5 万元,或者在合同签订时支付 1 000 万元。B 公司选择在合同签订时支付货款。甬江公司的增量借款利率为 5%。该批产品的控制权在交货时转移。甬江公司于 2019 年 12 月 31 日收到 B 公司支付的货款。甬江公司为增值税一般纳税人,假定甬江公司收到 B 公司支付的款项时纳税义务已经发生。上述业务适用的增值税率为 13%。不考虑其他因素,甬江公司的账务处理如下。

①2019 年 12 月 31 日,收到货款:

借:银行存款	11 300 000	
未确认融资费用	1 025 000	
贷:合同负债		11 025 000
应交税费——应交增值税(销项税额)		1 300 000

②2020 年 12 月 31 日,确认融资成分的影响:

借:财务费用(10 000 000×5%)   500 000

 贷:未确认融资费用   500 000

③2021年12月31日,交付产品:

借:财务费用(10 500 000×5%)   525 000

 贷:未确认融资费用   525 000

借:合同负债   11 025 000

 贷:主营业务收入   11 025 000

(3)非现金对价。客户支付非现金对价的,企业通常应当按照非现金对价在合同开始日的公允价值确定交易价格。非现金对价公允价值不能合理估计的,企业应当参照其承诺向客户转让商品的单独售价间接确定交易价格。

合同开始日后,非现金对价的公允价值因对价形式以外的原因而发生变动的,应当作为可变对价,按照与计入交易价格的可变对价金额的限制条件相关的规定进行处理,合同开始日后,非现金对价的公允价值因对价形式而发生变动的,该变动金额不应计入交易价格。

在线视频13-5

(4)应付客户对价。存在应付客户对价的,应当将该应付对价冲减交易价格,但应付客户对价是为了向客户取得其他可明确区分商品的除外。企业应付客户对价超过向客户取得可明确区分商品公允价值的,超过金额应当冲减交易价格。向客户取得的可明确区分商品公允价值不能合理估计的,企业应当将应付客户对价全额冲减交易价格。在将应付客户对价全额冲减交易价格处理时,企业应当在确认相关收入与支付(或承诺支付)客户对价两者孰晚的时点冲减当期收入。

(四)将交易价格分摊至各单项履约义务

当合同中包含两项或多项履约义务时,企业应当在合同开始日,按照各单项履约义务所承诺商品的单独售价的相对比例,将交易价格分摊至各单项履约义务。单独售价即企业向客户单独销售商品的价格。单独售价无法直接观察的,企业应当综合考虑其能够合理取得的全部相关信息,采用市场调整法、成本加成法、余值法等方法合理估计单独售价。

市场调整法,是指企业根据某商品或类似商品的市场售价,在考虑本企业的成本和毛利等基础上进行适当调整后,确定其单独售价的方法。成本加成法,是指企业根据某商品的预计成本加上其合理毛利后的价格,确定其单独售价的方法。余值法,是指企业根据合同交易价格减去合同中其他商品可观察的单独售价后的余值,确定某商品单独售价的方法。企业应当最大限度地采用可观察的输入值,并对类似的情况采用一致的估计方法。

企业在商品近期售价波动幅度巨大,或者因未定价且未曾单独销售而使售价无法可靠确定时,可采用余值法估计其单独售价。

合同资产,是指企业已向客户转让商品而有权收取对价的权利,且该权利取决于时间流逝之外的其他因素。应收款项是企业无条件收取合同对价的权利,该权利应当作为应收款项单独列示。当合同中包含两项或多项履约义务时,如果企业履行了其中的一项履约义务、向客户转让商品而获得了一项有权收取对价的权利,且该权利取决于时间流逝之外的其他因素,则企业应将其确认为合同资产而不应确认为应收款项。因为应收款项代表的是无条件收取合同对价的权利,即企业仅仅随着时间的流逝即可收款;而合同资产并不是一项无条件收款权,该权利除了时间流逝之外,还取决于其他条件(例如,履行合同中的其他履约义务)才能收取相应的合同对价。因此,与合同资产和应收款项相关的风险是不同的,应收款项仅承担信用风险,而合同资产除信用风险之外,还可能承担其他风险,如履约风险等。合同资产的减值的计量、列报和披露应当按照相关金融工具准则的要求进行会计处理。

【例 13-10】 2020 年 3 月 1 日,甬江公司与 B 公司(客户)签订一项商品购销合同,合同约定由甬江公司向 B 公司销售甲、乙两件产品,甲产品的单独售价为 16 000 元,乙产品的单独售价为 48 000 元,合同价款为 60 000 元。合同约定,甲产品应于合同开始日交付,乙产品在 2 个月之后交付,只有当两件产品全部交付之后,甬江公司才有权收取 60 000 元的合同对价。假定甲产品和乙产品分别构成单项履约义务,其控制权在交付时转移给 B 公司。上述价格均不包含增值税,且假定不考虑相关税费影响。

不考虑其他因素,甬江公司的相关账务处理如下:

$$甲产品应分摊的合同价款 = 60\ 000 \times \frac{16\ 000}{16\ 000 + 48\ 000} = 15\ 000(元)$$

$$乙产品应分摊的合同价款 = 60\ 000 \times \frac{48\ 000}{16\ 000 + 48\ 000} = 45\ 000(元)$$

(1)交付甲产品时:

借:合同资产	15 000
贷:主营业务收入	15 000

(2)交付乙产品时:

借:应收账款	60 000
贷:合同资产	15 000
主营业务收入	45 000

1.分摊合同折扣

合同折扣是指合同中各单项履约义务所承诺商品的单独售价之和高于合同交易价格的金额。

(1)对于合同折扣,企业应当在各单项履约义务之间按比例分摊。

在线视频 13-6 　　【例 13-11】 甬江公司与客户签订合同,向其销售甲、乙、丙三种产品,合同总价款为 200 000 元,这三种产品构成三项履约义务。企业经常以 50 000 元的单独售价出售甲产品,以 120 000 元的单独售价出售乙产品,以 80 000 元的单独售价出售丙产品。

本例中,由于单独售价之和 250 000 元超过所承诺对价 200 000 元,因此客户实际上是因购买一揽子商品而获得了折扣。甬江公司将折扣在甲、乙、丙三种产品之间按照单独售价比例进行分摊。各产品分摊的交易价格分别为:

$$甲产品应分摊的交易价格 = 200\ 000 \times \frac{50\ 000}{50\ 000 + 120\ 000 + 80\ 000} = 40\ 000(元)$$

$$乙产品应分摊的交易价格 = 200\ 000 \times \frac{120\ 000}{50\ 000 + 120\ 000 + 80\ 000} = 96\ 000(元)$$

$$丙产品应分摊的交易价格 = 200\ 000 \times \frac{80\ 000}{50\ 000 + 120\ 000 + 80\ 000} = 64\ 000(元)$$

(2)有确凿证据表明合同折扣仅与合同中一项或多项(而非全部)履约义务相关的,企业应当将该合同折扣分摊至相关一项或多项履约义务。

【例 13-12】 甬江公司与客户签订合同,向其销售甲、乙、丙三种产品,合同总价款为 240 000 元,这三种产品构成三项履约义务。企业经常单独出售甲产品,其可直接观察的单独售价为 100 000 元;乙产品和丙产品的单独售价不可直接观察,企业采用市场调整法估计乙产品的单独售价为 80 000 元,采用成本加成法估计丙产品的单独售价为 160 000 元。甬江公司经常以 100 000 元的价格单独销售甲产品,并且经常将乙产品和丙产品组合在一起以 140 000 元的价格销售。假定上述价格均不包含增值税。

本例中,这三种产品的单独售价合计为 340 000 元(100 000＋80 000＋160 000),而该合同的价格为 240 000 元,因此该合同的折扣为 100 000 元。由于甬江公司经常将乙产品和丙产品组合在一起以 140 000 元的价格销售,该价格与其单独售价的差额为 100 000 元,与该合同的折扣一致,而甲产品组合销售的价格与其单独售价一致,证明该合同的折扣仅应归属于乙产品和丙产品。因此,在该合同下,分摊至甲产品的交易价格为 100 000 元,分摊至乙产品和丙产品的交易价格合计为 140 000 元,甬江公司应当进一步按照乙产品和丙产品的单独售价的相对比例将该价格在两者之间进行分配。因此,各产品分摊的交易价格分别为:

甲产品的交易价格＝100 000(元)

$$乙产品的交易价格＝140 000 \times \frac{80\ 000}{80\ 000＋160\ 000}＝46\ 666.67(元)$$

$$丙产品的交易价格＝140 000 \times \frac{160\ 000}{80\ 000＋160\ 000}＝93\ 333.33(元)$$

2.分摊可变对价

合同中包含可变对价的,该可变对价可能与整个合同相关,也可能仅与合同中的某一特定组成部分有关,后者包括两种情形:一是可变对价可能与合同中的一项或多项(而非全部)履约义务有关;二是可变对价可能与企业向客户转让的构成单项履约义务的一系列可明确区分商品中的一项或多项(而非全部)商品有关。

在线视频 13-7

同时满足下列条件的,企业应当将可变对价及可变对价的后续变动额全部分摊至与之相关的某项履约义务,或者构成单项履约义务的一系列可明确区分商品中的某项商品:

(1)可变对价的条款专门针对企业为履行该项履约义务或转让该项可明确区分商品所做的努力(或者是履行该项履约义务或转让该项可明确区分商品所导致的特定结果);

(2)企业在考虑了合同中的全部履约义务及支付条款后,将合同对价中的可变金额全部分摊至该项履约义务或该项可明确区分商品符合分摊交易价格的目标。

对于不满足上述条件的可变对价及可变对价的后续变动额,以及可变对价及其后续变动额中未满足上述条件的剩余部分,企业应当按照分摊交易价格的一般原则,将其分摊至合同中的各单项履约义务。对于已履行的履约义务,其分摊的可变对价后续变动额应当调整变动当期的收入。

【例 13-13】 甬江公司与乙公司签订合同,将其拥有的两项专利技术 X 和 Y 授权给乙公司使用。假定两项授权均构成单项履约义务,且都属于在某一时点履行的履约义务。合同约定,授权使用 X 的价格为 200 000 元,授权使用 Y 的价格为乙公司使用该专利技术所生产的产品销售额的 5%。X 和 Y 的单独售价分别为 200 000 元和 250 000 元。甬江公司估计其就授权使用 Y 而有权收取的特许权使用费为 250 000 元。假定上述价格均不包含增值税。

本例中,该合同中包含固定对价和可变对价,其中,授权使用 X 的价格为固定对价,且与其单独售价一致,授权使用 Y 的价格为乙公司使用该专利技术所生产的产品销售额的 5%,属于可变对价,该可变对价全部与授权使用 Y 能够收取的对价有关,且甬江公司估计基于实际销售情况收取的特许权使用费的金额接近 Y 的单独售价。因此,甬江公司将可变对价部分的特许权使用费金额全部由 Y 承担符合交易价格的分摊目标。甬江公司授权乙公司使用专利技术 Y 时,不确认收入,甬江公司在乙公司发生后续销售时确认基于销售额的使用费收入;当授权乙公司使用专利技术 X 时确认收入 200 000 元。

(五)履行各单项履约义务时确认收入

企业在履行了合同中的履约义务(即客户取得相关商品控制权)而确认收入时,应当根据实际情况,首先判断履约义务是否满足在某一时段内履行的条件,如不满足,则该履约义务属于在某一时点履行的履约义务。对于在某一时段内履行的履约义务,企业应当选取恰当的方法来确定履约进度,分期确认收入;对于在某一时点履行的履约义务,企业应当综合分析控制权转移的迹象,判断其转移时点,并在转移时点确认收入。

1.在某一时段内履行的履约义务

(1)在某一时段内履行的履约义务的条件。满足下列条件之一的,属于在某一时段内履行的履约义务;否则,属于在某一时点履行的履约义务:

①客户在企业履约的同时即取得并消耗企业履约所带来的经济利益。企业在履约过程中是持续地向客户转移该服务的控制权的,该履约义务属于在某一时段内履行的履约义务,企业应当在提供该服务的期间内确认收入。

在线视频13-8

②客户能够控制企业履约过程中在建的商品。企业在履约过程中创建的商品包括在产品、在建工程、尚未完成的研发项目、正在进行的服务等,如果客户在企业创建该商品的过程中就能够控制这些商品,应当认为企业提供该商品的履约义务属于在某一时段内履行的履约义务。

【例 13-14】 甬江公司与客户签订合同,在客户厂区内按照客户的设计要求为其安装一套大型工业设施。在安装过程中客户有权修改该套设施的设计,并与甬江公司重新协商设计变更后的合同价款。客户每月末按当月工程进度向甬江公司支付工程款。如果客户终止合同,已完成安装的那部分设施归客户所有。

本例中,甬江公司为客户安装工业设施,该工业设施位于客户厂区,客户终止合同时,已安装的工业设施归客户所有。这些均表明客户在该设施的安装过程中就能够对其实施控制。因此,企业提供的该安装服务属于在某一时段内履行的履约义务,企业应当在提供该服务的期间内确认收入。

③企业履约过程中产出的商品具有不可替代用途,且该企业在整个合同期间内有权就累计至今已完成的履约部分收取款项。这种情形存在两个要点:

一是商品具有不可替代用途。具有不可替代用途,是指因合同限制或实际可行性限制,企业不能轻易地将商品用于其他用途。当企业产出的商品只能提供给某特定客户,而不能被轻易地用于其他用途(如销售给其他客户)时,该商品就具有不可替代用途。

二是企业在整个合同期间内有权就累计至今已完成的履约部分收取款项。有权就累计至今已完成的履约部分收取款项,是指在由于客户或其他方原因终止合同的情况下,企业有权就累计至今已完成的履约部分收取能够补偿其已发生成本和合理利润的款项,并且该权利具有法律约束力。需要强调的是,合同终止必须是由客户而非企业自身的原因所致,在整个合同期间内的任一时点,企业均应当拥有此项权利。

【例 13-15】 2020 年 5 月 8 日,苏杭律师事务所与甬江公司签订合同,针对甬江公司环保方面面临的情况和问题,为其提供咨询服务,并出具专业的咨询意见。双方约定,苏杭律师事务所仅需要向甬江公司提交最终的咨询意见,而无须提交任何其在工作过程中编制的工作底稿和其他相关资料;在整个合同期间内,如果甬江公司单方面终止合同,甬江公司需要向苏杭律师事务所支付违约金,违约金的金额等于苏杭律师事务所已发生的成本加上40％的毛利率,该毛利率与苏杭律师事务所在类似合同中能够赚取的毛利率大致相同。

本例中,在合同执行过程中,由于甬江公司无法获得苏杭律师事务所已经完成工作的工作底稿和其他任何资料,假设在执行合同的过程中,因苏杭律师事务所无法履约而需要由其他公司来继续提供后续咨询服务并出具咨询意见时,其需要重新执行苏杭律师事务所已经完成的工作,表明甬江公司并未在苏杭律师事务所履约的同时即取得并消耗了苏杭律师事务所履约所带来的经济利益。然而,由于该咨询服务是针对甬江公司的具体情况而提供的,苏杭律师事务所无法将最终的咨询意见用作其他用途,表明其具有不可替代用途;此外,在整个合同期间内,如果甬江公司单方面终止合同,苏杭律师事务所根据合同条款可以主张其已发生的成本及合理利润,表明苏杭律师事务所在整个合同期间内有权就累计至今已完成的履约部分收取款项。因此,苏杭律师事务所向甬江公司提供的咨询服务属于在某一时段内履行的履约义务,苏杭律师事务所应当在其提供服务的期间内按照适当的履约进度确认收入。

(2)在某一时段内履行的履约义务的收入确认方法。对于在某一时段内履行的履约义务,企业应当在该段时间内按照履约进度确认收入,履约进度不能合理确定的除外。企业应当考虑商品的性质,采用产出法或投入法确定恰当的履约进度,并且在确定履约进度时,扣除控制权尚未转移给客户的商品和服务。

①产出法主要是根据已转移给客户的商品对于客户的价值确定履约进度,包括按照实际测量的完工进度、评估已实现的结果、已达到的里程碑、时间进度、已完工或交付的产品等确定履约进度的方法。

$$履约进度＝\frac{已完成或已交付的产品或已提供的服务数量}{应交付的产品或应提供的服务总量}$$

②投入法主要是根据企业履行履约义务的投入确定履约进度,通常可采用投入的材料数量、花费的人工工时或机器工时、发生的成本和时间进度等投入指标确定履约进度。当企业从事的工作或发生的投入是在整个履约期间内平均发生时,企业也可以按照直线法确认收入。

【例 13-16】 2019 年 12 月 1 日,甬江公司与乙公司签订一项为期 7 个月的装修合同,合同约定装修价款为 500 000 元,增值税率为 9％,装修费用每季度末按完工进度支付。2019 年 12 月 31 日,经工程师测量后,确定该项劳务的完工程度为 25％;乙公司按完工进度支付价款及相应的增值税款。截至 2019 年 12 月 31 日,甬江公司为完成该合同累计发生人工成本 40 000 元,材料成本 60 000 元,估计还将发生人工成本 300 000 元。该装修服务构成单项履约义务,并属于在某一时段内履行的履约义务;甬江公司按照实际测量的完工进度确定履约进度。甬江公司应编制如下会计分录。

(1)实际发生人工成本 40 000 元,材料成本 60 000 元:

借:合同履约成本	100 000	
贷:应付职工薪酬		40 000
原材料		60 000

(2)2019 年 12 月 31 日确认劳务收入并结转劳务成本:

2019 年 12 月 31 日确认的劳务收入=500 000×25%-0=125 000(元)

借:银行存款	136 250	
贷:主营业务收入		125 000
应交税费——应交增值税(销项税额)		11 250
借:主营业务成本	100 000	
贷:合同履约成本		100 000

2020 年 3 月 31 日,经专业测量师测量后,确定该项劳务的完工程度为 70%;乙公司按完工进度支付价款,同时支付对应的增值税款。2020 年第一季度,为完成该合同发生人工成本 180 000 元,为完成该合同估计还将发生人工成本 120 000 元。甬江公司应编制如下会计分录。

(1)实际发生人工成本 180 000 元:

| 借:合同履约成本 | 180 000 | |
| 贷:应付职工薪酬 | | 180 000 |

(2)2020 年 3 月 31 日确认劳务收入并结转劳务成本:

2020 年 3 月 31 日确认的劳务收入=500 000×70%-125 000=225 000(元)

借:银行存款	245 250	
贷:主营业务收入		225 000
应交税费——应交增值税(销项税额)		20 250
借:主营业务成本	180 000	
贷:合同履约成本		180 000

2020 年 6 月 30 日,装修完工;乙公司验收合格,按完工进度支付价款,同时支付对应的增值税税款。2020 年第二季度,为完成该合同发生人工成本 120 000 元。甬江公司应编制如下会计分录。

(1)实际发生人工成本 120 000 元:

| 借:合同履约成本 | 120 000 | |
| 贷:应付职工薪酬 | | 120 000 |

(2)2020 年 6 月 30 日确认劳务收入并结转劳务成本:

2020 年 6 月 30 日确认的劳务收入=500 000-125 000-225 000=150 000(元)

借:银行存款	163 500	
贷:主营业务收入		150 000
应交税费——应交增值税(销项税额)		13 500

借:主营业务成本   120 000

 贷:合同履约成本   120 000

【例 13-17】 甬江公司职工活动中心面向社会开放。2020 年 7 月 1 日,某客户与甬江公司签订合同,成为职工活动中心会员,并支付不含税会员费 2 400 元,可在未来的 1 年内在该职工中心健身,且没有次数的限制。不考虑增值税。

本例中,客户在会籍期间可随时到职工中心健身,且没有次数限制,客户已使用的职工中心健身的次数不会影响其未来继续使用的次数,甬江公司在该合同下的履约义务是承诺随时准备在客户需要时为其提供健身服务,因此,该履约义务属于在某一时段内履行的履约义务,并且该履约义务在会员的会籍期间内随时间的流逝而被履行。

因此,甬江公司按照直线法确认收入,每月应当确认的收入为 200 元(2 400÷12)。甬江公司应编制如下会计分录。

(1)2020 年 7 月 1 日收到会员费时:

借:银行存款   2 400

 贷:合同负债   2 400

本例中,客户签订合同时支付了合同对价,可在未来的 12 个月内在该俱乐部进行健身消费,且没有次数的限制。企业在向客户转让商品之前已经产生一项负债,即合同负债。

(2)2020 年 7 月 31 日确认收入时:

借:合同负债   200

 贷:主营业务收入   200

2020 年 8 月及以后期间,每月确认收入同上。

由于投入法下的投入指标与企业向客户转移商品的控制权之间未必存在直接的对应关系,企业在采用投入法时,就应当扣除那些虽然已经发生但是未导致向客户转移商品的投入。实务中,企业通常按照累计实际发生的成本占预计总成本的比例(即成本法)确定履约进度。累计实际发生的成本包括企业向客户转移商品过程中所发生的直接成本和间接成本,如直接人工、直接材料、分包成本以及其他与合同相关的成本。

采用成本法确定履约进度时,在下列两种情形下可能需要对已发生的成本进行适当调整:

一是已发生的成本并未反映企业履行其履约义务的进度(如因企业生产效率低下等导致的非正常消耗),除非企业和客户在订立合同时已经预见会发生这些成本并将其包括在合同价款中。

二是已发生的成本与企业履行其履约义务的进度不成比例。如果企业已发生的成本与履约进度不成比例,企业在采用成本法时需要进行适当调整。当企业在合同开始日就能够预期将满足下列所有条件时,企业在采用成本法时不应包括该商品的成本,而应当按照其成本金额确认收入:第一,该商品不构成单项履约义务;第二,客户先取得该商品的控制权,之后才接受与之相关的服务;第三,该商品的成本占预计总成本的比重较大;第四,企业自第三方采购该商品,且未深入参与其设计和制造,对于包含该商品的履约义务而言企业是主要责任人。

【例 13-18】 2020 年 5 月,甬江公司与客户签订合同,为其一条自动化生产线提供维护保养服务并加装一个节能装置,合同总金额为 200 万元。甬江公司预计的合同总成本为 160 万元,其中包括节能装置的采购成本 80 万元。2020 年 6 月,甬江公司将节能装置运达现场并经过客户验收,客户已取得对节能装置的控制权,但是根据维护保养进度,预计到2020年7月才会安装该节能装置。截至2020年6月,甫江公司累计发生相关成本100万元,其中包括节能装置采购成本80万元,节能装置增值税率为13%。假定该维护保养服务(包括安装节能装置)构成单项履约义务,并属于在某一时段内履行的履约义务,甫江公司是主要责任人,但不参与节能装置的设计和制造;甫江公司采用成本法确定履约进度,增值税率为9%。

本例中,截至2020年6月,甫江公司发生成本100万元(包括节能装置采购成本80万元),甫江公司认为其已发生的成本和履约进度不成比例,因此需要对履约进度的计算做出调整,将节能装置的采购成本排除在已发生成本和预计总成本之外。在该合同中,该节能装置不构成单项履约义务,其成本相对于预计总成本而言是重大的,甫江公司是主要责任人,但是未参与该节能装置的设计和制造,客户先取得了节能装置的控制权,随后才接受与之相关的安装服务。因此,甫江公司在客户取得该节能装置控制权时,按照该节能装置采购成本的金额确认转让节能装置产生的收入。2020年6月,甫江公司相关收入、成本的计算过程如下:

$$合同的履约进度 = \frac{100-80}{160-80} \times 100\% = 25\%$$

应确认的收入金额 = $(200-80) \times 25\% + 80 = 110$(万元)

应确认的成本金额 = $(160-80) \times 25\% + 80 = 100$(万元)

甫江公司有关账务处理如下。

(1)发生合同成本时:

借:合同履约成本		1 000 000
应交税费——应交增值税(进项税额)		104 000
贷:应付职工薪酬、原材料等		200 000
银行存款		904 000

(2)确认合同收入时:

借:合同结算——收入结转		1 100 000
贷:主营业务收入		1 100 000

(3)结算合同价款时:

借:应收账款(或银行存款等)		1 199 000
贷:合同结算——价款结算		1 100 000
应交税费——应交增值税(销项税额)		99 000

(4)分摊合同成本时:

借:主营业务成本		1 000 000
贷:合同履约成本——服务成本		1 000 000

对于每项履约义务,企业只能采用一种方法来确定其履约进度,并加以一贯运用。资产负债表日,企业应当在按照合同的交易价格总额乘以履约进度扣除以前会计期间累计已确认的收入后的金额,确认为当期收入。

当履约进度不能合理确定时,企业已经发生的成本预计能够得到补偿的,应当按照已经发生的成本金额确认收入,直到履约进度能够合理确定为止。

2.在某一时点履行的履约义务

对于在某一时点履行的履约义务,企业应当在客户取得相关商品控制权的时点确认收

入。在判断客户是否已取得商品控制权时企业应当考虑下列迹象：

第一,企业就该商品享有现时收款权利,即客户就该商品负有现时付款义务。如果企业就该商品享有现时的收款权利,则可能表明客户已经有能力主导该商品的使用并从中获得几乎全部的经济利益。

在线视频 13-9

第二,企业已将该商品的法定所有权转移给客户。客户如果取得了商品的法定所有权,则可能表明其已经有能力主导该商品的使用并从中获得几乎全部的经济利益,或者能够阻止其他企业获得这些经济利益。如果企业仅仅是为了确保到期收回货款而保留商品的法定所有权,那么企业所保留的这项权利通常不会对客户取得对该商品的控制权构成障碍。

第三,企业已将该商品实物转移给客户。客户如果已经实物占有商品,则可能表明其有能力主导该商品的使用并从中获得其几乎全部的经济利益,或者使其他企业无法获得这些利益。

第四,企业已将该商品所有权上的主要风险和报酬转移给客户。企业在判断时,不应当考虑保留了除转让商品之外产生其他履约义务的风险的情形。例如,企业将产品销售给客户,并承诺提供后续维护服务,销售产品和维护服务均构成单项履约义务,企业保留的因维护服务而产生的风险并不影响企业有关主要风险和报酬转移的判断。

第五,客户已接受该商品。如果客户已经接受了企业提供的商品,例如,企业销售给客户的商品通过了客户的验收,可能表明客户已经取得了该商品的控制权。

第六,其他表明客户已取得商品控制权的迹象。

三、一般交易的会计处理

(一)通常情况下商品的销售

收到货款或取得收取货款的权利,确认销售商品收入,借记"银行存款""应收账款""应收票据"等科目,按确定的收入金额,贷记"主营业务收入""其他业务收入""应交税费——应交增值税(销项税额)"等科目;同时结转已销商品成本,借记"主营业务成本"科目,贷记"库存商品"科目。已计提存货跌价准备的也同步结转。

【例 13-19】甬江公司向乙公司销售商品一批,开出的增值税专用发票上注明售价为400 000 元,增值税额为 52 000 元;甬江公司收到乙公司开出的不带息银行承兑汇票一张,票面金额为 452 000 元,期限为 2 个月;甬江公司以银行存款支付代垫运费,增值税专用发票上注明的运输费为 2 000 元,增值税额为 180 元,所垫运费尚未收到;该批商品成本为320 000元;乙公司收到商品并验收入库。

本例中,甬江公司已经收到乙公司开出的不带息银行承兑汇票,客户乙公司收到商品并验收入库,因此,销售商品为单项履约义务且属于在某一时点履行的履约义务。

(1)确认收入时：

借:应收票据　　　　　　　　　　　　　　　　　　　　　　　　　452 000
　　贷:主营业务收入　　　　　　　　　　　　　　　　　　　　　　400 000
　　　　应交税费——应交增值税(销项税额)　　　　　　　　　　　　52 000
借:主营业务成本　　　　　　　　　　　　　　　　　　　　　　　　320 000

贷:库存商品	320 000

（2）代垫运费时：

借:应收账款	2 180
贷:银行存款	2 180

（二）委托代销

在该委托代销安排下，企业应当评估受托方在企业向其转让商品时是否已获得对该商品的控制权，受托方获得对商品控制权的，企业应当按销售商品进行会计处理；如果没有，企业不应在此时确认收入，已发出商品通过"发出商品"核算，通常应当在受托方售出商品时确认销售商品收入，结转成本；受托方应当在商品销售后，按合同或协议约定的方法计算确定的手续费确认收入。

【例 13-20】 2020 年 5 月 10 日，甬江公司委托丙公司代销 10 台设备，每台设备的成本为 70 万元。双方签订的代销合同约定，丙公司应按每台 100 万元对外销售，甬江公司按不含增值税的销售价格的 10％向丙公司支付手续费。除非这些设备在丙公司存放期间内由于丙公司的责任发生毁损或丢失，否则在这些设备对外销售之前，丙公司没有义务向甬江公司支付货款。丙公司不承担包销责任，没有售出的设备须退回给甬江公司，同时，甬江公司也有权要求收回这些设备或将其销售给其他的客户。截至 2020 年 5 月 31 日，丙公司对外实际销售 4 台设备，开出的增值税专用发票上注明的销售价格为 400 万元，增值税额为 52 万元，款项已经收到。丙公司于 2020 年 5 月底向甬江公司开具代销清单并支付货款，甬江公司收到丙公司开具的代销清单时，向丙公司开具一张相同金额的增值税专用发票。假定甬江公司发出该批设备时纳税义务尚未发生，手续费适用的增值税率为 6％。

假定不考虑其他因素，甬江公司将该批设备发送至丙公司后，丙公司虽然已经实物占有该批设备，但仅是接受甬江公司的委托销售该批设备，并根据实际销售的数量赚取一定比例的手续费。甬江公司有权要求收回该批设备或将其销售给其他的客户，丙公司并不能主导这些商品的销售，这些设备对外销售与否、是否获利以及获利多少等不由丙公司控制，丙公司没有取得这些设备的控制权。因此，甬江公司将该批设备发送至丙公司时，不应确认收入，而应当在丙公司将该批设备销售给最终客户时确认收入。

（1）2020 年 5 月 10 日，甬江公司按合同约定发出商品时：

借:发出商品（或委托代销商品）	7 000 000
贷:库存商品	7 000 000

（2）2020 年 5 月 31 日，甬江公司收到代销清单时：

借:应收账款	4 520 000
贷:主营业务收入	4 000 000
应交税费——应交增值税（销项税额）	520 000
借:主营业务成本	2 800 000
贷:发出商品（或委托代销商品）	2 800 000
借:销售费用	400 000
应交税费——应交增值税（进项税额）	24 000
贷:应收账款	424 000

（3）收到丙公司支付的货款时：

借：银行存款　　　　　　　　　　　　　　　　　　　　　　　　　　4 096 000

　　贷：应收账款　　　　　　　　　　　　　　　　　　　　　　　　　　　4 096 000

（三）销售商品涉及的商业折扣、现金折扣、销售折让、销售退回

1.商业折扣

商业折扣是指企业为促进商品销售，而在商品标价上给予的价格扣除，对于商业折扣，销售方从应确认的销售收入中予以扣除。

2.现金折扣

现金折扣是指债权人为鼓励债务人在规定的时间内付款，而向债务人提供的债务扣除，对于现金折扣应按可变对价进行处理。若合同中存在可变对价，企业应当按照期望值或最有可能发生的金额确定可变对价的最佳估计数。期望值是按照各种可能发生的对价金额及相关概率计算确定的金额（加权平均数）；最可能发生金额是一系列可能发生的对价金额中最可能发生的单一金额，即合同最可能产生的单一结果。企业确定可变对价金额之后，计入交易价格的可变对价金额还应满足限制条件，即包含可变对价的交易价格，应当不超过在相关不确定性消除时，累计已确认的收入极可能不会发生重大转回的金额。

现金折扣一般用符号"折扣率/付款期限"表示，例如，"2/10,1/20,N/30"表示，销货方允许客户最长的付款期限为 30 天，如果客户在 10 天内付款，销货方可按商品售价给予客户 2%的折扣；如果客户在 11～20 天内付款，销货方可按商品售价给予客户 1%的折扣；如果客户在 21～30 天内付款，将不能享受现金折扣。

3.销售折让

销售折让是指企业因售出商品的质量不合格等原因，而在售价上给予的减让，对于销售折让企业应分不同情况进行处理。

（1）已确认收入的售出商品发生销售折让的，通常应当在发生时冲减当期销售商品收入；

（2）已确认收入的售出商品发生销售折让的，属于资产负债表日后事项的，应当按照有关资产负债表日后事项的相关规定进行处理。

4.销售退回

销售退回是指企业售出的商品由于质量、品种不符合要求等原因而发生的退货。对于销售退回，企业应分不同情况进行会计处理：

（1）对于未确认收入的售出商品发生销售退回的，企业应按已记入"发出商品"账户的商品成本金额，借记"库存商品"科目，贷记"发出商品"科目。发出商品时已经发生了纳税义务，借记"应交税费——应交增值税（销项税额）"科目，贷记"银行存款等"科目。

（2）对于已确认收入的售出商品发生销售退回的，企业收到退回的商品时，应退回货款或冲减应收账款，并冲减主营业务收入和增值税销项税额，借记"主营业务收入""应交税费——应交增值税（销项税额）"等科目，贷记"银行存款""应收票据""应收账款"等科目。收到退回商品验收入库，按照商品成本，借记"库存商品"科目，贷记"主营业务成本"科目。

（3）已确认收入的售出商品发生的销售退回属于资产负债表日后事项的，应当按照有关资产负债表日后事项的相关规定进行会计处理。

【例 13-21】 2020 年 6 月 1 日,甬江公司销售 A 商品 5 000 件并开具增值税专用发票,每件商品的标价为 200 元(不含增值税),A 商品适用的增值税率为 13%;每件商品的实际成本为 120 元,由于是成批销售,甬江公司给予客户 10% 的商业折扣,并在销售合同中规定现金折扣条件为 2/20,N/30;A 商品于 6 月 1 日发出,客户收到商品验收入库。甬江公司基于对客户的了解,预计客户 20 天内付款的概率为 90%,20 天后付款的概率为 10%。2020 年 6 月 18 日,收到客户支付的货款。该项销售业务属于在某一时点履行的履约义务。假定计算现金折扣不考虑增值税。甬江公司应编制如下会计分录。

本例中,对于商业折扣,甬江公司从应确认的销售商品收入中予以扣除;对于现金折扣,甬江公司认为按照最可能发生金额能够更好地预测其有权获取的对价金额。甬江公司应确认的销售商品收入的金额=200×(1−10%)×5 000×(1−2%)=882 000(元);增值税销项税额=200×(1−10%)×5 000×13%=117 000(元)。

(1)6 月 1 日,确认收入、结转成本:

借:应收账款		999 000
贷:主营业务收入		882 000
应交税费——应交增值税(销项税额)		117 000
借:主营业务成本		600 000
贷:库存商品		600 000

(2)6 月 18 日,收到货款时:

借:银行存款		999 000
贷:应收账款		999 000

【例 13-22】 2020 年 5 月 8 日,甬江公司向乙公司销售一批商品,开出的增值税专用发票上注明的销售价为 100 000 元,增值税为 13 000 元。款项尚未收到;该批商品成本为 54 000 元。2020 年 5 月 20 日,乙公司在验收过程中发现商品质量不合格,要求在价格上(不含增值税额)给予 5% 的折让。假定甬江公司已确认销售收入,并按规定向乙公司开具红字增值税专用发票。2020 年 5 月 30 日收到乙公司支付的货款存入银行。甬江公司应编制如下会计分录。

(1)5 月 8 日,确认收入时:

借:应收账款——乙公司		113 000
贷:主营业务收入		100 000
应交税费——应交增值税(销项税额)		13 000

同时,结转销售商品成本:

借:主营业务成本		54 000
贷:库存商品		54 000

(2)5 月 20 日,发生销售折让时:

借:主营业务收入		5 000
应交税费——应交增值税(销项税额)		650
贷:应收账款——乙公司		5 650

(3)6 月 30 日,收到款项时:

借:银行存款		107 350
贷:应收账款		107 350

【例 13-23】 2020 年 5 月 20 日,甬江公司销售一批商品,增值税专用发票上注明的售价为 400 000 元,增值税额为 52 000 元;客户收到该批商品并验收入库;当日收到客户支付的货款存入银行。该批商品成本为 300 000 元。2020 年 7 月 20 日,该批部分商品质量出现严重问题,客户将该批商品的 50% 退回给甬江公司。甬江公司同意退货,于退回当日支付退货款,并按规定向客户开具了增值税专用发票(红字)。该项业务属于在某一时点履行的履约义务并确认销售收入。

假定不考虑其他因素,甬江公司应编制如下会计分录。

(1)5 月 20 日,确认收入时:

借:银行存款 452 000
　　贷:主营业务收入 400 000
　　　　应交税费——应交增值税(销项税额) 52 000

同时,结转销售商品成本:

借:主营业务成本 300 000
　　贷:库存商品 300 000

(2)7 月 20 日,商品的 50% 销售退回时:

借:主营业务收入 200 000
　　应交税费——应交增值税(销项税额) 26 000
　　贷:银行存款 226 000

借:库存商品 150 000
　　贷:主营业务成本 150 000

(四)销售材料等存货的处理

企业在日常活动中还可能发生对外销售不需用的原材料、随同商品对外销售单独计价的包装物等业务,其收入确认和计量原则比照商品销售,实现的收入作为其他业务收入处理,结转的相关成本作为其他业务成本处理。

【例 13-24】 2020 年 5 月 1 日,甬江公司销售一批原材料,开出的增值税专用发票上注明的售价为 10 000 元,增值税额为 1 300 元,款项已由银行收妥。该批原材料的实际成本为 9 000 元。甬江公司应编制如下会计分录。

(1)5 月 1 日销售商品开出增值税专用发票时:

借:银行存款 11 300
　　贷:其他业务收入 10 000
　　　　应交税费——应交增值税(销项税额) 1 300

(2)结转已销原材料的实际成本:

借:其他业务成本 9 000
　　贷:原材料 9 000

三、合同成本

(一)合同取得成本

企业为取得合同发生的增量成本预期能够收回的,应当作为合同取得成本确认为一项

资产。增量成本,是指企业不取得合同就不会发生的成本。

为简化实务操作,该资产摊销期不超过一年的,可以在发生时计入当期损益。

在线视频13-10企业为取得合同发生的、除预期能够收回的增量成本之外的其他支出(如无论是否取得合同均会发生的差旅费、投标费等),应当在发生时计入当期损益,除非这些支出明确由客户承担。

【例13-25】 2020年6月8日,甬江公司通过竞标赢得一个服务期为5年的客户,该客户每年年末支付含税咨询费1 908 000元。为取得与该客户的合同,甬江公司聘请外部律师进行尽职调查,支付相关费用15 000元,为投标而发生的差旅费10 000元,支付销售人员佣金60 000元。甬江公司预期这些支出未来均能够收回。此外,甬江公司根据其年度销售目标、整体盈利情况及个人业绩等,向销售部门经理支付年度奖金10 000元。

在本例中,甬江公司因签订客户合同而向销售人员支付的佣金属于取得合同发生的增量成本,应当将其作为合同取得成本确认为一项资产;甬江公司聘请外部律师进行尽职调查发生的支出、为投标发生的差旅费以及向销售部门经理支付的年度奖金(不能直接归属于可识别的合同)不属于增量成本,应当于发生时直接计入当期损益。甬江公司应编制如下会计分录。

(1)支付相关费用:

借:合同取得成本	50 000
管理费用	25 000
销售费用	10 000
贷:银行存款	85 000

(2)每月确认服务收入,摊销销售佣金:

服务收入=1 908 000÷(1+6%)÷12=150 000(元)

销售佣金摊销额=60 000÷5÷12=1 000(元)

借:应收账款	159 000
销售费用	1 000
贷:合同取得成本	1 000
主营业务收入	150 000
应交税费——应交增值税(销项税额)	9 000

(二)合同履约成本

合同履约成本确认为资产应满足的条件如下:

(1)该成本与一份当前或预期取得的合同直接相关。与合同直接相关的成本包括直接人工、直接材料、制造费用或类似费用(如组织和管理生产、施工、服务等活动发生的费用,包括管理人员的职工薪酬、劳动保护费、固定资产折旧费及修理费、物料消耗、取暖费、水电费、办公费、差旅费、财产保险费、工程保修费、排污费、临时设施摊销费等)、明确由客户承担的成本以及仅因该合同而发生的其他成本(如支付给分包商的成本、机械使用费、设计和技术援助费用、施工现场二次搬运费、生产工具和用具使用费、检验试验费、工程定位复测费、工程点交费用、场地清理费等)。

(2)该成本增加了企业未来用于履行(或持续履行)履约义务的资源。

(3)该成本预期能够收回。

需要注意的是,企业应当在下列支出发生时,将其计入当期损益:一是管理费用,除非这些费用明确由客户承担。二是非正常消耗的直接材料、直接人工和制造费用(或类似费用)。三是与履约义务中已履行(包括已全部履行或部分履行)部分相关的支出,即该支出与企业过去的履约活动相关。四是无法在尚未履行的与已履行(或已部分履行)的履约义务之间区分的相关支出。

【例 13-26】 甬江公司经营一家酒店,该酒店是甬江公司的自有资产。2020 年 6 月甬江公司计提与酒店经营直接相关的酒店、客房以及客房内的设备家具等折旧 120 000 元、酒店土地使用权摊销费用 65 000 元。经计算,当月确认房费、餐饮等服务含税收入 424 000元,全部存入银行。

本例中,甬江公司经营酒店主要是通过提供客房服务赚取收入,而客房服务的提供直接依赖于酒店物业(包含土地)以及家具等相关资产,这些资产折旧和摊销属于甬江公司为履行与客户的合同而发生的合同履约成本。已确认的合同履约成本在收入确认时予以摊销,计入营业成本。甬江公司应编制如下会计分录。

①确认资产的折旧费、摊销费:

借:合同履约成本	185 000	
贷:累计折旧		120 000
累计摊销		65 000

②6 月确认酒店服务收入并摊销合同履约成本:

借:银行存款	424 000	
贷:主营业务收入		400 000
应交税费——应交增值税(销项税额)		24 000
借:主营业务成本	185 000	
贷:合同履约成本		185 000

(三)与合同履约成本和合同取得成本有关的资产的摊销和减值

对于确认为资产的合同履约成本和合同取得成本,企业应当采用与该资产相关的商品收入确认相同的基础(即在履约义务履行的时点或按照履约义务的履约进度)进行摊销,计入当期损益。

合同履约成本和合同取得成本的账面价值高于下列两项的差额的,超出部分应当计提减值准备,并确认为资产减值损失:

(1)企业因转让与该资产相关的商品预期能够取得的剩余对价;

(2)为转让该相关商品估计将要发生的成本。

以前期间减值的因素之后发生变化,使得"企业因转让与该资产相关的商品预期能够取得的剩余对价"减去"为转让该相关商品估计将要发生的成本"的差额高于该资产账面价值的,应当转回原已计提的资产减值准备,并计入当期损益,但转回后的资产账面价值不应超过假定不计提减值准备情况下该资产在转回日的账面价值。

四、特定交易的会计处理

(一)附有销售退回条款的销售

在线视频 13-11

对于附有销售退回条款的销售,企业应当遵循可变对价的处理原则来确定其预期有权收取的对价金额,即企业应当在客户取得相关商品控制权时,按照因向客户转让商品而预期有权收取的对价金额(即不包含预期因销售退回将退还的金额)确认收入,按照预期因销售退回将退还的金额确认负债;同时,按照预期将退回商品转让时的账面价值,扣除收回该商品预计发生的成本(包括退回商品的价值减损)后的余额,确认为一项资产,按照所转让商品转让时的账面价值,扣除上述资产成本的净额结转成本。

每一资产负债表日,企业应当重新估计未来销售退回情况,如有变化,应当作为会计估计变更进行会计处理。

【例 13-27】 2020 年 7 月 1 日,甬江公司向 B 公司销售一批化妆品 1 000 套,单位销售价格为 200 元,单位成本为 100 元,开出的增值税专用发票上注明的销售价格为 200 000 元,增值税额为 26 000 元。协议约定,B 公司应于 7 月 31 日之前支付货款,在 10 月 31 日之前有权退回化妆品。化妆品已经发出,款项尚未收到。假定甬江公司根据过去的经验,估计该批化妆品退还率约为 10%,实际发生销售退回时有关的增值税额允许冲减。假定化妆品发出时控制权转移给 B 公司,不考虑除增值税以外的其他因素,甬江公司应编制如下会计分录。

(1)7 月 1 日发出化妆品时:

借:应收账款	226 000
贷:主营业务收入	180 000
预计负债——应付退货款	20 000
应交税费——应交增值税(销项税额)	26 000
借:主营业务成本	90 000
应收退货成本	10 000
贷:库存商品	100 000

(2)7 月 31 日前收到货款时:

借:银行存款	226 000
贷:应收账款	226 000

(3)10 月 31 日发生销售退回,实际退货量为 100 套,款项已经支付:

借:库存商品(100×100)	10 000
应交税费——应交增值税(销售税额)(100×200×13%)	2 600
预计负债——应付退货款	20 000
贷:应收退货成本	10 000
银行存款[100×200×(1+13%)]	22 600

(4)如果截至 10 月 31 日实际退货量为 80 套,则:

借:库存商品(80×100)	8 000
应交税费——应交增值税(销售税额)(80×200×13%)	2 080

主营业务成本(20×100)	2 000
预计负债——应付退货款	20 000
贷:应收退货成本	10 000
银行存款[80×200×(1+13%)]	18 080
主营业务收入(20×200)	4 000

(5)如果截至10月31日实际退货量为120套,则:

借:库存商品(120×100)	12 000
应交税费——应交增值税(销售税额)(120×200×13%)	3 120
主营业务收入(20×200)	4 000
预计负债——应付退货款	20 000
贷:应收退货成本	10 000
主营业务成本(20×100)	2 000
银行存款[120×200×(1+13%)]	27 120

(二)附有质量保证条款的销售

企业在向客户销售商品时,可能会为所销售的商品提供质量保证。有一些质量保证是为了向客户保证所销售的商品符合既定标准,即保证类质量保证;而另一些质量保证则是在向客户保证所销售的商品符合既定标准之外提供了一项单独的服务,即服务类质量保证。

在线视频 13-12

企业应当对其所提供的质量保证的性质进行分析,对于客户能够选择单独购买质量保证的,表明该质量保证构成单项履约义务;对于客户虽然不能选择单独购买质量保证,但是,如果该质量保证在向客户保证所销售的商品符合既定标准之外提供了一项单独服务的,也应当作为单项履约义务。存在作为单项履约义务的质量保证的,企业应将部分交易价格分摊至该项履约义务。对于不能作为单项履约义务的质量保证,企业应当按照或有事项的相关规定进行会计处理。

在评估质量保证是否在向客户保证所销售商品符合既定标准之外提供了一项单独的服务时,企业应当考虑该质量保证是否为法定要求、质量保证期限以及企业承诺履行任务的性质等因素。

(1)法定要求通常是为了保护客户避免其购买瑕疵或缺陷商品的风险,而并非为客户提供一项单独的质量保证服务。

(2)质量保证期限越长,越有可能是单项履约义务。

(3)如果企业必须履行某些特定的任务以保证所转让的商品符合既定标准(例如企业负责运输被客户退回的瑕疵商品),则这些特定的任务可能不构成单项履约义务。

【例 13-28】 2020年6月10日,甬江公司与B公司签订一项空调销售合同,合同约定甬江公司向B公司销售一批空调,售价为1 000万元。甬江公司承诺该批空调售出后1年内如出现非意外事件造成的故障或质量问题,甬江公司免费负责保修(含零部件的更换),同时甬江公司还向B公司提供一项延保服务,即在法定保修期1年之外,延长保修期3年。该批空调和延保服务的单独标价分别为1 000万元和120万元。甬江公司根据以往经验估计在法定保修期(1年)内将发生的保修费用为30万元。该批空调的成本为750万元。合同签订当日,甬江公司将该批空调交付给 B 公司,同时 B 公司向甬江公司支付了 1 000 万元的价款。假定不考虑相关税费及货币时间价值因素,2020 年 6 月 10 日甬江公司的会计处理如下:

借:银行存款　　　　　　　　　　　　　　　　　　　10 000 000

　　贷:主营业务收入　　　　　　　　　　　　　　　　　　8 928 571

　　　合同负债　　　　　　　　　　　　　　　　　　　　1 071 429

借:主营业务成本　　　　　　　　　　　　　　　　　　7 500 000

　　贷:库存商品　　　　　　　　　　　　　　　　　　　　7 500 000

借:销售费用　　　　　　　　　　　　　　　　　　　　300 000

　　贷:预计负债　　　　　　　　　　　　　　　　　　　　300 000

甬江公司确认的延保服务收入 1 071 429 元应当在延保期间根据延保服务进度确认为收入。

(三)主要责任人和代理人

企业应当根据其在向客户转让商品前是否拥有对该商品的控制权,来判断其从事交易时的身份是主要责任人还是代理人。企业在向客户转让商品前能够控制该商品的,该企业为主要责任人,应当按照已收或应收对价总额确认收入;否则,该企业为代理人,应当按照预期有权收取的佣金或手续费的金额确认收入,该金额应当按照已收或应收对价总额扣除应支付给其他相关方的价款后的净额,或者按照既定的佣金金额或比例等确定。

在线视频 13-13

(四)附有客户额外购买选择权的销售

对于附有客户额外购买选择权的销售,企业应当分析判断该选择权是否向客户提供了一项实质性权利。企业提供实质性权利的,应当作为单项履约义务,将交易价格分摊至该履约义务,于客户未来行使购买选择权取得相关商品控制权时或该选择权失效时确认相应的收入。客户额外购买选择权的单独售价无法直接观察的,企业应当综合考虑客户行使和不行使该选择权所能获得的折扣、客户行使该选择权的概率等全部相关信息予以合理估计。

额外购买选择权的情况包括销售激励、客户奖励积分、未来购买商品的折扣券以及合同续约选择权等。对于附有客户额外购买选择权的销售,企业应当评估该选择权是否向客户提供了一项重大权利。如果客户只有在订立了一项合同的前提下才取得了额外购买选择权,并且客户行使该选择权购买额外商品时,能够享受到超过该地区或该市场中其他同类客户所能够享有的折扣,则通常认为该选择权向客户提供了一项重大权利。该选择权向客户提供了重大权利的,应当作为单项履约义务。在考虑授予客户的该项权利是否重大时,应根据其金额和性质综合进行判断。

通常情况下,赋予客户额外购买商品选择权且其销售价格反映了这些商品单独售价的,不应当被视为向该客户提供了一项重大权利。

【例 13-29】 2019 年 1 月 1 日,甬江公司董事会批准了管理层提出的客户忠诚度计划。该客户忠诚度计划为:办理积分卡的客户在甬江公司消费一定金额时,甬江公司向其授予奖励积分,客户可以使用奖励积分(每一奖励积分的公允价值为 0.01 元)购买甬江公司经营的任何一种商品;奖励积分自授予之日起 3 年内有效,过期作废。

2019 年度,甬江公司销售各类商品共计 20 000 000 元(不包括客户使用奖励积分购买的商品,下同),授予客户奖励积分共计 20 000 000 分,客户使用奖励积分共计 12 000 000 分。2019 年年末,甬江公司估计 2019 年度授予的奖励积分将有 80% 被使用。

假定甬江公司认定其授予客户的积分为客户提供了一项重大权利,应当作为一项单独的履约义务。甬江公司全部采用现金结算方式销售商品,不考虑增值税以及销售成本的结转等其他因素。甬江公司的账务处理如下(计算结果保留整数)。

考虑积分的兑换率,甬江公司 2019 年估计奖励积分的单独售价 $=20\ 000\ 000\times0.01\times80\%=160\ 000$ 元,甬江公司按照商品和积分单独售价的相对比例对交易价格进行分摊,具体如下:

$$分摊至商品的交易价格=20\ 000\ 000\times\frac{20\ 000\ 000}{20\ 000\ 000+160\ 000}=19\ 841\ 270(元)$$

$$分摊至奖励积分的交易价格=20\ 000\ 000\times\frac{160\ 000}{20\ 000\ 000+160\ 000}=158\ 730(元)$$

借:银行存款	20 000 000
贷:主营业务收入	19 841 270
合同负债	158 730

$$2019\ 年度因客户使用奖励积分应当确认的收入=158\ 730\times\frac{12\ 000\ 000}{20\ 000\ 000\times80\%}=119\ 048(元)$$

借:合同负债	119 048
贷:主营业务收入	119 048

(五)授予知识产权许可

企业向客户授予知识产权许可的,应当按照相关规定要求评估该知识产权许可是否构成单项履约义务。

(1)不构成单项履约义务的,企业应当将该知识产权许可和其他商品一起作为一项履约义务进行会计处理。

在线视频 13-14

授予知识产权许可不构成单项履约义务的情形包括:一是该知识产权许可构成有形商品的组成部分并且对于该商品的正常使用不可或缺,例如,企业向客户销售设备和相关软件,该软件内嵌于设备之中,该设备必须安装了该软件之后才能正常使用;二是客户只有将该知识产权许可和相关服务一起使用才能够从中获益,例如,客户取得授权许可,但是只有通过企业提供的在线服务才能访问相关内容。

(2)构成单项履约义务的,应当进一步判断其是在某一段时间内履行还是在某一时点履行。

合同要求或客户能够合理预期企业将从事对该项知识产权有重大影响的活动,该活动对客户将产生有利或不利影响且并未导致向客户转让某项商品(或提供某项服务)的,企业应当将授予知识产权许可作为在某一段时间内履行的履约义务确认相关收入;否则,应当作为在某一时点履行的履约义务确认相关收入。

企业向客户授予知识产权许可并约定按客户实际销售或使用情况收取特许权使用费的,应当在客户后续销售或使用行为实际发生与企业履行相关履约义务两者孰晚的时点确认收入。

【例 13-30】　甬江公司授权乙公司在其设计生产的服装、帽子、水杯以及毛巾等产品上使用甬江公司球队的名称和图标,授权期限为2年。合同约定,甬江公司收取的合同对价由两部分组成:一是400万元固定金额的使用费;二是按照乙公司销售上述商品所取得销售额的10%计算的提成。乙公司预期甬江公司会继续参加当地顶级联赛,并取得优异的成绩。

本例中,该合同仅包括一项履约义务,即授予使用权许可,甬江公司继续参加比赛并取得优异成绩等活动是该许可的组成部分。由于乙公司能够合理预期甬江公司将继续参加比赛,甬江公司的成绩将会对其品牌(包括名称和图标等)的价值产生重大影响,而该品牌价值可能会进一步影响乙公司产品的销量,甬江公司从事的上述活动并未向乙公司转让任何可明确区分的商品,因此,甬江公司授予的该使用权许可,属于在2年内履行的履约义务。甬江公司收取的400万元固定金额的使用费应当在2年内平均确认收入,按照乙公司销售相关商品所取得销售额的10%计算的提成应当在乙公司的销售发生时确认收入。

(六)售后回购

对于企业的售后回购业务,修订后的收入准则根据回购价格与原售价的关系,将其细分为租赁交易和融资交易;同时对于企业负有应客户要求回购商品义务的,企业应当根据客户是否具有行使该要求权的重大经济动因这一经济实质,辨别是将其作为租赁或融资交易处理,还是将其作为附有销售退回条款的销售交易。

(1)企业因存在与客户的远期安排而负有回购义务或企业享有回购权利的,表明客户在销售时点并未取得相关商品的控制权,企业应当作为租赁交易或融资交易进行相应的会计处理。其中,回购价格低于原售价的,应当视为租赁交易,按照《企业会计准则第21号——租赁》的相关规定进行会计处理;回购价格不低于原售价的,应当视为融资交易,在收到客户款项时确认金融负债,并将该款项和回购价格的差额在回购期间内确认为利息费用等。企业到期未行使回购权利的,应当在该回购权利到期时终止确认金融负债,同时确认收入。

(2)企业负有应客户要求回购商品义务的,应当在合同开始日评估客户是否具有行使该要求权的重大经济动因。客户具有行使该要求权重大经济动因的(即客户行使该要求权的可能性很大),企业应当将售后回购作为租赁交易或融资交易,按照情形(1)的规定进行会计处理;否则,企业应当将其作为附有销售退回条款的销售交易,进行会计处理。

【例13-31】 2020年4月1日,甬江公司向乙公司销售一批商品,开出的增值税专用发票上注明的销售价款为3 000 000元,增值税额为390 000元。该批商品的成本为1 800 000元;商品尚未发出,款项已经收到。协议约定,甬江公司应于8月31日将所售商品购回,回购价为3 150 000元(不含增值税额)。甬江公司的账务处理如下。

(1)4月1日发出商品时:

借:银行存款	3 390 000
贷:其他应付款	3 000 000
应交税费——应交增值税(销项税额)	390 000

(2)回购价大于原售价的差额,应在回购期间按期计提利息费用,计入当期财务费用。由于回购期间为5个月,货币时间价值影响不大,故采用直线法计提利息费用,每月计提利息费用=150 000÷5=30 000元。

借:财务费用   30 000

    贷:其他应付款   30 000

(3)8月31日回购商品时,收到的增值税专用发票上注明的商品价格为3 150 000元,增值税额为409 500元。假定商品已验收入库,款项已经支付。

借:财务费用   30 000

    贷:其他应付款   30 000

借:其他应付款   3 150 000

    应交税费——应交增值税(进项税额)   409 500

    贷:银行存款   3 559 500

(七)客户未行使的权利

企业向客户预收销售商品款项的,应当首先将该款项确认为负债,待履行了相关履约义务时再转为收入。当企业预收款项无须退回,且客户可能会放弃其全部或部分合同权利时,例如,放弃储值卡的使用等,企业预期将有权获得与客户所放弃的合同权利相关的金额的,应当按照客户行使合同权利的模式按比例将上述金额确认为收入;否则,企业只有在客户要求其履行剩余履约义务的可能性极低时,才能将上述负债的相关余额转为收入。

在线视频 13-15

【例 13-32】 2019 年,甬江公司向客户销售了 1 000 张储值卡,每张卡的面值为 30 000元,总额为 30 000 000 元。客户可在甬江公司经营的任何一家门店使用该储值卡进行消费。根据历史经验,甬江公司预期客户购买的储值卡中将有大约相于储值卡面值金额 10%(即 3 000 000 元)的部分不会被消费。截至 2019 年 12 月 31 日,客户该储值卡消费的金额为 18 000 000元。甬江公司为增值税一般纳税人,在客户使用该储值卡消费时发生增值税纳税义务。假定甬江公司上述业务适用的增值税率为 6%。

甬江公司的相关账务处理如下(计算结果保留整数):

$$2019\ 年销售的储值卡应当确认的收入金额 = \frac{18\ 000\ 000 + 3\ 000\ 000 \times \dfrac{18\ 000\ 000}{27\ 000\ 000}}{1 + 6\%} = 18\ 867\ 925(元)$$

销售储值卡时:

借:银行存款   30 000 000

    贷:合同负债   28 301 887

       应交税费——待转销项税额   1 698 113

根据储值卡的消费金额确认收入时:

借:合同负债   18 867 925.00

    应交税费——待转销项税额   1 132 075.50

    贷:主营业务收入   18 867 925.00

       应交税费——应交增值税(销项税额)   1 132 075.50

(八)无须退回的初始费

企业在合同开始(或接近合同开始)日向客户收取的无须退回的初始费(如俱乐部的入会费等),应当分析该初始费是否与向客户转让已承诺的商品相关。如果相关,且该商品构成单项履约义务的,应按分摊至该商品的交易价格确认为收入,不构成单项履约义务的,企业应当在包含该商品的单项履约义务履行时,按照分摊至该单项履约义务的交易价格确认收入;否则,该初始费应当作为未来将转让商品的预收款,在未来转让该商品时确认为收入。

第二节　费用

一、费用的概念及分类

(一)费用的概念

费用,是指企业在日常活动中发生的、会导致所有者权益减少的、与向所有者分配利润无关的经济利益的总流出。

费用"形成于企业的日常活动"的特点使其有别于产生于非日常活动的损失。企业从事的某些活动或事项也能导致经济利益流出企业,但不属于企业的日常活动。例如,企业非流动资产毁损报废损失,因违约支付罚款、对外捐赠、自然灾害等非常原因造成的财产损失等,这些活动或事项形成的经济利益的总流出属于企业的损失而不是费用。

(二)费用的分类

企业发生的各项费用,可以按不同的标准进行分类,比如按经济内容分类、按经济用途分类、按其同产量之间变动关系分类等。本书主要介绍营业成本、税金及附加、期间费用、资产减值损失、信用减值损失、所得税费用等。

营业成本,是指企业在日常活动中为取得收入而销售的商品、提供的服务、出租的资产的成本,与利润表中的"营业收入"相配比。营业成本按照企业从事日常活动在企业的重要性不同,可划分为主营业务成本和其他业务成本。

税金及附加,是指企业在日常活动中因取得营业收入而应交纳的各种税金。

期间费用,是指企业在日常活动中为取得收入而发生的、不能直接或间接归入某种产品成本或营业成本的、应直接计入发生当期损益的各项费用。按照期间费用的经济用途,可将其划分为管理费用、销售费用和财务费用三项。

资产减值损失,是指企业用于日常活动的各项资产因各种原因导致的资产账面价值的减少。

信用减值损失,是指金融资产中的应收款项、债权投资、其他债权投资等资产价值下跌的损失。

二、主营业务成本

主营业务成本是指企业销售商品、提供劳务等经常性活动所发生的成本。企业一般在确认主营业务收入时,或在月末,将已销售商品、已提供劳务的成本转入主营业务成本。借记"主营业务成本"科目,贷记"库存商品""合同履约成本"等科目。期末,将主营业务成本的余额转入"本年利润"科目,结转后该科目无余额

【例13-33】 2020年1月20日,甬江公司向乙公司销售一批产品,开出的增值税专用

发票上注明价款为 200 000 元,增值税额为 26 000 元;甬江公司已收到乙公司支付的款项 226 000 元,并将提货单送交乙公司;该批产品成本为 190 000 元。甬江公司应编制如下会计分录。

(1)销售实现时:

借:银行存款 226 000
 贷:主营业务收入 200 000
  应交税费——应交增值税(销项税额) 26 000
借:主营业务成本 190 000
 贷:库存商品 190 000

(2)期末,将主营业务成本结转至本年利润时:

借:本年利润 190 000
 贷:主营业务成本 190 000

三、其他业务成本

其他业务成本是指企业确认的除主营业务活动以外的其他日常经营活动所发生的支出。

其他业务成本包括销售材料的成本、出租固定资产的折旧额、出租无形资产的摊销额、出租包装物的成本或摊销额等。采用成本计量模式计量投资性房地产的,其投资性房地产计提的折旧额或摊销额,也构成其他业务成本。借记"其他业务成本"科目,贷记"原材料""周转材料""累计折旧""累计摊销""应付职工薪酬""银行存款"等科目。期末,将其他业务成本的余额转入"本年利润"科目,结转后该科目无余额

【例 13-34】 2020 年 6 月 2 日,甬江公司销售一批原材料,开具的增值税专用发票上注明的售价为 10 000 元,增值税额为 1 300 元,款项已由银行收妥。该批原材料的实际成本为 7 000 元。甬江公司应编制如下会计分录。

(1)销售实现时:

借:银行存款 11 300
 贷:其他业务收入 10 000
  应交税费——应交增值税(销项税额) 1 300
借:其他业务成本 7 000
 贷:原材料 7 000

(2)期末,将其他业务成本结转至本年利润时:

借:本年利润 7 000
 贷:其他业务成本 7 000

四、税金及附加

税金及附加是指企业经营活动应负担的相关税费,包括消费税,城市维护建设税、教育费附加、资源税、房产税、城镇土地使用税、车船税、印花税、环境保护税等。具体做如下账务处理:

借:税金及附加
 贷:应交税费——应交消费税/应交资源税/应交城市维护建设税等

企业购买印花税票交纳的印花税,不会发生应付未付税款情况,不需要预计应纳税金

额,因此企业交纳的印花税贷方不通过"应交税费"核算,直接记"银行存款"的贷方。

期末,将税金及附加的余额转入"本年利润"科目,结转后该科目无余额。

【例 13-35】 2020 年 6 月,甬江公司当月应交房产税为 450 000 元,应交消费税 150 000 元,教育费附加 42 000,印花税 1 800。该公司应编制如下会计分录。

```
借:税金及附加                                643 800
    贷:应交税费——应交房产税                      450 000
              ——应交消费税                      150 000
              ——应交教育费附加                    42 000
        银行存款                                1 800
```

五、期间费用

期间费用是企业当期发生的费用中的重要组成部分,是指本期发生的、不能直接或间接归入某种产品成本的、直接计入损益的各项费用,包括管理费用、财务费用和销售费用。

(一)管理费用

管理费用是指企业为组织和管理企业生产经营所发生的管理费用,包括企业在筹建期间发生的开办费、董事会和行政管理部门在企业的经营管理中发生的或者应由企业统一负担的公司经费(包括行政管理部门职工工资及福利费、物料消耗、低值易耗品摊销、办公费和差旅费等)、工会经费、董事会费(包括董事会成员津贴、会议费和差旅费等)、聘请中介机构费、咨询费(含顾问费)、诉讼费、业务招待费、技术转让费、矿产资源补偿费、研究费用、排污费以及企业生产车间(部门)和行政管理部门等发生的固定资产修理费用等。

企业发生的管理费用,在"管理费用"账户核算,并在"管理费用"账户中按费用项目设置明细账,进行明细核算。期末,"管理费用"账户的发生额结转至"本年利润"账户后无余额。

【例 13-36】 2020 年 6 月,甬江公司发生公司经费 4 340 元,其中管理人员工资 2 000 元,发生福利费 340 元,购买办公用品取得增值税专用发票上注明的金额为 2 000 元,增值税 260 元,以银行存款支付。

```
借:管理费用                                    4 340
    应交税费——应交增值税(进项税额)                 260
    贷:应付职工薪酬——工资                         2 000
              ——职工福利费                        340
        银行存款                                 2 260
```

(二)财务费用

财务费用是指企业为筹集生产经营所需资金等而发生的筹资费用,包括利息支出(减利息收入)、汇兑损益以及相关的手续费、企业发生的现金折扣或收到的现金折扣等。

企业发生的财务费用,在"财务费用"账户核算,并在"财务费用"账户中按费用项目设置明细账,进行明细核算。期末,"财务费用"账户的发生额结转至"本年利润"账户后无余额。

【例 13-37】 2020 年 6 月,甬江公司支付银行承兑汇票手续费 50 000 元,增值税率为 6%。

```
借:财务费用——手续费                            50 000
```

> 应交税费——应交增值税(进项税额) 300
> 　　贷:银行存款 50 300

(三)销售费用

销售费用是指企业在销售商品和材料、提供劳务的过程中发生的各种费用,包括企业在销售商品过程中发生的保险费、包装费、展览费和广告费、商品维修费、预计产品质量保证损失、运输费、装卸费等以及为销售本企业商品而专设的销售机构(含销售网点、售后服务网点等)的职工薪酬、业务费、折旧费、固定资产修理费用等。

企业发生的销售费用,在"销售费用"账户核算,并在"销售费用"账户中按费用项目设置明细账,进行明细核算。期末,"销售费用"账户的发生额结转至"本年利润"账户后无余额。

【例 13-38】 2020 年 6 月,甬江公司本月发生如下有关产品销售费用事项:支付运输费用 500 元,装卸费用 1 200 元;支付产品展览费 8 000 元;根据工资单应付销售部门人员工资 7 200 元(假如均未取得增值税专用发票)。

> 借:销售费用——运输费用 500
> 　　　　　　——装卸费用 1 200
> 　　　　　　——产品展览费 8 000
> 　　　　　　——工资 7 200
> 　　贷:银行存款 9 700
> 　　　　应付职工薪酬——工资 7 200

六、资产减值损失

资产减值损失是指企业存货、长期股权投资、固定资产、在建工程、工程物资、无形资产等发生减值确认的减值损失。企业应根据确认的减值损失,借记"资产减值损失"科目,贷记"存货跌价准备""长期股权投资减值准备""固定资产减值准备""在建工程减值准备""工程物资减值准备""无形资产减值准备"等科目。

企业计提存货跌价准备后,相关资产的价值又得以恢复的,应在原已计提的减值准备金额内,按恢复增加的金额借记"存货跌价准备"科目,贷记"资产减值损失"科目。

企业计提的长期股权投资减值准备、固定资产减值准备、在建工程减值准备、工程物资减值准备、无形资产减值准备,按照我国会计准则的规定,不得转回。

【例 13-39】 2020 年 6 月末,甬江公司的固定资产账面价值为 200 000 元(与计税基础相同),可收回金额为 198 000 元,以前未发生减值。6 月末计提固定资产减值准备 2 000 元。

> 借:资产减值损失 2 000
> 　　贷:固定资产减值准备 2 000

七、信用减值损失

信用减值损失是指金融资产中的应收款项、债权投资、其他债权投资等资产价值下跌发生的损失。具体业务见前述相关章节,此处略。

八、所得税费用①

在线视频13-16

我国所得税会计采用了资产负债表债务法,要求企业从资产负债表出发,比较资产负债表上列示的资产、负债,按照会计准则规定确定的账面价值与按照税法规定确定的计税基础,对于两者之间的差异分别应纳税暂时性差异与可抵扣暂时性差异,确认相关的递延所得税负债与递延所得税资产,在综合考虑当期应交所得税的基础上,确定每一会计期间利润表中的所得税费用。

(一)当期所得税的计算

应交所得税是指企业按照企业所得税法规定计算确定的针对当期发生的交易和事项,应缴纳给税务部门的所得税金额,即当期应交所得税。

应交所得税=应纳税所得额×企业所得税税率

=(税前会计利润+纳税调整增加额—纳税调整减少额)×企业所得税税率

1.纳税调整增加额

(1)税法规定允许扣除的项目中,企业已计入当期费用但超过税法规定扣除标准的金额:

①职工福利费、工会经费、职工教育经费的扣除限额:工资的14%、2%、8%。

②业务招待费:按照发生额的60%扣除,但最高不得超过当年销售(营业)收入的5‰。

③广告费和业务宣传费:销售(营业)收入的15%以内据实扣除。

(2)企业已计入当期损失但税法规定不允许扣除项目的金额

①税收滞纳金、罚款、罚金;

②计提的各种资产的减值准备。

2.纳税调整减少额

按税法规定允许弥补的亏损和准予免税的项目,如国债利息收入、前五年内的未弥补亏损及符合条件的居民企业间投资收益等。

【例13-40】 甬江公司2019年度利润总额(税前会计利润)为19 800 000元,其中包括本年实现的国债利息收入500 000元,甬江公司全年实发工资、薪金为2 000 000元,职工福利费300 000元,工会经费50 000元,职工教育经费210 000元;经查,甬江公司当年营业外支出中有120 000元为税款滞纳罚金。假定甬江公司全年无其他纳税调整因素,所得税率为25%。

纳税调整增加额=(300 000—280 000)+(50 000—40 000)+(210 000—160 000)

+120 000=200 000(元)

按企业所得税税法规定,企业购买国债的利息收入免交所得税。

纳税调整减少额=500 000(元)

应纳税所得额=19 800 000+200 000—500 000=19 500 000(元)

当期应交所得税额=19 500 000×25%=4 875 000(元)

(二)所得税费用的账务处理

根据所得税准则的规定计算确定的当期所得税和递延所得税之和,即为应从当期利润

---

① 有关所得税费用,更为详细的介绍参见"高级财务会计"课程中"所得税费用"的相关内容。

总额中扣除的所得税费用。

所得税费用＝当期所得税＋递延所得税

其中,递延所得税＝(递延所得税负债的期末余额－递延所得税负债的期初余额)－(递延所得税资产的期末余额－递延所得税资产的期初余额)

【例 13-41】 沿用【例 13-40】,2019 年,甬江公司递延所得税负债年初数为 400 000 元,年末数为 500 000 元,递延所得税资产年初数为 250 000 元,年末数为 200 000 元。

甬江公司所得税费用的计算如下:

第一步:根据【例 13-40】的计算结果,当期应交所得税处理

借:所得税费用 4 875 000

　　贷:应交税费——应交所得税 4 875 000

第二步:本例递延所得税负债增加＝(递延所得税负债期末余额－期初余额)

＝500 000－400 000＝100 000(元)

借:所得税费用 100 000

　　贷:递延所得税负债 100 000

第三步:本例中递延所得税资产增加＝(递延所得税资产期末余额－期初余额)

＝200 000－250 000＝－50 000(元)

借:所得税费用 50 000

　　贷:递延所得税资产 50 000

最后:甬江公司所得税费用＝当期所得税＋递延所得税费用

＝ 4 875 000＋150 000＝5 025 000(元)

会计分录如下:

借:所得税费用 5 025 000

　　贷:应交税费——应交所得税 4 875 000

　　　　递延所得税负债 100 000

　　　　递延所得税资产 50 000

第三节　利润

一、利润的构成

利润,是指企业在一定会计期间的经营成果。利润包括收入减去费用后的净额、直接计入当期利润的利得和损失等。其中,直接计入当期利润的利得和损失,是指应当计入当期损益、会导致所有者权益发生增减变动的、与所有者投入资本或者向所有者分配利润无关的利得或者损失。利润金额取决于收入和费用、直接计入当期利润的利得和损失金额的计量。在利润表中,利润分为营业利润、利润总额和净利润三个层次。

在线视频 13-17

(一)营业利润

营业利润＝营业收入－营业成本－税金及附加－销售费用－管理费用－研发费用
　　　　　－财务费用＋其他收益＋投资收益＋净敞口套期收益＋公允价值变动收益
　　　　　－信用减值损失－资产减值损失＋资产处置收益

其中,营业收入是指企业经营业务确定的收入总额,包括主营业务收入和其他业务收入。营业成本是指企业经营业务发生的实际成本总额,包括主营业务成本和其他业务成本。资产(信用)减值损失是指企业计提各项资产减值准备所形成的损失。公允价值变动收益(或损失,以"－"号表示)是指企业以公允价值计量且其变动计入当期损益的金融资产等公允价值变动形成的应计入当期损益的利得(或损失)。投资收益(或损失,以"－"号表示)是指企业以各种方式对外投资所取得的收益(或损失)。资产处置收益(或损失,以"－"号表示)反映企业出售划分为持有待售的非流动资产(金融工具、长期股权投资和投资性房地产除外)或处置组时确认的处置利得或损失,以及处置未划分为持有待售的固定资产、在建工程、生产性生物资产及无形资产而产生的处置利得或损失,还包括债务重组中因处置非流动资产产生的利得或损失和非货币性交换中换出非流动性资产产生的利得或损失。其他收益反映计入其他收益的政府补助等。

知识拓展 13-3

(二)利润总额

利润总额是指企业一定期间的营业利润,加上营业外收入减去营业外支出后的所得税前利润总额,即:

利润总额 ＝ 营业利润 ＋ 营业外收入 － 营业外支出

其中,营业外收入(或支出)是指企业发生的与日常活动无直接关系的各项利得(或损失)。营业外收入与营业外支出虽然与企业正常的生产经营活动无直接关系,但站在企业主体的角度来看,同样是其经济利益的流入或流出,构成利润总额的一部分,对企业的盈亏状况具有不可忽视的影响。

1.营业外收入

营业外收入是指企业取得的与生产经营活动无直接关系的各种收入,主要包括非流动资产报废毁损利得、债务重组利得、罚没利得、与企业日常活动无关的政府补助利得、确实无法支付而按规定程序经批准后转作营业外收入的应付款项、捐赠利得、盘盈利得等。

(1)非流动资产报废毁损利得,主要是指因已丧失使用功能而报废、因自然灾害等发生毁损的非流动资产所产生的清理收益。

(2)罚没利得,是指企业收取的滞纳金、违约金以及其他形式的罚款,在弥补了由于对方违约而产生的经济损失后的净收益。

(3)政府补助利得,是指企业从政府无偿取得与日常活动无关的货币性资产或非货币性资产形成的利得。

【例 13-42】 甬江公司 2019 年 12 月遭受重大自然灾害,并于 2020 年 1 月 20 日收到了政府补助资金 2 000 000 元,用于弥补其遭受自然灾害的损失。

假设 2020 年 1 月 20 日,甬江公司实际收到补助资金并选择总额法进行会计处理,其账务处理如下:

借:银行存款　　　　　　　　　　　　　　　　　　　　　　2 000 000

　　贷:营业外收入　　　　　　　　　　　　　　　　　　　　　　　　　2 000 000

(4)无法支付的应付款项,是指由于债权单位撤销或其他原因而无法支付,或者将应付款项划转给关联方等其他企业而无法支付或无须支付,按规定程序报经批准后转入当期损益的应付款项。

(5)捐赠利得,是指企业接受外部现金和非现金资产捐赠而获得的利得。

(6)盘盈利得,是指企业在财产清查中发现的现金盘盈等,无法查明原因的经批准作为利得。

2.营业外支出

营业外支出是指企业发生的与生产经营活动无直接关系的各种支出,主要包括非流动资产报废毁损损失、债务重组损失、罚款支出、捐赠支出、非常损失、盘亏损失等。

(1)非流动资产报废毁损损失,主要是指因已丧失使用功能而报废、因自然灾害等的发生而毁损的非流动资产所产生的清理损失。

(2)罚款支出,是指企业由于违反合同、违法经营、偷税漏税、拖欠税款等而支付的违约金、罚款、滞纳金等支出。

(3)捐赠支出,是指企业对外进行公益性和非公益性捐赠而付出资产的公允价值。

【例13-43】 甬江公司通过红十字会向灾区捐赠自产产品,产品成本5 000 000万元,当期该产品的市价为6 000 000万元,增值税率为13%。其账务处理如下:

借:营业外支出　　　　　　　　　　　　　　　　　　　　　5 780 000

　　贷:库存商品　　　　　　　　　　　　　　　　　　　　　　　　　5 000 000

　　　　应交税费——应交增值税(销项税额)　　　　　　　　　　　　　　780 000

(4)非常损失,是指企业由于自然灾害等客观原因造成的财产损失,在扣除保险公司赔款和残料价值后,应计入当期损益的净损失。

(5)盘亏损失,是指企业在财产清查中发现的固定资产实存数量少于账面数量而发生的资产短缺损失。

营业外收入和营业外支出所包括的收支项目互不相关,不存在配比关系,因此,通常不能以营业外支出直接冲减营业外收入,也不得以营业外收入抵补营业外支出,两者的发生金额应当分别核算。会计期末,应将"营业外收入"和"营业外支出"科目的发生金额转入"本年利润"科目。

(三)净利润

净利润是指企业一定期间的利润总额减去所得税费用后的净额,即:

净利润 ＝ 利润总额 － 所得税费用

其中,所得税费用是指根据企业会计准则的要求确认的应从当期利润总额中扣除的所得税费用,包括当期所得税和递延所得税费用(或收益)。

当期所得税,是指根据企业所得税法的要求,按一定期间的应纳税所得额和适用税率计算的当期应交所得税,用如下公式表示:

当期所得税 ＝ 当期应纳税所得额 × 适用税率

递延所得税费用(或收益)则要根据当期确认的递延所得税负债和递延所得税资产的差额予以确认。递延所得税负债和递延所得税资产,取决于当期存在的应纳税暂时性差异和可抵扣暂时性差异的金额。递延所得税费用(或收益)的确认可参见《高级财务会计》教材,此处略。

二、本年利润的会计处理

企业应设置"本年利润"科目,核算企业当期实现的净利润(或发生的净亏损)。企业期(月)末结转利润时,应将各损益类科目的余额转入"本年利润"科目,结平各损益类科目。核算时,借记"主营业务收入""其他业务收入""公允价值变动损益""投资收益""资产处置损益""其他收益""营业外收入"等科目,贷记"本年利润"科目;同时借记"本年利润"科目,贷记"主营业务成本""其他业务成本""税金及附加""销售费用""管理费用""财务费用""资产减值损失""信用减值损失""营业外支出""所得税费用"等科目。结转后,"本年利润"科目的贷方余额为当期实现的净利润,借方余额为当期发生的净亏损。

会计实务中,本年利润结转方法有两种:一种是表结法,另一种是账结法。表结法是指企业在对外提供财务报告前,各损益类科目的金额不转入"本年利润"科目,只需在利润表中计算结转利润,但在对外提供财务报告时,则需要将各损益类科目的金额转入"本年利润"科目。账结法是指企业在每个月末,均需要将各损益类科目的余额转入"本年利润"科目。年度终了,应将本年收入和支出相抵后结出的本年实现的净利润转入"利润分配"科目,借记"本年利润"科目,贷记"利润分配——未分配利润"科目;如为净亏损,做相反的会计分录。结转后,"本年利润"科目应无余额。结转后,"本年利润"科目应无余额。

【例 13-44】 甬江公司 2019 年度取得主营业务收入 6 000 万元、其他业务收入 1 500 万元、投资净收益 600 万元、营业外收入 120 万元;发生主营业务成本 3 800 万元、其他业务成本 1 300 万元、税金及附加 80 万元、销售费用 260 万元、管理费用 370 万元、财务费用 150 万元、资产减值损失 350 万元、公允价值变动净损失 100 万元、营业外支出 220 万元;本年度确认的所得税费用为 670 万元。甬江公司中期不进行利润结转,年末一次性结转利润。其账务处理如下。

(1)2019 年 12 月 31 日,结转本年损益类科目余额:

借:主营业务收入		60 000 000
其他业务收入		15 000 000
投资收益		6 000 000
营业外收入		1 200 000
贷:本年利润		82 200 000
借:本年利润		73 000 000
贷:主营业务成本		38 000 000
其他业务成本		13 000 000
税金及附加		800 000
销售费用		2 600 000
管理费用		3 700 000
财务费用		1 500 000
资产减值损失		3 500 000
公允价值变动损益		1 000 000
营业外支出		2 200 000
所得税费用		6 700 000

(2)2019 年 12 月 31 日,结转本年净利润:

借:本年利润　　　　　　　　　　　　　　　　　　　　　 9 200 000

　　贷:利润分配——未分配利润　　　　　　　　　　　　　　　　 9 200 000

三、利润分配的会计处理

(一)利润分配的顺序

企业当期实现的净利润,加上年初未分配利润(或减去年初未弥补亏损)后的余额,为可供分配的利润。可供分配的利润,一般按下列顺序分配:

(1)提取法定盈余公积。企业根据有关法律规定,按照净利润的 10% 提取的盈余公积。法定盈余公积累计金额超过企业注册资本的 50% 以上时,可以不再提取。

(2)提取任意盈余公积。企业按股东大会决议提取的盈余公积。

(3)向投资者分配股利或利润。企业按照利润分配方案分配给股东的现金股利或股票股利,也包括非股份有限公司分配给投资者的利润。

(二)利润分配的账务处理

企业应当设置"利润分配"科目,核算利润的分配(或亏损的弥补)情况,以及历年积存的未分配利润(或未弥补亏损)。"利润分配"科目还应当分别"提取法定盈余公积""提取任意盈余公积""应付现金股利或利润""转作股本的股利""盈余公积补亏"和"未分配利润"等进行明细核算。

企业按有关法律规定提取的法定盈余公积,借记"利润分配——提取法定盈余公积"科目,贷记"盈余公积——法定盈余公积"科目;按股东大会或类似机构决议提取的任意盈余公积,借记"利润分配——提取任意盈余公积"科目,贷记"盈余公积——任意盈余公积"科目;按股东大会或类似机构决议分配给股东的现金股利,借记"利润分配——应付现金股利或利润"科目,贷记"应付股利"或"应付利润"科目;按股东大会或类似机构决议分配给股东的股票股利,在办理增资手续后,借记"利润分配——转作股本的股利"科目,贷记"股本"科目,如有差额,贷记"资本公积——股本溢价"科目。企业用盈余公积弥补亏损,借记"盈余公积——法定盈余公积或任意盈余公积"科目,贷记"利润分配——盈余公积补亏"科目。

年度终了,企业应将"利润分配"科目所属其他明细科目余额转入"未分配利润"明细科目。结转后,除"未分配利润"明细科目外,其他明细科目应无余额。

1.提取盈余公积

相关内容在所有者权益章节已阐述,此处不再赘述。

2.发放股利

股利是股份公司在一定时期内以各种方式分派给股东的累计留存利润的一部分,是企业在经营获利之后依据公司章程规定发放给股东的投资报酬。公司股利一般有现金股利、股票股利等形式。对于不同的股利发放形式,其会计处理方法也有所不同。企业在根据公司章程向股东发放股利前,须经董事会审议和股东会批准。因此,企业的最高决策机构不仅应当了解可供分配股利的未分配利润数额,而且要根据企业近期现金充裕与否、股东对股利的期望值、本公司股价走势等因素,制定股利分派政策,决定股利发放的时间、数额和形式。

(1)与分派股利相关的重要日期。在分派股利前,公司有关机构要明确以下重要日期:①分派股利宣告日:董事会向股东宣告分派股利的日子。②股权登记日:宣告分派股利时,规定的拥有股权的截止日。交易所一般对到这一截止日时还拥有该股票的股东账户进行股权登记,该股权登记日的下一个交易日则称为除权除息日。③股利发放日:股权登记截止以后正式发放股利的一段时间。发放的对象为已登记的股东,发放的形式可以是通过交易所或券商领取,非上市公司的股东也可以在发放日后到指定地点领取。

(2)股利发放的形式。股利发放的形式主要有现金股利和股票股利两种。

①现金股利。现金股利是最常见的股利发放形式。这里的现金是指库存现金和可动用的银行存款。现金股利的发放宣告构成了公司对股东应履行的偿付义务,在"应付股利"科目中反映,在股利发放完毕后,这项负债才消除。

【例 13-45】 甬江公司某年度经股东大会审议,通过了向全体股东每股派发 0.4 元的现金股利分配方案。甬江公司总股本为 10 000 万股。宣告派发现金股利时的账务处理如下:

借:利润分配——应付现金股利　　　　　　　　　　　　　40 000 000
　　贷:应付股利　　　　　　　　　　　　　　　　　　　　　40 000 000

②股票股利。股票股利是公司用增发股票的方式所发放的股利。发放股票股利的优点在于,当公司没有足够的现金发放股利时,可通过发放股票股利维持其信誉。当公司决定扩大经营时,也可通过发放股票股利的方式积聚资本。

发放股票股利,实质上是将原来归股东所共有的一部分留存收益,划归到每一个股东名下。这种股利发放方式,既不影响公司的资产和负债,也不影响股东权益的总额,只是所有者权益的结构发生变化。分派股票股利后,在净收益不变的情况下,每股收益会有所下降。

企业宣告分派股票股利时,应借记"利润分配"科目,贷记"应付股利"科目;实际分派时,应借记"应付股利"科目,贷记"股本"科目。

【例 13-46】 甬江公司经股东大会审议,按普通股股本的 10% 分派股票股利。该公司普通股面值为 50 元,共 100 000 股。其账务处理如下:

股票股利面值＝50×100 000×10％＝500 000(元)

借:利润分配——转作股本的股利　　　　　　　　　　　　500 000
　　贷:股本　　　　　　　　　　　　　　　　　　　　　　500 000

3.弥补亏损

企业发生亏损时,应由企业自行弥补。弥补亏损的渠道主要有三条:①用以后年度的税前利润弥补。现行制度规定,企业发生亏损,可以用以后年度实现的利润进行弥补,但弥补期限不得超过 5 年。②用以后年度的税后利润弥补。企业发生的亏损经过 5 年期间未弥补足额的,未弥补的亏损可用税后利润弥补。③用盈余公积弥补。

企业在当年发生亏损的情况下,应当将本年发生的亏损自"本年利润"科目转入"利润分配——未分配利润"科目,即借记"利润分配——未分配利润"科目,贷记"本年利润"科目。结转后,"利润分配"科目的借方余额为未弥补亏损的数额。同时,还应通过"利润分配"科目核算有关亏损的弥补情况。

企业发生的亏损在由以后年度实现的税前利润弥补的情况下,企业当年实现的利润自"本年利润"科目转入"利润分配——未分配利润"科目的贷方,其贷方发生额与"利润分配——未分配利润"科目的借方余额自然抵补。因此,以当年实现的利润弥补以前年度结转的未弥补亏损时,不需要进行专门的账务处理。

　　企业发生的亏损在由以后年度实现的税后利润弥补的情况下,其会计处理方法与以税前利润弥补亏损的方法相同,只是两者在计算交纳所得税时的处理不同。在以税前利润弥补亏损的情况下,其弥补的数额可以抵减当期企业应纳税所得额;而以税后利润弥补的数额,则不能作为应纳税所得额的扣除处理。

　　用盈余公积弥补亏损的处理,在所有者权益章节已阐述,此处略。

　　【例 13-47】　甬江公司 2014 年发生亏损 70 000 元。2015 年,该企业实现利润 20 000 元。之后四年该企业每年均实现利润 10 000 元。第六年末,该企业的未分配利润明细账中仍有借方余额 10 000 元。假定该企业第六年实现利润 20 000 元,适用的所得税率为 25%,当年应交纳的所得税为 500 元。其账务处理如下。

　　(1)2014 年年末:

　　借:利润分配——未分配利润　　　　　　　　　　　　　　　　　　70 000
　　　　贷:本年利润　　　　　　　　　　　　　　　　　　　　　　　　　　70 000

　　(2)2015 年年末:

　　借:本年利润　　　　　　　　　　　　　　　　　　　　　　　　　　20 000
　　　　贷:利润分配——未分配利润　　　　　　　　　　　　　　　　　　20 000

　　(3)之后四年,每年年末:

　　借:本年利润　　　　　　　　　　　　　　　　　　　　　　　　　　10 000
　　　　贷:利润分配——未分配利润　　　　　　　　　　　　　　　　　　10 000

　　至此,企业已累计弥补亏损 60 000 元,尚有 10 000 元亏损未弥补。按照税法规定,企业亏损经过 5 年期间未弥补足额的,未弥补亏损应用所得税税后利润弥补。因此,自第 6 年起,这部分未弥补亏损不能再用所得税税前利润弥补。

　　(4)第六年年末:

　　①计算并结转应交所得税时:

　　借:所得税费用　　　　　　　　　　　　　　　　　　　　　　　　　5 000
　　　　贷:应交税费——应交所得税　　　　　　　　　　　　　　　　　　5 000

　　借:本年利润　　　　　　　　　　　　　　　　　　　　　　　　　　5 000
　　　　贷:所得税费用　　　　　　　　　　　　　　　　　　　　　　　　5 000

　　②结转本年利润,其中弥补了以前年度未弥补的亏损 10 000 元:

　　借:本年利润　　　　　　　　　　　　　　　　　　　　　　　　　　15 000
　　　　贷:利润分配——未分配利润　　　　　　　　　　　　　　　　　　15 000

　　【例 13-48】　甬江公司 2019 年度实现净利润 920 万元,按净利润的 10% 提取法定盈余公积,按净利润的 15% 提取任意盈余公积,向股东分派现金股利 300 万元,同时分派每股面值 1 元的股票股利 200 万股。其账务处理如下:

　　(1)提取盈余公积时:

　　借:利润分配——提取法定盈余公积　　　　　　　　　　　　　　　920 000
　　　　　　　　——提取任意盈余公积　　　　　　　　　　　　　　1 380 000
　　　　贷:盈余公积——法定盈余公积　　　　　　　　　　　　　　　920 000
　　　　　　　　　——任意盈余公积　　　　　　　　　　　　　　　1 380 000

(2)分配现金股利时：

借：利润分配——应付现金股利   3 000 000

  贷：应付股利   3 000 000

(3)分配股票股利，已办妥增资手续时：

借：利润分配——转作股本的股利   2 000 000

  贷：股本   2 000 000

(4)结转"利润分配"其他明细科目余额时：

借：利润分配——未分配利润   7 300 000

  贷：利润分配——提取法定盈余公积   920 000

      ——提取任意盈余公积   1 380 000

      ——应付现金股利   3 000 000

      ——转作股本的股利   2 000 000

【问题讨论】

1.如何理解收入和费用概念中所说的"日常活动"？

2.如何理解收入的确认条件？

3.分期收款销售与普通的赊销有什么区别？分期收款销售的收入如何确认？

4.利润由哪些内容构成？营业利润包括哪些方面？

5.净利润应按什么程序进行分配？如何进行会计处理？

【项目训练】

训练目的：学生通过本项目的训练，对收入有一个比较系统的认识，熟悉其账务处理程序，据以达到熟练掌握收入的确认、计量、记录等会计技能的目的。

训练形式：以学生自主完成为主，教师适当指导。

训练课时：课外 3 课时。

训练资料：

【中级·2019 年计算分析题】甲公司 2×18 年 12 月发生的与收入相关的交易或事项如下：

资料一：2×18 年 12 月 1 日，甲公司与客户乙公司签订一项销售并安装设备的合同，合同期限为 2 个月，交易价格为 270 万元。合同约定，当甲公司合同履约完毕时，才能从乙公司收取全部合同金额，甲公司对设备质量和安装质量承担责任。该设备单独售价为 200 万元，安装劳务的单独售价为 100 万元。2×18 年 12 月 5 日，甲公司以银行存款 170 万元从丙公司购入并取得该设备的控制权，于当日按照合同约定直接运抵乙公司指定地点开始安装，乙公司对该设备进行验收并取得其控制权。此时，甲公司向乙公司销售设备的履约义务已经完成。

资料二：至 2×18 年 12 月 31 日，甲公司实际发生安装费用 48 万元（均为甲公司员工的薪酬），估计还将发生安装费用 32 万元。甲公司向乙公司提供设备安装劳务属于在某一个时段内履行的履约义务，按实际发生的成本占估计总成本的比例确定履约进度。本题不考虑增值税等相关税费及其他因素。

训练要求：

(1)判断甲公司向乙公司销售设备时的身份是主要责任人还是代理人,并说明理由。

(2)计算甲公司将交易价格分摊至设备销售与设备安装的金额。

(3)编制甲公司2×18年12月5日销售设备时确认销售收入并结转销售成本的会计分录。

(4)编制甲公司2×18年12月发生设备安装费用的会计分录。

(5)分别计算甲公司2×18年12月31日设备安装的履约进度和应确认设备安装收入的金额,并编制确认设备安装收入和结转设备安装成本的会计分录。

【中级·2019年综合题】2×18年9月至12月,甲公司发生的部分交易或事项如下:

资料一:2×18年9月1日,甲公司向乙公司销售2 000件A产品,单位销售价格为0.4万元,单位成本为0.3万元,销售货款已收存银行。根据销售合同约定,乙公司在2×18年10月31日之前有权退还A产品,2×18年9月1日,甲公司根据以往经验估计该批A产品的退货率为10%,2×18年9月30日,甲公司对该批A产品的退货率重新评估为5%,2×18年10月31日,甲公司收到退回的120件A产品,并以银行存款退还相应的销售款。

资料二:2×18年12月1日,甲公司向客户销售成本为300万元的B产品,售价400万元已收存银行。客户为此获得125万个奖励积分,每个积分可在2×19年购物时抵减1元,根据历史经验,甲公司估计该积分的兑换率为80%。

资料三:2×18年12月10日,甲公司向联营企业丙公司销售成本为100万元的C产品,售价150万元已收存银行。至2×18年12月31日,该批产品未向外部第三方出售。甲公司在2×17年11月20日取得丙公司20%有表决权的股份,当日,丙公司各项可辨认资产、负债的公允价值均与其账面价值相同。甲公司采用的会计政策、会计期间与丙公司的相同。丙公司2×18年度实现净利润3 050万元。

资料四:2×18年12月31日,甲公司根据产品质量保证条款,对其2×18年第四季度销售的D产品计提保修费。根据历史经验,所售的D产品80%不会发生质量问题;15%将发生较小质量问题,其修理费为销售收入的3%;5%将发生较大质量问题,其修理费为销售收入的6%,2×18年第四季度,甲公司D产品的销售收入为1 500万元。

A产品、B产品、C产品转移给客户,控制权随之转移。

本题不考虑增值税相关税费及其他因素。

训练要求：

(1)根据资料一,分别编制甲公司2×18年9月1日确认的A产品的销售收入并结转销售成本,9月30日重新评估A产品退货率,10月31日实际发生A产品销售退回时的相关会计分录。

(2)根据资料二,计算甲公司2×18年12月1日应确认的收入和合同负债的金额,并编制确认收入、结转成本的分录。

(3)根据资料三,计算甲公司2×18年持有丙公司股权应确认的投资收益的金额,并编制相关会计分录。

(4)根据资料四,计算甲公司2×18年第四季度应确认的保修费的金额,并编制相关会计分录。

在线自测题

第十四章

财务报表

■■■ 学习目标

通过本章内容的学习,要求学生了解财务报告的概念、内容及分类;掌握资产负债表、利润表、现金流量表及所有者权益变动表的编制方法;理解的财务报表附注的内容。

■■■ 关键知识点

资产负债表,利润表,现金流量表,所有者权益变动表。

■■■ 案例导入

雅戈尔(600177)2019 年年度报告摘要

1. 本年度报告摘要来自年度报告全文,为全面了解本公司的经营成果、财务状况及未来发展规划,投资者应当到上海证券交易所网站等中国证监会指定媒体上仔细阅读年度报告全文。

2. 立信会计师事务所(特殊普通合伙)为本公司出具了标准无保留意见的审计报告。

3. 经董事会审议的报告期利润分配预案或公积金转增股本预案。

经立信会计师事务所(特殊普通合伙)审计,2019 年度母公司实现净利润 2 803 999 405.86 元,提取法定公积金 280 399 940.59 元,加上年初未分配利润 14 390 358 056.46 元,减去 2018 年度分红 1 790 723 676.50 元,期末可供分配的利润为 15 123 233 845.23 元。

公司董事会提出以下利润分配预案:以实施权益分派股权登记日登记的总股本为基数(不包括公司回购专户的股份数量),向全体股东每 10 股派发现金红利 2.00 元(含税),本年度不送红股,也不以资本公积金转增股本。截至 2020 年 4 月 28 日,公司总股本 5 014 026 294 股,扣减公司回购专户中的 385 023 321 股,以 4 629 002 973 股为基数计算,共派发现金红利 925 800 594.60 元(含税),占公司 2019 年度归属于上市公司股东净利润的比例为 23.31%。

根据证监会《关于支持上市公司回购股份的意见》及上海证券交易所《上市公司回购股份实施细则》等规定,当年已实施的股份回购金额视同现金分红,纳入该年度现金分红的相关比例计算。2019 年度公司以集中竞价交易方式实施股份回购所支付的总金额为 1 482 974 318.01 元(不含交易费用),将该回购金额与公司 2019 年度利润分配方案中的现金红利合并计算后,公司 2019 年度现金分红合计 2 408 774 912.61 元,占公司 2019 年度归属于上市公司股东净利润的比例为 60.64%。

在董事会审议通过本利润分配预案后至实施权益分派股权登记日期间,因回购股份等致使公司总股本发生变动的,公司拟维持分配总额不变,相应调整每股分配比例。

思考:

1. 什么是财务报告? 财务报告应包括哪些内容?

2. 公司回购股份与利润分配等业务对哪些财务报表产生影响?

第一节　财务报表概述

财务报告,是指企业对外提供的反映企业某一特定日期财务状况和某一会计期间经营成果、现金流量等会计信息的文件。财务会计报告包括财务报表和其他应当在财务报告中披露的相关信息和资料。

一、财务报表的概念与作用

财务报表是对企业财务状况、经营成果和现金流量的结构性表述。财务报表至少应当包括下列组成部分:资产负债表、利润表、现金流量表、所有者权益(或股东权益)变动表、附注等。财务报表使用者包括现有和潜在的投资者、债权人、职工、业务关联企业、有关政府部门和社会公众等,不同的使用者对财务报表所提供的信息有不同的要求。财务报表具有以下作用。

(一)反映企业管理层受托责任的履行情况

现代企业制度的基本特征就是产权分离,使股东与企业管理者之间出现委托与受托的关系。股东把资金投入公司,委托管理人员进行经营管理。他们为了确保自己的切身利益,保证其投入资本的完整与增值,就需要了解管理者对受托经济资源的经营管理情况。为此,就需要通过财务报表所提供的信息,来了解企业资产的保管、使用情况,监督企业的生产经营管理,以保护自身的合法权益。

(二)有助于投资者和债权人等会计信息使用者进行合理决策

随着经济的发展,企业筹资、投资活动的日益频繁,企业与社会上各方面的经济联系越来越密切,在企业的外部形成了投资者、债权人组成的与企业有着经济利益关系的集团。投资者和债权人可以通过对企业财务报表的分析,了解企业的财务状况及生产经营情况,分析企业的偿债能力和盈利能力,预测企业未来的发展趋势,从而对企业的财务状况做出准确的判断,作为进行投资、信贷、融资等方面决策的依据。

(三)能帮助企业管理层改善经营管理,协调企业与相关利益集团的关系

在现代企业中,相关利益集团是企业各种资源的提供者,任何企业的生存与发展都必须依赖他们的贡献、配合与协作。企业管理层的主要职能就是鼓励和激发各种集团保持或扩大对企业的贡献,协调企业与相关利益集团,以及各利益集团之间的关系。企业管理层通过财务报表,可以全面、系统、总括地了解企业生产经营运作情况,检查、分析财务成本计划和有关方针政策的执行情况,及时发现经营活动中存在的问题,迅速做出决策,使企业计划和经营方针更为科学、合理,进而最大限度地调动各相关利益集团的积极性。

(四)能够帮助国家有关部门实现其经济与社会目标

企业是国民经济的细胞,通过对企业财务报告提供的资料进行汇总分析,国家有关部门可以考核国民经济总体的运行情况,从中发现国民经济运行中存在的问题,对宏观经济运行做出准确的决策,通过各种经济杠杆和政策倾斜,发挥市场经济在优化资源配置中的基础性作用。

二、财务报表的分类

(一)按所反映的经济内容不同分类

按所反映的经济内容不同分类,财务报表可以分为资产负债表、利润表、现金流量表和所有者权益变动表。

通过资产负债表可以反映企业资产、负债和所有者权益等财务状况,揭示企业资产、负债和所有者权益的规模、结构及其相互关系;通过利润表可以反映企业的经营业绩,评价企业的获利能力;通过现金流量表,可以反映企业一定时期的现金流入、现金流出和现金净流量,分析获取现金的能力和支付能力;通过所有者权益变动表,反映企业一定时期所有者权益增减变动的情况。

(二)按编报期间的不同分类

按编报期间的不同分类,财务报表可以分为中期财务报表和年度财务报表。

中期财务报表是以短于一个完整会计年度的报告期间为基础编制的财务报表,包括月报、季报和半年报等。中期财务报表至少应当包括资产负债表、利润表、现金流量表和附注,其中,中期资产负债表、利润表和现金流量表应当是完整报表,其格式和内容应当与年度财务报表相一致。与年度财务报表相比,中期财务报表中的附注披露可适当简略。

(三)按编报主体的不同分类

按编报主体的不同分类,财务报表可以分为个别财务报表和合并财务报表。

个别财务报表是由企业在自身会计核算基础上对账簿记录进行加工而编制的财务报表,它主要用以反映企业自身的财务状况、经营成果和现金流量情况;合并财务报表是以母公司和子公司组成的企业集团为会计主体,根据母公司和所属子公司的财务报表,由母公司编制的综合反映企业集团财务状况、经营成果及现金流量的财务报表。

三、财务报表列报的基本要求

会计信息质量是财务工作的灵魂,企业在编制财务报表时,必须遵循以下要求。

(一)依据各项会计准则确认和计量的结果编制财务报表

企业应当根据实际发生的交易和事项,遵循各项具体会计准则的规定进行确认和计量,并在此基础上编制财务报表。企业应当在附注中对遵循企业会计准则编制的财务报表做出声明,只有遵循了企业会计准则的所有规定时,财务报表才应当被称为"遵循了企业会计准则"。

企业不应以在附注中披露代替对交易和事项的确认和计量,也就是说,企业如果采用不恰当的会计政策,不得通过在附注中披露等其他形式予以更正,企业应当对交易和事项进行正确的确认和计量。

(二)列报基础

持续经营是会计的基本前提之一,是会计确认、计量及编制财务报表的基础。企业会计准则规范的是持续经营条件下企业对所发生交易和事项的确认、计量及报表列报;相反,如果企业出现了非持续经营,致使以持续经营为基础编制的财务报表不再合理,财务报表的编制应当采用其他基础,并在附注中声明财务报表未以持续经营为基础列报,同时披露未以持续经营为基础的原因和财务报表的编制基础。

在编制财务报表的过程中,管理层应当对企业持续经营的能力进行评价,需要考虑的因素包括市场经营风险、企业目前或长期的盈利能力、偿债能力、财务弹性以及企业管理层改变经营政策的意向等。评价后对企业持续经营的能力产生严重怀疑的,应当在附注中披露导致对持续经营能力产生重大怀疑的重要不确定因素。

非持续经营是企业在极端情况下出现的一种情况,非持续经营往往取决于企业所处的环境以及企业管理部门的判断。一般而言,企业如果存在以下情况之一,则通常表明其处于非持续经营状态:①企业已在当期进行清算或停止营业;②企业已经正式决定在下一个会计期间进行清算或停止营业;③企业已确定在当期或下一个会计期间没有其他可供选择的方案而将被迫进行清算或停止营业。企业处于非持续经营状态时,应当采用其他基础编制财务报表,比如破产企业的资产采用可变现净值计量,负债按照其预计的结算金额计量等。由于企业在持续经营和非持续经营环境下采用的会计计量基础不同,产生的经营成果和财务状况不同,因此,在附注中披露非持续经营信息对财务报表使用者而言非常重要。

(三)权责发生制

除现金流量表按照收付实现制外,企业应当按照权责发生制编制其他财务报表。

(四)列报的可比性

可比性是会计信息质量的一项重要质量要求,目的是使同一企业不同期间和同一期间不同企业的财务报表相互可比。为此,财务报表项目的列报应当在各个会计期间保持一致,不得随意变更,这一要求不仅只针对财务报表中的项目名称,还包括财务报表项目的分类、排列顺序等方面。

在以下规定的特殊情况下,财务报表项目的列报是可以改变的:①会计准则要求改变;②企业经营业务的性质发生重大变化后,变更财务报表项目的列报能够提供更可靠、更相关的会计信息。

(五)依据重要性原则单独或汇总列报项目

关于项目在财务报表中是单独列报还是汇总列报,应当依据重要性原则来判断。总的原则是,如果某项目单个看不具有重要性,则可将其与其他项目汇总列报;如果具有重要性,则应当单独列报。企业在进行重要性判断时,应当根据企业所处的具体环境,从项目的性质和金额大小两方面予以判断:一方面,应当考虑该项目的性质是否属于企业日常活动、是否对企业的财务状况和经营成果具有较大影响等因素;另一方面,判断项目金额大小的重要性,应当通过单项金额占资产总额、负债总额、所有者权益总额、营业收入总额、营业成本总额、净利润和综合收益总额等直接相关项目金额的比重或所属报表单列项目金额的比重加以确定。同时,企业对于各个项目重要性的判断标准已经确定,不得随意变更。具体而言:

(1)性质或功能不同的项目,一般应当在财务报表中单独列报,但是不具有重要性的项目可以合并列报。比如存货和固定资产在性质上和功能上都有本质差别,必须分别在资产负债表上单独列报。

(2)性质或功能类似的项目,一般可以合并列报,但是对其具有重要性的类别应该单独列报。比如原材料、低值易耗品等项目在性质上类似,均通过生产过程形成企业的产品存货,因此可以合并列报,合并之后的类别统称为"存货",在资产负债表上单独列报。

(3)项目单独列报的原则不仅适用于报表,还适用于附注。某些项目的重要性程度不足以在资产负债表、利润表、现金流量表或所有者权益变动表中单独列示,但是可能对附注而言却具有重要性,在这种情况下应当在附注中单独披露。仍以上述存货为例,对某制造业企业而言,原材料、包装物及低值易耗品、在产品、库存商品等项目的重要性程度不足以在资产负债表上单独列示,因此在资产负债表上合并列示,但是鉴于其对该制造业企业的重要性,应当在附注中单独披露。

(4)无论是财务报表列报准则规定的单独列报项目,还是其他具体会计准则规定的单独列报项目,企业都应当予以单独列报。

(六)财务报表项目金额间的相互抵销

财务报表项目应当以总额列报,资产和负债、收入和费用不能相互抵销,即不得以净额列报,但企业会计准则另有规定的除外。这是因为,如果相互抵销,所提供的信息就不完整,信息的可比性大为降低,难以在同一企业不同期间以及同一期间不同企业的财务报表之间实现相互可比,报表使用者难以据此做出判断。比如,应付款不得与应收款相抵销,如果相互抵销就掩盖了交易的实质。再如,收入和费用反映了企业投入和产出之间的关系,是企业经营成果的两个方面,为了更好地反映经济交易的实质、考核企业经营管理水平以及预测企业未来现金流量,收入和费用不得相互抵销。

以下两种情况不属于抵销:①资产计提的减值准备,实质上意味着资产的价值确实发生了减损,资产项目应当按扣除减值准备后的净额列示,这样才反映了资产当时的真实价值,并不属于上面所述的抵销。②非日常活动并非企业主要的业务,且具有偶然性,从重要性来讲,非日常活动产生的损益以收入和费用抵销后的净额列示,对公允反映企业财务状况和经营成果影响不大,抵销后反而更能有利于报表使用者的理解。因此,非日常活动产生的损益应当以同一交易形成的收入扣减费用后的净额列示,并不属于抵销,例如非流动资产处置形成的利得和损失,应按处置收入扣除该资产的账面金额和相关销售费用后的余额列示。

(七)比较信息的列报

企业在列报当期财务报表时,至少应当提供所有列报项目上一个可比会计期间的比较数据,以及与理解当期财务报表相关的说明,目的是向报表使用者提供对比数据,提高信息在会计期间的可比性,以反映企业财务状况、经营成果和现金流量的发展趋势,提高报表使用者的判断与决策能力。

在财务报表项目的列报确需发生变更的情况下,企业应当对上期比较数据按照当期的列报要求进行调整,并在附注中披露调整的原因和性质,以及调整的各项目金额。但是,在某些情况下,对上期比较数据进行调整是不切实可行的,则应当在附注中披露不能调整的原因。

(八)会计报表表首的列报要求

财务报表通常与其他信息(如企业年度报告)同时公布,企业应当按照企业会计准则编制的财务报告与一起公布的同一文件中的其他信息相区分。

财务报表一般分为表首、正表两部分,其中,在表首部分企业应当概括地说明下列基本信息:①编报企业的名称,如企业名称在所属当期发生了变更的,还应明确标明;②对资产负债表而言,须披露资产负债表日,而对利润表、现金流量表、所有者权益变动表而言,须披露报表涵盖的会计期间;③货币名称和单位,按照我国企业会计准则的规定,企业应当以人民币作为记账本位币列报,并标明金额单位,如人民币元、人民币万元等;④财务报表是合并财务报表的,应当予以标明。

(九)报告期间

企业至少应当编制年度财务报表。根据《中华人民共和国会计法》的规定,会计年度自公历1月1日起至12月31日止。因此,在编制年度财务报表时,可能存在年度财务报表涵盖的期间短于一年的情况,比如企业在年度中间(如3月1日)开始设立等,在这种情况下,企业应当披露年度财务报表的实际涵盖期间及其短于一年的原因,并应当说明由此引起财务报表项目与比较数据不具可比性这一事实。

第二节 资产负债表

一、资产负债表的定义与作用

资产负债表是指反映企业在某一特定日期(如月末、季末、半年末、年末)财务状况的会计报表。具体反映企业在某一特定日期所拥有或控制的经济资源、所承担的现时义务和所有者对净资产要求权的静态报表。资产负债表是根据"资产=负债+所有者权益"这一平衡公式,依据一定的分类标准和一定的次序,将某一特定日期的资产、负债、所有者权益的具体项目予以适当的排列编制而成。资产负债表的作用表现在以下几方面:

在线视频 14-1

(1)有助于了解企业所掌握的经济资源及其分布情况。通过资产负债表,可以提供某一日期资产的总额及其结构,表明企业拥有或控制的经济资源及其分布情况。

(2)有助于分析、评价企业的偿债能力。资产负债表可以提供某一日期的负债总额及其结构,负债总额表明企业未来需要用多少资产或劳务清偿债务;负债结构反映企业偿还负债的紧迫性和偿债压力。如将流动资产与流动负债进行比较,计算出流动比率;将速动资产与流动负债进行比较,计算出速动比率等,可以表明企业的变现能力、偿债能力,从而有助于报表使用者做出经济决策。

(3)有助于了解企业所有者权益的基本情况。资产负债表可以反映所有者所拥有的权益,据以判断资本保值、增值的情况以及对负债的保障程度。同时也反映企业的资本结构和财务实力,有助于报表使用者分析、预测企业生产经营安全程度和抗风险的能力。

二、资产负债表的列报要求

(一)分类别列报

资产负债表列报,最根本的目标就是应如实反映企业在资产负债表日所拥有的资源、所承担的负债以及所有者所拥有的权益。因此,资产负债表应当按照资产、负债和所有者权益三大类别分类列报。

(二)资产和负债按流动性列报

1.资产的流动性划分

资产满足下列条件之一的,应当归类为流动资产:

(1)预计在一个正常营业周期中变现、出售或耗用。主要包括存货、应收票据及应收账款等资产。其中,变现一般针对应收票据及应收账款等,将资产变为现金;出售一般是指产品等存货项目;耗用一般是指原材料转变为另一种形态,如产成品。

(2)主要为交易目的而持有。比如一些根据《企业会计准则第 22 号——金融工具确认和计量》划分的交易性金融资产。但是,并非所有交易性金融资产均为流动资产,比如自资产负债表日起超过 12 个月到期且预期持有超过 12 个月的衍生工具应当划分为非流动资产或非流动负债。

(3)预计在资产负债表日起一年内(含一年,下同)变现。

(4)自资产负债表日起一年内,交换其他资产或清偿负债的能力不受限制的现金或现金等价物。同时,流动资产以外的资产应当归类为非流动资产。

所谓"正常营业周期",是指企业从购买用于加工的资产起至实现现金或现金等价物的期间。正常营业周期通常短于一年,在一年内有几个营业周期。但是,因生产周期较长等导致正常营业周期长于一年的,尽管相关资产往往超过一年才变现、出售或耗用,仍应当划分为流动资产。当正常营业周期不能确定时,企业应当以一年(12 个月)作为正常营业周期。

2.负债的流动性划分

流动负债的判断标准与流动资产的判断标准相类似。负债满足下列条件之一的,应当归类为流动负债:

(1)预计在一个正常营业周期中清偿;

(2)主要为交易目的而持有;

(3)自资产负债表日起一年内到期应予以清偿;

(4)企业无权自主地将清偿推迟至资产负债表日后一年以上。

但是,企业正常营业周期中的经营性负债项目即使在资产负债表日后超过一年才予以清偿的,仍应划分为流动负债。经营性负债项目包括应收票据及应付账款、应付职工薪酬等,这些项目属于企业正常营业周期中使用的营运资金的一部分。关于可转换工具负债成分的分类还需要注意的是,负债在其对手方选择的情况下可通过发行权益进行清偿的条款与在资产负债表日负债的流动性划分无关。

此外,企业在判断负债的流动性划分时,对于资产负债表日后事项的有关影响需要特别加以考虑。总的判断原则是,企业在资产负债表上对债务流动和非流动的划分,应当反映在资产负债表日有效的合同安排,考虑在资产负债表日起一年内企业是否必须无条件清偿,而资产负债表日之后(即使是财务报告批准报出日前)的再融资、展期或提供宽限期等行为,与资产负债表日判断负债的流动性状况无关。具体而言:

(1)对于在资产负债表日起一年内到期的负债,企业有意图且有能力自主地将清偿义务展期至资产负债表日后一年以上的,应当归类为非流动负债;不能自主地将清偿义务展期的,即使在资产负债表日后、财务报告批准报出日前签订了重新安排清偿计划协议的,该项负债在资产负债表日仍应当归类为流动负债。

（2）企业在资产负债表日或之前违反了长期借款协议，导致贷款人可随时要求清偿的负债，应当归类为流动负债。但是，如果贷款人在资产负债表日或之前同意提供在资产负债表日后一年以上的宽限期，在此期限内企业能够改正违约行为，且贷款人不能要求随时清偿的，在资产负债表日的此项负债并不符合应当比照上述规定进行处理。流动负债的判断标准，应当归类为非流动负债。企业的其他长期负债存在类似情况的，应当按照上述规定进行处理。

三、资产负债表的结构

资产负债表一般由表头、表体两部分构成。表头部分应列明报表名称、编制单位名称、资产负债表日、报表编号和计量单位；表体部分是资产负债表的主体，列示了用以说明企业财务状况的各个项目。

资产负债表的表体格式一般有两种：报告式资产负债表和账户式资产负债表。报告式资产负债表是上下结构，上半部分列示资产各项目，下半部分列示负债和所有者权益各项目。账户式资产负债表是左右结构，左边列示资产各项目，反映全部资产的分布及存在状态；右边列示负债和所有者权益各项目，反映全部负债和所有者权益的内容及构成情况。不管采用什么格式，资产各项目的合计一定等于负债和所有者权益各项目的合计。

在我国，资产负债表采用账户式结构，报表分为左右两方，左方为资产项目，大体按资产的流动性大小排列，流动性大的资产如"货币资金""交易性金融资产"等排在前面，流动性小的资产如"长期股权投资""固定资产"等排在后面。右方为负债和所有者权益项目，一般按清偿时间的先后顺序排列，"短期借款""应付票据"及"应付账款"等需要在一年以内或长于一年的一个营业周期以内偿还的流动负债排在前面，"长期借款"等在一年以上才需偿还的非流动负债排在中间，在企业清算之前不需要偿还的所有者权益项目排在后面。

账户式的资产负债表中的资产各项目的合计等于负债和所有者权益各项目的合计，即资产负债表左右双方平衡。通过账户式资产负债表，可以反映资产、负债、所有者权益之间的内在关系，即"资产＝负债＋所有者权益"。

此外，为了使使用者通过比较不同时点资产负债表的数据，掌握企业财务状况的变动情况及发展趋势，企业需要提供比较资产负债表，资产负债表还就各项目再分为"年初余额"和"期末余额"两栏分别填列。资产负债表的具体格式如表14-1所示。

四、资产负债表的编制方法

根据财务报表列报准则的规定，企业需要提供比较资产负债表，以便报表使用者通过比较不同时点资产负债表的数据，掌握企业财务状况的变动情况及发展趋势。所以，资产负债表还就各项目再分为"年初余额"和"期末余额"两栏分别填列。

知识拓展 14-1

（一）年初余额栏的填列方法

资产负债表"年初余额"栏内各项数字，应根据上年末资产负债表的"期末余额"栏内所列数字填列。如果上年度资产负债表规定的各个项目的名称和内容同本年度不相一致，应对上年年末资产负债表各项目的名称和数字按照本年度的规定进行调整，填入表中"年初余额"栏内。

(二)期末余额栏的填列方法

资产负债表的"期末余额"栏内各项数字,一般应根据资产、负债和所有者权益类账户的期末余额填列。其填列方法如下:

(1)根据总账科目的余额填列。①根据有关总账科目的余额直接填列。例如,"交易性金融资产""长期待摊费用""递延所得税资产""短期借款""交易性金融负债""应付票据""递延所得税负债""实收资本""资本公积""库存股""盈余公积"等项目,应当根据相关总账科目的余额直接填列。②根据几个总账科目的余额计算填列。例如,"货币资金"项目,应当根据"库存现金""银行存款""其他货币资金"三个总账科目期末余额合计数填列;"其他应付款"项目,应当根据"应付股利""应付利息""其他应收款"三个总账科目期末余额合计数填列。

(2)根据有关明细科目的余额计算填列。例如"应付账款"项目,需要根据"应付账款"和"预付账款"两个科目所属的相关明细科目的期末贷方余额计算填列;"预付款项"项目,需要根据"预付账款"和"应付账款"科目所属各明细科目的期末借方余额减去与"预付账款"有关的坏账准备贷方余额计算填列;"预收款项"项目,需要根据"预收账款"和"应收账款"科目所属各明细科目的期末贷方余额合计数填列;"应收账款"项目,需要根据"应收账款"和"预收账款"两个科目所属的相关明细科目期末借方余额减去与"应收账款"有关的坏账准备贷方余额计算填列;"开发支出"项目,需要根据"研发支出"科目中所属的"资本化支出"明细科目期末余额计算填列。

(3)根据总账科目和明细科目的余额分析计算填列。资产负债表的有些项目,需要依据总账科目和明细科目两者的余额分析填列,如"长期借款"项目,应根据"长期借款"总账科目余额扣除"长期借款"账户所属的明细科目中将在资产负债表日起一年内到期、且企业不能自主地将清偿义务展期的长期借款后的金额填列。

(4)根据有关科目余额减去备抵科目余额后的净额填列。如,"应收票据""应收账款""长期股权投资"等项目,应当根据"应收票据""应收账款""长期股权投资"等科目期末余额减去"坏账准备""长期股权投资减值准备"等备抵类科目余额后的净额填列;"在建工程"项目,应当根据"在建工程"和"工程物资"科目的期末余额,扣减"在建工程减值准备"和"工程物资减值准备"科目的期末余额后的金额填列;"投资性房地产"(采用成本计量模式)、"固定资产"项目,应当根据"投资性房地产""固定资产"科目的期末余额,减去"投资性房地产累计折旧""投资性房地产减值准备""累计折旧""固定资产减值准备"等备抵类科目期末余额以及"固定资产清理"科目的期末余额后的净额填列;"无形资产"项目,应当根据"无形资产"科目期末余额,减去"累计摊销""无形资产减值准备"等备抵类科目余额后的净额填列。

(5)综合运用上述填列方法分析填列。如"存货"项目,应当根据"原材料""库存商品""委托加工物资""发出商品""周转材料""在途物资""材料采购""材料成本差异"等总账科目期末余额的分析汇总数,再减去"存货跌价准备"科目期末余额后的金额填列。

四、资产负债表编制举例

【例 14-1】 甬江公司属于增值税一般纳税企业,适用的增值税率为 13%,材料按实际成本计价进行日常核算。适用的所得税率为 25%。2018 年 12 月 31 日资产负债表和 2019 年 12 月 31 日科目余额表如表 14-1、表 14-2 所示。

表 14-1 资产负债表

会企 01 表

编制单位:甬江公司　　　　　2018 年 12 月 31 日　　　　　单位:元

资产	期末余额	年初余额	负债及所有者权益	期末余额	年初余额
流动资产:			流动负债:		
货币资金		1 406 300	短期借款		300 000
交易性金融资产		15 000	交易性金融负债		0
应收票据		246 000	应付票据		200 000
应收账款		299 100	应付账款		953 800
预付款项		100 000	预收款项		0
其他应收款		5 000	合同负债		0
存货		2 580 000	应付职工薪酬		110 000
合同资产		0	应交税费		36 600
持有待售资产		0	其他应付款		51 000
一年内到期的非流动资产		0	持有待售负债		
其他流动资产		100 000	一年内到期的非流动负债		1 000 000
流动资产合计		4 751 400	其他流动负债		
非流动资产:			流动负债合计		2 651 400
债权投资		0	非流动负债:		
其他债券投资		0	长期借款		600 000
长期应收款		0	应付债券		0
长期股权投资		250 000			0
其他权益工具投资			长期应付款		0
投资性房地产		0	预计负债		
固定资产		1 100 000	递延收益		
在建工程		1 500 000	递延所得税负债		0
生产性生物资产		0	其他非流动负债		
无形资产		600 000	非流动负债合计		600 000
开发支出		0	负债合计		3 251 400
商誉		0	所有者权益(或股东权益)		
长期待摊费用		0	实收资本(或股本)		5 000 000
			其他权益工具		
			资本公积		0
递延所得税资产		0	减:库存股		0
其他非流动资产		200 000	其他综合收益		

续表

资产	期末余额	年初余额	负债及所有者权益	期末余额	年初余额
非流动资产合计		3 650 000	盈余公积		100 000
			未分配利润		50 000
			所有者权益合计		5 150 000
资产总计		8 401 400	负债和所有者权益总计		8 401 400

企业法人:(签章)　　　　　　　　　　财务总监:(签章)　　　　　　　　　　制表:(签章)

表 14-2　科目余额表

2019 年 12 月 31 日　　　　　　　　　　　　　　　　　　　　　　　单位:元

科目名称	借方余额	科目名称	贷方余额
库存现金	2 000	短期借款	50 000
银行存款	805 831	应付票据	100 000
其他货币资金	7 300	应付账款	953 800
交易性金融资产	0	其他应付款	50 000
应收票据	66 000	应付职工薪酬	180 000
应收账款	600 000	应交税费	226 731
坏账准备	−1 800	应付利息	0
预付账款	100 000	应付股利	32 215.85
其他应收款	5 000	一年内到期的长期负债	0
在途物资	275 000	长期借款	1 160 000
原材料	49 250	股本	5 000 000
周转材料	38 050	盈余公积	124 770.40
库存商品	2 122 400	利润分配(未分配利润)	218 013.75
其他流动资产	100 000		
长期股权投资	250 000		
固定资产	2 401 000		
累计折旧	−170 000		
固定资产减值准备	−30 000		
工程物资	300 000		
在建工程	428 000		
无形资产	600 000		
累计摊销	−60 000		
递延所得税资产	7 500		
其他长期资产	200 000		
合计	8 095 531	合计	8 095 531

根据上述资料,编制甬江公司 2019 年 12 月 31 日的资产负债表,如表 14-3 所示。

表 14-3 资产负债表

会企 01 表

编制单位:甬江公司　　　　　　　　2019 年 12 月 31 日　　　　　　　　单位:元

资　产	期末余额	年初余额	负债和所有者权益(或股东权益)	期末余额	年初余额
流动资产:			流动负债:		
货币资金	815 131	1 406 300	短期借款	5 000	300 000
交易性金融资产	0	15 000	交易性金融负债	0	0
应收票据	66 000	246 000	应付票据	100 000	200 000
应收账款	598 200	299 100	应付账款	953 800	953 800
预付款项	100 000	100 000	预收款项	0	0
其他应收款	5 000	5 000	合同负债		
存货	2 484 700	2 580 000	应付职工薪酬	180 000	110 000
合同资产	0	0	应交税费	226 731	36 600
持有待售资产	0	0	其他应付款	82 215.85	51 000
一年内到期的非流动资产	0	0	一年内到期的非流动负债	0	1 000 000
其他流动资产	100 000	100 000	其他流动负债		
流动资产合计	4 169 031	4 751 400	流动负债合计	1 592 746.85	2 651 400
非流动资产:			非流动负债:		
债权投资	0	0	长期借款	1 160 000	600 000
其他债权投资	0	0	应付债券	0	0
长期应收款	0	0	长期应付款	0	0
长期股权投资	250 000	250 000	预计负债	0	0
其他权益工具投资	0	0	递延收益	0	0
其他非金融资产	0	0	递延所得税负债	0	0
投资性房地产	0	0	其他非流动负债	0	0
固定资产	2 201 000	1 100 000	非流动负债合计	1 160 000	600 000
在建工程	728 000	1 500 000	负债合计	2 752 746.85	3 251 400
生产性生物资产	0	0	所有者权益(或股东权益)		
无形资产	540 000	600 000	股本	5 000 000	5 000 000
开发支出	0	0	其他权益工具	0	0
商誉	0	0	其中:优先股	0	0
长期待摊费用	0	0	普通股	0	0
递延所得税资产	7 500	0	其他综合收益	0	0
其他非流动资产	200 000	200 000	资本公积	0	0
非流动资产合计	3 926 500	3 650 000	减:库存股	0	0
			盈余公积	124 770.4	100 000

续表

资　　产	期末余额	年初余额	负债和所有者权益（或股东权益）	期末余额	年初余额
			未分配利润	218 013.75	50 000
			所有者权益合计	5 342 784.15	5 150 000
资产总计	8 095 531	8 401 400	负债和所有者权益总计	8 095 531	8 401 400

企业法人：（签章）　　　　　　　财务总监：（签章）　　　　　　　　　　制表：（签章）

第三节　利润表

一、利润表的定义与作用

利润表是反映企业在一定会计期间经营成果的会计报表，属于动态报表。利润表的列报必须充分反映企业经营业绩的主要来源和构成，以有助于使用者判断净利润的质量及其风险，有助于使用者预测净利润的持续性，从而做出正确的决策。利润表具有以下几方面的作用：

在线视频 14-2

（1）可以反映企业一定会计期间的收入实现情况。如实现的营业收入有多少，实现的投资收益有多少，实现的营业外收入有多少；等等。

（2）可以反映一定会计期间的费用耗费情况。如耗费的营业成本有多少，营业税费有多少，销售费用、管理费用、财务费用各有多少，营业外支出有多少；等等。

（3）可以反映企业生产经营活动的成果，即净利润的实现情况，据以判断资本保值、增值情况。利润表的列报必须充分反映企业经营业绩的主要来源和构成，有助于使用者判断净利润的质量及其风险，有助于使用者预测净利润的持续性，从而做出正确的决策。

（4）有助于报表使用者判断企业未来的发展趋势，做出经济决策。将利润表中的信息与资产负债表中的信息相结合，还可以提供进行财务分析的基本资料，如将赊销收入净额与应收账款平均余额进行比较，可计算出应收账款周转率；将销货成本与存货平均余额进行比较，可计算出存货周转率；将净利润与资产总额进行比较，可计算出资产收益率等。可以表现企业资金周转情况以及企业的盈利能力和水平，便于报表使用者判断企业未来的发展趋势，做出经济决策。

二、利润表的结构

利润表的结构主要有单步式和多步式两种。单步式利润表是将当期所有的收入列在一起，所有的费用列在一起，然后将两者相减得出当期利润。在我国，企业利润表采用多步式结构，即通过对当期的收入、费用、支出项目按性质加以归类，按利润形成的主要环节列示一些中间性利润指标，分步计算当期净损益。以便财务报表使用者理解企业经营成果的不同来源。

利润表一般由表头、表体两部分构成。表头部分应列明报表名称、编制单位名称、编制日期、报表编号和计量单位；表体部分是利润表的主体，列示了形成经营成果的各个项目和计算过程。

为了使报表使用者通过比较不同期间利润的实现情况,判断企业经营成果的未来发展趋势,企业需要提供比较利润表,利润表还就各项目再分为"本期金额"和"上期金额"两栏分别填列。利润表具体格式见表14-5。

三、利润表的编制方法

利润表的编制原理是"收入－费用＝利润"的会计平衡公式,并遵循收入与费用的配比原则。企业在生产经营中不断地取得各项收入,同时发生各种费用,收入减去费用剩余部分为企业利润。如果企业经营不善,发生的生产经营费用超过取得的收入,超过部分为企业的亏损。将取得的收入和费用进行对比,对比结果表现为企业的经营成果。企业将经营成果的核算过程和结果变成报表,即利润表。

(一)利润表的填列方法

我国一般企业利润表的主要编制步骤和内容如下:

第一步,以营业收入为基础,减去营业成本、税金及附加、销售费用、管理费用、研发费用、财务费用,加上其他收益、投资收益(或减去投资损失)、净敞口套期收益(或减去净敞口套期损失)、公允价值变动收益(或减去公允价值变动损失)、资产减值损失、信用减值损失、资产处置收益(或减去资产处置损失),计算出营业利润。

第二步,以营业利润为基础,加上营业外收入,减去营业外支出,计算出利润总额。

第三步,以利润总额为基础,减去所得税费用,计算出净利润(或净亏损)。

第四步,以净利润(或净亏损)为基础,计算出每股收益。

第五步,以净利润(或净亏损)和其他综合收益为基础,计算出综合收益总额。

利润表各项目均需填列"本期金额"和"上期金额"两栏。其中"上期金额"栏内各项数字,应根据上年该期利润表的"本期金额"栏内所列数字填列。"本期金额"栏内各项数字,除"基本每股收益"和"稀释每股收益"项目外,应当按照相关科目的发生额分析计算填列。如"营业收入"项目,根据"主营业务收入"和"其他业务收入"科目的发生额分析计算填列;"营业成本"项目,根据"主营业务成本"和"其他业务成本"科目的发生额分析计算填列。利润表具体格式见表14-5。

(二)利润表主要项目的填列说明

(1)"营业收入"项目,反映企业经营主要业务和其他业务所确认的收入总额。本项目应根据"主营业务收入"和"其他业务收入"科目的发生额分析计算填列。

(2)"营业成本"项目,反映企业经营主要业务和其他业务所发生的成本总额。本项目应根据"主营业务成本"和"其他业务成本"科目的发生额分析计算填列。

(3)"税金及附加"项目,反映企业经营业务应负担的消费税、城市维护建设税、教育费附加、资源税、土地增值税、房产税、车船税、城镇土地使用税、印花税等相关税费。本项目应根据"税金及附加"科目的发生额分析填列。

(4)"销售费用"项目,反映企业在销售商品过程中发生的包装费、广告费等费用和为销售本企业商品而专设的销售机构的职工薪酬、业务费等经营费用。本项目应根据"销售费用"科目的发生额分析填列。

（5）"管理费用"项目，反映企业为组织和管理生产经营发生的管理费用。本项目应根据"管理费用"科目的发生额分析填列。

（6）"研发费用"项目，反映企业进行研究与开发过程中发生的费用化支出以及计入管理费用的自行开发无形资产的摊销。本项目应根据"管理费用"科目下的"研发费用"明细科目的发生额以及"管理费用"科目下"无形资产摊销"明细科目的发生额分析填列。

（7）"财务费用"项目，反映企业筹集生产经营所需资金等而发生的应予费用化的利息支出。本项目应根据"财务费用"科目的相关明细科目发生额分析填列。其中"利息费用"项目，反映企业为筹集生产经营所需资金等而发生的应予费用化的利息支出，本项目应根据"财务费用"科目的相关明细科目借方发生额分析填列。"利息收入"项目，反映企业应冲减财务费用的利息收入，本项目应根据"财务费用"科目的相关明细科目贷方发生额分析填列。

（8）"其他收益"项目，反映企业计入其他收益的政府补助，以及其他与日常活动相关且计入其他收益的项目。本项目应根据"其他收益"科目的发生额分析填列。企业作为个人所得税的扣缴义务人，应根据《中华人民共和国个人所得税法》收到的扣缴税款手续费，应作为其他与日常活动相关的收益在本项目中填列。

（9）"投资收益"项目，反映企业以各种方式对外投资所取得的收益。本项目应根据"投资收益"科目的发生额分析填列。如为投资损失，本项目用"－"号填列。

（10）"净敞口套期收益"项目，反映企业净敞口套期下被套期项目累计公允价值变动转入当期损益的金额或现金流量套期储备转入当期损益的金额。本项目应根据"净敞口套期损益"科目的发生额分析填列；如为套期损失，本项目以"－"号填列。

（11）"公允价值变动收益"项目，反映企业应当计入当期损益的资产或负债公允价值变动的收益。本项目应根据"公允价值变动损益"科目的发生额分析填列，如为净损失，本项目以"－"号填列。

（12）"信用减值损失"项目，反映企业按照《企业会计准则第22号——金融工具的确认和计量》（2018）的要求计提的各项金融工具信用减值准备所确认的信用损失。本项目应根据"信用减值损失"科目的发生额分析填列。

（13）"资产减值损失"项目，反映企业有关资产发生的减值损失。本项目应根据"资产减值损失"科目的发生额分析填列。

（14）"资产处置收益"项目，反映企业出售划分为持有待售的非流动资产（金融工具、长期股权投资和投资性房地产除外）或处置（子公司和业务除外）时确认的处置利得或损失，以及处置未划分为持有待售的固定资产、在建工程、生产性生物资产及无形资产而发生的利得或损失。债务重组中因处置非流动资产（金融工具、长期股权投资和投资性房地产除外）产生的利得或损失也包括在本项目内。本项目应根据"资产处置损益"科目的发生额分析填列；如为处置损失，本项目以"－"号填列。

（15）"营业利润"项目，反映企业实现的营业利润。如为亏损，本项目以"－"号填列。

（16）"营业外收入"项目，反映企业发生的除营业利润以外的收益，主要包括与企业日常活动无关的政府补助、盘盈利得、捐赠利得（企业接受股东或股东的子公司直接或间接的捐赠，经济实质属于股东对企业的资本性投入的除外）等。本项目应根据"营业外收入"科目的发生额分析填列。

（17）"营业外支出"项目，反映企业发生的除营业利润以外的支出，主要包括公益性捐赠支出、非常损失、盘亏损失、非流动资产毁损报废损失等。本项目应根据"营业外支出"科目的发生额分析填列。

（18）"利润总额"项目，反映企业实现的利润。如为亏损，本项目以"－"号填列。

（19）"所得税费用"项目，反映企业应从当期利润总额中扣除的所得税费用。本项目应根据"所得税费用"科目的发生额分析填列。

（20）"净利润"项目，反映企业实现的净利润。如为亏损，本项目以"－"号填列。

（21）"其他综合收益的税后净额"项目，反映企业根据企业会计准则规定未在损益中确认的各项利得和损失扣除所得税影响后的净额。

（22）"综合收益总额"项目，反映企业净利润与其他综合收益（税后净额）的合计金额。

（23）"每股收益"项目，包括基本每股收益和稀释每股收益两项指标，反映普通股或潜在普通股已公开交易的企业，以及正在公开发行普通股或潜在普通股过程中的企业的每股收益信息。

四、利润表编制举例

【例 14-2】 甬江公司 2019 年度有关损益类科目本年累计发生净额如表 14-4 所示。

表 14-4　甬江公司损益类科目 2019 年度累计发生净额　　　　　单位:元

科目名称	借方发生额	贷方发生额
主营业务收入		1 000 000
其他业务收入		250 000
主营业务成本	700 000	
其他业务成本	50 000	
税金及附加	2 000	
销售费用	20 000	
管理费用	150 000	
研发费用	7 100	
财务费用	41 500	
资产减值损失	30 000	
信用减值损失	900	
投资收益		31 500
营业外收入		50 000
营业外支出	19 700	
所得税费用	85 300	

根据上述资料，编制甬江公司 2019 年度利润表，如表 14-5 所示。

表 14-5 利润表

会企 02 表

编制单位:甬江公司   2019 年度   单位:元

项　目	本期金额	上期金额
一、营业收入	1 250 000	略
减:营业成本	750 000	
税金及附加	2 000	
销售费用	20 000	
管理费用	150 000	
研发费用	7 100	
财务费用	41 500	
其中:利息费用	41 500	
利息收入	0	
加:其他收益	0	
投资收益(损失以"—"号填列)	31 500	
其中:对联营企业和合营企业的投资收益	0	
以摊余成本计量的金融资产终止确认收益(损失以"—"号填列)	0	
净敞口套期收益(损失以"—"号填列)	0	
公允价值变动收益(损失以"—"号填列)	0	
信用减值损失(损失以"—"号填列)	0	
资产减值损失(损失以"—"号填列)	0	
资产处置收益(损失以"—"号填列)	0	
二、营业利润(亏损以"—"号填列)	280 000	
加:营业外收入	50 000	
减:营业外支出	19 700	
三、利润总额(亏损总额以"—"号填列)	310 300	
减:所得税费用	85 300	
四、净利润(净亏损以"—"号填列)	225 000	
五、其他综合收益的税后净额	0	
六、综合收益总额	225 000	
七、每股收益:	(略)	
(一)基本每股收益	(略)	
(二)稀释每股收益	(略)	

企业法人:(签章)   财务总监:(签章)   制表:(签章)

第四节 现金流量表

一、现金流量表的定义与作用

(一)现金流量表的定义

现金流量表是指反映企业在一定会计期间的经营活动、投资活动和筹资活动的现金和现金等价物流入和流出情况的动态会计报表。

在线视频 14-3

1.现金

现金,是指企业库存现金以及可以随时用于支付的存款。不能随时用于支付的存款不属于现金。现金主要包括:①库存现金。库存现金是指企业持有的可随时用于支付的现金,与"库存现金"账户的核算内容一致。②银行存款。银行存款是指企业存入金融机构、可以随时用于支取的存款,与"银行存款"账户核算内容基本一致,但不包括不能随时用于支取的存款。例如,不能随时支取的定期存款等不应作为现金;但提前通知金融机构便可支取的定期存款则应包括在现金范围内。③其他货币资金。其他货币资金是指存放在金融机构的外埠存款、银行汇票存款、银行本票存款、信用卡存款、信用证保证金存款和存出投资款,与"其他货币资金"账户核算内容一致。

2.现金等价物

现金等价物,是指企业持有的期限短、流动性强、易于转换为已知金额的现金、价值变动风险很小的投资。判断一项投资是否属于现金等价物必须同时具备四个条件:①期限短;②流动性强;③易于转换成已知金额的现金;④价值变动的风险较小。其中,期限短、流动性强所强调的是现金等价物的变现能力,期限短一般是指从购买之日起,3个月以内到期的短期债券投资等;而易于转换成已知金额的现金、价值变动风险很小的投资则强调了现金等价物支付能力的大小,企业作为短期投资而购入的可流通的股票,尽管期限短,变现的能力也很强,但由于其变现的金额并不确定,其价值变动的风险较大,因而不属于现金等价物。总之,企业应当根据具体情况,确定现金等价物的范围,一经确定不得随意变更。

在现金流量表中,现金及现金等价物被视为一个整体,企业现金形式的转换不会产生现金的流入和流出。例如,企业从银行提取现金,是企业现金存放形式的转换,并未流出企业,不构成现金流量。同样,现金与现金等价物之间的转换也不属于现金流量,例如,企业用现金购买3个月到期的国库券。

(二)现金流量表的作用

(1)现金流量表有助于评价企业支付能力、偿债能力和周转能力。通过现金流量表能够了解企业现金流入的构成,分析企业偿债和支付股利的能力,增强投资者的投资信心和债权人收回债权的信心;通过现金流量表,投资者和债权人可了解企业获取现金的能力和现金偿付的能力,从而使有限的社会资源流向最能产生效益的地方。

(2)现金流量表有助于预测企业未来现金流量。通过现金流量表所反映的企业过去一定期间的现金流量以及其他生产经营指标,可以了解企业现金的来源和用途是否合理,了解经营活动产生的现金流量有多少,企业在多大程度上依赖外部资金,就可以据以预测企业未来现金流量,从而为企业编制现金流量计划、组织现金调度、合理节约地使用现金创造条件,为投资者和债权人评价企业的未来现金流量、做出投资和信贷决策提供必要信息。

(3)现金流量表有助于分析企业收益质量。利润表中列示的净利润指标,反映了一个企业的经营成果,这是体现企业经营业绩最重要的一个指标。但是,利润表是按照权责发生制原则编制的,它不能反映企业经营活动产生了多少现金,并且没有反映投资活动和筹资活动对企业财务状况的影响。通过编制现金流量表,可以掌握企业经营活动、投资活动和筹资活动的现金流量,将经营活动产生的现金流量与净利润相比较,就可以从现金流量的角度了解净利润的质量。并进一步判断,是哪些因素影响现金流入,从而为分析和判断企业的财务前景提供信息。

二、现金流量表的结构与现金流量的分类

(一)现金流量表的结构

现金流量表由正表和补充资料两部分组成。其中,正表部分按照现金流量的性质分为经营活动的现金流量、投资活动的现金流量、筹资活动的现金流量。各部分又分别按收入项目和支出项目列示,以反映各类活动所产生的现金流入量和现金流出量,来展示各类现金流入和流出的原因。

补充资料也称现金流量表附注,包括三部分内容,一是将净利润调节为经营活动现金流量,二是不涉及现金收支的重大投资和筹资活动,三是现金及现金等价物净变动等信息。

(二)现金流量的分类

现金流量,是指现金及现金等价物的流入和流出的数量。根据企业业务活动的性质和现金流量的来源,现金流量表将企业一定期间产生的现金流量分为经营活动产生的现金流量、投资活动产生的现金流量、筹资活动产生的现金流量。

1.经营活动产生的现金流量

经营活动是指企业投资活动和筹资活动以外的所有交易和事项。各类企业由于行业特点不同,对经营活动的认定存在一定差异。对于工商企业而言,经营活动主要包括销售商品、提供劳务、购买商品、接受劳务、支付税费等。对于商业银行而言,经营活动主要包括吸收存款、发放贷款、同业存放、同业拆借等。对于保险公司而言,经营活动主要包括原保险业务和再保险业务等。对于证券公司而言,经营活动主要包括自营证券、代理承销证券、代理兑付证券、代理买卖证券等。

2.投资活动产生的现金流量

投资活动是指企业长期资产的购建和不包括在现金等价物范围内的投资及其处置活动。长期资产是指固定资产、无形资产、在建工程、其他资产等持有期限在一年或一个营业周期以上的资产。这里所讲的投资活动,既包括实物资产投资,也包括金融资产投资。这里之所以将"包括在现金等价物范围内的投资"排除在外,是因为已经将包括在现金等价物范围内的投资视同现金。不同企业由于行业特点不同,对投资活动的认定也存在差异。例如,交易性金融资产所产生的现金流量,对于工商业企业而言,属于投资活动现金流量,而对于证券公司而言,属于经营活动现金流量。

3.筹资活动产生的现金流量

筹资活动是指导致企业资本及债务规模和构成发生变化的活动。这里所说的资本,既包括实收资本(股本),也包括资本溢价(股本溢价);这里所说的债务,是指对外举债,包括向银行借款、发行债券以及偿还债务等。通常情况下,应付账款、应付票据等商业应付款等属于经营活动,不属于筹资活动。

此外,对于企业日常活动之外特殊的、不经常发生的特殊项目,如自然灾害损失、保险赔款、捐赠等,应当归并到相关类别中,并单独反映。比如,对于自然灾害损失和保险赔款,如果能够确指属于流动资产损失,应当列入经营活动产生的现金流量;属于固定资产损失,应当列入投资活动产生的现金流量。现金流量如图 14-1 所示。

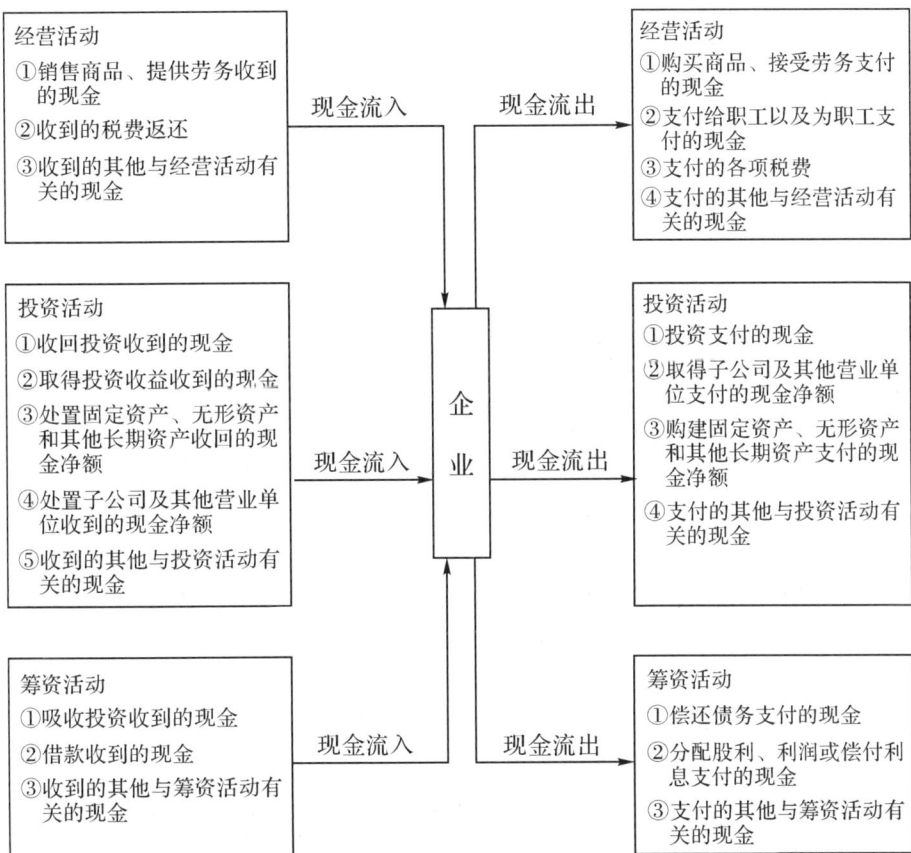

图 14-1 现金流量示意

三、现金流量表的编制方法

(一)直接法和间接法

现金流量表中,经营活动现金流量通常有两种编制方法,即直接法和间接法。

1.直接法

直接法是通过现金收入和支出的主要类别反映来自企业经营活动的现金流量。一般是以利润表中的营业收入为起算点,调整与经营活动有关的项目的增减变动,进而计算出经营活动的现金流量。

2. 间接法

间接法是以本期净利润为起算点,调整不涉及现金的收入、费用、营业外收支及有关项目的增减变动,剔除投资活动、筹资活动对现金流量的影响,从而计算出经营活动的现金流量净额。实际上就是将权责发生制下计算的净利润调节为收付实现制下的现金净流入。

采用直接法编报的现金流量表易于理解,它为决策提供了更多的信息,便于分析企业业务活动产生的现金流量的来源和用途,预测企业现金流量的未来前景;采用间接法编报现金流量表,便于将净利润与经营活动产生的现金流量净额进行比较,了解净利润与经营活动产生的现金流量差异的原因,从现金流量的角度分析净利润的质量。所以,我国企业会计准则规定,企业采用直接法编报现金流量表正表,同时要求在附注中提供以净利润为基础调节到经营活动现金流量的信息。现金流量表从权责发生制的净利润转变为收付实现制下的现金流量如图 14-2 所示。

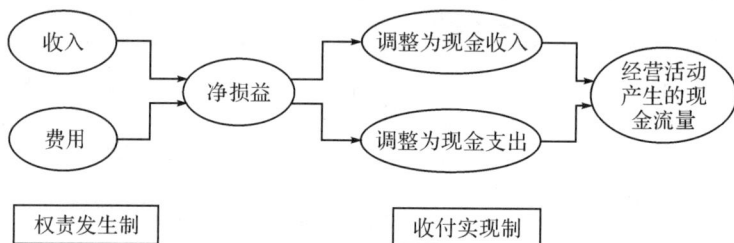

图 14-2　现金流量从权责发生制转变为收付实现制

(二)工作底稿法、T 形账户法和分析填列法

在具体编制现金流量表时,可以采用工作底稿法或 T 形账户法,也可以根据有关科目记录分析填列。

1. 工作底稿法

采用工作底稿法编制现金流量表,是以工作底稿为手段,以资产负债表和利润表数据为基础,对每一项目进行分析并编制调整分录,从而编制现金流量表。工作底稿法的程序如下:

第一步,将资产负债表的期初数和期末数过入工作底稿的期初数栏和期末数栏。

第二步,对当期业务进行分析并编制调整分录。编制调整分录时,要以利润表项目为基础,从"营业收入"开始,结合资产负债表项目逐一进行分析。在调整分录中,有关现金和现金等价物的事项,并不直接借记或贷记现金,而是分别计入"经营活动产生的现金流量""投资活动产生的现金流量""筹资活动产生的现金流量"有关项目,借记表示现金流入,贷记表示现金流出。

第三步,将调整分录过入工作底稿中的相应部分。

第四步,核对调整分录,借方、贷方合计数均已经相等,资产负债表项目期初数加减调整分录中的借贷金额以后,也等于期末数。

第五步,根据工作底稿中的现金流量表项目部分编制正式的现金流量表。

2. T 形账户法

采用 T 形账户法编制现金流量表,是以 T 形账户为手段,以资产负债表和利润表数据为基础,对每一项目进行分析并编制调整分录,从而编制现金流量表。T 形账户法的程序如下:

第一步,为所有的非现金项目(包括资产负债表项目和利润表项目)分别开设 T 形账户,并将各自的期末期初变动数过入各该账户。如果项目的期末数大于期初数,则将差额过入和项目余额相同的方向;反之,过入相反的方向。

第二步,开设一个大的"现金及现金等价物"T形账户,每边分为经营活动、投资活动和筹资活动三个部分,左边记现金流入,右边记现金流出。与其他账户一样,过入期末期初变动数。

第三步,以利润表项目为基础,结合资产负债表分析每一个非现金项目的增减变动,并据此编制调整分录。

第四步,将调整分录过入各T形账户,并进行核对,该账户借贷相抵后的余额与原先过入的期末期初变动数应当一致。

第五步,根据大的"现金及现金等价物"T形账户编制正式的现金流量表。

3.分析填列法

分析填列法是直接根据资产负债表、利润表和有关会计科目明细账的记录,分析计算出现金流量表各项目的金额,并据以编制现金流量表的一种方法。

四、现金流量表的编制说明

(一)经营活动产生的现金流量

经营活动现金流量是指企业投资活动和筹资活动以外的所有交易和事项所导致的现金流入和流出。

1.经营活动流入的现金

(1)销售商品、提供劳务收到的现金

本项目反映企业销售商品、提供劳务实际收到的现金(含销售收入和应向购买者收取的增值税税额),包括本期销售商品、提供劳务收到的现金,以及前期销售和前期提供劳务本期收到的现金和本期预收的账款,扣除本期销售本期退回的商品和前期销售本期退回的商品支付的现金。企业销售材料和代购代销业务收到的现金,也在本项目反映。本项目可以根据"库存现金""银行存款""应收账款""应收票据""预收账款""主营业务收入""其他业务收入"等科目的记录及资产负债表、利润表有关项目分析填列。分析计算该项目的金额,通常可以采用以下公式计算:

$$\text{销售商品、提供劳务收到的现金} = \text{营业收入} + \text{应交税费}(\text{应交增值税—销项税额}) + \text{应收账款}(\text{期初余额—期末余额})$$
$$+ \text{应收票据}(\text{期初余额—期末余额}) + \text{预收账款}(\text{期末余额—期初余额})$$
$$- \text{本期计提的坏账准备} - \text{票据贴现的利息等调整项目}$$

上述公式中"应收账款"项目是根据资产负债表中的"应收账款"项目填列的,如果根据"应收账款"科目的余额填列,则公式变化为:

$$\text{销售商品、提供劳务收到的现金} = \text{营业收入} + \text{应交税费}(\text{应交增值税—销项税额}) + \text{应收账款}(\text{期初余额—期末余额})$$
$$+ \text{应收票据}(\text{期初余额—期末余额}) + \text{预收账款}(\text{期末余额—期初余额})$$
$$- \text{本期核销的坏账损失} + \text{本期收回前期核销的坏账损失} - \text{票据贴现的利息等调整项目}$$

值得注意的是,如果企业当期发生债务重组、非货币性交易等特殊事项时,还要做进一步的分析调整。

【例 14-3】 甬江公司 2019 年度有关资料如下:①应收账款项目:年初数 100 万元,年末数 120 万元;②应收票据项目:年初数 40 万元,年末数 20 万元;③预收款项项目:年初数 80 万元,年末数 90 万元;④主营业务收入 6 000 万元;⑤应交税费——应交增值税(销项税额) 1 020 万元;⑥收到客户用 11.3 万元商品(货款 10 万元,增值税 1.3 万元)抵偿前欠账款 12 万元。假定不考虑其他事项,则:

$$销售商品、提供劳务收到的现金 = (6\,000 + 1\,020) + (100 - 120) + (40 - 20) + (90 - 80) - 12 = 7\,018(万元)$$

(2)收到的税费返还

本项目反映企业收到返还的各种税费,如收到返还的增值税、消费税、营业税、关税、所得税、教育费附加返还等。本项目可以根据"库存现金""银行存款""营业外收入"和"其他应收款"等科目的记录分析填列。

(3)收到的其他与经营活动有关的现金

该项目反映企业除了上述各项目外,收到的其他与经营活动有关的现金流入,如罚款收入、流动资产损失中由个人赔偿的现金、经营租赁的租金收入等。其他现金流入如价值较大的,应单列项目反映。本项目可以根据"库存现金""银行存款""营业外收入"等科目的记录分析填列。

2.经营活动流出的现金

(1)购买商品、接受劳务支付的现金

本项目反映企业购买商品、接受劳务实际支付的现金,包括本期购入商品、接受劳务支付的现金(包括增值税进项税额),以及本期支付前期购入商品、接受劳务的未付款项和本期预付款项。本期发生的购货退回收到的现金应从本项目内扣除。该项目可以根据"库存现金""银行存款""应付账款""应付票据""预付账款""主营业务成本""其他业务成本"等科目的记录分析填列。根据账户记录分析计算该项目的金额,通常可以采用以下公式计算:

$$购买商品、接受劳务支付的现金 = 本期的销售成本 + 与购买业务有关的增值税进项税额$$
$$+ \underset{(期末余额 - 期初余额)}{存货} + \underset{(期末余额 - 期初余额)}{预付账款}$$
$$+ \underset{(期初余额 - 期末余额)}{应付账款} + \underset{(期初余额 - 期末余额)}{应付票据} - 当期列入主$$

营业务成本、存货项目的非"材料"费用(如职工薪酬和折旧费等)+未实现销售的存货减少数等特殊调整项目 - 非购买业务的存货增加数等特殊调整项目

【例 14-4】 甬江公司 2019 年度有关资料如下:①应付账款项目:年初数 100 万元,年末数 120 万元;②应付票据项目:年初数 40 万元,年末数 20 万元;③预付款项项目:年初数 80 万元,年末数 90 万元;④存货项目的年初数为 100 万元,年末数为 80 万元;⑤主营业务成本 4 000 万元;⑥应交税费——应交增值税(进项税额)600 万元;⑦其他有关资料如下:用固定资产偿还应付账款 10 万元,生产成本中直接工资项目含有本期发生的生产工人工资费用

100 万元,本期制造费用发生额为 60 万元(其中消耗的物料为 5 万元),工程项目领用的本企业产品 10 万元。

购买商品、接受劳务支付的现金=(4 000+600)+(80-100)+(100-120)+(40-20)

+(90-80)-(10+100+55)+10=4 435(万元)

(2)支付给职工以及为职工支付的现金

本项目反映企业实际支付给职工的现金以及为职工支付的现金,包括企业为获得职工提供的服务,本期实际给予各种形式的报酬以及其他相关支出,如支付给职工的工资、奖金、各种津贴和补贴等,以及为职工支付的其他费用。企业代扣代缴的职工个人所得税,也在本项目中反映。本项目不包括支付给在建工程人员的工资,支付的在建工程人员的工资,在"购建固定资产、无形资产和其他长期资产所支付的现金"项目中反映。

企业为职工支付的医疗、养老、失业、工伤、生育等社会保险基金、补充养老保险、住房公积金,企业为职工交纳的商业保险金,因解除与职工劳动关系给予的补偿,现金结算的股份支付,以及企业支付给职工或为职工支付的其他福利费用等,应根据职工的工作性质和服务对象,分别在"购建固定资产、无形资产和其他长期资产所支付的现金"和"支付给职工以及为职工支付的现金"项目中反映。

本项目可以根据"库存现金""银行存款""应付职工薪酬"等账户的记录分析填列。根据账户记录分析计算该项目的金额,通常可以采用以下公式计算:

$$\begin{aligned}\text{支付给职工以及为} \atop \text{职工支付的现金} &= \text{生产成本、制造费用、管理费用和销售费用的应付职工薪酬等费用} \\ &\quad + \frac{\text{应付职工薪酬}}{\text{(期初余额-期末余额)}} - \frac{\text{应付职工薪酬——在建工程、无形资产明细}}{\text{(期初余额-期末余额)}} \\ &\quad + \frac{\text{其他应收款——代垫款项明细}}{\text{(期末余额-期初余额)}}\text{等}\end{aligned}$$

【例 14-5】 甬江公司 2019 年度职工薪酬有关资料如表 14-6 所示。

表 14-6 甬江公司 2015 年度职工薪酬有关资料　　　　　　　单位:元

项　　目		年初数	本期分配或计提数	期末数
应付职工薪酬	生产工人工资	100 000	1 000 000	80 000
	车间管理人员工资	40 000	500 000	30 000
	行政管理人员工资	60 000	800 000	45 000
	在建工程人员工资	20 000	300 000	15 000

本期用银行存款支付离退休人员工资 500 000 元。假定应付职工薪酬本期减少数均以银行存款支付,应付职工薪酬为贷方余额。假定不考虑其他事项。

支付给职工以及为职工支付的现金=(1 000 000+500 000+800 000)+(100 000+40 000

+60 000)-(80 000+30 000+45 000)=2 345 000 元

(3)支付的各项税费

本项目反映企业当期实际上交税务部门的各种税金。包括本企业发生并支付的各种税费,以及本期支付以前各期发生的税费和本期预交的税费,包括所得税、增值税、消费税、营业税、印花税、房产税、土地增值税、车船使用税、教育费附加、矿产资源补偿费等。但不包括计入固定资产价值、实际支付的耕地占用税等,也不包括本期退回的增值税、所得税。本期退回的增值税、所得税在"收到的税费返还"项目中反映。该项目应根据"应交税费""库存现金""银行存款"等科目的记录分析填列。根据账户记录分析计算该项目的金额,通常可以采用以下公式计算:

$$支付的各项税费=所得税费用+营业税金及附加+计入管理费用、存货、其他业务成本$$
$$等的税费+交纳的增值税+\dfrac{除增值税外的应交税费}{(期初余额-期末余额)}$$

【例 14-6】 甬江公司 2019 年有关资料如下:①2019 年利润表中的所得税费用为 500 000元(均为当期应交所得税产生的所得税费用);②"应交税费——应交所得税"科目年初数为 20 000 元,年末数为 10 000 元;③另外企业当期还交纳了增值税 500 000 元,其中含在建工程领用自产的产品应交的增值税 40 000 元。假定不考虑其他税费。

支付的各项税费=500 000+(20 000-10 000)+(500 000-40 000)=970 000(元)

(4)支付的其他与经营活动有关的现金

本项目反映企业除上述各项目外,支付的其他与经营活动有关的现金流出,如罚款支出,经营租赁支付的租金,支付的差旅费、业务招待费,支付的保险费等。若其他现金流出价值较大的,应单列项目反映。该项目应根据"库存现金""银行存款""管理费用""营业外支出"等科目的记录分析填列。通常可以采用以下公式计算:

支付的其他与经营活动有关的现金=其他管理费用+销售费用

【例 14-7】 甬江公司 2019 年度发生的管理费用为 2 200 万元,其中:以现金支付退休职工统筹退休金 350 万元和管理人员工资 950 万元,存货盘亏损失 25 万元,计提固定资产折旧 420 万元,无形资产摊销 200 万元,其余均以现金支付。

支付的其他与经营活动有关的现金=2 200-950-25-420-200=605(万元)

(二)投资活动产生的现金流量

现金流量表中的投资活动比通常所指的短期投资和长期投资范围要广,投资活动包括非现金等价物的短期投资和长期投资的购买与处置、固定资产的购建与处置、无形资产的购置与处置等。通过单独反映投资活动产生的现金流量,可以了解为获得未来收益和现金流量而导致资源转出的程度,以及以前资源转出带来的现金流入的信息。

1.投资活动流入的现金

(1)收回投资所收到的现金

本项目反映企业出售、转让或到期收回除现金等价物以外的交易性金融资产、可供出售金融资产、长期股权投资等而收到的现金以及收回持有至到期投资的本金。不包括持有至到期投资收回的利息,以及收回的非现金资产。该项目可根据"交易性金融资产""可供出售金融资产""长期股权投资""持有至到期投资"等账户的记录分析填列。

(2)取得投资收益所收到的现金

本项目反映企业因各种权益性投资而分得的现金股利、利润,以及因持有至到期投资而取得的利息收入等。该项目可以根据"库存现金""银行存款""投资收益"等账户的记录分析填列。

(3)处置固定资产、无形资产和其他长期资产所收回的现金净额

本项目反映企业处置固定资产、无形资产和其他长期资产所取得的现金(包括因资产毁损收到的保险赔偿款),扣除为处置这些资产而支付的有关费用后的净额。但是,如果收回

的现金为负数,则在"支付其他与投资活动有关的现金"项目中反映。由于自然灾害所造成的固定资产等长期资产损失而收到的保险赔偿收入,也在本项目反映。该项目可以根据"固定资产清理""库存现金""银行存款"等账户的记录分析填列。

(4)处置子公司及其他营业单位收到的现金净额

本项目反映企业处置子公司及其他营业单位所取得的现金,减去相关处置费用以及子公司及其他单位持有的现金和现金等价物后的净额。该项目可以根据"长期股权投资""库存现金""银行存款"等账户的记录分析填列。

(5)收到的其他与投资活动有关的现金

本项目反映企业除了上述各项目以外,收到的其他与投资活动有关的现金流入。例如,企业收回购买股票或债券时尚未领取的现金股利或已到付息期但尚未领取的利息。若其他与投资活动有关的现金流入价值较大的,应单列项目反映。该项目可以根据"应收股利""应收利息""银行存款"和"库存现金"等账户的记录分析填列。

2.投资活动流出的现金

(1)购建固定资产、无形资产和其他长期资产所支付的现金

本项目反映企业购建固定资产、无形资产和其他长期资产所实际支付的现金,以及用现金支付的应由在建工程和无形资产负担的职工薪酬,不包括为购建固定资产而发生的借款利息资本化的部分,以及融资租入固定资产支付的租赁费。企业借款利息和融资租入固定资产支付的租赁费,在筹资活动产生的现金流量中单独反映。该项目可以根据"固定资产""在建工程""无形资产""库存现金""银行存款"等账户的记录分析填列。

【例 14-8】 甬江公司 2019 年度发生下列有关业务:

(1)购买固定资产价款为 50 000 元,进项税额为 8 500 元,款项已付;

(2)购买工程物资价款为 10 000 元,进项税额为 1 700 元,款项已付;

(3)支付工程人员薪酬 6 000 元;

(4)预付工程价款 80 000 元;

(5)交付使用前长期借款利息 78 900 元,本年已支付;

(6)支付申请专利权的注册费、律师费等 68 000 元。

购建固定资产、无形资产和其他长期资产而支付的现金 $= 58\ 500 + 11\ 700 + 6\ 000$
$$+ 80\ 000 + 68\ 000$$
$$= 224\ 200(元)$$

(2)投资所支付的现金

本项目反映企业取得除现金等价物以外的对其他企业的权益性投资和债权性投资所支付的现金,以及支付的佣金、手续费等附加费用。但取得的子公司及其他营业单位支付的现金净额除外。该项目可以根据"交易性金融资产""可供出售金融资产""持有至到期投资""长期股权投资""库存现金"和"银行存款"等账户的记录分析填列。

值得注意的是:企业购买股票和债券时,实际支付的价款中包含的已宣告但尚未领取的现金股利或已到付息期但尚未领取的债券的利息,由于属于垫支款,应在投资活动的"支付的其他与投资活动有关的现金"项目中反映;而企业收回购买股票和债券时支付的已宣告但尚未领取的现金股利或已到付息期但尚未领取的债券的利息,由于其不属于真正意义上的投资成本的收回,所以应在"收到的其他与投资活动有关的现金"项目中反映。

（3）取得子公司及其他营业单位支付的现金净额

本项目反映企业购买子公司及其他营业单位所支付的现金部分，减去子公司及其他营业单位持有的现金及现金等价物后的净额。该项目可以根据"长期股权投资""库存现金""银行存款"等账户的记录分析填列。

（4）支付的其他与投资活动有关的现金

本项目反映企业除了上述各项以外所支付的其他与投资活动有关的现金流出，如企业购买股票和债券时，实际支付的价款中包含的已宣告但尚未领取的现金股利或已到付息期但尚未领取的债券利息。其他现金流出如价值较大的，应单列项目反映。该项目可以根据"应收股利""应收利息""库存现金""银行存款"等账户的记录分析填列。

（三）筹资活动产生的现金流量

现金流量表需要单独反映筹资活动产生的现金流量，通过现金流量表中反映的筹资活动的现金流量，可以帮助投资者和债权人预计对企业未来现金流量的要求权，以及获得前期现金流入而付出的代价。

1. 筹资活动流入的现金

（1）吸收投资所收到的现金

本项目反映企业收到的投资者投入的现金，包括以发行股票方式筹集资金实际收到的款项净额（发行收入减去支付的佣金等发行费用后的净额）、发行债券实际收到的现金（发行收入减去支付的佣金等发行费用后的净额）等。以发行股票方式筹集资金而由企业直接支付的审计、咨询等费用，以及发行债券支付的发行费用在"支付的其他与筹资活动有关的现金"项目反映，不从本项目内扣除。该项目可以根据"实收资本（或股本）""资本公积""应付债券""库存现金""银行存款"等账户的记录分析填列。

（2）取得借款所收到的现金

本项目反映企业举借各种短期、长期借款所实际收到的现金。该项目可以根据"银行存款""短期借款"和"长期借款"账户的记录分析填列。

（3）收到的其他与筹资活动有关的现金

本项目反映企业除上述各项外，收到的其他与筹资活动有关的现金流入，如接受现金捐赠等。若某项其他与筹资活动有关的现金流入价值较大的，应单列项目反映。该项目可以根据"银行存款""库存现金""营业外收入"等账户的记录分析填列。

2. 筹资活动流出的现金

（1）偿还债务所支付的现金

本项目反映企业以现金偿还债务的本金，包括偿还金融企业的借款本金、偿还债券本金等。企业偿还的借款利息、债券利息，在"偿付利息所支付的现金"项目反映，不包括在本项目内。该项目可以根据"短期借款""长期借款""应付债券""库存现金""银行存款"等账户的记录分析填列。

【例 14-9】 甬江公司 2019 年度发生有关经济业务：

① 偿还短期借款，本金 90 000 元，利息 300 元。

② 偿还长期借款，本金 500 000 元，利息 6 600 元。

③ 支付到期一次还本付息的应付债券，面值 100 000 元，3 年期，利率 6%。

偿还债务所支付的现金＝90 000＋500 000＋100 000＝690 000(元)

（2）分配股利、利润和偿付利息所支付的现金

本项目反映企业实际支付的现金股利、利息以及支付给其他投资单位的利润等。该项可以根据"应付股利""应付利息""财务费用""库存现金"和"银行存款"等账户的借方分析填列。

【例 14-10】 沿用【例 14-9】,则:

分配股利、利润或偿付利息所支付的现金＝300＋6 600＋18 000＝24 900(元)

（3）支付的其他与筹资活动有关的现金

本项目反映企业除了上述各项外,支付的其他与筹资活动有关的现金流出,如捐赠现金支出、融资租入固定资产支付的租赁费等。若某项其他与筹资活动有关的现金流出金额较大的,应单列项目反映。该项目可以根据"营业外支出""长期应付款""银行存款"和"库存现金"等账户的借方分析填列。

(四)汇率变动对现金及现金等价物的影响

本项目反映企业外币现金流量及境外子公司的现金流量,按照现金流量发生日的即期汇率或即期汇率近似的汇率折算的人民币金额,与"现金及现金等价物净增加额"中的外币现金净增加额,按资产负债表日的即期汇率折算的人民币金额之间的差额。

本项目一般根据下列方法填列:将现金流量表补充资料中的"现金及现金等价物净增加额"项目金额与现金流量表正表中的"经营活动产生的现金流量净额""投资活动产生的现金流量净额""筹资活动产生的现金流量净额"三项之和的差额倒轧出"汇率变动对现金及现金等价物的影响"。

五、现金流量表补充资料

现金流量表补充资料也称附注。现金流量表补充资料包括将净利润调节为经营活动的现金流量、不涉及现金收支的重大投资和筹资活动、现金及现金等价物净变动情况等项目。

企业应当采用间接法在现金流量表补充资料中披露将净利润调节为经营活动的现金流量的信息。间接法是以净利润为出发点,净利润是利润表上反映的数字,在利润表中反映的净利润是按权责发生制确定的,其中有些收入、费用项目并没有实际发生现金流入和流出,通过对这些项目的调整,可将净利润调节为经营活动的现金流量。采用间接法将净利润调节为经营活动的现金流量时,需要调整的项目可分为四类:一是实际没有支付现金的费用;二是实际没有收到现金的收益;三是不属于经营活动的损益;四是经营性应收应付项目的增减变动。

(一)将净利润调节为经营活动的现金流量

1.资产(信用)减值准备

这里所指的资产减值准备包括:坏账准备、存货跌价准备、投资性房地产减值准备、长期股权投资减值准备、持有至到期投资减值准备、固定资产减值准备、在建工程减值准备、工程物资减值准备、生物性资产减值准备、无形资产减值准备、商誉减值准备等。企业计提的各项资产减值准备,包括在利润表中,属于利润的减除项目,但没有发生现金流出。所以,在将净利润调节为经营活动的现金流量时,需要加回。本项目可根据"资产减值损失"科目的记录分析填列。

2. 固定资产折旧、油汽资产折耗、生产性生物资产折旧

企业计提的固定资产折旧,有的包括在管理费用中,有的包括在制造费用中。计入管理费用中的部分,作为期间费用在计算净利润时从中扣除,但没有发生现金流出,在将净利润调节为经营活动现金流量时,需要予以加回。计入制造费用中的已经变现的部分,在计算净利润时通过销售成本予以扣除,但没有发生现金流出;计入制造费用中的没有变现的部分,既不涉及现金收支,也不影响企业当期净利润。由于在调节存货时,已经从中扣除,在此处将净利润调节为经营活动的现金流量时,需要予以加回。同理,企业计提的油气资产折耗、生产性生物资产折旧,也需要予以加回。本项目可根据"累计折旧""累计折耗""生产性生物资产折旧"科目的贷方发生额分析填列。

3. 无形资产摊销和长期待摊费用摊销

企业对使用寿命有限的无形资产计提摊销时,计入管理费用或制造费用。长期待摊费用摊销时,有的计入管理费用,有的计入营业费用,有的计入制造费用。计入管理费用等期间费用和计入制造费用中的已变现的部分,在计算净利润时已从中扣除,但没有发生现金流出;计入制造费用中的没有变现的部分,在调节存货时已经从中扣除,但不涉及现金收支,所以,在此处将净利润调节为经营活动的现金流量时,需要予以加回。这个项目可根据"累计摊销""长期待摊费用"科目的贷方发生额分析填列。

4. 处置固定资产、无形资产和其他长期资产的净损失(减:收益)

企业处置固定资产、无形资产和其他长期资产发生的损益,属于投资活动产生的损益,不属于经营活动产生的损益,所以,在将净利润调节为经营活动现金流量时,需要予以剔除。如为损失,在将净利润调节为经营活动的现金流量时,应当加回;如为收益,在将净利润调节为经营活动的现金流量时,应当扣除。本项目可根据"营业外收入""营业外支出"等科目所属有关明细科目的记录分析填列,如为净收益,以"-"号填列。

5. 固定资产报废损失

企业发生的固定资产报废损益,属于投资活动产生的损益,不属于经营活动产生的损益,所以,在将净利润调节为经营活动现金流量时,需要予以剔除。同样,投资性房地产发生报废、毁损而产生的损失,也需要予以剔除。如为净损失,在将净利润调节为经营活动现金流量时,应当加回;如为净收益,在将净利润调节为经营活动现金流量时,应当扣除。本项目可根据"营业外支出""营业外收入"等科目所属有关明细科目的记录分析填列。

6. 公允价值变动损失

公允价值变动损失反映企业在初始确认时划分为以公允价值计量且其变动计入当期损益的交易性金融资产或金融负债、衍生工具、套期等业务中公允价值变动形成的计入当期损益的利得或损失。企业发生的公允价值变动损益,通常与企业的投资活动或筹资活动有关,而且并不影响企业当期的现金流量。为此,应当将其从净利润中剔除。本项目可以根据"公允价值变动损益"科目的发生额分析填列。如为持有损失,在将净利润调节为经营活动的现金流量时,应当加回;如为持有利得,在将净利润调节为经营活动的现金流量时,应当扣除。

7. 财务费用

企业发生的财务费用中不属于经营活动的部分,应当将其从净利润中剔除。本项目可根据"财务费用"科目的本期借方发生额分析填列;如为收益,以"-"号填列。

8. 投资损失(减:收益)

企业发生的投资损益,属于投资活动产生的损益,不属于经营活动产生的损益,所以,在将净利润调节为经营活动的现金流量时,需要予以剔除。如为净损失,在将净利润调节为经营活动的现金流量时,应当加回;如为净收益,在将净利润调节为经营活动的现金流量时,应当扣除。本项目可根据利润表中"投资收益"项目的数字填列;如为投资收益,以"－"号填列。

9. 递延所得税资产减少(减:增加)

如果递延所得税资产减少使计入所得税费用的金额大于当期应交的所得税金额,其差额没有发生现金流出,但在计算净利润时已经扣除,在将净利润调节为经营活动的现金流量时,应当加回;如果递延所得税资产增加使计入所得税费用的金额小于当期应交的所得税金额,两者之间的差额并没有发生现金流入,但在计算净利润时已经包括在内,在将净利润调节为经营活动的现金流量时,应当扣除。本项目可以根据资产负债表"递延所得税资产"项目的期初、期末余额分析填列。

10. 递延所得税负债增加(减:减少)

如果递延所得税负债增加使计入所得税费用的金额大于当期应交的所得税金额,其差额没有发生现金流出,但在计算净利润时已经扣除,则在将净利润调节为经营活动的现金流量时,应当加回;如果递延所得税负债减少使计入当期所得税费用的金额小于当期应交的所得税金额,其差额并没有发生现金流入,但在计算净利润时已经包括在内,则在将净利润调节为经营活动现金流量时,应当扣除。本项目可以根据资产负债表"递延所得税负债"项目的期初、期末余额分析填列。

11. 存货的减少(减:增加)

期末存货比期初存货减少,说明本期生产经营过程耗用的存货有一部分是期初的存货,耗用这部分存货并没有发生现金流出,但在计算净利润时已经扣除,所以,在将净利润调节为经营活动的现金流量时,应当加回;期末存货比期初存货增加,说明当期购入的存货除耗用外,还剩余一部分,这部分存货也发生了现金流出,但在计算净利润时没有包括在内,所以,在将净利润调节为经营活动的现金流量时,应当扣除。当然,存货的增减变化过程还涉及应付项目,这一因素在"经营性应付项目的增加(减:减少)"中考虑。本项目可根据资产负债表中"存货"项目的期初数、期末数之间的差额填列;期末数大于期初数的差额,以"－"号填列。如果存货的增减变化过程属于投资活动,如在建工程领用存货,则应当将这一因素剔除。

12. 经营性应收项目的减少(减:增加)

经营性应收项目包括应收票据、应收账款、预付账款、长期应收款和其他应收款中,与经营活动有关的部分,以及应收的增值税销项税额等。经营性应收项目期末余额小于经营性应收项目期初余额,说明本期收回的现金大于利润表中所确认的销售收入,所以,在将净利润调节为经营活动的现金流量时,应当加回;经营性应收项目期末余额大于经营性应收项目期初余额,说明本期销售收入中有一部分没有收回现金,但是,在计算净利润时这部分销售收入已包括在内,所以,在将净利润调节为经营活动现金流量时,应当扣除。本项目可以根据有关科目的期初、期末余额分析填列;如为增加,以"－"号填列。

13.经营性应付项目的增加(减:减少)

经营性应付项目包括应付票据、应付账款、预收账款、应付职工薪酬、应交税费、应付利息、长期应付款、其他应付款中与经营活动有关的部分,以及应付的增值税进项税额等。经营性应付项目期末余额大于经营性应付项目期初余额,说明本期购入的存货中有一部分没有支付现金,但是,在计算净利润时却通过销售成本包括在内,在将净利润调节为经营活动的现金流量时,应当加回;经营性应付项目期末余额小于经营性应付项目期初余额,说明本期支付的现金大于利润表中所确认的销售成本,在将净利润调节为经营活动的现金流量时,应当扣除。本项目可以根据有关科目的期初、期末余额分析填列;如为减少,以"—"号填列。

(二)不涉及现金收支的投资和筹资活动

不涉及现金收支的重大投资和筹资活动,反映企业一定期间内影响资产或负债但不形成该期现金收支的所有投资和筹资活动的信息。这些投资和筹资活动虽然不涉当期现金收支,但对以后各期的现金流量有重大影响。例如,企业融资租入设备,将形成的负债计入"长期应付款"账户,当期并不支付设备款及租金,但以后各期必须为此支付现金,从而在一定期间内形成了一项固定的现金支出。

目前,在我国现金流量表附注中披露不涉及当期现金收支但影响企业财务状况或在未来可能影响企业现金流量的重大投资和筹资活动,主要包括:①债务转为资本,反映企业本期转为资本的债务金额;②一年内到期的可转换公司债券,反映企业一年内到期的可转换公司债券的本息;③融资租入固定资产;反映企业本期融资租入的固定资产。

(三)现金及现金等价物净变动情况

本项目反映企业一定会计期间现金及现金等价物的期末余额与期初余额后的净增加额(或净减少额),是对现金流量表中"现金及现金等价物增加额"项目的补充说明。该项目的金额应与现金流量表"现金及现金等价物净增加额"项目的金额核对相符。

六、现金流量表编制举例

【例 14-11】 沿用【例 14-1】和【例 14-2】,甬江公司其他相关资料如下。

(一)2019 年度利润表有关项目的明细资料

(1)管理费用的组成:职工薪酬 17 100 元,无形资产摊销 60 000 元,折旧费 20 000 元,支付其他费用 60 000 元。

(2)财务费用的组成:计提借款利息 11 500 元,支付应收票据(银行承兑汇票)贴现利息 30 000 元。

(3)资产减值损失的组成:计提坏账准备 900 元,计提固定资产减值准备 30 000 元。上年年末坏账准备余额为 900 元。

(4)投资收益的组成:收到股息收入 30 000 元,与本金一起收回的交易性股票投资收益 500 元,自公允价值变动损益结转投资收益 1 000 元。

(5)营业外收入的组成:处置固定资产净收益 50 000 元(其所处置固定资产原价为 400 000 元,累计折旧为 150 000 元。收到处置收入 300 000 元)。假定不考虑与固定资产处置有关的税费。

(6)营业外支出的组成:报废固定资产净损失 19 700 元(其所报废固定资产原价为

200 000元。累计折旧为 180 000 元,支付清理费用 500 元,收到残值收入 800 元)。

(7)所得税费用的组成:当期所得税费用 92 800 元,递延所得税资产 7 500 元。

除上述项目外,利润表中的销售费用 20 000 元至期末已经支付。

(二)2019 年度资产负债表有关项目的明细资料

(1)本期收回交易性金融资产成本 15 000 元,公允价值变动 1 000 元,同时实现投资收益 500 元。

(2)存货中生产成本、制造费用的组成:职工薪酬 324 900 元,折旧费 80 000 元。

(3)应交税费的组成:本期增值税进项税额 42 466 元,增值税销项税额 212 500 元,已交增值税 100 000 元;应交所得税期末余额为 20 097 元,应交所得税期初余额为 0;应交税费期末数中应由在建工程负担的部分为 100 000 元。

(4)应付职工薪酬的期初数中无应付在建工程人员的部分,本期支付在建工程人员职工薪酬 200 000 元。应付职工薪酬的期末数中应付在建工程人员的部分为 28 000 元。

(5)应付利息均为短期借款利息,其中本期计提利息 11 500 元,支付利息 12 500 元。

(6)本期用现金购买固定资产 101 000 元,购买工程物资 300 000 元。

(7)本期用现金偿还短期借款 250 000 元,偿还一年内到期的长期借款 1 000 000 元;借入长期借款 560 000 元。

根据以上资料,采用分析填列的方法,编制甬江公司 2019 年度的现金流量表。

1. 现金流量表的正表编制

(1)经营活动现金流量各项目金额

① 销售商品、提供劳务收到的现金 $= 1\,250\,000 + 212\,500 + (299\,100 - 598\,200) + (246\,000 - 66\,000) - 900 - 30\,000 = 1\,312\,500$(元)

② 购买商品、接受劳务支付的现金 $= 750\,000 + 42\,466 - (2\,580\,000 - 2\,484\,700) + (953\,800 - 953\,800) + (200\,000 - 100\,000) + (100\,000 - 100\,000) - 324\,900 - 80\,000 = 392\,266$(元)

③ 支付给职工以及为职工支付的现金 $= 324\,900 + 17\,100 + (110\,000 - 180\,000) - (0 - 28\,000) = 300\,000$(元)

④支付的各项税费 $= 92\,800 + 2\,000 + 100\,000 - (20\,097 - 0) = 174\,703$(元)

⑤支付的其他与经营活动有关的现金 $= 60\,000 + 20\,000 = 80\,000$(元)

(2)投资活动现金流量各项目金额

①收回投资收到的现金 = 交易性金融资产贷方发生额 + 与交易性金融资产一起收回的投资收益

收回投资收到的现金 $= 16\,000 + 500 = 16\,500$(元)

②取得投资收益所收到的现金 = 收到的股息收入 $= 30\,000$(元)

③处置固定资产收回的现金净额 $= 300\,000 + (800 - 500) = 300\,300$(元)

④购建固定资产支付的现金 = 用现金购买的固定资产、工程物资 + 支付给在建工程人员的薪酬

购建固定资产支付的现金＝101 000＋300 000＋200 000＝601 000(元)

(3)筹资活动现金流量各项目金额

①取得借款所收到的现金＝560 000(元)

②偿还债务支付的现金＝250 000＋1 000 000＝1 250 000(元)

③偿还利息支付的现金＝12 500(元)

2.补充资料

(1)将净利润调节为经营活动现金流量

①资产减值准备＝900＋30 000＝30 900(元)

②固定资产折旧＝20 000＋80 000＝100 000(元)

③无形资产摊销＝60 000(元)

④处置固定资产、无形资产和其他长期资产的损失(减:收益)＝－50 000(元)

⑤固定资产报废损失＝19 700(元)

⑥财务费用＝11 500(元)

⑦投资损失(减:收益)＝－31 500(元)

⑧递延所得税资产减少＝0－7 500＝－7 500(元)

⑨存货的减少＝2 580 000－2 484 700＝95 300(元)

⑩经营性应收项目的减少＝(246 000－66 000)＋(299 100＋900－598 200－1 800)
＝－120 000(元)

⑪经营性应付项目的增加＝(100 000－200 000)＋(100 000－100 000)＋[(180 000
－28 000)－110 000]＋[(226 731－100 000)－36 600]
＝32 131(元)

(2)不涉及现金收支的重大投资和筹资活动

本例不涉及现金收支的重大投资和筹资活动。

3.根据上述数据,编制现金流量表(见表14-7)及其补充资料(见表14-8)

在具体编制现金流量表时企业可以根据业务量的大小及复杂程度,采用工作底稿法、T形账户法,或直接根据有关科目的记录分析填列。

表 14-7　现金流量表

编制单位:甬江公司　　　　　　　　　　2019 年度　　　　　　　　　　　　　会企 03 表
　　　　　　　　　　　　　　　　　　　　　　　　　　　　　　　　　　　　单位:元

项　　目	本期金额	上期金额
一、经营活动产生的现金流量:		略
销售商品、提供劳务收到的现金	1 312 500	
收到的税费返还	0	
收到其他与经营活动有关的现金	0	
经营活动现金流入小计	1 312 500	
购买商品、接受劳务支付的现金	392 266	
支付给职工以及为职工支付的现金	300 000	

续表

项　目	本期金额	上期金额
支付的各项税费	174 703	
支付其他与经营活动有关的现金	80 000	
经营活动现金流出小计	946 969	
经营活动产生的现金流量净额	365 531	
二、投资活动产生的现金流量：		
收回投资收到的现金	16 500	
取得投资收益收到的现金	30 000	
处置固定资产、无形资产和其他长期资产收回的现金净额	300 300	
处置子公司及其他营业单位收到的现金净额	0	
收到其他与投资活动有关的现金	0	
投资活动现金流入小计	346 800	
购建固定资产、无形资产和其他长期资产支付的现金	601 000	
投资支付的现金	0	
取得子公司及其他营业单位支付的现金净额	0	
支付其他与投资活动有关的现金	0	
投资活动现金流出小计	601 000	
投资活动产生的现金流量净额	−254 200	
三、筹资活动产生的现金流量：		
吸收投资收到的现金	0	
取得借款收到的现金	560 000	
收到其他与筹资活动有关的现金	0	
筹资活动现金流入小计	560 000	
偿还债务支付的现金	1 250 000	
分配股利、利润或偿付利息支付的现金	12 500	
支付其他与筹资活动有关的现金	0	
筹资活动现金流出小计	1 262 500	
筹资活动产生的现金流量净额	−702 500	
四、汇率变动对现金及现金等价物的影响	0	
五、现金及现金等价物净增加额	−591 169	
加：期初现金及现金等价物余额	1 406 300	
六、期末现金及现金等价物余额	815 131	

企业法人：(签章)　　　　　财务总监：(签章)　　　　　制表：(签章)

表 14-8 现金流量表补充资料

补充资料	本期金额	上期金额
1.将净利润调节为经营活动现金流量:		略
净利润	225 000	
加:资产减值准备	30 000	
信用损失准备	900	
固定资产折旧、油气资产折耗、生产性生物资产折旧	100 000	
无形资产摊销	60 000	
长期待摊费用摊销	0	
处置固定资产、无形资产和其他长期资产的损失(收益以"－"号填列)	－50 000	
固定资产报废损失(收益以"－"号填列)	19 700	
净敞口套期损失(收益以"－"号填列)	0	
公允价值变动损失(收益以"－"号填列)	0	
财务费用(收益以"－"号填列)	11 500	
投资损失(收益以"－"号填列)	－31 500	
递延所得税资产减少(增加以"－"号填列)	－7 500	
递延所得税负债增加(减少以"－"号填列)	0	
存货的减少(增加以"－"号填列)	95 300	
经营性应收项目的减少(增加以"－"号填列)	－120 000	
经营性应付项目的增加(减少以"－"号填列)	32 131	
其他	0	
经营活动产生的现金流量净额	365 531	
2.不涉及现金收支的重大投资和筹资活动:		
债务转为资本	0	
一年内到期的可转换公司债券	0	
融资租入固定资产	0	
3.现金及现金等价物净变动情况:		
现金的期末余额	815 131	
减:现金的期初余额	1 406 300	
加:现金等价物的期末余额	0	
减:现金等价物的期初余额	0	
现金及现金等价物净增加额	－591 169	

企业法人:(签章)   财务总监:(签章)   制表:(签章)

知识拓展 14-2

第五节　所有者权益变动表

一、所有者权益变动表的定义与作用

所有者权益变动表是指反映构成所有者权益各组成部分当期增减变动情况的报表。通过所有者权益变动表，既可以为报表使用者提供所有者权益总量增减变动的信息，也能为其提供所有者权益增减变动的结构性信息，特别是能够让报表使用者理解所有者权益增减变动的根源。在所有者权益变动表中，企业至少应当单独列示反映下列信息的项目：①净利润；②其他综合收益；③会计政策变更和差错更正的累计影响金额；④所有者投入资本和向所有者分配利润等；⑤提取的盈余公积；⑥实收资本或股本、资本公积、盈余公积、未分配利润的期初和期末余额及其调节情况。

二、所有者权益变动表的结构

为了清楚地表明构成所有者权益的各组成部分当期的增减变动情况，所有者权益变动表应当以矩阵的形式列示：一方面，列示导致所有者权益变动的交易或事项，改变了以往仅仅按照所有者权益的各组成部分反映所有者权益变动情况，而是从所有者权益变动的来源对一定时期所有者权益变动情况进行全面反映；另一方面，按照所有者权益各组成部分（包括实收资本、资本公积、盈余公积、未分配利润和库存股）及其总额列示交易或事项对所有者权益的影响。

此外，企业还需要比较所有者权益变动表，所有者权益变动表按各项目可再分为"本年金额"和"上年金额"两栏分别填列。所有者权益变动表的具体格式如表 14-9 所示。

三、所有者权益变动表的编制方法

（一）"上年金额"栏的填列方法

所有者权益变动表"上年金额"栏内各项数字，应根据上年度所有者权益变动表"本年金额"栏内所列数字填列。如果上年度所有者权益变动表规定的各个项目的名称和内容同本年度不相一致，则应对上年度所有者权益变动表各项目的名称和数字按本年度的规定进行调整，填入所有者权益变动表"上年金额"栏内。

（二）"本年金额"栏的填列方法

所有者权益变动表"本年金额"栏内各项数字一般应根据"实收资本（或股本）""资本公积""盈余公积""利润分配""库存股""以前年度损益调整"科目的发生额分析填列。

四、所有者权益变动表编制实例

【例 14-12】 沿用【例 14-1】和【例 14-2】，甬江公司其他相关资料为：提取盈余公积 24 770.40 元，向投资者分配现金股利 32 215.85 元。根据上述资料，甬江公司编制 2019 年度的所有者权益变动表。如表 14-9 所示。

表 14-9　所有者权益变动表

会企 04 表

2019 年度

单位：元

编制单位：甬江股份有限公司

项目	本期金额								上年同期金额							
	实收资本（或股本）	其他权益工具	资本公积	减：库存股	盈余公积	其他综合收益	未分配利润	所有者权益合计	实收资本（或股本）	其他权益工具	资本公积	减：库存股	盈余公积	其他综合收益	未分配利润	所有者权益合计
一、上年年末余额	5 000 000		0	0	100 000		50 000	5 150 000								
加：会计政策变更																
前期差错更正																
二、本年年初余额	5 000 000		0	0	100 000		50 000	5 150 000								
三、本期增减变动金额（减少以"—"号填列）																
（一）综合收益总额							225 000	225 000								
（二）所有者投入和减少资本																
1. 所有者投入资本																
2. 其他权益工具持有者投入资本																
3. 股份支付计入所有者权益的金额																
3. 其他																
（三）利润分配																
1. 提取盈余公积					24 770.40		−24 770.40	0								
3. 对所有者（或股东）的分配							−32 215.85	−32 215.85								

续表

项目	本期金额									上年同期金额								
	实收资本（或股本）	其他权益工具	资本公积	减：库存股	盈余公积	其他综合收益	未分配利润	所有者权益合计	实收资本（或股本）	其他权益工具	资本公积	减：库存股	盈余公积	其他综合收益	未分配利润	所有者权益合计		
4.其他																		
（四）所有者权益内部结转																		
1.资本公积转增资本（或股本）																		
2.盈余公积转增资本（或股本）																		
3.盈余公积弥补亏损																		
4.其他综合收益结转留存收益																		
5.其他																		
四、本期期末余额	5 000 000		0	0	124 770.40		218 013.75	5 342 784.15										

法定代表人：＿＿＿＿＿　主管会计工作负责人：＿＿＿＿＿　会计机构负责人：＿＿＿＿＿

第六节　附注

一、附注的定义与作用

附注是财务报表不可或缺的组成部分,是对在资产负债表、利润表、现金流量表和所有者权益变动表等报表中列示项目的文字描述或明细资料,以及对未能在这些报表中列示项目的说明等。

财务报表中的数字是经过分类与汇总后的结果,是对企业发生的经济业务的高度简化和浓缩的数字,如果没有形成这些数字所使用的会计政策、理解这些数字所必需的披露,财务报表就不可能充分发挥效用。因此,附注与资产负债表、利润表、现金流量表、所有者权益变动表等报表同等重要,是财务报表的重要组成部分。报表使用者了解企业的财务状况、经营成果和现金流量,应当全面阅读附注。

二、附注披露的基本要求

(1)附注披露的信息应是定量信息和定性信息的结合,从而能从量和质两个角度对企业经济事项完整地进行反映,也才能满足信息使用者的决策需求。

(2)附注应当按照一定的结构进行系统合理的排列和分类,有顺序地披露信息。由于附注的内容繁多,因此更应按逻辑顺序排列,分类披露,条理清晰,具有一定的组织结构,以便于使用者理解和掌握,也更好地实现财务报表的可比性。

(3)附注相关信息应当与资产负债表、利润表、现金流量表和所有者权益变动表等报表中列示的项目相互参照,以有助于使用者联系相关联的信息,并由此从整体上更好地理解财务报表。

三、附注披露的内容

附注应当按照如下顺序披露有关内容。

(一)企业的基本情况

(1)企业注册地、组织形式和总部地址。

(2)企业的业务性质和主要经营活动,如企业所处的行业、所提供的主要产品或服务、客户的性质、销售策略、监管环境的性质等。

(3)母公司以及集团最终母公司的名称。

(4)财务报告的批准报出者和财务报告批准报出日。

(二)财务报表的编制基础

说明财务报表编制基础是以持续经营和权责发生制为编制基础,还是采用其他编制基础。

(三)遵循企业会计准则的声明

企业应当声明编制的财务报表符合企业会计准则的要求,真实、完整地反映了企业的财务状况、经营成果和现金流量等有关信息。以此明确企业编制财务报表所依据的制度基础。如果企业编制的财务报表只是部分地遵循了企业会计准则,附注中不得做出这种表述。

(四)重要会计政策和会计估计的说明

根据财务报表列报准则的规定,企业应当披露采用的重要会计政策和会计估计,不重要的会计政策和会计估计可以不披露。

(五)会计政策和会计估计变更以及前期差错更正的说明

企业应当按照《企业会计准则第 28 号——会计政策、会计估计变更和差错更正》的规定,披露会计政策和会计估计变更以及差错更正的情况。

(六)报表重要项目的说明

企业应当以文字和数字描述相结合、尽可能以列表形式披露报表重要项目的构成或当期增减变动情况,并且报表重要项目的明细金额合计,应当与报表项目金额相衔接。在披露顺序上,一般应当按照资产负债表、利润表、现金流量表、所有者权益变动表的顺序及其项目列示的顺序。

(七)其他需要说明的重要事项

其他需要说明的重要事项主要包括或有和承诺事项、资产负债表日后非调整事项、关联方关系及其交易等。

【问题讨论】

1.财务报表提供的信息应达到的基本质量要求指的是什么?

2.应当如何区分资产负债表的流动性,如何理解营业周期?

3.现金流量表的直接法和间接法的区别是什么?

4.现金流量表的编制为什么说是将权责发生制下的盈利信息调整为收付实现制下的现金流量信息,你是如何理解的? 请举例说明。

6.从编制会计报表的角度,谈谈你对会计人员职业道德的理解。

【项目训练】

训练目的:学生通过本项目的训练,对"中级财务会计"课程有一个比较系统、完整的认识,据以达到熟练地处理制造业企业的主要会计业务,熟悉其账务处理程序,掌握编制记账凭证和登记会计账簿、查账、对账、结账和编制会计报表的技能的目的。

训练形式:以学生自主完成为主,教师适当指导。

训练课时:课内 4 课时,课外 12 课时。

训练成绩:占课程总成绩的 10%～15%(任课教师根据具体情况进行适当调整)。

训练资料:甬江公司为增值税一般纳税人,适用的增值税率为 13%,所得税率为 25%。公司主要从事零部件的生产与加工,原材料和周转材料日常核算均采用计划成本计价,材料入库与发出以及入库材料成本差异的结转均采用逐笔结转,期末计算材料成本差异率(原材料与周转材料合并计算,保留两位小数);投资性房地产采用成本计量模式计量;固定资产折旧与无形资产摊销均采用直线法;销售商品成本期末一次结转。

该公司 2020 年 1 月 1 日科目余额见表 14-10。

表 14-10　甬江公司 2020 年 1 月 1 日科目余额　　　　　　　　单位:元

科目名称	借方余额	科目名称	贷方余额
库存现金	800	短期借款	120 000
银行存款	561 720	应付票据	80 000
交易性金融资产	6 000	应付账款	381 520
应收票据	98 400	其他应付款	20 000
应收账款	120 000	应付职工薪酬	44 000
坏账准备	−360	应交税费(本项目余额不含增值税)	14 640
预付账款	80 000*	应付利息	400
其他应收款	2 000	长期借款	640 000
材料采购	90 000	其中:一年内到期的长期负债	400 000
原材料	220 000	股本	2 000 000
周转材料	35 220	盈余公积	40 000
库存商品	672 000	未分配利润	20 000
材料成本差异	14 780		
长期股权投资	100 000		
固定资产	600 000		
累计折旧	−160 000		
在建工程	600 000		
无形资产	240 000		
长期待摊费用	80 000		
合计	3 360 560	合计	3 360 560

注:80 000* 表示含年初未摊销的印花税和车间固定资产修理费。

甬江公司 2020 年发生如下经济业务:

(1)购入原材料一批,用银行存款支付款项共计 67 800 元,进项税额 7 800 元,款项已通过银行支付,材料未到。

(2)收到银行通知,用银行存款支付到期商业承兑汇票 48 400 元。

(3)购入原材料一批,用银行存款支付材料货款 39 920 元,支付增值税 5 189.6 元,原材料验收入库的计划成本为 40 000 元。

(4)收到原材料一批,实际成本 40 000 元,计划成本 38 000 元,材料已验收入库,货款已于上年支付。

(5)对外销售商品一批,应收取的款项为 135 600 元,其中含增值税 15 600 元。该商品实际成本 72 000 元,商品已发出,但款项尚未收到。公司销售政策是 3/10、1/20、N/30。增值税不享受现金折扣。

(6)公司将账面成本为 6 000 元(其中成本 5 000 元,公允价值变动 1 000 元)的交易性金融资产全部出售,收到款项 6 600 元存入银行。

(7)公司购入不需要安装的设备一台,通过银行存款支付款项 40 400 元,其中增值税 5 252 元。设备已投入使用。

(8)用银行存款支付购入的工程物资款 50 000 元,支付的增值税税款 6 500 元。物资已验收入库。该工程物资已投入房屋建造。

(9)分配应付工程人员工资 80 000 元及福利费 11 200 元。

(10)接到银行收款通知,收到上述赊销的商品款(在发票开出的 10 日内收到)。

(11)工程交付使用,固定资产价值为 560 000 元。

(12)计算未完工程应负担的长期借款利息 60 000 元。利息尚未付现(长期借款的利息到期一次支付)。

(13)基本生产车间报废一台设备,原价 80 000 元,已计提累计折旧 72 000 元,清理费用 200 元,残值收入 320 元,增值税 41.6 元,均通过银行存款收支。清理工作已经完毕。

(14)为购建固定资产从银行借入 3 年期借款 160 000 元,借款已存入银行。

(15)销售商品一批,价款 480 000 元,应交增值税 62 400 元。该商品的实际成本为 288 000 元,款项已存入银行。

(16)公司到银行办理一张到期的无息银行承兑汇票 50 000 元转账业务并存入银行。

(17)公司长期股权投资采用成本法核算。收到现金股利 12 000 元存入银行并确认为投资收益。

(18)出售一台设备,收到价款 120 000 元,增值税 15 600 元;设备原价 160 000 元,已折旧 60 000 元。

(19)用银行存款支付产品广告等费用 8 000 元,增值税 480 元。

(20)根据公司业务发展需要,将位于市中心的一幢营业用房转为出租,该营业用房原值 80 000 元,已提折旧 42 000 元;同时收取本年租金 20 000 元和押金 50 000 元,一并存入银行。

(21)从银行提取现金 200 000 元。

(22)用现金 200 000 元支付经营人员工资 120 000 元,支付工程人员工资 80 000 元。

(23)分配经营人员工资 120 000 元,其中生产工人工资 110 000 元,车间管理人员工资 4 000 元,行政管理人员工资 6 000 元(注:工程人员工资分配已通过第 9 笔业务处理完毕)。

(24)提取经营人员福利费用 16 800 元,其中生产工人 15 400 元,车间管理人员 560 元,行政管理人员 840 元(注:工程人员福利费分配已通过第 9 笔业务处理完毕)。

(25)分别按工资总额的 10%、12%、2%、10.5%、2% 和 1.5% 计提医疗保险费、养老保险费、失业保险费、住房公积金、工会经费和职工教育经费。

(26)通知银行将企业负担的上述社会保险款及住房公积金转存到职工个人账户。

(27)计提短期借款利息 4 600 元。

(28)计提长期借款利息(计入损益)4 000 元。

(29)生产车间生产产品领用原材料计划成本 280 000 元。

(30)生产车间领用周转材料计划成本 20 000 元,采用一次摊销法。

(31)结转上述领用原材料和领用周转材料的材料成本差异。

(32)摊销无形资产 24 000 元;长期待摊费用摊销 36 000 元。

(33)车间固定资产计提折旧 30 000 元;管理部门计提折旧 8 000 元;投资性房地产计提折旧 2 000 元。

(34)用银行存款 105 000 元归还短期借款的本金和利息,其中本金 100 000 元。

(35)将制造费用转入生产成本。

(36)本期生产的产品全部完工,结转完工产品成本。

(37)公司对外销售商品一批,货款 100 000 元,增值税 13 000 元,收到无息商业承兑汇票一张面值 113 000 元;该批产品实际成本 60 000 元;该公司于收到票据的当天就到银行办理贴现,银行扣除贴现息 8 000 元。

(38)结转本期商品销售成本。

(39)计算本期应交城市维护建设税与教育费附加 2 800 元。

(40)用银行存款上交城市维护建设税与教育费附加 2 800 元。

(41)用银行存款上交增值税 40 000 元。

(42)按应收账款余额的 1% 计提坏账准备。

(43)经过测算,期末存货的可变现净值为 850 000 元。

(44)将各损益类账户发生额转入"本年利润"账户。

(45)计算结转本年应交所得税并转入本年利润。

(46)结转本年净利润。

(47)分别按净利润的 10% 和 5% 提取法定盈余公积和任意盈余公积。

(48)按本年可供向股东分配利润的 60% 宣告分派普通股现金股利。

(49)将利润分配各明细科目的余额转入"未分配利润"明细科目。

(50)用银行存款上交本年应交所得税。

(51)用银行存款归还长期借款 400 000 元。

训练要求:

1.根据实训资料编制记账凭证或编制会计分录。

2.根据记账凭证登记日记账和总账或根据会计分录登记 T 形账户并结账,编制试算平衡表。

3.编制甬江公司 2020 年年末的资产负债表和 2020 年度利润表、现金流量表、所有者权益变动表。

注:

(1)任课教师可根据课程的教学进度适时安排训练内容,不必集中到期末统一进行,当然也可以根据教学要求安排到课程结束后集中进行。

(2)任课教师根据训练要求可以采取编制记账凭证,登记日记账、总账的实物训练形式(明细账的登记可省略),也可以采用编制会计分录,登记 T 形账户的形式进行。

在线自测题

(3)若采用实物形式训练,则记账凭证、日记账、总账、科目汇总表、资产负债表、利润表、现金流量表、所有者权益变动表需要任课教师统一提供。